जयराम मिश्र

डॉ. जयराम मिश्र का जन्म सन् 1915 में मुकुन्दपुर, जिला इलाहाबाद में हुआ था। पिता एवं आध्यात्मिक गुरु आत्मज विभूति पं. रामचन्द्र मिश्र।

एम.ए., एम.एड., पी-एच.डी., उपाधियाँ प्राप्त करने के उपरान्त हिन्दी संस्कृत, अंग्रेजी के साथ-साथ बाँगला और पंजाबी भाषा-साहित्य का गहन अध्ययन किया तथा उनके अनेक ग्रन्थों का हिन्दी अनुवाद किया।

युवावस्था में स्वाधीनता संग्राम में सक्रिय रहे। सन् 1942 के आन्दोलन में भाग लेने पर राजद्रोह का मुकदमा चला और छह वर्ष का कारावास भोगा। जेल में रहकर आध्यात्मिक ग्रन्थों—गीता, उपनिषद, ब्रह्मसूत्र आन्ि का गहन चिन्तन-मनन किया फलतः दिव्य आध्यात्मिक अनुभूतियाँ प्राप्त कीं।

इलाहाबाद डिग्री कॉलेज में अध्यापन करते हुए अनेक ग्रन्थों का प्रणयन किया। 'श्री गुरुग्रन्थ-दर्शन' तथा 'नानक वाणी' कृतियों ने हिन्दी तथा पंजाबी में स्थायी प्रतिष्ठा प्रदान कीं। जीवनी-ग्रन्थों जैसे गुरु नानक, स्वामी रामतीर्थ, आदि गुरु शंकराचार्य, मर्यादापुरुषोत्तम भगवान राम, लीलापुरुषोत्तम भगवान श्रीकृष्ण, शक्तिपुज हनुमान ने अपनी कथात्मक ललित शैली, सहज भाषा-प्रवाह तथा स्वयं एक सन्त की लेखनी से प्रणीत होने के कारण अत्यधिक लोकप्रियता प्राप्त की।

नैतिक ब्रह्मचारी डॉ. मिश्र मूलतः आत्मस्वरूप में स्थित उच्चकोटि के सन्त और धार्मिक विभूति थे। *एषणाविहीन, निरन्तर नामजप एवं नित्य चैतन्यामृत,* निरन्तर नामजप एवं नित्य चैतन्यामृत में लीन, परम लक्ष्य संकल्पित उनका जीवन आज के युग में एक दुर्लभ उदाहरण है।

डॉ. जयराम मिश्र सन् 1987 में पंचतत्व में विलीन हो गये।

जयराम मिश्र

आदि शंकराचार्य

जीवन और दर्शन

लोकभारती पेपरबैक्स

प्रथम पेपरबैक संस्करण : 2008
सप्तम पेपरबैक संस्करण : 2025

लोकभारती पेपरबैक्स : उत्कृष्ट साहित्य के लोकप्रिय संस्करण

लोकभारती प्रकाशन
पहली मंजिल, दरबारी बिल्डिंग, महात्मा गाँधी मार्ग,
प्रयागराज

वेबसाइट : www.lokbhartiprakashan.com
ईमेल : info@lokbhartiprakashan.com
शाखाएँ : 1-बी, नेताजी सुभाष मार्ग, दरियागंज, नई दिल्ली-110 002
अशोक राजपथ, साइंस कॉलेज के सामने, पटना-800 006 (बिहार)
1, अनमोल सोराबजी संतुक लेन, मरीन लाइंस, मुम्बई-400002

आस्था पेपर कन्वर्टर
प्रयागराज द्वारा मुद्रित

मूल्य : ₹ 299

AADI SHANKARACHARYA
by Jairam Mishra

ISBN : 978-81-8031-235-9

प्राक्कथन

आचार्य शंकर भगवान् शंकर के साक्षात् अवतार थे। उनका पावन चरित्र परमार्थ-पथ के पथिकों के लिये महान् संबल है। वह अद्वैत-वेदान्त के प्रतिष्ठाता तथा संन्यासी-सम्प्रदाय के गुरु माने जाते हैं। उनकी प्रतिभा और तेजस्विता अलौकिक थी और उनकी साधना अद्वितीय। अपनी भास्वर चेतना तथा ब्रह्मज्ञान के फलस्वरूप ही उन्होंने वैदिक सनातन हिन्दू धर्म को विघटित होने से बचा लिया। उन्होंने हिन्दू धर्म में अनेक आवश्यक एवं रचनात्मक सुधार किये और उसे पुष्ट नींव पर पुनरुत्थापित किया।

भारत की चारों दिशाओं में आचार्य शंकर ने चार मठों की संस्थापना की, जिनका मुख्य लक्ष्य, वेदान्त का प्रचार और प्रसार रहा। इन चार पीठों के माध्यम से भारत में आध्यात्मिक तथा सांस्कृतिक सामंजस्य एवं ऐक्यसंस्थापन का महत्वपूर्ण कार्य सम्पन्न हुआ। इससे आचार्य शंकर की प्रखर दूरदर्शिता स्पष्ट रूप से परिलक्षित होती है। भारत के इतिहास में उनके इस महत्वपूर्ण कार्य का अप्रतिम स्थान है। उनके अलौकिक अध्यात्म बल से ही यह दुष्कर कार्य सिद्ध हो पाया।

आज के इस उथल-पुथल और संघर्षपूर्ण युग में हम अपने धर्म के संरक्षकों तथा प्रतिष्ठापकों को भूलते जा रहे हैं। परन्तु आचार्य की पावन जीवनी, उज्ज्वल यश-गाथा एवं अलौकिक विशुद्ध कर्म भूलने की वस्तु नहीं है। उन्हें भुलाना अथवा भूलना अपने आप को भूलना होगा। उन्हें भूलना हमारा घनघोर अपराध और कृतघ्नता होगी। शंकर ने अपने व्यक्तित्व की अप्रतिम गरिमा से भारत का गौरव समस्त संसार की दृष्टि में बहुत ऊँचा उठाया। इसमें रंचमात्र भी संदेह नहीं कि उनके जीवन, साधना-प्रणाली और आदर्शों से भारत 'श्रेयस्' और 'प्रेयस्' अध्यात्मपक्ष और व्यवहारपक्ष के बीच सामंजस्य स्थापित कर सकता है। भारत ही नहीं, संसार के समस्त देश आचार्य शंकर के आदर्शों से प्रेरणा, स्फूर्ति और शक्ति अर्जित कर सकते हैं। उनके उपदेशों और शिक्षाओं पर आचरण करने से यह भूमण्डल नन्दन-कानन में परिणत हो सकता है।

उनके समसामयिकों के द्वारा रचित आचार्य शंकर की कोई भी जीवनी आज उपलब्ध नहीं है। उनके किसी शिष्य की लिखी कोई जीवनी भी नहीं मिलती। परवर्ती काल के पंडितों ने आचार्य की जो जीवनियाँ लिखी हैं, उनकी शैली पौराणिक है। केवल दो प्राचीन जीवन चरित 'वृहत् शंकर विजय' और 'शंकरदिग्विजय' ही आज प्राप्य हैं। इन दोनों चरित-ग्रंथों के आधार पर बाद में बीसों ग्रंथ लिखे गये, पर बाद के इन ग्रंथों में कोई उल्लेखनीय नवीनता दृष्टिगोचर नहीं होती। किंचित् परिवर्द्धन और परिवर्तन के साथ उनका भी वही स्वरूप है। कहा जाता है कि आचार्य के अन्तरंग शिष्य, पद्मपाद ने अपने गुरु के दिग्विजय-वृत्तान्त को लिपिबद्ध किया था। यदि वह ग्रंथ उपलब्ध हो जाता, तो आचार्य की

जीवनी पर महत्वपूर्ण प्रकाश पड़ता। मैंने अपनी पुस्तक की रचना में प्रधानत: माधवाचार्य कृत 'शंकर दिग्विजय' और आनन्द ज्ञान (आनन्दगिरि) विरचित 'वृहत् शंकर विजय' ग्रंथों का आश्रय लिया है। इसके अतिरिक्त जो भी सामग्री उपलब्ध हुई, उसका प्रयोग किया गया है।

जगद्गुरु शंकराचार्य, ज्योतिष्पीठाधीश्वर स्वामी शान्तानन्द जी सरस्वती लगभग सत्ताईस वर्षों तक ज्योतिर्मठ के मठाध्यक्ष रहे। उन्होंने स्वेच्छा से अपने को इस उत्तरदायित्व से भारमुक्त कर लिया और अब वह निरन्तर आत्मस्वरूप में निमग्न रहते हैं। मेरे ऊपर उनका असीम स्नेह और आशीर्वाद रहता है। उन्होंने आचार्य शंकर की जीवनी लिखने के लिये बलवती प्रेरणा और अमोघ आशीर्वाद दिया। मेरे पूज्यतम पिता, ब्रह्मलीन पं० रामचन्द्र मिश्र शंकर के अद्वैत सिद्धान्त के अपूर्व मर्मज्ञ थे। उन्होंने मुझे आचार्य शंकर के सिद्धान्तों का बोध करा कर तदनुकूल जीवन व्यतीत करने का आशीर्वाद दिया। उन्हीं के आशीर्वाद स्वरूप मैं आचार्य शंकर की जीवनी लिखने में समर्थ हो सका। अत: मैं उपर्युक्त दोनों महापुरुषों का रोम-रोम से आभारी और ऋणी हूँ।

डॉ० संगमलाल पाण्डेय, अध्यक्ष दर्शन-विभाग, इलाहाबाद यूनीवर्सिटी, इलाहाबाद, मेरे अनन्य मित्र हैं। उन्होंने सत्परामर्श देकर मुझे लाभान्वित किया है। मैं उनका आभारी हूँ। मेरे घनिष्ठ मित्र एवं अनुज-तुल्य श्री गोपीनाथ, माननीय न्यायाधीश, इलाहाबाद हाई कोर्ट, इलाहाबाद, मेरी पुस्तकों के प्रशंसक हैं। इस पुस्तक के प्रणयन में वह निरन्तर मुझे प्रोत्साहन देते रहे। आभार प्रदर्शन करके उन्हें कष्ट नहीं पहुँचाना चाहता।

मेरे अग्रज श्रद्धेय श्री परमात्माराम मिश्र, एडवोकेट एवं अनुज चि० भृगुराम मिश्र, अवकाशप्राप्त प्रोफेसर, सेन्ट्रल पेडागॉजिकल इंस्टीट्यूट, इलाहाबाद, ने मुझे बलवती प्रेरणा देकर पुस्तक लिखने के लिये प्रोत्साहित किया। मेरे अग्रज मेरी श्रद्धा के पात्र हैं और अनुज स्नेह के। मेरे भतीजे चि० डॉ० विभुराम मिश्र ने पूर्ण मनोयोग से पाण्डुलिपि देखी है। मेरी पुस्तकों का प्रथम सुधी पाठक चि० विभु मेरे आशीर्वाद और स्नेह का पात्र है।

लोकभारती प्रकाशन, इलाहाबाद के संचालकों के प्रति मैं अपनी कृतज्ञता ज्ञापित करता हूँ, जिन्होंने इतने सुन्दर ढंग से पुस्तक प्रकाशित की।

हिन्दी-भाषा-भाषियों को 'आदि शंकराचार्य' पुस्तक देने में मैं परम आह्लादित हो रहा हूँ। अन्त में मेरी यह मनोकामना है कि हमारे देश के नागरिक इस पुस्तक से प्रेरणा ग्रहण कर अपने जीवन को समुन्नत करें तथा राष्ट्र के उत्थान में सहायक हों।

—जयराम मिश्र

95/36 सर्वोदयनगर
इलाहाबाद—6
महाशिवरात्रि, 1981 ई०

अनुक्रम

एक

शंकराचार्य के आविर्भाव के समय भारत की धार्मिक स्थिति

आठवीं शताब्दी उत्तरार्द्ध में, भारत में जैन धर्म, बौद्ध धर्म तथा अन्य अनेक सम्प्रदायों और मत-मतान्तरों का बोलबाला था। जैन धर्म की अपेक्षा बौद्ध धर्म अधिक शक्तिशाली सिद्ध हुआ। बौद्ध धर्म ने वैदिक धर्म को खुलकर चुनौती दी। बौद्ध धर्म की उत्पत्ति के समय तो यह संघर्ष नगण्य सा था, किन्तु आगे चलकर बौद्ध धर्म के राजाश्रय प्राप्त कर लेने पर इसका रूप अत्यन्त उग्र हो गया।

हमें यह न भूलना चाहिए कि गौतम बुद्ध ने अपने धर्म की भित्ति उपनिषदों की विचार-धारा पर ही खड़ी की थी। कर्मकाण्ड की असारता, प्रपंच के मूल में अविद्या का होना, तृष्णा के उन्मूलन से ही रागद्वेष आदि बंधनों से विमुक्ति, कर्म-सिद्धान्त की प्रबलता—आदि सामान्य सिद्धान्त बौद्ध धर्म और औपनिषदिक दर्शन दोनों में ही समान रूप से पाये जाते हैं। परन्तु महात्मा बुद्ध ने अपने धर्म की विशिष्टता स्थापित करने के लक्ष्य से वेदों को अप्रामाणिक सिद्ध किया और आत्मवाद का खण्डन किया। साथ ही उन्होंने वेद-विहित यज्ञों को निस्सार सिद्ध किया। आगे चलकर इन्हीं दो बीजों के आधार पर बौद्ध दार्शनिकों ने अनेक दार्शनिक ग्रंथों का निर्माण किया। मौर्य शासकों द्वारा बुद्ध धर्म को राजाश्रय भी प्रदान किया गया। परिणाम यह हुआ कि इस धर्म की निरन्तर उन्नति होने लगी। अशोक प्रियदर्शी ने बौद्ध धर्म के प्रचार और प्रसार के लिये अपनी सारी राज्यशक्ति केन्द्रीभूत कर दी। पर अशोक का धार्मिक दृष्टिकोण उदार था। वह श्रमणों के समान ही ब्राह्मणों की भी प्रतिष्ठा करता था।

कुषाण युग में बौद्ध धर्म की असाधारण उन्नति हुई। कनिष्क अभारतीय शासक था। था तो वह शक-वंशीय, पर बौद्ध धर्म का वह प्रबल समर्थक और पक्षपाती था। उसने अपने समय में आचार्य पार्श्व की अध्यक्षता में बौद्धों की एक वृहत् सभा का आयोजन किया, जिसमें प्रख्यात भिक्षुओं ने भाग लिया। उसके राज्यकाल में अनेक बौद्ध-भिक्षु चीन जापान देशों में भेजे गये, जहाँ उन्होंने बौद्ध धर्म का व्यापक प्रचार किया।

आगे चलकर अशोक द्वारा प्रचारित बौद्ध धर्म को हीनयान की संज्ञा दी गई और कनिष्क द्वारा प्रचारित धर्म को महायान की। कालान्तर में महायान से मंत्रयान की

उत्पत्ति हुई और मंत्रयान से वज्रयान की। उस युग में बौद्धों के प्रभुत्व का आभास माधवाचार्य ने अपने ग्रंथ 'शंकर-दिग्विजय' में इस प्रकार दिया है—

सशिष्य संघाः प्रविशन्ति राज्ञां
गेहं तदादि स्ववशे विधातुम्।
राजा मदीयोऽजिरमस्मदीयं
तदाद्रियध्वं न तु वेदमार्गम्॥

(शंकरदिग्विजय, सर्ग 7, श्लोक 91)

अर्थात् ''शिष्य समुदाय सहित बौद्ध लोग राजाओं को अपने वश में करने के लिये उनके घरों में प्रवेश करते थे और यह घोषित करते कि यह राजा मेरे पक्ष का है, उसका देश हम लोगों का है। अतएव आप लोग वेदमार्ग का आदर मत करो, अर्थात् वैदिक मार्ग का परित्याग कर हमारे शास्त्र का आश्रय ग्रहण करो।''

जैन धर्म भी वैदिक धर्म का कम विरोधी नहीं था। जैन मतावलम्बियों की जितनी अधिक आस्था अपने धर्म में थी, उससे अधिक उनका उत्साह वैदिक धर्म के खण्डन में था। बौद्ध धर्म की भाँति जैन धर्म भी उपनिषदों पर ही आश्रित था, पर उसके प्रचारकों ने श्रुतियों को अप्रामाणिक सिद्ध करने में अपनी सारी शक्ति लगा रखी थी। समन्तभद्र और सिद्धसेन दिवाकर ने अपनी महत्वपूर्ण कृतियों द्वारा जैन न्याय को प्रतिष्ठित शास्त्र बना दिया था। इस प्रकार वैदिक धर्म पर बौद्धों और जैनों की दोहरी मार पड़ रही थी। सामान्य जनता दुविधा और ऊहापोह में पड़ गई थी। वैदिक धर्मावलम्बियों की विषादमयी स्थिति थी।

वैदिक धर्मावलम्बी भी अपने धर्म के पुनरुत्थान के निमित्त प्राणपण से चेष्टाशील थे। मौर्यों के पतन के पश्चात् ब्राह्मणवंशी शासक पुष्यमित्र ने वेदों की प्रतिष्ठा अक्षुण्ण रखने के लिए दो बार अश्वमेध यज्ञ किये। पुष्यमित्र के अयोध्या के शिलालेख से इसकी पुष्टि होती है। मनु की प्रसिद्ध रचना 'मनुस्मृति' भी उसी समय की रचना है। इस ग्रंथ को 'दवा की भी दवा माना' जाता है।

गुप्तवंश के नरेशों ने भी वैदिक धर्म के अभ्युदय के लिये अनेक महत्वपूर्ण कार्य किये। वे अपने को 'परम भागवत' कहते थे। उनके शिलालेखों में 'परम भागवत' का उल्लेख बड़े गर्व के साथ किया गया है। गुप्तकाल में ही पुराणों के नवीन संस्करण हुए और अनेक स्मृतियों की भी रचना हुई। गुप्त नरेशों ने अश्वमेध-यज्ञ-परम्परा का पुनरुद्धार किया। फलस्वरूप वैदिक धर्म की लहरें समस्त भारत में फिर से व्याप्त हो गईं। परन्तु गुप्त शासक अन्य धर्मों के प्रति भी अत्यधिक उदार और सहिष्णु थे, जिससे बौद्ध धर्म का उत्साह क्षीण न हुआ। बौद्धधर्मावलम्बी भी अपने धर्म के प्रचार और प्रसार में अपने ढंग से संलग्न थे।

गुप्त-नरेशों की सहिष्णुता और उदारता के कारण इस युग में वैदिक और जैन-बौद्ध दर्शन ग्रंथों के निर्माण की होड़ सी लग गई। अतः इस युग को तत्वज्ञानियों का 'संघर्ष-युग' कहना सर्वथा समीचीन होगा। इस युग में नागार्जुन, वसुवन्धु, दिङ्नाग

तथा धर्मकीर्ति ऐसे बौद्ध दार्शनिकों का लोहा वैदिक धर्मावलम्बियों को मानना पड़ा। उन्होंने आश्चर्यजनक बौद्ध-न्याय को जन्म दिया। परिणामस्वरूप वैदिक मतावलम्बी वात्स्यायन, उद्योतकर एवं प्रशस्तपाद आदि आचार्यों ने बौद्ध आचार्यों का युक्तियुक्त और तर्कपूर्ण खण्डन किया। परन्तु इतने पर भी उन्हें पूर्ण सफलता नहीं प्राप्त हुई। उस समय वैदिक धर्म की रक्षा के लिये किसी महती दिव्य विभूति की परमावश्यकता थी।

बौद्ध और जैन धर्मों के अतिरिक्त सातवीं-आठवीं शताब्दी में अन्य धार्मिक सम्प्रदाय भी प्रचलित हो गये थे। उन सम्प्रदायों का उल्लेख महाकवि बाणभट्ट ने 'हर्षचरित' में किया है। उनमें भागवत, कपिल, लोकायतिक (चार्वाक), काणाद, पौराणिक, ऐश्वर, कारणिक, कारन्धमिन् (धातुवादी), सप्ततान्तव (मीमांसक) शाब्दिक (वैयाकरण), पांचेरात्रिक प्रमुख थे। ये सभी सम्प्रदाय वेद-विरोधक और श्रुति-निन्दक थे। प्रायः अधिकांश सम्प्रदायों ने अपनी आचार-संहिताएँ निर्मित कर ली थीं। इनमें वेदों का प्रत्यक्ष विरोध प्रदर्शित किया गया था। वे अपने मतों को स्वतंत्र बता कर वेद-प्रतिपादित धर्म की अवहेलना करते थे।

इस युग में तन्त्रपूजा और तान्त्रिकों का बोलबाला था। तान्त्रिक साधना में पंच मकारों की प्रमुखता थी—

मद्यं मांस च मीनं च मुद्रामैथुनमेव च।
मकारपंचकं प्राहुर्योगिनां मुक्तिदायकम्॥

अर्थात्, मद्य, मांस, मीन, मुद्रा एवं मैथुन, ये पंच मकार योगियों के लिए मुक्तिप्रदायक माने गये हैं। सात्विक तंत्र साधना में इनका अत्यन्त गूढ़ आध्यात्मिक अर्थ है। पर इन्द्रिय-परायण, काम-पिपासु साधकों ने इन्हें भौतिक और स्थूल धरातल पर ला पटका था। पंच मकारों का सम्बन्ध अन्तर्योग से है, बाह्यपूजा से नहीं। पंच मकार इस पंचभौतिक शरीर के अन्तर्गत विद्यमान तत्वों के साक्षात् प्रतीक हैं। इन्हीं का अभ्यास तान्त्रिक साधना का मुख्य लक्ष्य है। इनके दुरुपयोग से तंत्र-साधना का ह्रास हुआ और समाज में भ्रान्त धारणा की उत्पत्ति हुई। शंकर-पूर्व भारत में शैव, शाक्त, वैष्णव एवं गाणपत्य—सभी प्रकार के तान्त्रिकों का प्रभुत्व था।

तान्त्रिकों में सबसे प्रबल और व्यापक कापालिक मत के तांत्रिक थे। यह उग्रशैव तान्त्रिक सम्प्रदाय था। मालतीमाधव, प्रबोध-चन्द्रोदय, कर्पूरमंजरी आदि संस्कृत की रचनाओं में कापालिकों का परिचय प्राप्त होता है। राजशेखर ने अपनी प्रसिद्ध कृति कर्पूरमंजरी में भैरवानन्द नामक कापालिक की अलौकिक सिद्धियों का विवरण दिया है। कापालिक मनुष्यों की हड्डियों की माला पहनते थे, आदमी की खोपड़ी में खाते थे। उन्हें भक्षाभक्ष से परहेज नहीं था। श्मशान में रहते थे। मद्य-मांस का खुलकर प्रयोग करते थे। स्त्रियों के साथ रमण करते थे। इनकी वेशभूषा, आहार-विहार, रहन-सहन से सामान्य जनता में आतंक छाया था। इनकी लाल आँखें देखकर, अटपटी, लड़खड़ाती वीणा सुनकर लोग भयभीत हो जाते थे।

शंकराचार्य के समय में कापालिक मत की अत्यधिक प्रबलता थी। माधवाचार्य ने अपनी रचना 'शंकरदिग्विजय' में श्री पर्वत पर रहने वाले उग्रभैरव कापालिक का विस्तार से वर्णन किया है। कर्णाटक प्रदेश में इनकी धूम थी। वहाँ के कापालिकों के सरदार का नाम क्रकच था। उसके यहाँ हथियारबन्द कापालिक सैनिक थे। वे भयंकर आततायी थे। क्रकच जिसे भी अपने मत में दीक्षित करना चाहता, उन्हें हथियारबन्द सैनिकों के बल पर दीक्षित कर लेता था। सामान्य व्यक्ति की बात ही क्या, राजा भी इनसे भयभीत रहते थे।

इस प्रकार धार्मिक जगत् में महान् अराजकता और अस्तव्यस्तता विराजमान थी। धर्म की आड़ में धार्मिक नेता खुलकर विषय भोग कर रहे थे। वे अपने कुकृत्यों पर धर्म की मुहर लगा कर उसे सही सिद्ध करने की चेष्टा कर रहे थे। सर्वत्र धार्मिक उच्छृंखलता और अनाचार व्याप्त था। दूसरे शब्दों में, उस समय धार्मिक डाकुओं का बोलबाला था। वे अपने जघन्य कृत्यों से सामान्य जनता के धन का तो शोषण करते ही थे, उन्होंने उसके मनोबल को भी क्षीण और दूषित कर दिया था। विविध यातनाओं, अत्याचारों, दुराचारों एवं पापाचारों से पृथ्वी काँपने लगी। धार्मिक जनता भयाक्रान्त हो 'त्राहि-त्राहि' करने लगी।

ऐसी विषम और भयावह स्थिति में धार्मिक-जगत् में किसी ऐसे उत्कट त्यागी, निस्पृह, वीतराग, धुरन्धर विद्वान्, तपोनिष्ठ, उदार, सर्वगुण-सम्पन्न अवतारी पुरुष की महान् आवश्यकता थी, जो धर्म की विशृंखलित कड़ियों को एकाकार करके उसे सुदृढ़ बनाता और धर्म का वास्तविक स्वरूप सबके सम्मुख प्रस्तुत करता।

माधवाचार्य ने शंकराचार्य के अवतार का वर्णन विस्तार के साथ किया है। उसका सारांश इस प्रकार है—

"भगवती भूदेवी और समस्त देवताओं ने जगत्-स्रष्टा ब्रह्मा के साथ कैलाश पर्वत पर जाकर पिनाकपाणि आशुतोष भगवान् शंकर की आर्त्त वाणी में करबद्ध स्तुति की। तब भगवान् शंकर उन लोगों के सम्मुख अत्यन्त तेजस्वी रूप में प्रकट हुए और उन्हें इस प्रकार आश्वासन दिया, 'हे देवगण, मैं समस्त घटनाओं से भलीभाँति विज्ञ हूँ। अतः मैं मनुष्य का रूप धारण कर आप लोगों की मनोकामना पूर्ण करूँगा। दुष्टाचार विनाश के लिए तथा धर्म के संस्थापन के लिये, ब्रह्मसूत्र के तात्पर्य निर्णायक भाष्य की रचना कर, अज्ञानमूलक द्वैतरूपी अन्धकार को दूर करने के लिए मध्याह्नकालीन सूर्य की भाँति चार शिष्यों के साथ—चार भुजाओं से युक्त विष्णु के समान इस भूतल पर यतियों में श्रेष्ठ शंकर नाम से अवतरित हूँगा। मेरे समान ही आप लोग भी मनुष्य शरीर धारण कर मेरे कार्य में हाथ बटाइये।' इतना कहकर और देवताओं को अन्य आवश्यक निर्देश देकर भगवान् शंकर अन्तर्धान हो गये।"

■

दो

शंकर का जन्म

शंकर के पूर्वज

करुणा के समुद्र, कामदेव के संहारक, महादेव भगवान् शंकर केरल प्रदेश में श्रीमद् वृषाद्रि पर्वत पर पूर्ण नदी के पावन तट पर स्वयंभू लिंग के रूप में प्रकट हुए। शंकर भगवान् की दिव्य प्रेरणा से वहाँ के राजा राजशेखर ने स्वप्न में अनेक बार उनके वैभवयुक्त अनेक चमत्कारों की अनुभूति की, जिसका परिणाम यह हुआ कि राजा राजशेखर ने अत्यन्त श्रद्धापूर्वक उस ज्योतिर्लिंग पर एक सुन्दर मन्दिर का निर्माण कराया और उसके विधिवत् पूजन का प्रबन्ध किया। भगवान् आशुतोष शिव की असीम अनुकम्पा से वह प्रदेश अतिवृष्टि, अनावृष्टि, मूषक, टिड्डी आदि अनेक प्रकार की बाधाओं से मुक्त हो गया और वहाँ सुख-समृद्धि का चिरस्थायी निवास हो गया। उस मन्दिर की पूजा करने वाले श्रद्धालु भक्तों की भी मनोकामना पूर्ण होने लगी। उस मन्दिर के समीप ही 'कालटी' नाम से प्रसिद्ध एक अत्यन्त रमणीय अग्रहार था। अग्रहार उस गाँव को कहते हैं, जहाँ ब्राह्मणों की जनसंख्या प्रधान होती है। उसी ग्राम के निवासी विद्याधिराज अथवा विद्याधर थे। आचार्य शंकर के पितामह यही विद्याधर थे। उनका वंश अपनी विद्वत्ता, कर्मनिष्ठा और सदाचार के लिये प्रसिद्ध था। पंडित विद्याधर की विद्वत्ता और आचार-विचार से आकृष्ट होकर केरल के महाराजा नै उस मन्दिर का प्रधान पद उन्हें प्रदान किया। मन्दिर से प्राप्त सात्विक आय से वे अपनी गृहस्थी सुचारु ढंग से चलाते थे। उनकी शिवभक्ति भी अद्वितीय थी। गृहस्थ होते हुए भी वे अनासक्त थे। साधु-अभ्यागतों की भरपूर सेवा करते थे।

भगवान् शंकर की कृपा से विद्याधर के घर में पुत्रोत्पत्ति हुई। वह बालक अत्यन्त तेजस्वी एवं प्रशस्त ललाटयुक्त था। वह बालक ज्ञान में शिव तथा विद्या में देवगुरु बृहस्पति के समान था। ऐसे अनुपम-बालक को देखकर विद्याधर के हर्ष की सीमा न रही। उन्होंने उपर्युक्त लक्षणों से युक्त देखकर बालक का सार्थक नामकरण किया 'शिवगुरु'।

विद्याधर ने अपने पुत्र शिवगुरु का उपयुक्त समय पर यज्ञोपवीत संस्कार करके अध्ययन के निमित्त उन्हें गुरुकुल में प्रविष्ट कर दिया। गुरुकुल में रहकर शिवगुरु वहाँ के नियमों का निष्ठापूर्वक पालन करते थे। नित्यप्रति गुरुसेवा में तत्पर रहते, भिक्षा ले आते, समिधा एकत्र करते, प्रात:संध्या यज्ञाहुति देते और परिश्रम से वेदाध्ययन करते थे। शिवगूरु अपनी मेधा और परिश्रम से कुछ वर्षों में वेद-वेदांग.

दर्शन एवं धर्मशास्त्र में पारंगत हो गये। ऐसे मेधावी और विलक्षण शिष्य को पाकर गुरु अत्यधिक आह्लादित हुए। शिक्षा-समाप्ति के अनन्तर गुरु महाराज ने ब्रह्मचारी शिवगुरु से कहा, "तात, तुम ब्रह्मचारी के रूप में यहाँ वर्षों से निवास करते रहे। ब्रह्मचर्य धर्म का विधिवत् पालन कर वेद-वेदांग में दक्ष हो गये हो। ब्राह्मणोचित सभी गुणों से सम्पन्न हो गये हो। यद्यपि मुझमें तुम्हारी पूर्ण श्रद्धा और भक्ति है, फिर भी तुम्हारे लिये यही श्रेयस्कर है कि अब अपने घर लौटकर अपने माता-पिता को आनन्दित करो और उनकी आज्ञा का पालन करो। तुम्हारे माता-पिता एवं कुटुम्बी तुम्हारे लौटने की अत्यन्त व्यग्रतापूर्वक प्रतीक्षा कर रहे होंगे। अत: निश्चित सिद्धान्त यही है कि इस संसार में जो कार्य अपराह्न में करना अभीष्ट है, उसे ज्ञानी पुरुष द्वारा पूर्वाह्न में ही कर लेना चाहिये और जो कार्य कल करने को हो, उसे आज ही करना समीचीन है। उचित समय पर बोए गये बीज से जैसी अच्छी खेती होती है, वैसी विपरीत काल में बोए गये बीज से नहीं होती। इसी प्रकार विवाह आदि संस्कार भी उचित समय पर किये जाने से फलदायक सिद्ध होते हैं। तुम्हारे माता-पिता तुम्हारे विवाह की उत्कट प्रतीक्षा कर रहे होंगे। उपनयन-संस्कार के पश्चात् ही माता-पिता की यह स्वाभाविक आकांक्षा होती है। प्रत्येक माता-पिता का, सन्तान-परम्परा कायम रखने के लिये सहज आकर्षण होता है, क्योंकि उससे उनकी वंशावली आगे चलती है। उसी से श्राद्ध और पिण्डदान परम्परा अक्षुण्ण बनी रहती है। इसके अतिरिक्त यज्ञ के सारे विधान सपत्नीक ही सम्पादित होते हैं। यह वेदों का विधान है कि पत्नी के बिना कोई भी धार्मिक अनुष्ठान सम्पादित नहीं किया जा सकता। अत: वेदानुयायियों के लिये विवाह का संस्कार अनिवार्य है।"

गुरु का यह आदेश पाकर शिवगुरु बहुत उदास हो गये। गुरु ने उनकी उदासी और खिन्नता का कारण पूछा, तो शिवगुरु ने हाथ जोड़ कर विनयपूर्ण शब्दों में कहा, "हे स्वामिन्, आपने जो कहा है वह सामान्यत: ठीक है। किन्तु वेदों के विधान में अपवाद भी मिलते हैं। वेदों में यह भी कहा गया है कि जो अत्यन्त विरक्त और संसार से पराङ्मुख है, वह ब्रह्मचर्य आश्रम से सीधे संन्यास आश्रम में प्रविष्ट हो सकता है। जिनमें त्याग भाव नहीं है, जो सांसारिक सुखों के इच्छुक हैं, जिनकी विषयों में लिप्सा है, वे विवाह करें और गृहस्थ-धर्म का पालन करें। आपकी कृपा से मेरी सारी सांसारिक वासनाएँ दग्ध हो गई हैं। मेरी आकांक्षा है कि जीवन-पर्यन्त ब्रह्मचर्य-व्रत धारण कर आपके गुरुकुल में निवास करूँ। मृगचर्म और दण्ड धारण कर प्रात:-संध्या यज्ञाहुतियाँ देकर, वेदों के पाठ और आपकी सेवा में सन्नद्ध रहूँ। वैवाहिक जीवन पहले तो आकर्षक अवश्य प्रतीत होता है, पर कुछ ही समय के बाद यह दु:खमय और आकर्षणविहीन हो जाता है। ओ स्वामिन्, आप इस परम सत्य को अपने महान् पांडित्य द्वारा क्यों छिपाने की चेष्टा कर रहे हैं? यह सत्य है कि यथोचित विधि से यज्ञानुष्ठान द्वारा मनुष्य स्वर्ग प्राप्त कर उसके अलौकिक भोगों को भोग सकता है, पर आप इस बात पर भी ध्यान दें कि यज्ञानुष्ठान कितना

कष्टसाध्य और दुःखमय है। इसके अतिरिक्त यज्ञ-विधान में तनिक भी त्रुटि आ जाने से विपरीत फल और अनिष्ट भी हो सकता है। संयोगवश यदि गृहस्थ निर्धन है और अपने परिवार का पालन-पोषण करने में असमर्थ है, अतिथि अभ्यागतों के सेवा-सत्कार करने में अक्षम है, तो उसे दारुण ताप होता है। यदि उसकी सारी अभिलाषाएँ पूर्ण हो भी जाती हैं, तो नयी-नयी अभिलाषाएँ उसके मन में अंकुरित होने लगती हैं, क्योंकि कामनाएँ अनन्त हैं। जब हृदय में कामना आ बसती है, तो शान्ति नष्ट-भ्रष्ट हो जाती है। इस प्रकार लोभ, वासना और कामना का प्रवाह गृहस्थ-धर्म में निरन्तर प्रवाहित होता रहता है। सांसारिक ऐश्वर्य और भोग क्षणभंगुर हैं। समृद्धि नष्ट होने के पश्चात् मनुष्य उसकी प्राप्ति के लिये फिर प्रयत्नशील हो उठता है। इस प्रकार यह चक्र अनवरत चलता रहता है।''

गुरु और शिष्य में यह संवाद चल ही रहा था कि इतने में शिवगुरु के पिता, विद्याधर गुरुकुल में अपने पुत्र को लेने के लिये पहुँच गये। बड़े प्रयास के पश्चात् वह अपने पुत्र को घर लौटने के लिये राजी कर पाए। इसके पश्चात् विद्याधर जी ने गुरु महाराज को पर्याप्त दक्षिणा देकर उन्हें सन्तुष्ट किया और उन्हें साष्टांग प्रणाम करके वे अपने पुत्र के साथ घर लौटे। घर पहुँचने पर शिवगुरु ने अपनी पूजनीया माता को साष्टांग प्रणाम किया। पुत्र-वियुक्त वत्सला माता ने पुत्र का स्नेहालिंगन किया। अपने औरस पुत्र का स्नेहालिंगन मलयागिरि चन्दन के लेप से भी अधिक शीतल और सुखदायी प्रतीत होता है। कई वर्षों से गुरुकुल में निवास करते हुए शिवगुरु को घर वापस आया सुनकर सगे-सम्बन्धी भी उन्हें देखने को एकत्र हो गये। कुटुम्ब के वरिष्ठ सदस्यों ने शिवगुरु को अत्यन्त स्नेह से आशीर्वाद दिया। परिवार के अन्य सदस्यों ने अपने सामर्थ्य के अनुसार उन्हें विविध उपहार दिये।

वेद, पद, क्रम, जटा आदि में शिवगुरु की प्रतिष्ठित बुद्धि को देखकर, उस पिता ने, जिसका 'विद्याधिराज' नाम भूमण्डल पर सार्थक था, अपने पुत्र से अनेक शास्त्रीय प्रश्न किये। सबसे पहले विद्याधर ने वेदों के क्रम और पद पर अनेक प्रश्न किये। तत्पश्चात् कणाद, कुमारिल भट्ट और प्रभाकर आदि अनेक दार्शनिकों के दार्शनिक सिद्धान्तों पर विविध जिज्ञासाएँ कीं। शिवगुरु ने अत्यन्त विनीत भाव से, अपने गुरु का स्मरण कर, स्मित वदन और प्रसन्नमुख से अपने पिता के प्रश्नों का युक्तियुक्त उत्तर दिया। प्रश्नों के यथोचित उत्तर पाकर विद्याधर अपने पुत्र की विद्वत्ता पर अत्यधिक मुग्ध हुए। पिता के लिये पुत्र की स्वाभाविक वाणी भी सुखद प्रतीत होती है, पर यदि वह शास्त्र सम्मत और विद्वत्तापूर्ण हो, तो उस सुख का कहना ही क्या?

शिवगुरु के प्रकाण्ड पांडित्य, सद्गुणों और आदर्श चरित्र की ख्याति सर्वत्र फैल गई। अनेक सम्भ्रान्त, सम्पन्न और कुलीन ब्राह्मण उनका विवाह करने के निमित्त उनके पिता के पास पहुँचे। उनमें से बहुत से ऐसे थे, जो अपनी कन्या के विवाह के लिये दहेज के रूप में विपुल सम्पत्ति भी देने को तैयार थे। पर शिवगुरु के पिता ने

उनके प्रस्तावों को ठुकरा दिया। अन्त में उन्होंने शिवगुरु के लिये ऐसे कुलीन वंश की कन्या का चयन किया, जो अनुपम सुन्दरी और परम विदुषी थी। कन्या के पिता का नाम मघ पंडित था। विविध ग्रन्थों में कन्या के विविध नाम मिलते हैं। कहीं उसे 'विशिष्टा' कहा गया है और कहीं 'आर्या'। इसी प्रकार कहीं उसका 'सती' नाम मिलता है, तो कहीं 'कामाक्षी'। 'विशिष्टा' नाम की ओर विद्वानों का झुकाव अधिक है। शिवगुरु और विशिष्टा का विवाह बड़ी धूमधाम के साथ सम्पन्न हुआ। नव-दम्पति ने एक दूसरे की ओर सलज्ज दृष्टि से देखा और उन्हें अपने जीवन में परस्पर पाकर अत्यधिक प्रसन्न हुए।

विवाहोपरान्त शिवगुरु और विशिष्टा गृहस्थ धर्म के पालन में आदर्श रूप से प्रवृत्त हुए। वे वेदों द्वारा निर्धारित नित्य-नैमित्तिक क्रियाओं का निष्ठापूर्वक पालन करते थे। देवों, ऋषियों, पितरों, मानवों एवं मानवेतर अन्य प्राणियों के निमित्त पंच महायज्ञ करना उनकी नैत्यिक क्रिया थी। इसके अतिरिक्त उन्होंने स्वर्गप्राप्ति के निमित्त भी अनेक यज्ञों का यजन किया, जिनमें पर्याप्त धन व्यय हुआ। विद्वान् ब्राह्मण नित्य उनका आदर-सत्कार करते थे। लोगों की दृष्टि में वे साक्षात् कल्पतरु थे। वे किसी भी याचक को निराश नहीं लौटाते थे। यज्ञानुष्ठान, परोपकार और दान-दक्षिणा देने में उनके दिन, महीने और वर्ष उत्तरोत्तर व्यतीत होते गये। वे स्वरूपवान थे। सभी दृष्टियों से सम्पन्न थे। विद्या में बृहस्पति थे, क्षमा में पृथ्वी थे, अभिमान विहीन थे। इस प्रकार वे अनेक वर्षों तक सद्गृहस्थ-धर्म के पालन में तत्पर रहे। पर गृहस्थ-धर्म के परम फल का अभाव—पुत्र का अभाव—उनके हृदय में काँटे की भाँति चुभता था। सांसारिक वैभव—लहलहाती हुई खेती, दुधारू गायें, ऊँचे-ऊँचे महल, स्नेही-सम्बन्धी, ये सभी वस्तुएँ पुत्र के अभाव में उन्हें नीरस प्रतीत होती थी। अनेक वस्तुएँ आईं, अनेक वर्ष बीते, पर शिवगुरु की मनोकामना पूर्ण नहीं हुई। पर पुत्र-प्राप्ति की आशा उनके मन में बनी हुई थी।

एक दिन शिवगुरु ने अत्यन्त दुखी होकर अपनी सहधर्मिणी से कहा, "प्रियतमे, अब हम क्या करें? कुछ सूझ नहीं पड़ता। हमलोगों के जीवन की आधी आयु समाप्त हो चली। पर अभी तक पुत्र का मुख देखने का सौभाग्य नहीं प्राप्त हुआ। गृहस्थों के लिये पुत्र-लाभ सब सुखों से बढ़कर है। किन्तु दैव-विधान से अब तक हम लोग निपुत्री हैं। सन्तान-विहीन होने के कारण हम दोनों का जीवन निरर्थक ही नहीं है, बल्कि हम पितृ-ऋण से भी मुक्त नहीं होंगे। इसके अलावा लोगों की दृष्टि में निपुत्री होना बड़ा भारी कलंक है। सांसारिक परम्परा के अनुसार पुत्र पर ही सारी प्रसिद्धि अवलम्बित है। जिस प्रकार वृक्ष के समयानुसार फूलने-फलने पर उसकी मान्यता होती है, उसी प्रकार सन्तानयुक्त होने पर लौकिक प्रतिष्ठा और मर्यादा मिलती है।"

शिवगुरु की कातर वाणी सुनकर, उनकी पत्नी, विशिष्टा ने इस प्रकार निवेदन किया, "हे प्रियतम, इस प्रकार के दुःखमय और निराश चिन्तन में समय बिताने से

क्या लाभ? आप तो सर्वशास्त्रज्ञ पंडित हैं, मैं तो साधारण बुद्धि वाली सामान्य स्त्री हूँ। अत: मैं आपको क्या परामर्श दे सकती हूँ? किन्तु मेरे मन में एक बात आई है, यदि आज्ञा हो तो मैं निवेदन करूँ।''

पत्नी की बात सुनकर शिवगुरु ने तत्काल जिज्ञासा की, ''तुम्हारे मन में जो बात आई है, उसे अवश्य कहो। सम्भव है कि उससे कुछ लाभ हो।'' पति के वाक्यों से उत्साहित होकर विशिष्टा देवी ने कहा, ''स्वामिन्, भगवान् आशुतोष शंकर मनुष्य की कामना-पूर्ति के निमित्त साक्षात् कल्पतरु हैं। उनकी आराधना से हमारी मनोकामना अवश्य पूरी होगी। महाभारत में वर्णित उपमन्यु की कथा इसका प्रत्यक्ष प्रमाण है। अपनी प्रतिमा के माध्यम से भगवान् अपने को अभिव्यक्त करते हैं। सामान्य लोग उन प्रतिमाओं को मृण्मयी और जड़ समझते हैं। पर वे प्रतिमाएँ चैतन्यमयी हैं। अश्रद्धालु और अविश्वासी व्यक्तियों के अन्तर्गत जड़ता रहती है। अतएव वे अपनी जड़ बुद्धि के कारण फल ग्रहण करने में असमर्थ रहते हैं। हमें भगवान् आशुतोष शंकर की उपासना में तत्पर हो जाना चाहिये; वे निश्चय ही हमारी मनोकामना पूर्ण करेंगे।''

बुद्धिमती श्रद्धालु सहधर्मिणी की मर्मस्पर्शी बात सुनकर शिवगुरु अत्यधिक आह्लादित हुए। वे तुरन्त ही भगवान् शंकर की आराधना और तपश्चर्या करने श्री वृषाद्रि पर्वत पर चले गये। वहाँ अर्द्धनारीश्वर चन्द्रमौलि शंकर भगवान् की दिव्य प्रतिमा की आराधना में पति-पत्नी प्रवृत्त हो गए। पुत्राभिलाषी शिवगुरु ने कुछ दिनों तक तो केवल कन्दमूल ही खाकर सदाशिव की आराधना की। तत्पश्चात् उपवास आदि कर भक्ति से पूजा में जुट गए। कठिन तपश्चर्या के कारण दोनों के शरीर अत्यन्त क्षीण हो गए, पर मुख की कान्ति अत्यधिक निर्मल हो गई। उनकी कठोर साधना और अनन्य आराधना से भगवान् आशुतोष शंकर द्रवीभूत हो गये। उन्होंने ब्राह्मण का वेश धारण किया और निद्रामग्न शिवगुरु के सम्मुख स्वप्न में प्रत्यक्ष उपस्थित होकर वे बोले, ''हे मेरे अनन्य भक्त, तुम्हारी क्या मनोकामना है? क्यों इतनी उग्र तपस्या कर रहे हो?'' इस पर द्विजश्रेष्ठ शिवगुरु ने कहा, ''हे भगवन्, पुत्र-प्राप्ति के लिए मैं तपस्या कर रहा हूँ।''

शिवगुरु की बात सुनकर भगवान् शंकर ने फिर प्रश्न किया, ''हे ब्राह्मण, मेरा कथन सत्य समझो। क्या मैं तुम्हें सर्वगुण-सम्पन्न, अल्प आयु वाला एक सर्वज्ञ पुत्र दूँ, अथवा विपरीत आचरण वाले, अधिक आयुवाले, अल्प गुणों से युक्त बहुत पुत्र दूँ? इस बात को स्पष्ट कहो।''

विप्रवेशधारी शंकर की बात सुनकर शिवगुरु स्वप्न ही में बोले, ''हे देव, मूर्ख पुत्र तो यम के समान होते हैं। यदि आप मुझ पर प्रसन्न हैं, तो मुझे बहुगुण-सम्पन्न, प्रतापी और सर्वज्ञ पुत्र प्रदान कीजिये।''

शिवगुरु की ऐसी याचना पर भगवान् शंकर ने उनसे कहा, ''तथास्तु, मैं तुम्हें ऐसा ही पुत्र दूँगा। हे द्विज, तुम्हारी मनोकामना पूर्ण होगी। मैं स्वयं ही तुम्हारे यहाँ

पुत्र रूप में अवतरित हूँगा। अतः अब अपनी सहधर्मिणी के साथ घर लौट जाओ।'' इतना कहकर भगवान् चन्द्रमौलीश्वर अन्तर्धान हो गये।

इधर आँखें खुलते ही शिवगुरु ने अत्यन्त प्रसन्न होकर अपनी पत्नी को पास बुलाया और कहा, ''हे साध्वि, प्रतीत होता है कि भगवान् आशुतोष हमारी तपस्या से अति प्रसन्न हैं। अब हमारा मनोरथ अवश्य पूर्ण करेंगे।'' ऐसा कहकर उन्होंने स्वप्न का पूरा हाल सुना दिया। सुनकर विशिष्टा देवी आनन्द-विभोर हो गईं। तत्पश्चात् दोनों ने जप, तप, व्रत आदि का शास्त्रीय रीति से समापन किया और घर लौटकर ब्राह्मणों को विपुल दक्षिणा प्रदान की। ब्राह्मणों ने सन्तुष्ट मन से शिवगुरु को आशीर्वाद दिया।

उस दिन शिवगुरु के भोजन करने के लिये रखे गये भात में भगवान् शंकर का तेज प्रविष्ट हो गया। भोजन करके सन्तुष्ट होने वाले ब्राह्मणों के आदेशानुसार शिवगुरु ने अवशिष्ट भोजन को स्वयं ग्रहण किया तदनन्तर साध्वी विशिष्टा ने भी वही प्रसाद ग्रहण किया।

कालांतर में विशिष्टा देवी ने शिव के परम तेज को गर्भ रूप में धारण किया। जैसे-जैसे गर्भ बढ़ता गया, वैसे-वैसे उनके शरीर का तेज भी बढ़ता गया। कहते हैं कि उनके शरीर का तेज मध्याह्नकालीन सूर्य के तेज के समान हो गया, जिसकी ओर दृष्टि डालना भी दु:साध्य था। उनकी मनोदशा इतनी सूक्ष्म हो गयी, कि सुन्दर पुष्पों की सुगन्धि भी उन्हें भार स्वरूप प्रतीत होती थी। ऐसी स्थिति में उन्हें आभूषणों का भार वहन करना तो और भी कष्ट साध्य था। उन्हें संसार की प्रिय से प्रिय वस्तुएँ जंजाल और प्रपंच सी प्रतीत होने लगीं। उनकी मानसिक स्थिति में एक और महान् परिवर्तन आ गया। पहले तो वे संसार की अलभ्य वस्तुओं की प्राप्ति की कामना करतीं, किन्तु जैसे ही वह वस्तु उन्हें मिल जाती, उसी क्षण उसके प्रति उनका आकर्षण समाप्त हो जाता और तुरन्त विरक्ति भावना से आच्छादित हो जाती थीं। उनके निकटतम प्रिय सम्बन्धी अनेक अलभ्य वस्तुएँ उन्हें उपहारस्वरूप भेंट करते थे, पर वे सब उन्हें सारविहीन प्रतीत होती थीं। गर्भावस्था में स्त्रियों में स्वादमयी चीजों की विशेष इच्छा होती है। पर विशिष्टा देवी की समस्त इच्छाओं का स्वतः शमन हो गया। वे संसार के परम निर्वासनिक पुत्र को जन्म देने वाली थीं, अतः उनकी समस्त इच्छाओं का स्वतः दमन हो गया था। स्वप्नावस्था में वे कभी-कभी विद्याधरों को अपनी स्तुति करते हुए सुनतीं। स्वप्न में यदा-कदा अपने को वृहत् श्वेत वृषभ पर चढ़ा हुआ देखती थीं। कभी-कभी लोगों द्वारा आराधना करते हुए और उन्हें वरदान देते हुए भी अपने को अनुभव करती थीं।

गर्भाधान काल में वे अपने अन्तर्गत परम ज्ञान और अलौकिक शक्ति-प्राप्ति की अनुभूति करती थीं। उन्हें अनुभव होता था कि उन्होंने वाद-विवाद में अपने प्रबल तर्कों द्वारा बड़े-बड़े प्रकांड पंडितों और दार्शनिकों को पराजित कर दिया है। कभी-कभी उन्हें यह भी प्रतीत होता था कि भावी शिशु के लिए उनके स्तनों में जो दुग्ध

भरा है, वह सामान्य दूध नहीं है, बल्कि संसार के बन्धनों से छुड़ाने वाला मुक्ति-प्रदाता दुग्ध है। कभी-कभी वे गर्भ में ही अपने शिशु को संन्यास-दण्ड धारण किये हुए देखती थीं। इस प्रकार विशिष्टा देवी को अनेक दिव्य भावों की निरन्तर अनुभूति होती थी।

शंकर का जन्म

विद्वानों के अनुसार शंकराचार्य का समय 788 ई० से 820 ई० तक है। इस मत की उद्‌भावना और पुष्टि का श्रेय डॉ० के० बी० पाठक को है। उन्होंने अनेक प्रमाणों द्वारा अपने मत को पुष्ट किया है।

शुभ ग्रहों से युक्त, शुभ राशि, पुनर्वसु नक्षत्र, सूर्य, मंगल और शनि उच्च स्थान एवं गुरु केन्द्रस्थ, वैशाख शुक्ल पंचमी, रविवार को मध्याह्न, विशिष्टा देवी ने तेजोपुंज बालक को उसी प्रकार जन्म दिया, जिस प्रकार श्री पार्वती जी ने कुमार को जन्म दिया था।

अपने पुत्ररत्न का मुखमण्डल देखकर शिवगुरु आनन्द-सागर में हिलोरें लेने लगे। उन्होंने स्नान कर नवजात शिशु का विधिवत् संस्कार किया। ब्राह्मणों को धन, वस्त्र, गाय, भूमि दान से पूर्णरूपेण सन्तुष्ट किया। उस अलौकिक शिशु के जन्म का प्रभाव समस्त वातावरण पर विचित्र रूप से देखा गया। उस क्षण सिंह और हाथी, व्याघ्र और मृग, साँप और चूहों—परस्पर विरोधी पशुओं और जन्तुओं ने अपने वैर-भाव का परित्याग कर दिया और परस्पर मित्रभाव से भ्रमण किया। यहाँ तक कि परस्पर घर्षण करके अपने शरीर की खुजलाहट दूर की। वृक्षों और लताओं ने फल-फूलों की वर्षा की। सभी नदी-सरोवरों का जल निर्मल और सुस्वाद हो गया। मेघ भी धीमी-धीमी वृष्टि करने लगे। पर्वतों से निर्झर झरने लगे। अद्वैत-सिद्धान्त के विपरीत ग्रन्थ विद्वानों के हाथों से अकस्मात् पृथ्वी पर गिर पड़े। श्रुतियों द्वारा प्रतिपादित शिरोभूत वेदान्त ग्रन्थ हँस पड़े। श्री व्यासदेव का चित्त आनन्द से प्रस्फुटित हो गया। सारी दिशाएँ निर्मल हो गईं और वे शीतल, मंद, सुगन्ध से आपूरित हो गईं। धूम आदि से रहित विशुद्ध ज्वालाओं से अग्निदेव हव्य पदार्थ ग्रहण कर मांगलिक प्रतीत होने लगे। शंकर के अवतार ग्रहण करने पर देवगण आकाश-मण्डल से दिव्य पुष्पों की वृष्टि करने लगे। जिस प्रकार आकाश-मण्डल प्रदीप्त सूर्य से उद्‌भाषित होता है, उसी प्रकार विशिष्टा देवी भी नवजात शिशु को अपनी गोदी में लेकर सुशोभित हुईं। जिस प्रकार पृथ्वी सुमेरु पर्वत की दिव्य ज्योति से अलंकृत होती है, उसी प्रकार शंकर को गोद में धारण करने वाली विशिष्टा देवी की कान्ति बढ़ गई।

शंकर के जन्म के अवसर पर प्रसिद्ध ज्योतिषियों का आगमन हुआ। शिवगुरु ने नवजात शिशु की कुण्डली उन्हें दिखलाई। उन्होंने कुण्डली का फल बताते हुए कहा, "हे विद्वन्, यह बालक सर्वगुण-सम्पन्न और सर्वज्ञ होगा। यह स्वतन्त्र दार्शनिक सिद्धांत (अद्वैत मत) का प्रतिष्ठाता होगा और बड़े-बड़े मानी और प्रतिष्ठित पंडितों को शास्त्रार्थ में पराजित करेगा। जब तक पृथ्वी है, तब तक इसकी

कीर्ति अमर रहेगी। हम लोग इसके सम्बन्ध में और अधिक क्या कहें, यह सभी दृष्टियों से परिपूर्ण होगा।''

शंकर की आयु के सम्बन्ध में न तो उनके पिता ने कुछ पूछा ही और न ज्योतिषियों ने ही कुछ बात बतलाई। गुणज्ञ व्यक्ति कोई ऐसी अप्रिय बात नहीं बताते, जो सुनने में कष्टप्रद और उद्वेगजनक हो।

जाति-परिजन आदि की स्त्रियाँ अनेक प्रकार के उपहार लेकर सूतिकागृह में आकर उस तेजोमय बालक के मुखकमल को देखकर अत्यधिक आह्लादित हुईं। जिस प्रकार ग्रीष्मऋतु की चाँदनी शीतल और सुखदायी प्रतीत होती है, उसी प्रकार बालक दर्शन भी प्रीतिकर प्रतीत हुआ। सूतिकागृह के दीपक का प्रकाश बहुत धुँधला था, किन्तु बालक की मुखकान्ति से सारा कक्ष प्रकाश से आच्छादित हो गया था। इस अलौकिक दृश्य से सभी आश्चर्य से भर गईं। इस अलौकिक बालक के दर्शनार्थ दिन भर नर-नारियों का ताँता बँधा रहता था। इसके दर्शन मात्र से सभी के हृदय आनन्द और शान्ति से भर जाते थे।

शिवगुरु ने इस शिशु का नामकरण किया—'शंकर'। बहुत कुछ सोच-समझ कर उन्होंने यह सार्थक नाम रखा था। पहले तो यह बालक सभी को आनन्द (सम) प्रदान करने वाला (कर) था और दूसरे यह कि इसकी उत्पत्ति शंकर जी की कठिन आराधना के फलस्वरूप उनके वरदान के कारण हुई थी।

सर्वज्ञ और सर्वशक्तिमान् होते हुए भी वह बालक सामान्य बालकों की भाँति दैनिक बाललीला करने लगा। वह सामान्य शिशु की ही भाँति मुस्कराता, पैर चलाता और उलट-पुलट करता था। पालने में उसे किलकारियाँ भरते और क्रीड़ा करते देखकर सज्जनों का हृदय आनन्द से परिपूर्ण हो जाता था, दूसरी ओर उसकी क्रीड़ाओं को देखकर अभिमानी तार्किकों का हृदय विषाद से भर जाता था। जब वह पालने में लेटा हुआ अपने पैरों को चलाता था, तो ऐसा लगता था मानो द्वैतवादियों की समस्त आशाओं को वह चूर्ण कर दे रहा है। जब उसने एकाध शब्द का उच्चारण प्रारम्भ किया, तो द्वैतवादी मौन हो गये और जब उसने खड़े होकर एक-दो कदम चलना प्रारम्भ किया, तो द्वैतवादी भयभीत होकर कोने-अँतरे में छिपने लगे। उस बालक की मृदु वाणी सुनकर कोकिल लज्जित हो गई और उसकी चाल देख कर हंसों ने अपनी गर्दन झुका ली। उसके मस्तक पर चन्द्रमा का, ललाट पर नेत्र का तथा कंधों पर त्रिशूल का चिह्न विद्यमान था। शरीर का रंग स्फटिकमणि के समान था। इन लक्षणों को देखकर अनुभवी विद्वानों ने उस बालक को चन्द्रमौलि शंकर का साक्षात् अवतार समझ लिया। जिस प्रकार नीतिनिपुण राजा की राज्यश्री, व्यसनरहित ब्राह्मण की विद्या एवं शरत्कालीन चन्द्रमा की छवि उत्तरोत्तर बढ़ती है, उसी प्रकार उस बालक की कान्तिमयी मूर्ति माता-पिता की सन्तुष्टि के साथ क्रमशः बढ़ने लगी। धीरे-धीरे रेखाएँ भी स्पष्ट प्रतीत होने लगीं। मस्तक पर बालचन्द्रमा, चरणों में चामर, हाथों में चक्र, गदा, धनुष तथा डमरू, ललाट पर त्रिशूल तथा वक्षस्थल पर सर्प के चिह्न स्पष्ट

अंकित थे। जनसमूह ने ऐसे अद्‌भुत दिव्य चिह्नित शरीर को निर्निमेष दृष्टि से देखकर उन्हें रेखाओं द्वारा चिह्नित एक चित्र समझा।

जब वैदिक धर्म की दुर्दशा होने लगी, स्वर्ग दुर्गम हो गया, मोक्ष दुष्प्राय हो गया, प्राणधारी जीवों के स्वभाव मलीन हो गये, अमानवता का बोलबाला होने लगा, समस्त जगत् में विघ्न-बाधा-रोग आदि ने डेरा डाल दिया, तब इस भूतल पर वैदिक धर्म की पुनः स्थापना के लिए भगवान् महादेव आचार्य शंकर के रूप में अवतरित हुए। उस समय आचार्य शंकर के आविर्भाव की महान् आवश्यकता थी। यदि उनका अवतरण उस समय न हुआ होता, तो न जाने वैदिक धर्म किस पाताल के गहरे गर्त में गिरकर समाप्त हो गया होता। शंकर के जन्म का यही रहस्य है।

■

तीन

मानव रूप में अन्य देवताओं का आविर्भाव

मस्तक में बाल-चन्द्र-धारी शंकर को अवतरित हुआ जानकर अन्य श्रेष्ठ देवता भी भूतल पर अवतरित हुए। उन्होंने षट् शास्त्र-ज्ञाता वेदज्ञ ब्राह्मणों के यहाँ जन्म लिया। सकल कलाओं के निधान भगवान् विष्णु ने 'विमल' नामक विद्वान् के घर में अवतार लिया। उनका प्रारम्भिक नाम विष्णुशर्मा था। संन्यास लेने के बाद शंकराचार्य ने उन्हें 'सनन्दन' और पद्मपाद नाम दिये थे। उन्होंने प्रतिपक्षियों के यश को विपत्ति में डाल दिया था। वायु देवता, उद्भट कर्मकाण्डी प्रभाकर के यहाँ अवतीर्ण हुए। उनका प्रारम्भिक नाम 'पृथ्वीधर' था, पर आगे चलकर 'हस्तामलक' नाम से विख्यात हुए। उन्होंने अपने पाण्डित्य से विपक्षियों का मान-मर्दन किया। अग्निदेव के दशमांश से तोटक की उत्पत्ति हुई। उन्होंने अपने ज्ञान के अगाध समुद्र में सभी वादियों को डुबो दिया। जितने भी प्रतिपक्षी उनके सम्मुख आये, सभी को उनके ज्ञान के सम्मुख नतमस्तक होना पड़ा। शिलादि के पुत्र 'नन्दी' उदंक नाम से प्रसिद्ध विद्वान् हुए। उन्होंने अपने विपक्षियों को पराजित किया और अतुल कीर्ति अर्जित की। इसी प्रकार ब्रह्मा सुरेश्वर के रूप में, बृहस्पति अथवा गणेश आनन्दगिरि के रूप में तथा वरुण चित्सुख के रूप में आविर्भूत हुए।

महिष्मती में मण्डन के रूप में ब्रह्मा के अवतार लेने के बाद सरस्वती भी सोन नदी के तट पर एक सम्पन्न एवं विद्वान् ब्राह्मण, विष्णुमित्र के गुह में अवतरित हुईं। वह भारती, उभयभारती और सरस्वती आदि नामों से विख्यात हुईं। दुर्वासा ऋषि के शाप के कारण सरस्वती को भूमण्डल पर स्त्री रूप में जन्म लेना पड़ा। ब्रह्मलोक में एक बार ऋषिगण, ब्रह्मा के समीप वेदपाठ कर रहे थे। पाठ करते समय दुर्वासा ऋषि से एक त्रुटि हो गई। इस पर सरस्वती हँस पड़ीं। दुर्वासाजी ने क्रुद्ध होकर सरस्वती को शाप दिया, "अरी अविनते, पृथ्वी तल पर मनुष्यों के बीच, तुम जन्म धारण करो।" इस पर सरस्वती जी भयार्त होकर दुर्वासा के चरणों में गिरकर क्षमा-याचना करने लगीं। अन्य ऋषियों ने भी दुर्वासा जी से प्रार्थना की कि सरस्वती का अपराध आप क्षमा करें। ऋषियों द्वारा सन्तुष्ट किये जाने पर दुर्वासा जी ने अपने शाप में इस प्रकार सुधार किया, "स्त्री रूप में तो तुम्हें अवतरित होना ही पड़ेगा। किन्तु जब मनुष्य रूप में अवतरित भगवान् शंकर का तुम्हें दर्शन होगा, तब तुम शापमुक्त होकर पुनः अपने स्थान पर वापस लौट आओगी।" इस प्रकार दुर्वासा से शापित सरस्वती भूतल पर अवतरित हुईं।

मण्डन मिश्र और भारती का विवाह

भारती को जन्म से ही सारी विद्याएँ सहज रूप में प्राप्त हो गईं। बाल्यावस्था में ही वे वेद, वेदांग और समस्त शास्त्रों में पारंगत हो गईं। उनकी इस असाधारण प्रतिभा को देखकर, सभी लोग आश्चर्य में पड़ गये। भारती के गुण, शील, सौन्दर्य, विद्या आदि को सुनकर विश्वरूप (मंडन मिश्र) उनके प्रति अत्यधिक आकृष्ट हो गये। भारती का भी विश्वरूप के प्रति यही आकर्षण था। इस प्रकार दोनों का प्रेम एक दूसरे के प्रति प्रगाढ़ होता गया। स्वप्न में ये दोनों परस्पर दर्शन और वार्तालाप करने लगे। जाग्रतावस्था में वे परस्पर वियोग में तड़पने लगे। इस प्रकार उन दोनों ने प्रत्यक्ष रूप से एक दूसरे को नहीं देखा, पर एक दूसरे के गुणों और विद्या से आकृष्ट होकर प्रेम-बन्धन में बँध गये। विरह के कारण दोनों की शारीरिक स्थिति अत्यन्त शोचनीय हो गई। उन्हें न नींद आती और न भूख लगती थी। शरीर अत्यधिक क्षीण और पीला पड़ गया। दोनों के अनुभवी पिताओं ने अपनी सन्तानों के इस शारीरिक परिवर्तन को तुरन्त ताड़ लिया। विश्वरूप के पिता ने अपने पुत्र से प्रश्न किया, "बेटा विश्वरूप, तुम आजकल इतने दुबले क्यों होते जा रहे हो? तुम्हें हो क्या गया है? तुममें किसी रोग का भी कोई लक्षण नहीं दिखलाई पड़ता। इस प्रकार की दुर्बलता किसी प्रिय व्यक्ति के विरह में संभव होती है अथवा किसी प्रकार के दैवी-दुर्विपाक में। किन्तु इनमें से कोई भी बात तुम्हारे ऊपर नहीं लागू होती। पर बिना कारण के कोई प्रतिफल नहीं होता। तुम्हारे विवाह का उपयुक्त समय भी नहीं समाप्त हुआ है। अतएव उस सम्बन्ध में भी किसी प्रकार की चिन्ता नहीं होनी चाहिए। न तो तुम्हें दरिद्रता का कोई कष्ट है और न अपमान का। हम लोगों के ऊपर तो गृहस्थी के भार का महान् उत्तरदायित्व है। तुम उस प्रपंच से भी मुक्त हो। तुममें विद्या की भी कमी नहीं है। तुममें इतनी विद्वत्ता, पांडित्य एवं तर्कशक्ति है कि महान् से महान् प्रतिपक्षी से भी शास्त्रार्थ में पराजित नहीं किये जा सकते हो। तुम्हारे ऊपर किसी पाप का बोझ नहीं है, जिसके कारण उसकी चिन्ता अथवा भय तुम पर सवार हो, क्योंकि स्वप्न में भी तुम सत्य पथ से विचलित नहीं हुए हो। ऐसी परिस्थिति में तुम्हें नरक जाने का भी कोई भय नहीं है। तब तुम्हारी मुखकान्ति दिन-प्रतिदिन क्यों मलिन होती जा रही है?"

पिता के बार-बार आग्रह करने पर, अन्त में विश्वरूप ने उन्हें एक दिन अपनी मनोव्यथा इस प्रकार बतलाई, "हालाँकि, मुझे अपनी मनोदशा बतलाने में अत्यधिक संकोच हो रहा है, पर उसे अभिव्यक्त करने में विवश हूँ। आप इसके सम्बन्ध में मुझसे बहुत दिनों से जिज्ञासा करते आ रहे हैं, अतः आपसे ठीक-ठीक बात बता देना मेरा परम कर्तव्य है। सोन नदी के तट पर एक कुलीन और सम्भ्रान्त ब्राह्मण रहते हैं। उनकी एकमात्र कन्या है भारती। वह अपने रूप-सौन्दर्य, आचार-विचार, पाण्डित्य एवं शील के लिए विख्यात है। मेरी यह अभिलाषा है कि मैं उसको अपनी सहधर्मिणी के रूप में वरण करूँ।" विश्वरूप की बात सनकर उनके पिता ने तो

ब्राह्मणों को तुरन्त ही सोनपुर भेजा। वे दोनों ब्राह्मण अपने दौत्य-कर्म के लिए प्रसिद्ध थे। अनेक प्रदेशों में भ्रमण करते हुए दोनों ब्राह्मण भारती के पिता के गाँव में पहुँचे।

उनके पहुँचने के कुछ ही पहले भारती और उसके पिता के बीच भी वार्ता चल रही थी। भारती के पिता ने भी उससे उसके गिरते हुए स्वास्थ्य के सम्बन्ध में प्रश्न किया। इस पर उसने इस प्रकार उत्तर दिया, ''पिताजी, विश्वरूप नाम के एक प्रसिद्ध ब्राह्मण हैं। वे सभी शास्त्रों में निष्णात हैं। मैं उन्हीं के साथ विवाह करना चाहती हूँ। इस सम्बन्ध में मैं आपका अनुग्रह चाहती हूँ।''

वे दोनों सन्देशवाहक ब्राह्मण भारती के पिता के पास पहुँचे। दोनों ही श्वेत वस्त्र धारण किये हुए थे और हाथ में सोंटा लिए थे। भारती के पिता ने आवभगत से उनका स्वागत किया और उनके आगमन का कारण पूछा। उन्होंने बताया, ''हम दोनों विश्वरूप के पिता, हिममित्र के द्वारा आपके पास भेजे गये हैं। बात यह है कि वे अपने पुत्र, विश्वरूप का विवाह आपकी गुणवती कन्या के साथ करना चाहते हैं। दोनों ही अपनी आयु, वंश-परम्परा, विद्या, चरित्र, स्वभाव के कारण एक दूसरे के लिए उपयुक्त जीवन-सहचर सिद्ध होंगे। इसे विधि का विधान ही मानें।''

उनके इस प्रस्ताव पर भारती के पिता ने उत्तर दिया, ''मेरे लिये तो विवाह का यह प्रस्ताव सर्वथा स्वीकार है। पर इस सम्बन्ध में मुझे अपनी पत्नी से परामर्श लेना है। कन्या के विवाह के सम्बन्ध में उन्हीं की राय अन्तिम होगी। यदि मैं उनकी राय के बिना विवाह मान भी लूँ, तो बाद में कुछ होने-जाने पर वे सारा दोष मुझ पर ही थोपेंगी।'' जब भारती के पिता ने अपनी पत्नी की स्वीकृति चाही, तो उन्होंने कहा, ''ये दोनों ब्राह्मण बड़ी दूर से यहाँ आये हैं। विवाह स्वीकार करने के पूर्व, आप इस पर भलीभाँति सोच-बूझ लीजिये, ताकि हमें अपनी बात से पीछे न हटना पड़े। वे दूर देश से आ रहे हैं, बिलकुल अपरिचित हैं। उनके सम्बन्ध में हमें कोई जानकारी भी नहीं है। शास्त्रीय-विधान के अनुसार कन्या के विवाह के सम्बन्ध में सात बातें विचारणीय हैं—वंश-परम्परा, चरित्र, आयु, रूप-सौन्दर्य, विद्या, धन-सम्पत्ति तथा माता-पिता का संरक्षण। इन सात बातों के अतिरिक्त और किसी भी वस्तु की आवश्यकता नहीं है।''

पत्नी के इस कथन का उत्तर भारती के पिता ने इस प्रकार दिया, ''प्रिये इस विवाह के प्रस्ताव के सम्बन्ध में तुम्हारी कही हुई सातों बातों पर विचार करना असम्भव प्रतीत होता है। क्या कुंडिन-नरेश ने अपनी कन्या रुक्मिणी का विवाह यदुवंशी श्रीकृष्ण के साथ नहीं किया? श्रीकृष्ण का वंश रुक्म के वंश से हेठा था। उन्होंने रुक्मिणी के विवाह में उपर्यक्त सातों बातों पर विचार नहीं किया। उन्होंने केवल श्रीकृष्ण के व्यक्तित्व को ही प्रमुखता दी। हमारी कन्या के विवाह के सम्बन्ध में भी यह दृष्टान्त सर्वथा अनुकूल है। इस विश्वरूप को जानती हो कि वह कौन है? वह कुमारिल भट्ट का योग्यतम शिष्य है। उसने शास्त्रार्थ में प्रसिद्ध-प्रसिद्ध बौद्ध और जैन आचार्यों को पराजित किया है। उसने वैदिक धर्म की पुनर्प्रतिष्ठा की

है। इस अलौकिक बात के अतिरिक्त उसके अन्य और गुणों को जानने की आवश्यकता ही क्या है? विद्या ही ब्राह्मणों की परम सम्पत्ति है। भौतिक ऐश्वर्य तो उसकी दृष्टि में नगण्य है। यह विद्या-धन विद्वान् व्यक्ति का साथ-साथ अनुगमन करता है। विद्या-धन चोर-डाकुओं के भय से सदैव मुक्त है। सांसारिक धन के पीछे अनेक दोष भी हैं। सांसारिक धन नश्वर है और आता-जाता रहता है। इसे बड़े यत्न और सतर्कता से रखना पड़ता है। यह वेश्यागमन कराता है। चोर-उचक्के, राजा और सम्बन्धी आदि इस पर आँख लगाये रहते हैं और मौका पाते ही इसे दबोच लेते हैं। धनी व्यक्ति चिन्ताओं से सदा घिरा रहता है। वह अपने धन की सुरक्षा के लिये उसे जमीन में गाड़ देता है। इसकी जानकारी होने पर चोर उसे चुपके से खोद लेते हैं। यदि कहीं इसके गाड़ने का स्थान नदी का तट हुआ, तो बाढ़ इसे बहा ले जाती है। शास्त्रों का भी कथन है कि पिता को कन्या अपने घर में अधिक दिन नहीं रखनी चाहिये। योग्य होने पर उसका विवाह तत्काल कर देना चाहिये।''

उनकी बात सुनकर, उनकी पत्नी ने कहा, ''बस, बहुत बहस कर चुके। कृपया, पुत्री, भारती की भी सहमति जान लीजिये। यदि वह इसे स्वीकार कर लेती है, तो आप हमलोगों की स्वीकृति ब्राह्मणों को दे दीजिये।'' भारती ने अपने माता-पिता का प्रस्ताव सलज्ज भाव से स्वीकार कर लिया।

अन्त में विवाह का प्रस्ताव स्वीकार हो गया। उन दोनों ब्राह्मणों के अतिरिक्त भारती के पिता ने अपना भी एक सन्देशवाहक ब्राह्मण विश्वरूप के पिता के पास भेजा। तीनों ब्राह्मणों ने पहुँच कर विवाह की स्वीकृति का सन्देश विश्वरूप के पिता को सुनाया। उनके हर्ष की सीमा न रही। सगे-सम्बन्धियों और इष्टमित्रों को इसकी सूचना दे दी गई। सभी लोग अत्यधिक आह्लादित हुए। शुभ मुहूर्त में बारात रवाना होकर सोनपुर पहुँची। विश्वरूप का अनुपम सौन्दर्य देखकर भारती के पिता विष्णुमित्र, अत्यधिक प्रसन्न और सन्तुष्ट हुए। उन्होंने विश्वरूप के पिता को सम्बोधित करते हुए कहा, ''भगवन्, मेरी पुत्री, मेरा घर-द्वार, सारी सम्पत्ति, मैं स्वयं आपके चरणों में समर्पित हूँ।'' उनकी इस विनयपूर्ण वाणी को सुनकर विश्वरूप के पिता, हिममित्र ने कहा, ''भगवन्, हम अत्यन्त भाग्यशाली हैं। आपके पवित्र कुल की कन्या प्राप्त कर हमारा कुल भी पवित्र हो गया। कहाँ आप ऐसा उद्भट विद्वान् और कहाँ तुच्छ प्राणी मैं।''

इस प्रकार पारस्परिक अनुनय-विनय करते हुए दोनों समधी आनन्द-समुद्र में गोते लगा रहे थे। विश्वरूप और भारती दोनों ही अपने सहज रूप से स्वयं दीप्तिमान प्रतीत हो रहे थे। उन्हें किसी बाह्य शृंगार की आवश्यकता नहीं थी। फिर भी लौकिक मर्यादा के अनुरूप वर-वधू शृंगारों से सुसज्जित बहुत ही कमनीय और चित्ताकर्षक लग रहे थे। कहा जाता है कि विवाह-मुहूर्त स्वयं भारती ने निकाला था, जिसकी बड़े-बड़े ज्योतिषियों ने भी सराहना की थी। उसी शुभ मुहूर्त में वैदिक रीति से विवाह-कार्य सम्पन्न हुआ। दोनों समधियों ने दिल खोलकर ब्राह्मणों को

दक्षिणा, सम्बन्धियों और इष्टमित्रों को उपहार प्रदान किये। पुरोहितों, ब्राह्मणों, सम्बन्धियों और इष्टमित्रों के चले जाने के बाद विश्वरूप को अपने श्वसुर के यहाँ चार दिनों तक और रुकना पड़ा। उस बीच उन्हें भारती के साथ विशेष यज्ञ करना पड़ा।

नव-दम्पत्ति को माता-पिता की शिक्षा

जब भारती के विदा होने का अवसर आया, तो उसके पिता ने विश्वरूप को सम्बोधित कर कहा, ''वत्स, मेरा निवेदन ध्यान से सुनो। इकलौती पुत्री होने के कारण यह लड़की बड़े लाड़-प्यार में पली है। इससे काम नहीं कराया गया है, अतः इस सम्बन्ध में भोली-भाली और अनुभव-विहीन है। दिन भर अपनी सखी-सहेलियों के साथ खेलती रहती थी। भूख लगने पर ही रोती-चीखती घर में आती और भोजन माँगती थी। गृहस्थी का कार्य इसे नहीं सिखाया गया है। अतः इसे भोली-भाली बच्ची समझना और वैसा ही व्यवहार इसके साथ करना। इस कुमारी को केवल कोमल शब्दों में आज्ञा देना। कठोर शब्दों से इसका कोमल हृदय विदीर्ण हो जाएगा। कुछ व्यक्ति तो कठोर शब्द सुनने के आदी होते हैं, और कुछ मृदु के। यह मृदु शब्दों को सुनने की आदी है। एक बार एक दैवज्ञ ने इसकी आकृति देखकर कहा था, 'यद्यपि यह लड़की देखने में मानवी दिखलाई पड़ती है, पर है यह साक्षात् देबी। इसमें सर्वज्ञता के सभी लक्षण विद्यमान हैं। अतः इसके साथ रुखाई नहीं बरतनी चाहिये। अपने जीवनकाल में यह एक बार दो प्रकाण्ड विद्वानों के शास्त्रार्थ के बीच मध्यस्थ (निर्णायक) का पद ग्रहण करेगी।' हे वत्स, हमारी ओर से अपनी माता से इस प्रकार कहना, 'वहाँ पहुँचने पर इसकी सारी शिक्षा का भार आपके ऊपर है। इसके साथ अत्यन्त सतर्क एवं धैर्यपूर्ण व्यवहार की आवश्यकता है। अपने लड़कपन के कारण यह बहुत-सी त्रुटियाँ कर सकती है। परन्तु सास को उन त्रुटियों पर ध्यान नहीं देना चाहिये। हम सबका उत्तरोत्तर विकास होता है, एकबारगी नहीं।' हम लोग ये बातें आपकी माताजी से प्रत्यक्ष नहीं कह सकते। अतएव आपके माध्यम से हम यह सन्देश भेज रहे हैं।''

इसके बाद भारती की माता ने पुत्री को सम्बोधित करते हुए कहा, ''प्रिय पुत्री, अब तुम गृहस्थ धर्म में प्रवेश कर रही हो। इसमें सफल होने का पूर्ण प्रयास करना। यदि तुम लड़कपन का व्यवहार वहाँ भी करोगी, तो लोग तुम्हारी हँसी उड़ायेंगे। अतः ससुराल में फूँक-फूँक कर कदम रखना। वहाँ वाले तुम्हें वधू के रूप में देखेंगे। अतः उनका दृष्टिकोण हमारे दृष्टिकोण से सर्वथा भिन्न होगा। विवाह के पूर्व लड़की के माता-पिता उसके संरक्षक माने जाते हैं; पर विवाहोपरान्त उसका पति ही सब कुछ हो जाता है। अतः अपने को पति का अंग ही मानना। यही सहधर्मिणी का सच्चा अर्थ है। पति-परायणा होने पर स्त्री लोक-परलोक दोनों पर आसानी से विजय कर लेती है। अन्यथा यह असम्भव है। पति के भोजन किये बिना, तुम भोजन मत करना। पति जब कभी दूरस्थ प्रदेश में गये हों, तब तुम आभूषणों से अपना शरीर मत

सजाना। स्नान-भोजनादि के विषय में तो पूर्वापर आदि का नियम है ही, अर्थात् पति के स्नान-भोजनादि कर लेने पर ही तुम उनके पश्चात् करना। इस सम्बन्ध में वृद्धा स्त्रियों का आचरण ही परम प्रमाण है।''

''यदि तुम्हारे पति क्रोध में कुछ कह रहे हों, तो तुम उनके क्रोध का अनुकरण मत करना। बल्कि उस स्थिति में भी भद्रता और मृदुता का व्यवहार करना। अपनी बाह्य चेष्टाओं से भी यही प्रदर्शित करना कि पति का समस्त व्यवहार तुम्हें सह्य है। इस प्रकार थोड़े ही समय में सब कुछ ठीक हो जायेगा। हे सुभगे, पति के सामने भी परपुरुष के साथ तुम्हें कभी बातचीत नहीं करनी चाहिये। यह तुम्हारे लिये मेरा विशेष उपदेश है। एकान्त में परपुरुष के साथ क्या कहा गया है, ऐसी शंका स्त्री-पुरुष के स्नेह को नष्ट कर देती है।''

''हे पुत्री, पति के आने पर सब काम-काज छोड़कर, शीघ्र उठकर जल से उसके पैर धोना और उसकी अभिरुचि के अनुसार काम करना। हे सती, इस संसार में अपना जीवन अथवा सुख अणुमात्र भी तुम्हारे लिये अपेक्षणीय नहीं है। पति का ही सुख तुम्हारा सुख है और उसकी सन्तुष्टि तुम्हारी सन्तुष्टि। पति के अनुपस्थित होने पर यदि कदाचित् तुम्हारे घर पर तत्सम्बन्धी वृद्ध लोग आ जायँ, तो उनकी सम्मानपूर्वक पूजा करनी चाहिये, अन्यथा निराश होकर वे तुम्हारे कुल के दाहक हो जायेंगे।''

''हे मृगनयनी, माता-पिता के समान सास-ससुर की सेवा करना, भाई के समान अपने देवरों के साथ व्यवहार करना। अपने स्नेही-जनों का आदर करना तुम्हारा परम कर्तव्य है। यदि वे किसी प्रकार क्रुद्ध हो जाएँगे, तो आपस का प्रेमभाव सदा के लिये टूट जायेगा। यह मेरी मानसिक धारणा है।''

इस शिक्षा-प्राप्ति के अनन्तर नव-दम्पत्ति अपने घर पहुँचे। थोड़े ही समय में भारती अपने पतिगृह में अपनी विद्वत्ता के लिये प्रसिद्ध हो गईं। दोनों ही परिवारों में सम्मानित होने के कारण भारती का नया नाम 'उभय भारती' पड़ गया। हमें यह स्मरण रखना चाहिये कि यह 'उभय भारती' साक्षात् सरस्वती थीं। दुर्वासा ऋषि के शाप के कारण उन्हें मानवी रूप धारण करना पड़ा। आगे चलकर यही सरस्वती दुर्वासा ऋषि के शाप की अवधि बिताती हुई विशिष्ट विद्वानों की सभा में शंकराचार्य और मंडन मिश्र के शास्त्रार्थ की निर्णायिका बन कर शंकराचार्य की सर्वज्ञता प्रमाणित करेंगी।

इधर शंकर अपनी माया का आश्रय लेकर, मनुष्य शरीर धारण कर विविध मानवी लीलाएँ कर रहे हैं। वे सर्वज्ञ और सर्वशक्तिमान होने पर भी शिशुलीला कर रहे थे। शिशुओं के अनुरूप वे क्रीड़ा की अनेक वस्तुओं के लिये मचलते थे। जैसे मर्यादा पुरुषोत्तम श्री रामचन्द्र जी ने और लीला पुरुषोत्तम श्रीकृष्ण जी ने अयोध्या और गोकुल में अपनी शिशु-लीलाएँ कीं, उसी प्रकार शंकर भी अपनी मातृभूमि, कालटी में अनेक प्रकार की बाल-लीलाएँ करके लोगों को आनन्दित किया। जिस

प्रकार महाविष्णु शिशु रूप धारण कर वटवृक्ष के एक पत्ते पर लेटे हुए, समस्त जगत् के भूत, वर्तमान और भविष्य के द्रष्टा बने रहे, उसी प्रकार शंकर भी शिशु रूप में सारे संसार के साक्षी बने रहे। लीला से पालने में झूलने वाले कमनीय क्रीड़ायुक्त उस अद्‌भुत बालक को लोगों ने निर्निमेष दृष्टि से सदा उसी प्रकार देखा, जिस प्रकार गोकुल-निवासियों ने पालने में झूलने वाले शिशु कृष्ण को देखा था।

उनकी श्यामल कोमल केश राशि नवीन बादलों की कान्ति के समान थी। उनके स्वरूप में ब्रह्मा, विष्णु, महेश तीनों के स्वरूप का सम्मिश्रण प्रतीत होता था। यह वह समय था, जब बौद्धों, जैनों, कापालिकों, पाशुपतों और वैष्णवों द्वारा वैदिक धर्म का उन्मूलन किया जा रहा था। ऐसे समय भगवान् आशुतोष शिव ने शंकर के रूप में अवतीर्ण होकर वैदिक धर्म की रक्षा की और संसारविटपी में भटकते हुए प्राणियों को मोक्ष-मार्ग प्रदर्शित किया।

■

चार

बाल्यावस्था के प्रथम सात वर्ष

अत्यन्त प्रतिभासम्पन्न

बालक शंकर ने आयु के प्रथम वर्ष में ही सभी अक्षरों तथा अपनी मातृभाषा—मलयालम को सीख लिया। द्वितीय वर्ष में विधिवत् पढ़ना सीख लिया और तृतीय वर्ष में काव्य और पुराणों को श्रवण मात्र से ही समझ लिया। शंकर बाल्यकाल से ही श्रुतधर थे, अर्थात् एक बार की सुनी हुई वस्तु, उनके मानस पटल पर सदैव के लिये अंकित हो जाती थी। उन्होंने अपने अध्यापक को किसी प्रकार कष्ट नहीं दिया। एक बार पाठ सुनने से सब कुछ समझ लेते तथा अन्य सहपाठियों को अध्ययन में सहायता करते। रजोगुण और तमोगुण से रहित होने के कारण उन्होंने समस्त विद्याएँ अल्प काल ही में सीख लीं।

तृतीय वर्ष में उनका चूड़ाकरण-संस्कार सम्पन्न हुआ। सिर मुण्डित होने पर बालक शंकर का दिव्य शरीर इस प्रकार देदीप्यमान हुआ, जिस प्रकार घी की आहुति से अग्नि चमकने लगती है। उस समय महान् आश्चर्यजनक घटना घटित हुई। अध्ययन में किसी प्रकार की भी अपेक्षा न करते हुए, उस बालक ने ''भूः, भुवः, स्वः'' इन तीन व्याहृतियों का प्रथम उच्चारण कर समस्त वेदों और वेदांगों को पढ़ डाला। इसके अतिरिक्त साहित्य और गूढ़ तर्कशास्त्र में भी निपुणता प्राप्त कर ली। वे शास्त्रार्थ में विख्यात विद्वानों को परास्त करने लगे। वे वाक्-चातुरी में देवगुरु बृहस्पति से भी बढ़कर थे। बड़े-बड़े प्रसिद्ध शास्त्रार्थी उनकी प्रतिभा के सम्मुख नतमस्तक हो गये। शेषनाग की वाणी को तिरस्कृत करने वाले उस बालक की वाक्पटुता और सर्वशक्ति के सम्मुख अनेक प्रसिद्ध प्रतिपक्षियों की वाणी मूक हो जाती। बालक के मुख मण्डल की दिव्य कान्ति और तेजस्विता देखकर अनेक लोग श्रद्धा-भक्ति से युक्त होकर उन्हें साक्षात् शिव समझते थे। शिवगुरु ने अपने बालक की अलौकिक शक्ति को देखकर अपने एवं समस्त परिवार को परम सौभाग्यशाली और धन्य समझा। बालक की प्रतिभा सूर्य के तेज के समान जगत् में व्याप्त होने लगी। किन्तु शिवगुरु के भाग्य में उस बालक की पूर्ण प्रतिभा का विकास देखना नहीं लिखा था। शंकर की आयु मुश्किल से तीन वर्ष की थी कि उनके पिता शिवगुरु का देहान्त हो गया। शिवगुरु के मन में पाँचवें वर्ष में अपने पुत्र के यज्ञोपवीत-संस्कार करने का विचार था। पर दैवी गति के

आगे किसी की भी नहीं चल पाती। मृत्यु भले-बुरे किसी को भी नहीं छोड़ती। वह स्वयं बालक का उपनयन-संस्कार करना चाहते थे, परन्तु मनुष्य के प्रारम्भिक तथा शेष रहे कार्यों के विषय में सोचने के लिए यमराज के पास समय ही कहाँ? इस संसार में न तो सुयोग्य पुत्र-प्राप्ति सुलभ है और न पुत्र के वैभव को देखना ही। इस विषय में शिवगुरु से बढ़कर दृष्टान्त कौन हो सकता है? उन्होंने कठिन तपश्चर्या से पुत्ररत्न तो प्राप्त किया, किन्तु उसके उदित प्रभाव तथा वैभव को वे स्वयं न देख सके।

वैधव्य दुःख से प्रताड़ित, विशिष्टा ने अपने मृत पतिदेव की अंत्येष्टि-क्रिया अपने स्वजनों की सहायता से विधिपूर्वक की। जो अपने से साध्य थीं, वे क्रियाएँ स्वयं कीं। उन्होंने एक वर्ष तक कठिन व्रत का पालन किया। वर्षी पूर्ण हो जाने पर उन्होंने अपने पुत्र शंकर के यज्ञोपवीत संस्कार के सम्बन्ध में विचार करना प्रारम्भ किया।

शंकर के पाँचवें वर्ष में, उनकी माता विशिष्टा ने सुन्दर योग और शुभ मुहूर्त्त में उनका उपनयन संस्कार शास्त्रीय विधि से सम्पन्न कर दिया। विद्वान् ब्राह्मण एवं समस्त परिजन उस संस्कार में सम्मिलित हुए थे। इस शुभ कार्य से उन्हें परम सन्तोष हुआ।

उपनयन-संस्कार के पश्चात् शंकर विद्याध्ययन के लिये गुरु के समीप भेजे गये। उन्होंने अल्पकाल में अपने गुरु से चारों वेदों और षट्-शास्त्रों का अध्ययन कर लिया। उस छोटे बालक की अद्भुत प्रतिभा देखकर लोगों के आश्चर्य का ठिकाना न रहा। उनके सहपाठी साथ पढ़ने में असमर्थ सिद्ध हुए, क्योंकि बालक शंकर अतिशीघ्र बहुत-सा पाठ समझ कर कण्ठस्थ कर लेते थे। उनकी अद्भुत अध्ययन-शक्ति के सम्मुख गुरु भी अपने को अध्यापन में अक्षम समझने लगे। दो-तीन मास के अध्ययन से ही बालक शंकर विद्या के सभी अंगों में गुरु के समान निष्णात हो गये। बालक की अलौकिक प्रतिभा को देखकर गुरु ने उन्हें मन ही मन अवतारी पुरुष समझ लिया। बालक शंकर वेद-ज्ञान में ब्रह्मा के समान, वेदांगों के विषय में गार्ग्य के समान, उनके तात्पर्य निर्णय करने में बृहस्पति के समान, वेद-विहित कर्मकाण्ड के निर्णय में जैमिनि के समान एवं वेदों द्वारा प्रकट किये गये ज्ञान के प्रतिपादन में व्यास के समान थे। उनमें पाण्डित्य की इतनी व्यापकता और विशालता थी कि वे व्यास की साक्षात् प्रतिमूर्ति प्रतीत होते थे। उन्होंने कणाद और गौतम रचित तर्कशास्त्र, कपिल के सांख्यशास्त्र, पतंजलि विरचित योगशास्त्र एवं कुमारिल के वार्तिक समूह का भलीभाँति अध्ययन कर लिया। पर उनकी आन्तरिक वृत्ति उपनिषदों द्वारा प्रतिपादित अद्वैत ज्ञान में ही रमती थी। उनकी दृष्टि में अन्य शास्त्र कूप के सदृश थे और अद्वैत ज्ञान (वेदान्त) अपार और अगाध समुद्र के समान। सभी दर्शनों के अध्ययन की समाप्ति तो वेदान्त—अद्वैत दर्शन में ही होती है।

गुरुगृह-निवास के नियमानुसार शंकर एक दिन कुछ ब्रह्मचारियों के साथ भिक्षा के लिये एक दरिद्र ब्राह्मण के घर पहुँचे। ब्राह्मण-पत्नी ने उन ब्रह्मचारियों से सादर कहा, "वे मनुष्य पुण्यात्मा हैं, जो आप जैसे महापुरुषों की सेवा करने का अवसर पाते हैं। पर भाग्य ने निर्धन बनाकर हमें ठग लिया है। नितान्त निर्धन होने के कारण हम एक वटु को भी भिक्षा देने में असमर्थ हैं। हम लोगों का मानव-जीवन धारण करना व्यर्थ है।" ऐसे दीन वचन कहती हुई वह किंकर्तव्यविमूढ़ होकर पैर के नाखूनों से पृथ्वी कुरेदने लगी। अकस्मात् उसकी दृष्टि घर में पड़े हुए एक आँवले पर पड़ी। उसने वह आँवला चन्द्रमा सदृश वटुशिरोमणि, शंकर के हाथों में श्रद्धापूर्वक रख दिया। करुणा-सागर शंकर का कोमल हृदय उसकी दरिद्रता से द्रवीभूत हो गया। बालक शंकर ने उस ब्राह्मण परिवार की दरिद्रता दूर करने के लिये तत्काल 'कनक लक्ष्मी स्तोत्र' की रचना करके सुमधुर शब्दों से उनकी स्तुति की। समस्त दिशाओं को अपनी अनुपम प्रभा से प्रकाशित करती हुई, नारायणी देवी शंकर के सामने प्रकट हुईं। लक्ष्मी देवी ने शंकर की श्रद्धा-भक्ति से प्रसन्न होकर कहा, "हे वत्स, तुम्हारे हृदय की बात मुझे विदित है। पर इन लोगों ने पूर्व जन्म में ऐसा कोई पुण्य कार्य नहीं किया है, जिससे इस अवसर पर हमारी कृपा के भागी बनकर महानता प्राप्त कर सकें।"

लक्ष्मी की बात सुनकर शंकर ने उत्तर दिया, "हे माता, हे इन्दिरे, ये लोग पूर्व जन्म में भले ही कोई पुण्य न किये हुए हों, पर मुझे तो एक आँवले की भिक्षा दी है। मेरे ऊपर तो आपकी दया-दृष्टि है ही। यदि मेरे ऊपर आप प्रसन्न हैं, तो मेरे एक आँवले के दान के उपलक्ष्य में आप इन लोगों पर प्रसन्न हों।" शंकर की इस वाक्-चातुरी पर लक्ष्मीजी अति प्रसन्न हुईं और उन्होंने आँवले के आकार के सुवर्ण-खण्डों की ब्राह्मण के घर में वर्षा कर दी। वह घर सोने के आँवले के फलों से भर गया। शंकर की इस अलौकिक शक्ति को देखकर दर्शकगण महान् आश्चर्य में पड़ गये। चारों ओर से उनकी भूरि-भूरि प्रशंसा होने लगी। लोग कहने लगे, "जिस प्रकार स्वर्ग में कल्पवृक्ष अखिल कामनाओं का दाता है, उसी प्रकार पृथ्वी तल पर देवताओं और ब्राह्मणों के प्रिय, कल्याणकारी शंकर अभीष्ट फल देने वाले हैं।" शंकर ब्राह्मण-परिवार को सुवर्ण-सम्पन्न कर गुरु-आश्रम में लौट आये और उन्होंने सभी शास्त्रों का विधिवत् अध्ययन किया। दिव्य प्रतिभा, तीक्ष्ण बुद्धि तथा अपूर्व श्रुतिधरत्व गुणों के कारण शंकर को अधिक दिनों तक गुरुकुल में नहीं रहना पड़ा। जिन शास्त्रों के अध्ययन में अत्यन्त मेधावी शिष्यों को कम से कम बीस वर्ष लग जाते थे, उस बालक ने अवतारी शक्ति से केवल दो वर्षों में समाप्त कर लिया। ऐसे मेधावी और भक्ति-सम्पन्न शिष्य को पाकर गुरु अपने को विशेष गौरवान्वित समझने लगे।

बालक शंकर की प्रशस्ति

जिस प्रकार सुन्दर नेत्रों वाली कमनीय कुमारियाँ अपने अनुरूप सर्व-गुण-सम्पन्न पति प्राप्त-कर अपने को भाग्यशालिनी समझती हैं, उसी प्रकार समस्त

कलाएँ भी अनुरूप शंकर वर को पाकर कृतकृत्य हो गईं। शंकर ने समस्त विद्याएँ प्राप्त कर विपुल यश प्राप्त किया। समस्त विद्याओं के ज्ञानार्जन द्वारा उनके अन्तर्गत जिस आध्यात्मिक ज्योति का प्रकाश हुआ, उसकी तुलना बाह्य सृष्टि का कोई भी प्रकाश नहीं कर सकता। सात्विक पुरुषों द्वारा सेवित शंकर के कमलवत् चरणों ने प्राकृतिक कमल के सौन्दर्य को अपहृत कर लिया, क्योंकि उनके कमल-चरण तो दिन रात प्रकाशित रहते थे, पर इस कमल की द्युति चन्द्रमा के प्रकाश में क्षीण हो जाती थी।

जैसे पूर्णिमा के चन्द्रमा के उदय से समुद्र में उल्लास तथा विलास उत्पन्न होता है, उसका प्रकाश घोर अन्धकार को दूर कर देता है, उसकी शीतल किरणें संतप्त भूमण्डल को शीतल कर, औषधि और वनस्पतियों को अमृतमय रस से परिपुष्ट करती हैं, वैसे ही बालक शंकर के अभिनव उदय ने सरस्वती के हृदय-समुद्र में उल्लास उत्पन्न किया, उसके ज्ञान प्रकाश ने अज्ञानियों के हृदयस्थ अज्ञानरूपी अन्धकार को दूर कर दिया, उसके शीतल और शान्त उपदेशों ने सांसारिकों के त्रिविध तापों से संतप्त हृदय को शीतल कर दिया। सांसारिक प्रपंचों में पड़कर जिन व्यक्तियों का जीवन शुष्क हो चुका था, उसे आनन्द रस से सींच कर सरस और आनन्दमय बना दिया। बालक शंकर का पाद-विन्यास भक्तों के हृदय को आनन्दित कर देता था। उसका सुन्दर और विशाल वक्षस्थल ऐसा प्रतीत होता था, जैसे कि पृथ्वी पर परिभ्रमण करते-करते थक जाने के कारण जयलक्ष्मी के शयनार्थ दिव्य शय्या का आयोजन किया गया हो। शुभ लक्षणयुक्त सुदृढ़ दो भुजदण्ड बाह्य तथा आभ्यन्तरिक शत्रुओं पर पूर्ण विजय प्राप्त करने के लिये विशाल विजय-स्तम्भ प्रतीत होते थे। सुन्दर कण्ठ से निःसृत शंकर का गम्भीर घोष प्रतिपक्षियों पर विजय-प्राप्ति के लिये शंख की विजय-ध्वनि के समान प्रतीत हो रहा था।

भगवान् श्री रामचन्द्र ने दुर्धर्ष और पराक्रमी शत्रु दूषण का संहार कर समुद्र पर पुल बाँधा था। उसके बाँधने से लंकास्थ अतिकाय आदि राक्षसों के हृदय में भय उत्पन्न करने वाले विशालकाय वानरों की रक्षा अपनी कृपा-कटाक्ष से की थी। तापस-शिरोमणि आचार्य शंकर ने प्रबल प्रतिपक्षियों के दूषण दिखलाने और मिटाने के लिए सेतु के समान प्रस्थान त्रयी—ब्रह्मसूत्र, उपनिषद् एवं गीता के ऊपर भाष्यों की रचना की थी। उनके कटाक्ष स्वच्छ समुद्र की लहरों की भाँति चमकते हैं, स्थूल-शरीर आदि में उत्पन्न हुई भ्रान्ति को, आत्मबुद्धि को स्थिर कर दूर कर देते हैं। जो भी सांसारिक व्यक्ति उनकी शरण में आता है, उसकी सदैव रक्षा करते हैं।

शंकर ने ब्रह्म-विचार से विषयों की समस्त स्पृहाओं को नष्ट कर दिया। अपनी अनुपम शान्ति से उन्होंने परुषता, कठोरवाणी, हिंसा तथा क्रोध पर विजय प्राप्त की, सन्तोष द्वारा उन्होंने दीनता, परिग्रह, अनृत भाषण एवं लोभ आदि का शमन किया। अद्वेष से मात्सर्य को जीत लिया। अपने अन्य उत्कृष्ट गुणों द्वारा मद तथा अहंकार का नाश किया। तृप्तिरूपी गुणों से तृष्णारूपी पिशाचिनी का संहार किया।

उन्होंने अपने शिष्यों के स्वर्ग एवं मोक्ष में बाधक काम को समूल नष्ट कर दिया। सम्पूर्ण दोषों के मूलभूत क्रोध को आटे की भाँति पीस डाला। लोभ आदि शत्रुओं को तिनके के समान काट डाला।

पृथ्वी की क्षमा शंकर की क्षमा के सामने कान्तिहीन हो गई। शंकर की विद्या के सम्मुख कार्तिकेय आदि देवताओं का विद्याविषयक अभिमान छूट गया। उस मुनि-शिरोमणि शंकर की समता करने के लिए संसार में कोई भी वस्तु नहीं दिखलायी पड़ती। प्राचीन काल के विद्वानों में शंकर के समान कोई विद्वान् नहीं हुआ, न वर्तमान में कोई है और न भविष्य में कोई होगा। जैसे त्रिकाल में सुमेरु के समान कोई पर्वत नहीं है, वैसे ही शंकर के समान त्रिकाल में कोई विद्वान् नहीं है। शंकर के प्रादुर्भाव से उनके कुल की महिमा अत्यधिक प्रकाशित हुई। विद्या से उनके शील का विकास हुआ तथा उनकी विद्या विनय से विकसित हुई। विद्वानों के शिरोमणि शंकर कल्पतरु के समान सुशोभित हुए। उनका यश ही पुष्पों का समूह था; उनका आश्रय ग्रहण करने वाले विद्वान् भ्रमर-वृन्द थे। उनके गुण पल्लव के समान, ज्ञान फल के समान और क्षमा रस रूप में विद्यमान थी।

कवि-शिरोमणि शंकर की अद्‌भुत वाणी के समक्ष शेष-शारदा की वाणी भी मन्द पड़ जाती थी। उनकी वाणी चित्तरूपी उन्मत्त गज को बाँधने के लिये मजबूत जंजीर है, बोधरूपी राजा की नगरी है, प्रतिपक्षियों की वाणी को किंकर्त्तव्यविमूढ़ करने वाली है; विद्वानों के गले का सुन्दर हार है, चिन्तारूपी रुई को उड़ाने के लिए प्रचण्ड वायु है, वेदों में प्रकाशित होने वाली चतुरता है तथा संसार-सागर को पार करने की नाव है। उनके वचन वर्षाकालीन मेघ-गर्जन के तुल्य हैं, आँधी से उठी समुद्र-तरंगों के अभिमान को दूर करने वाले हैं। देहादिक अनात्म पदार्थों में अभिमान दु:खों का नया अंकुर है, मन के घनघोर संताप का बीज है, क्लेशों के लिए पूर्व रंग है, दोषों को उत्पन्न करने वाला है, झूठ का खजाना है, दुष्ट चिन्ताओं की वाटिका है, पर ऐसे विकट अहंभाव को भी शंकर की अनुपम उक्ति काटकर गिरा देती है।

उनका यश भी अलौकिक और अनुपमेय है। संसार की कोई भी ऐसी विशुद्ध वस्तु नहीं है, जो उसकी तुलना कर सके। वे संसार में व्याप्त अज्ञानरूपी अन्धकार को दूर कर देने वाले हैं। अभिमानी विद्वान्-प्रतिपक्षीरूपी रुई को उड़ाने वाली प्रचण्ड वायु हैं। बाधा-विहीन अगाध तत्वज्ञानरूपी चन्द्रमा को प्रकट करने के लिए स्वयं क्षीरसागर हैं। शंकर ने अध्ययन-काल में ही समस्त वेद, वेदांग, इतिहास, पुराण, महाभारत, स्मृति आदि विविध शास्त्रों का विद्वानों के साथ बारम्बार सहर्ष अध्ययन किया। इस प्रकार बाल रूप में ही उन्होंने सर्वज्ञ-पद प्राप्त कर लिया।

ब्रह्मचारियों में श्रेष्ठ शंकर के मुखमण्डल में सरस्वती का सदैव निवास देखकर विद्वानों को शंका होती है कि क्या ये ब्रह्मा हैं? दयारूपी लक्ष्मी को उनके पास सदैव देखकर उनके विष्णु होने की शंका की गई। इसी प्रकार विद्वानों द्वारा वन्दनीय होता देखकर लोग कहते कि क्या ये मदनारि शंकर हैं? ■

पाँच

संन्यास-ग्रहण

सात वर्ष की अल्पायु में महायशस्वी ब्रह्मचारी बालक शंकर वेदादिक समस्त शास्त्रों में पारंगत होकर प्रकाण्ड पण्डित हो गये। अध्ययन-समाप्ति के अनन्तर गुरुकुल से वे घर लौटे और पूजनीया जननी की सेवा में तत्पर हो गये। वे घर ही पर शान्तिपूर्वक रहने लगे। मातृसेवा को प्रमुखता देते हुए, वेदों का अध्ययन करते एवं प्रात: और सायं श्रेष्ठ मंत्रों द्वारा सूर्य और अग्नि की आराधना करते थे। वह ब्रह्मज्ञान से सूर्य की भाँति उद्‌भासित होने लगे। उन्हें देखकर क्रोधी, हठधर्मी और उद्धत युवा पुरुष का स्वभाव परिवर्तित हो जाता था। परमादरणीय व्यक्ति भी उठकर उन्हें अपना आसन देने के लिये बाध्य हो जाता था। अपरिचित मनुष्य भी उनके वशीभूत होकर अभिवादन करने के लिये खड़े हो जाते थे। उनके मृदु वचन, सुन्दर चरित्र, कुशल बुद्धि, अनुपम तेजस्वी शरीर को देखकर उनकी माता ने अनिर्वचनीय सुख प्राप्त किया।

एक बार शंकर की वृद्धा माता पूर्णा नदी में स्नान करने गईं। सूर्य के प्रचण्ड ताप के कारण वे मार्ग में गिर कर मूर्च्छित हो गईं। अपनी माता की दशा देखकर शंकर अत्यन्त चिन्तित हुए। पड़ोसियों की सहायता से वह माता को घर वापस लाए। अनेक उपचारों द्वारा उन्हें स्वस्थ किया। अपनी वृद्धा माता की दशा से द्रवीभूत होकर शंकर ने पूर्णा नदी से ग्राम के समीप बहने की प्रार्थना की। उनकी स्तुति पर रीझ कर पूर्णा प्रसन्न होकर बोलीं, ''तथास्तु, वैसा ही होगा।''

दूसरे दिन पूर्णा नदी कलकल निनाद करते हुए ग्राम के समीप से बहने लगीं। वायु उनके शीतल जल के स्पर्श से गाँव के समस्त वातावरण को शीतल करने लगी। लोगों के आश्चर्य का ठिकाना नहीं रहा। वे मंत्रमुग्ध होकर शंकर की अलौकिक शक्ति का गुणगान करने लगे। बालक शंकर की यश-गाथा केरल के महाराजा राजशेखर के कानों में पड़ी। महाराज राजशेखर शंकर के दर्शन के लिए बहुत ही उत्सुक हुए। उनहोंने शंकर को बुलाने के लिए अपने एक कुशल मंत्री को नियुक्त किया। बहुमूल्य उपहारों और श्रेष्ठ हाथियों को लेकर मंत्री आचार्य शंकर के पास उपस्थित हुए। उन्होंने शंकर से इस प्रकार निवेदन किया, '' मेरा परम सौभाग्य है कि केरल-नरेश ने आपको सादर राज्य में ले आने का पुनीत कार्य मुझे सौंपा है। इन राजशेखर के समान न तो कोई विद्वान् है, और न युद्धस्थल में उनके समान कोई योद्धा ही देखा गया है। प्रकाण्ड पंडित, महान् दार्शनिक और कुशल तार्किक उनके

दरबार में सम्मान के साथ रहते हैं। ये नरेश अपने वंश के भूषण हैं। उनकी उत्कट अभिलाषा है कि आप अपने कमल-चरणों की पवित्र रज से उनके राज्य को पुनीत करें। उन्होंने राज्य के श्रेष्ठ हाथियों को आपको ले आने के लिये भेजा है। मेरी प्रार्थना है कि आप अपने पवित्र दर्शन देकर राजा और उनके राज्य को कृतार्थ करें।''

कुशल और विनीत मंत्री के इस अनुग्रह पर प्रत्युत्पन्नमति-सम्पन्न शंकर ने इस प्रकार उत्तर दिया, ''हे विद्वन्, आपको यह भलीभाँति ज्ञात है कि मैं ब्रह्मचारी हूँ। अपने आश्रम-धर्म के निर्वाह में तत्पर हूँ। भिक्षान्न ही मेरा भोजन है, मृगचर्म ही मेरा वस्त्र, वेदों का अध्ययन और अग्नि में आहुति देना मेरा नैत्यिक कर्म है। इस प्रकार वेदों द्वारा प्रतिपादित ब्रह्मचर्य-धर्म की साधना में मैं निरत हूँ। ब्रह्मचारी को अपने धर्म का परित्याग नहीं करना चाहिये। गजारूढ़ होने की लालसा अथवा राजा द्वारा सम्मानित होने की भावना ब्रह्मचारी के लिये ठीक नहीं है। इनसे वह ब्रह्मचर्य-धर्म से च्युत हो जाता है। अत: राजाज्ञा का पालन मेरे लिये बहुत कठिन है। मुझे इस बात का परम दु:ख है कि मैं आपको निराश लौटा रहा हूँ। राजा का यह परम कर्तव्य है कि वर्णाश्रम धर्म में निरत चारों वर्णों से उनके आश्रमगत नियमों को दृढ़तापूर्वक पालन करावे और उनकी जीविका संपादन के द्वारा ऋणमुक्त कर दे। जो स्वकीय कर्म वर्जनीय हैं, उनकी वार्ता अपनी प्रजा से कदापि न करे।''

शंकर के वचनों को सुनकर सरल-चित्त और स्पष्टवादी मंत्री राजा के पास वापस लौट आये। उन्होंने सारा वृत्तान्त राजा से बता दिया। मंत्री के निवेदन पर गुणग्राही राजा शंकर के ऊपर तनिक भी क्षुब्ध न हुए, बल्कि इसके विपरीत वे उनकी त्यागभावना से अत्यधिक आकर्षित हुए। स्वयं राजा ब्रह्मचारी शंकर की सेवा में उपस्थित हुए। राजा ने वैदिक क्रियाओं में रत शंकर को देखा। शुद्ध श्वेत यज्ञोपवीत उनके विशाल वक्षस्थल पर इस प्रकार सुशोभित हो रहा था, जिस प्रकार गंगा जी हिमालय पर्वत पर प्रवाहित हो रही हों। कृष्ण मृगचर्म धारण किये हुए शंकर नीलवस्त्रधारी दूसरे बलदेव के समान प्रतीत हो रहे थे। सुवर्ण रंग की मुंज-मेखला धारण किये हुए वे कल्पतरु के समान लग रहे थे—ऐसा कल्पतरु जो कनक-बेलि से आवेष्टित हो। शंकर के इस दिव्य स्वरूप और सहज मुस्कान को देखकर राजा विस्मित हो गये। उन्होंने शंकर को अवतारी पुरुष समझ कर बारम्बार उन्हें साष्टांग प्रमाण किया। शंकर राजा की विनयशीलता और शील से बहुत द्रवीभूत हुए। कुशल प्रश्न पूछे जाने के अनन्तर राजा ने शंकर को दस सहस्र सुवर्ण-मुद्राएँ अर्पित कीं। तदन्तर उन्होंने स्वरचित तीन नाटकों को सुनाया। राजा की काव्य-प्रतिभा से शंकर अत्यधिक आह्लादित होकर बोले, ''राजन्, मनोवांच्छित वरदान माँगिये।'' शंकर का यह वाक्य उन्हें अमृत के समान प्रतीत हुआ। वस्तुत: मन में इसी कामना को लेकर वे शंकर की सेवा में उपस्थित हुए थे। राजा ने शंकर से करबद्ध प्रार्थना की, ''भगवन्, यदि आप मेरे ऊपर वास्तव में प्रसन्न और संतुष्ट हैं, तो मुझे मेरे ही समान पुत्र देने की अनुकम्पा कीजिये।'' इस प्रकार शंकर ने कहा, ''राजन्, आपकी

मनोकामना अवश्य पूरी होगी। अब आप निश्चिन्त होकर अपने घर जाइये। ये सुवर्ण-मुद्राएँ, जो आपने मुझे अर्पित की हैं, मेरे काम की नहीं हैं। इन्हें आप उपहार रूप में अपनी प्रजा को वितरित कर दीजिये।'' इसके बाद शंकर ने राजा को पुत्रेष्टि यज्ञ करने की प्रेरणा दी। राजा ने उन सुवर्ण-मुद्राओं को अपने दास और दासियों को दे दिया। शंकर के अलौकिक गुणों की बार-बार सराहना करते हुए और मन ही मन उनका ध्यान करते हुए राजशेखर अपनी राजधानी लौट आये।

संन्यासी होने की आज्ञा

सर्वज्ञ और बहुज्ञ शंकर के पास बड़े-बड़े विद्वान व्याकरण तथा अन्य शास्त्रों के अध्ययन के लिये एकत्र होने लगे। उन्होंने उन लोगों को विद्या में ही दक्ष नहीं बनाया, बल्कि उन्हें मौलिक ढंग से सोचने की प्रणाली भी बतलाई। इसने उनके ज्ञान और कल्पना की वृद्धि में अनुपम योगदान दिया। इस प्रकार वे घर में रहकर सभी विहित कर्मों का विधिवत् संपादन करते थे। उनके कर्म-सम्पादन में श्रद्धा और विनय के भाव कूट-कूट कर भरे थे। उनकी माता शंकर के क्रिया-कलाप से परम सन्तुष्ट और आनन्दित थीं। शंकर निरन्तर यही सोचते थे, ''माता का अवलम्बन मैं हूँ, और माता मेरा अवलम्बन है। हम दोनों का पार्थक्य, परम कष्टदायी होगा।'' यह सब सोचकर शिवावतारी शंकर वैवाहिक बन्धन में नहीं फँसना चाहते थे। इधर उनके सम्बन्धी-गण उनकी विद्या-समाप्ति देखकर, उनका विवाह करा देने के लिये उतावले हो रहे थे और उपयुक्त कन्या की खोज में भी जुट गये थे।

इधर शंकर की मानसिक अवस्था कुछ दूसरी ही ओर प्रवाहित हो रही थी। वैराग्य और संन्यास-धारण की ओर उनकी प्रवृत्ति उत्तरोत्तर बढ़ने लगी। कामिनी, कांचन आदि सांसारिक पदार्थों से तो उनकी विरक्त जन्मजात थी। स्वादिष्ट भोजनों के प्रति भी उनकी स्पृहा रंचमात्र भी न थी। अच्छे सुन्दर वस्त्र और आभूषण धारण करना भी उनकी प्रकृति के प्रतिकूल था। मात्र कृष्णचर्म ओढ़े रहते थे। पिता के देहान्त के पश्चात् वे और भी विरक्त हो गये। इससे उनकी बुद्धि में संसार की नश्वरता स्पष्ट रूप से अंकित हो गई। उन्होंने जीवन को जल-बुदबुद की भाँति क्षणभंगुर समझ लिया था। वे प्राय: वन, पर्वत, नदी तट पर एकान्त में बैठ जाते और निर्निमेष दृष्टि से आकाश की ओर निहार कर ब्रह्म-भाव स्थिर हो जाते। वे आत्मचिन्तन में निमग्न होकर संसार की समस्त वस्तुओं को भूल जाते। उनकी दृष्टि में प्रेयस् कुछ भी नहीं था, सब कुछ श्रेयस् ही था।

इसके अनन्तर कुछ प्रसिद्ध ऋषि—उपमन्यु, दधीचि, गौतम, त्रितल एवं अगस्त्य आदि बालक शंकर के दर्शनार्थ उनके घर पर पधारे। बालक शंकर ने श्रद्धाभक्तिपूर्वक उन्हें प्रणाम किया और माता के साथ उन्हें मधुपर्क अर्पित कर उन्हें उच्चासनों पर बैठाया। शंकर उनके सम्मुख दोनों हाथ जोड़कर खड़े रहे और उन्होंने विविध पारमार्थिक विषयों पर उनसे वार्ता की। कुछ समय बीत जाने पर शंकर की माता ने वार्ता में हस्तक्षेप करते हुए ऋषियों से विनयपूर्वक कहा, ''इस कलियुग में

आप जैसे महान् पुरुषों का दर्शन कर हम दोनों कृतार्थ हो गये। यह हमारे महान् पुण्यों का फल है। मेरे इस बालक ने अल्पायु में ही समस्त वेदों तथा अन्य विविध शास्त्रों का सांगोपांग अध्ययन कर लिया है। इसकी महिमा अद्‌भुत प्रतीत होती है। ये दोनों बातें हमारे मन में कुतूहल उत्पन्न कर रही हैं। यदि मेरे सुनने योग्य हो, तो इसके पूर्व जन्म के सम्बन्ध की कुछ बातें बतलाने की अनुकम्पा करें।''

माता विशिष्टा के इस आग्रह पर एवं अन्य ऋषियों की सम्मति पाकर अगस्त्य ऋषि ने शंकर के सम्बन्ध में कहना प्रारम्भ किया, ''हे पतिव्रते, तुम्हारे पति ने पुत्र-प्राप्ति के लिये शंकर जी की कठिन तपस्या कर उन्हें प्रसन्न किया। शंकर जी ने कहा, 'वत्स, हम तुम्हारी तपश्चर्या से अत्यधिक प्रसन्न हैं। पुत्र-प्राप्ति तो अवश्य होगी। पर शर्त यह है कि तुम सामान्य कोटि का दीर्घजीवी पुत्र चाहते हो, अथवा सर्वगुण-सम्पन्न अल्पायु पुत्र?' इस पर तुम्हारे पति ने अन्तिम वरदान माँगा। तुम्हारे पुण्य और भाग्य से तुम्हारे मनोरथ की सिद्धि के लिये तुम्हारी कोख से शंकर जी स्वयं अवतरित हुए। देवताओं में भी उनके अतिरिक्त कोई अन्य देवता सर्वज्ञ नहीं है।'' इतनी बात सुनकर माता ने पुत्र की आयु के सम्बन्ध में जिज्ञासा प्रकट की। इस पर अगस्त्य जी ने उत्तर दिया, ''तुम्हारे पुत्र की आयु आठ वर्ष और फिर आठ वर्ष, अर्थात् सोलह वर्ष है। पर किसी विशेष कारणवश सोलह वर्ष और इस लोक में रहेगा।'' इस पर अन्य ऋषियों ने अगस्त्य जी को शंकर के सम्बन्ध में और बातें बतलाने से रोक दिया। तदन्तर शंकर से मंत्रणा कर ऋषिगण विदा हो गये।

आयु-विषयक यह बात सुनकर पुत्र-वत्सला माता विशिष्टा अंकुश से प्रताड़ित हथिनी के समान, ग्रीष्म ऋतु में सुखाई गई नदी के तुल्य एवं वायु द्वारा कम्पित कदली के समान अत्यन्त दुखी हुईं। माता को इस प्रकार पीड़ित देखकर शंकर ने उन्हें समझाना प्रारम्भ किया, ''माता जी, मेरे भविष्य के सम्बन्ध में आप इतनी चिन्तित और दुखी क्यों हो रही हैं? संसार की नश्वरता से आप भलीभाँति विज्ञ हैं। जिस प्रकार रेशम की पताका प्रचण्ड वायु द्वारा अस्त-व्यस्त कर चीरफाड़ डाली जाती है उसी प्रकार महाकाल द्वारा मनुष्य का क्षणभंगुर जीवन नष्ट-भ्रष्ट कर दिया जाता है। मूर्ख से मूर्ख व्यक्ति यह जानता है कि मानव शरीर स्थायी नहीं है इस जगत् का जीवन अनवरत प्रवाह-चक्र है। प्राणी जन्मते और मरते रहते हैं। यही संसार की प्रणाली है। इस जन्म-मरण से युक्त महान् संसार-चक्र में हमने न मालूम कितने बच्चों को जनमते देखा है, कितने पतियों और पत्नियों को वैवाहिक बन्धन में बँधते देखा है और कितनी मृत्युएँ देखी हैं। इस संसार में जो भी आता है, उसे दुःख ही दुःख मिलता है, क्योंकि संसार दुःखरूप है। ऐसी स्थिति में इन दुःखों की आत्यन्तिकी निवृत्ति के लिये मैं सन्यास ग्रहण करना चाहता हूँ। इससे मैं संसार-चक्र के बन्धनों से मुक्त हो जाऊँगा।''

विशिष्टा तो पुत्र को अल्पायु जानकर पहले से बहुत दुखी थीं, अब उसके मुख से संन्यास-ग्रहण की बात सुनकर, उनके दुःख की सीमा न रही। उन्होंने आँखों में

आँसू भरकर आर्तवाणी में कहा, ''बेटा, मुझसे ऐसे अप्रिय वचन न कहो। इस विचार को छोड़ दो। मेरे वचनों को ध्यान देकर सुनो। पहले तुम गृहस्थ-आश्रम में प्रवेश करो। विवाह करके पुत्र उत्पन्न करो और यज्ञादि कर्मों का अनुष्ठान करो। तत्पश्चात् संन्यास ग्रहण करना। इस संबंध में सज्जनों का मत यही है। बेटा, तुम मेरी इकलौती संतान हो। तुम्हारे बिना इस असहाया माता का जीवन-निर्वाह किस प्रकार होगा? तुम अद्वितीय विद्वान् और सर्वज्ञ हो। फिर भी तुम्हारे हृदय में अनाथ, विधवा माँ के प्रति करुणा क्यों नहीं उत्पन्न होती? वत्स, इतने निष्ठुर मत बनो। मेरे देहावसान के पश्चात् मेरी अन्त्येष्टि-क्रिया कौन करेगा? मैं अपने जीते-जी तुम्हें संन्यास नहीं लेने दूँगी।''

शंकर ने माता की बात सुनकर उन्हें अनेक प्रकार से धैर्य बँधाया और उनके शोकाकुल हृदय के ताप को दूर किया। उस समय उनकी आयु आठ वर्ष की थी। माता ने पुत्र को प्रेरित करने के लिये अपने परिजनों को प्रेरित किया। वे लोग उनके सामने आकर सांसारिक सुखों का वर्णन करते और कहते कि गृहस्थ से अधिक सुखी स्वर्ग-लोक के देवता भी नहीं हैं। वे भी सांसारिक सुख के लिये तरसा करते हैं। अन्य अनेक उदाहरणों और दृष्टान्तों से उन्होंने शंकर को समझाने की चेष्टा की। परन्तु शंकर साक्षात् शंकर थे। वे अपने विचारों पर सुमेरु पर्वत की भाँति अचल थे। उनका अवतार तो किसी अन्य महान् उद्देश्य की पूर्ति के लिये हुआ था। उनका आविर्भाव तो संसार में उलझे हुए मनुष्यों के उद्धार के लिये हुआ था। फिर वे इस प्रपंच में स्वयं क्यों उलझते?

माता के साथ शंकर घर पर रहते थे। माता का स्नेह-बंधन अलौकिक था। शंकर दिन-रात उससे छुटकारा पाने का उपाय सोचते थे। साथ ही माता के प्रति उनके उदात्त भाव इस प्रकार थे, ''यद्यपि मेरी इच्छा संसार के प्रपंच में पड़ने की नहीं है, फिर भी माँ मुझे यह प्रपंच छोड़ने नहीं देंगी। मेरी प्रथम गुरु वे ही हैं। अतः उनका आदेश पाना अनिवार्य है। बिना उनका आदेश और आशीर्वाद लिये मेरे मन का संकल्प-विकल्प शान्त नहीं होगा और बिना उनकी अनुमति के कार्य-सिद्धि भी दुष्कर है।'' इस पर उन्होंने अपनी माया का आश्रय लेकर एक विधान की रचना की।

एक दिन शंकर पूर्णा नदी में स्नान करने गये। ज्योंही जल में उतरे, त्योंही एक मगर ने उनके पैर पकड़ कर खींच लिया। बालक शंकर व्याकुल होकर आर्त्तनाद कर अपनी माता को रक्षार्थ पुकारने लगे। उनका आर्त्तनाद सुनकर विशिष्टा देवी तत्काल घटनास्थल पर पहुँच गईं। उन्होंने देखा कि शंकर का सारा शरीर तो मगर के खींचने के कारण जल में डूबा हुआ है, केवल उनके कमलवत् चरण जल के ऊपर दिखलायी पड़ रहे हैं। उन्होंने आर्तवाणी में चिल्लाना प्रारम्भ किया, ''हा दैव, मैं अत्यन्त अभागिनी हूँ। पुत्र को ऐसी भयानक विपत्ति में देखकर मैं जी क्यों रही हूँ? हाय मेरे पति का स्वर्गवास तो पहले ही हो गया। इकलौता पुत्र ही मेरे जीवन का संबल है। वह भी मगर के मुख में पड़कर मरने को है।''

शंकर ने और भी आर्त स्वर में चीत्कार किया, "ओ माँ, ओ माँ, बचाओ! बचाओ!! मगर किसी प्रकार मुझे नहीं छोड़ रहा है।"

विशिष्टा देवी पुत्र को बचाने के लिये जल में कूद पड़ीं। नहाने वालों ने भी उन्हें बचाने में कोई कोर-कसर न उठा रखी। किन्तु मगर ने उन्हें गहरे जल में ले जाना शुरू किया। उस समय भी शंकर अपने को बचाने की पूरी कोशिश कर रहे थे। क्रमशः वे चेष्टाविहीन और अवसन्न होने लगे। अन्त में उन्होंने माता से इस प्रकार प्रार्थना की, "माँ, अब मेरा अन्तिम समय आ गया है। आपने मुझे संन्यास लेने की आज्ञा नहीं दी। संन्यास लिये बिना मुक्ति नहीं मिल सकती। यदि इस समय भी आप मुझे संन्यास ग्रहण करने की आज्ञा दे दें, तो मैं परमात्मा का स्मरण कर आतुर संन्यास ग्रहण कर प्राण त्याग दूँगा। इससे भी मेरी मुक्ति हो जायेगी।"

शंकर के बचने की कोई भी आशा न देखकर विशिष्टा देवी ने रोते हुए कहा, "वही हो बेटा। मैं आज्ञा देती हूँ—तुम संन्यासी हो जाओ।" इतना कहकर वह मूर्च्छित होकर गिर पड़ीं। माता का आदेश पाकर शंकर ने मन ही मन इष्ट देवता का स्मरण किया और संन्यास ग्रहण कर लिया। आतुर संन्यास लेने के फलस्वरूप, उनके अष्टम वर्ष का मृत्युयोग टल गया। अब शंकर का मन अनिर्वचनीय आनन्द से परिपूर्ण हो गया। माता की आज्ञा प्राप्त होते ही मगर ने शंकर को तुरन्त छोड़ दिया। 'शंकर विजय-विलास' ग्रन्थ में लिखा है कि वह मगर एक शापग्रस्त गन्धर्व था। शंकर के पवित्र शरीर का स्पर्श होते ही उसके शाप की अवधि समाप्त हो गई और वह पुनः गन्धर्व-देह प्राप्त कर अपने लोक में चला गया।

शंकर और विशिष्टा देवी को तट पर लाया गया। विशिष्टा देवी उस समय भी मूर्च्छित थीं। होश आने पर वे पुत्र को गोदी में उठाने के लिये दौड़ीं। संयोगवश उधर से एक वैद्य आ पहुँचे। उन्होंने विशिष्टा देवी और शंकर का उपचार किया। स्वस्थ होने पर ग्रामवासियों ने उन्हें घर पहुँचा दिया। वहाँ पहुँचते ही शंकर ने माँ से निवेदन किया, "माँ, अब तो मैं घर रहने में असमर्थ हूँ, क्योंकि मैंने तो अब संन्यास-व्रत धारण कर लिया है। शास्त्रों में संन्यासी के लिये घर में रहना निषिद्ध माना गया है। अतः माँ, मैं अब घर में न रहकर बाहर किसी वृक्ष के नीचे निवास करूँगा।"

उनकी बात सुनकर विशिष्टा देवी पर मानो वज्रपात हो गया। उन्होंने रोते-कलपते कहा, "बेटा, इस प्रकार की अप्रिय और असह्य बातें क्यों कह रहे हो? इन्हें सुनकर तो मेरा कलेजा फटा जा रहा है। अभी तो तुम बच्चे हो। घर छोड़कर कैसे रहोगे? मैं भी अब बहुत दिनों नहीं जीवित रहूँगी। मेरे देहान्त के पश्चात् तुम गृहत्याग कर देना। जितने दिनों तक मैं हूँ, तुम मेरे साथ ही रहो। आखिर, मेरे प्रति भी तो तुम्हारा कर्तव्य है।"

माता की करुण बात सुनकर भी शंकर अपने संकल्प पर दृढ़ रहे। उन्होंने कहा, "माँ, आप इस प्रकार आतुर न हों। आपकी ही आज्ञा से तो मैंने आतुर संन्यास ग्रहण

किया है, आपकी ही कोख से मैं उत्पन्न हुआ हूँ। मैं आपके आदेश को मिथ्या नहीं होने दूँगा। गृहत्याग करना तो मेरे लिये अवश्यम्भावी है।''

पुत्र की बात सुनकर विशिष्टा देवी बहुत प्रकार से विलाप करने लगीं, ''बेटा, तुम्हारे न रहने पर मेरा भरण-पोषण कौन करेगा? इस विधवा, अनाथा को कौन तीर्थयात्रा करायेगा? अन्तिम क्षणों में कौन मेरी सेवा-शुश्रूषा करेगा? मेरे मरने के बाद कौन मेरा अग्नि-संस्कार करेगा? तुम मुझे किसी भी दशा में न छोड़ो। बेटा, तुम्हारे न रहने पर मैं किस प्रकार जीवित रहूँगी।''

शंकर का मन माता की इस अवस्था को देखकर उद्विग्न हो गया। यह उनके लिये अग्नि-परीक्षा का क्षण था। एक ओर जन्मदात्री माँ और दूसरी ओर वृहत्तर कर्त्तव्य! उन्होंने मन ही मन परमात्मा से प्रार्थना की, ''प्रभो, मुझे शक्ति दो। इस महान् बन्धन को काटने का बल दो। समस्त बाधाओं को भस्सीभूत कर दो। मेरी माँ की बुद्धि प्रेरित कर दो, जिससे वे संसार के कल्याणप्रथ में बाधक न बनें। सर्वान्तर्यामी, सर्वशक्तिमान् परमात्मा! माँ के कोमल हृदय को बज्रवत कठोर कर दो।''

इसके बाद शंकर ने माता को आश्वासन देते हुए कहा, ''मुझे मगर के मुँह से किसने बचाया, माँ? जगत् के जीव मात्र के भरण-पोषण का सारा भार विश्वम्भर परमात्मा के ऊपर है। अत: आप उसके निमित्त तनिक भी चिन्ता न करें। मैं अपने सम्बन्धियों को बुलाकर सारी सम्पत्ति का भार उन्हें सौंप देता हूँ और आपके भरण-पोषण की पूरी-पूरी व्यवस्था कर देता हूँ। वे सब आपके भोजन-छाजन, कपड़े-लत्ते, रहने आदि का पूरा प्रबन्ध करेंगे। यदि आप बीमार पड़ेंगी, तो वे आपकी भली-भाँति देखरेख करेंगे। आपके देहावसान के पश्चात् वे आपका अन्तिम संस्कार भी करेंगे। इस प्रकार बिना किसी परेशानी के आप सुन्दर ढंग से जीवन-निर्वाह कर लेंगी।''

शंकर की बात सुनकर माता ने कहना प्रारम्भ किया, ''मैंने तुम्हें संन्यास-ग्रहण करने की आज्ञा प्रदान की है, यह बात अक्षरश: सत्य है और यह भी सर्वथा सत्य है कि उसी कारण तुम मृत्यु के मुख से निकल सके हो। किन्तु मेरी यह अन्तिम अभिलाषा है कि मेरे मरने पर मेरा दाह-संस्कार तुम्हीं करो। यदि इतना भी नहीं कर सकोगे, तो पुत्र उत्पन्न करने से लाभ ही क्या हुआ?''

माता की बात सुनकर शंकर चुप हो गये और सोचने लगे कि यदि उनकी अन्तिम अभिलाषा न पूरी की गई, तो निश्चय ही वे अधिक दिनों तक जीवित नहीं रह सकेंगी। सोचने के बाद उन्होंने कहा, ''हे माँ, मेरी बात ध्यान से सुनिये और उस पर पूर्ण विश्वास कीजिये। दिन में, रात में तथा किसी भी समय, किसी भी अवस्था में, स्वस्थ अवस्था में, अथवा रुग्णावस्था में मुझे स्मरण करेंगी, मैं उसी समय सारे नियमों को तोड़कर आपकी सेवा में उपस्थित हूँगा। आपके देहावसान के पश्चात् अन्तिम संस्कार भी मैं स्वयं करूँगा। हे माता, आप यह कभी मत सोचना कि मेरे बालक ने अनाथ विधवा माँ को छोड़कर संन्यास ग्रहण किया है। आपके पास रहकर

मैं जितना फल प्राप्त कर सकूँगा, उससे सौ गुना फल मैं संन्यास ग्रहण कर प्राप्त करूँगा। वास्तव में संन्यास का तो अचिन्त्य फल है, इसमें रंचमात्र सन्देह नहीं है। आप धैर्य धारण करें। प्रसन्नचित्त से मुझे आशीर्वाद दें जिससे मेरा संन्यास-ग्रहण सार्थक और सफल हो।''

विशिष्टा देवी ने पुत्र के जन्म-वृत्तान्त का स्मरण कर और प्रारब्ध की प्रबलता को समझते हुए कहा, ''वही होगा बेटा! मैं सच्चे अन्तःकरण से तुम्हें आशीर्वाद दे रही हूँ कि तुम्हारा मनोरथ सफल हो।''

अन्त में शंकर ने सगे-सम्बन्धियों को माता की भलीभाँति देख-रेख करने का निर्देश किया। अश्रुविगलित विशिष्टा देवी के चरणों में प्रणाम कर वे अपने लक्ष्य की ओर अग्रसर हुए। पुत्र के बिछुड़ने से विशिष्टा देवी अधीर होकर तड़पने लगीं। उस कारुणिक दृश्य को देखकर बड़े-बड़े धैर्यवानों का धैर्य छूट गया। वे भी बिलखने लगे। वे सब टकटकी बाँधे सजल नेत्रों से शंकर को निहारते रहे। प्रारब्ध-प्राप्त शरीर-निर्वाह के निमित्त भोगों से संतुष्ट होने वाले शंकर ब्रह्मज्ञान में निमग्न आगे बढ़ने लगे। उनके मन में उस समय भक्ति, ज्ञान और वैराग्य की त्रिवेणी प्रवाहित हो रही थी। प्रतीक से वे प्रत्यक्ष की ओर चले जा रहे थे, मूर्त से अमूर्त की ओर, सम्पर्क से विराट् बन्धनहीनता की ओर और अल्प से भूमा की ओर। वे अद्‌भुत भावदशा में थे।

अकस्मात् उसी समय एक नवीन घटना घटी। पूर्णा नदी के तट पर भगवान् श्रीकृष्ण का एक मन्दिर था। वर्षा ऋतु में बाढ़ के कारण नदी का जल मन्दिर में घुस गया और वहाँ कीचड़ भर गया। इतना ही नहीं, मूर्ति के बह जाने का भी खतरा पैदा हो गया था। भगवान् श्रीकृष्ण की गम्भीर ध्वनि शंकर को सुनाई पड़ी, ''तुम इस स्थान को छोड़ कर अन्यन्त्र जा रहे हो। बड़ी दूर से पूर्णा नदी को तुम्हीं इस स्थान पर ले आये हो। पूर्णा नदी का जल मेरे आवास में प्रविष्ट होकर निरन्तर मुझे क्षुब्ध और अशान्त कर रहा है। मेरे लिये यहाँ रहना अब असम्भव हो गया है।'' श्रीकृष्ण का आदेश सुनकर शंकर ने मूर्ति को अत्यन्त श्रद्धापूर्वक उठा लिया और उसे सुरक्षित स्थान पर स्थापित कर दिया। साथ ही ग्रामवासियों से उनके लिये मन्दिर निर्माण करवा देने की प्रार्थना की। इसके बाद भगवान् श्रीकृष्ण से आदेश लेकर आगे बढ़े।

तीन कारणों ने उन्हें गृहत्याग करने में शीघ्रता कराई। पहला कारण तो यह कि अगस्त्य ऋषि ने उनके प्रमुख उद्देश्य—धर्म संस्थापन—की स्मृति दिला दी। दूसरे उन्हें माता और श्रीकृष्ण भगवान् का भी आदेश मिल गया। तीसरे उनकी वैराग्य-भावना की प्रबलता ने भी उन्हें गृहत्याग करने को बाध्य कर दिया। कामदेव ने अपनी आकर्षण-शक्ति से बड़े-बड़े देवताओं और ऋषि-मुनियों को मोह लिया। यहाँ तक कि शंकर महादेव भी भगवान् के मोहिनी रूप से ठगे गये थे। परन्तु उन्होंने अपने तीसरे नेत्र से कामदेव को भस्मीभूत भी कर दिया था। बालक शंकर सर्वज्ञ थे। वे सारी बातें भलीभाँति समझते थे। ऐसी स्थिति में काम की दाल उनके सामने कैसे

गल सकती थी? शंकर को संसार के समक्ष त्याग और वैराग्य का नवीन आदर्श उपस्थित करना था। इसी भाव में वे आगे बढ़े जा रहे थे। उन्होंने अपने त्याग के बल से माया के समस्त आकर्षणों पर सहज ही विजय प्राप्त कर ली। इससे शान्ति, दान्ति, उपरति, क्षमाभाव, श्रद्धा आदि सात्विक भाव स्वत: उनके अन्तर्गत आ गए। मार्ग में नदियों, पर्वतों, वनों, नगरों, सुन्दर एवं रमणीय सरोवरों, अनेक ग्रामों, मनुष्यों तथा सृष्टि के वैचित्र्यों को देखते हुए वे उत्तरोत्तर आगे बढ़ रहे थे। सृष्टि के समस्त इन्द्रजाल ब्रह्म ही से उत्पन्न हो रहे हैं, उसी में स्थित हैं और उसी में लीन हो जाएँगे—ऐसे साक्षी और द्रष्टा भाव में स्थित वे साक्षात् शिवस्वरूप दिखलाई पड़ रहे थे। मार्ग में चलते हुए उन्होंने एक दण्ड धारण कर लिया था। वह दण्ड इस बात का सूचक था कि श्रुतियों पर श्रद्धा न रखने वाले उद्दण्ड, अहंकारी, मार्गभ्रष्ट पुरुष रूपी पशुओं को वहाँ से हटाकर सन्मार्ग पर ला रहे हैं और वेदरूपी गायों की रक्षा कर रहे हैं। आचार्य शंकर का ही यह प्रभाव था कि उन्होंने वैदिक धर्म को पाखण्डियों के हाथों से बचा लिया, नहीं तो वह कभी का छिन्न-भिन्न हो गया होता।

गोविन्दपाद का दर्शन और संन्यास-ग्रहण

हाथ में दण्ड धारण किए हुए और काषाय वस्त्र पहने हुए शंकर आचार्य गोविन्दपाद के आश्रम में प्रविष्ट हुए। आचार्य गोविन्दपाद अपने अद्‌भुत त्याग, योगबल, ब्रह्मज्ञान, सज्जनता और प्रकाण्ड पाण्डित्य के कारण सारे देश में प्रसिद्ध थे। उनके यश-सौरभ से आकृष्ट होकर शंकर उन्हीं के दर्शन करने चले थे। उस समय सूर्यदेव अस्ताचलगामी हो रहे थे। गोविन्दपाद का आश्रम अत्यन्त रमणीय और चित्ताकर्षक था।आश्रम की स्वच्छ, शीतल और सुगन्धयुक्त वायु के स्पर्श से आचार्य शंकर विश्रान्त और प्रसन्न हुए। वृक्षों की शाखाओं पर वल्कल-वस्त्र, मृगचर्म आदि टँगे थे। इससे आश्रम की गरिमा स्पष्ट रूप से परिलक्षित हो रही थी। उन्होंने श्रद्धापूर्वक आश्रमस्थ मुनियों को प्रणाम किया और उनसे आचार्य गोविन्दपाद के निवास स्थान का पता पूछा। वे आचार्य की निवास-गुफा के पास पहुँचे। उन्होंने गुफा-द्वार को प्रणाम किया और तीन बार उसकी परिक्रमा की। तत्पश्चात् सन्तुष्ट हृदय वाले शंकर ने आचार्यपाद की स्तुति करनी प्रारम्भ की, ''हे शेषावतार महान् गुरु, मैं आपकी आराधना करता हूँ। आपकी ही शैया पर महाविष्णु विश्राम करते हैं। आप ही भगवान् शिव के आभूषण हैं। आप ही वसुन्धरा को पर्वतों और नदियों समेत धारण करते हैं। आप ही पतंजलि, शेषावतार हैं। शेषावतार में जब आप अपने शिष्यों को पढ़ाते थे, तो वे आपके उग्र रूप से भयभीत हो जाते थे। इसी से शान्त रूप धारण कर एक मुख से आप उपदेश करने लगे हैं। आपने ही पतंजलि के रूप में योगशास्त्र का निर्माण किया और पाणिनि के ग्रन्थ—अष्टाध्यायी पर भाष्य लिखा। व्यास के पुत्र शुकदेव और शुकदेव के शिष्य गौड़पादाचार्य से दीक्षित होकर आपने अध्यात्म तत्त्व की चरम अनुभूति प्राप्त की। हे सर्वगुणनिधान मैं बारम्बार आपको प्रणाम करता हूँ। मेरी प्रार्थना है कि आप मुझे परब्रह्म-सच्चिदानन्द का उपदेश दें। मैं अत्यन्त

भक्तिभाव से वेदान्त तत्व के अध्ययनार्थ आपकी सेवा में उपस्थित हुआ हूँ।''

उसी समय आचार्य गोविन्दपाद ने समाधि से उठ सम्मुख खड़े हुए शंकर का आपाद-मस्तक निरीक्षण किया। शंकर का असाधारण प्रतिभा-सम्पन्न स्वरूप देखकर आचार्य मुग्ध हो गये। वे मन ही मन सोचने लगे कि इस बालक के तेजोमय मुखमण्डल और नेत्रों से दिव्य ज्योति उद्भाषित हो रही है। यह निश्चय ही दैवीशक्ति-सम्पन्न है। इसमें अवश्य ही महापुरुष होने के बीज निहित हैं जो आगे विकसित होकर संसार के किसी असाधारण कार्य को सम्पन्न करेगा। इस प्रकार विचार कर उन्होंने शंकर से प्रश्न किया, ''तुम कौन हो?'' उत्तर में शंकर ने अपनी आत्मानुभूति इस प्रकार अभिव्यक्त की, ''हे प्रभो, मैं पृथ्वी नहीं हूँ, न जल हूँ, न तेज हूँ, न वायु हूँ, न आकाश हूँ, न उनके गुण हूँ, न इन्द्रियाँ हूँ, अपितु इन सबसे परे जो केवल परम तत्त्व शिव है, वही मैं हूँ।''

शंकर के इस प्रकार अद्वैतमूलक वचन सुनकर और उनके अद्वैत-साक्षात्कार से अति प्रसन्न होकर गोविन्दपाद ने कहा, ''हे वत्स, मैं अपनी योगदृष्टि से देखकर इसी निष्कर्ष पर पहुँचा हूँ कि तुम साक्षात् शंकर ही अवतरित हुए हो।'' इसके पश्चात् शंकर ने गोविन्दपाद के चरणों में नमन किया और सविधि उनका पूजन किया। शंकर की इस क्रिया से गोविन्दपाद अत्यधिक आह्लादित होकर कहने लगे, ''हे शंकर, इस प्रकार की श्रद्धा-भक्ति शिष्य का परम पुनीत कर्तव्य है।''

ब्रह्म का साक्षात्कार कर लेने के अनन्तर भी शंकर ने सम्प्रदाय की रक्षाबुद्धि से विनय तथा शिष्ट व्यवहारों से अपने गुरुदेव को अत्यन्त प्रसन्न किया। उन्होंने शंकर के ऊपर प्रसन्न होकर उपनिषद् के चार महावाक्यों द्वारा उन्हें ब्रह्मतत्त्व का उपदेश किया—

(1) ''तत्त्वमसि'' (छान्दोग्य 6/8/7)—वह पूर्ण ब्रह्म तू है (सामवेद)

(2) ''प्रज्ञानं ब्रह्म'' (ऐतरेय 5)—प्रज्ञारूप उपाधिवाला आत्मा ब्रह्म है (ऋग्वेद)

(3) ''अहं ब्रह्मास्मि'' (बृहदारण्यक 1/4/10) मैं ब्रह्म हूँ (यजुर्वेद)

(4) ''अयमात्मा ब्रह्म'' (माण्डूक्य 2)—यह सर्वानुभवसिद्ध अपरोक्ष आत्मा ब्रह्म है (अथर्ववेद)

पराशर के पुत्र सत्यवती के गर्भ से उत्पन्न व्यास थे। प्रसिद्ध महिमा वाले शुकदेव व्यास के पुत्र हुए। शुकदेव के शिष्य गौड़पाद थे और गौड़पाद के शिष्य हुए यतिवर गोविन्दपाद। गोविन्दपाद आदिशेष के अवतार माने जाते थे। शिष्य रूप में शंकर ने उन्हीं गोविन्दपाद से सारी विद्याएँ पढ़ीं। व्यास रचित ब्रह्मसूत्र, उपनिषद् आदि वेदान्त ग्रन्थों तथा और अनेक शास्त्रों का भी उन्होंने अध्ययन किया। गोविन्दपाद शंकर ऐसे सुयोग्य अधिकारी शिष्य को पाकर मन ही मन अत्यधिक प्रसन्न हुए। उन्होंने दृढ़ धारणा बना ली कि इसी के द्वारा पाखण्डियों का अन्त होगा।

उन्होंने शंकर को संन्यास की सविधि दीक्षा दी और उन्हें 'शंकराचार्य' के नाम से प्रसिद्ध किया।

संन्यासी रूप में शंकर

पूर्व पुण्य समूह से प्राप्त होने वाले श्रेष्ठ यतिवरों द्वारा वन्दनीय यतिवर शंकर अन्तिम आश्रय संन्यास धारण कर उसी प्रकार सुशोभित हुए, जिस प्रकार सूर्य आदि देवताओं से पूजित एवं उच्च स्थान को प्राप्त कर ध्रुव सुशोभित होते हैं। वे काषाय वस्त्र धारण कर इस प्रकार सुशोभित हुए, जैसे सायंकाल के लाल मेघों से सुशोभित हिमालय शिखर। यतिवर शंकराचार्य गोविन्दपाद की शिष्य-मण्डली तथा अन्य विद्वन्मण्डली को इस प्रकार सुशोभित करने लगे, जैसे रात्रि में नक्षत्र-मण्डल में चन्द्रमा।

अब शंकराचार्य ने आश्रम के अध्यापन-कार्य का सारा उत्तरदायित्व अपने ऊपर ले लिया। वहाँ के शिष्यवृन्द और अन्य विद्वान् उनसे अध्ययन करने लगे। वे सभी शास्त्रों में पारंगत थे। इससे उनके गुरु गोविन्दाचार्य को परम हर्ष हुआ। दर्शनशास्त्र की गुत्थियाँ इतने तार्किक और अनुभवयुक्त शैली में सुलझाते थे कि बड़े-बड़े विद्वान् चमत्कृत हो जाते थे। दूर-दूर के अनेक विद्वान् पंडित गोविन्दपाद से शंका-समाधान, तर्क-वितर्क अथवा शास्त्रार्थ करने आते, तो ऐसी स्थिति में वे आचार्य शंकर के ऊपर यह भार सौंप देते। शंकर अपनी युक्ति, तर्क, प्रमाण एवं प्रतिभा से उनकी शंकाओं का तत्काल निर्मूलन कर देते। शास्त्रार्थी हतप्रभ और निरुत्तर होकर नतमस्तक हो जाते। परन्तु वे अपनी विजय में विनम्र बने रहते। उनमें अद्‌भुत निरहंकारिता और निर्विकारता विद्यमान थी। उनके इस भद्र व्यवहार की उनके विपक्षी शास्त्रार्थी भी मुक्तकंठ से प्रशंसा करते थे।

माधवाचार्य जी ने अपने ग्रन्थ 'शंकर दिग्विजय' में यतिवर शंकराचार्य की भूरि-भूरि प्रशंसा की है, जिसका सार नीचे दिया जा रहा है—

ब्रह्म सभी श्रुतियों से प्रतिपादित किया जाता है। श्रुतियों के अनुसार सब वेद ब्रह्म का ही प्रतिपादन करते हैं। तत्त्वज्ञानियों के लिये ब्रह्म की प्राप्ति ही परम पद की प्राप्ति है। वह स्वयं तीनों जगत् का अतिक्रमण करने वाले सत्यरूप अपने धामस्वरूप में निरत रहने वाले हैं। आचार्य शंकर की भी दशा ठीक ऐसी ही है। वह भी निरन्तर श्रुति-सेवी हैं। वे विख्यात ब्रह्मज्ञानियों की अन्तिम गति हैं तथा तीनों जगत् का अतिक्रमण करने वाले अपने शुद्ध सत्यस्वरूप में रमण करने वाले हैं। ब्रह्म की उत्पत्ति 'ब्रह्' धातु से हुई है। 'बृह्' का अर्थ 'वृहत्' है। शंकर के सम्बन्ध में यह अर्थ सर्वथा समीचीन प्रतीत होता है; क्योंकि ब्रह्म-साक्षात्कार करने के कारण, वे सर्वव्यापक—ब्रह्म हो गये हैं।

कई दृष्टियों से आचार्य शंकर विष्णु भगवान् से बढ़कर हैं। विष्णु ने वामनावतार में अपने दो पादों से, त्रिभुवन को नापा था। परन्तु शंकर ने ज्योतिरूप एक ही पाद से त्रिभुवन को नाप डाला है। इनका अबाधित स्वरूप उत्पत्ति, स्थिति एवं लय इन तीनों

अवस्थाओं में एक समान अनुस्यूत रहता है, परन्तु विष्णु रूप तो सत्त्वगुण की स्थिति ही काल में विद्यमान रहता है। विष्णु ने मत्स्यादि दश अवतारों को धारण किया था, अत: वे दशावतारों से युक्त हैं। पर शंकर इन दस अवतारों से रहित हैं। शंकर भूमास्वरूप हैं और वैराग्य में रमण करने वाले हैं। इसी कारण शंकर के पद को श्रुति विष्णु के पद से बड़ा मान रही है। ''तद्विष्णोः परमं पदम् सदा पश्यन्ति सूरयः,'' अर्थात् उस विष्णु-ब्रह्म के पर पद को तत्त्वज्ञानी सदैव अनुभव करते हैं।

भगवान् आशुतोष शिव से भी शंकर बढ़कर हैं, क्योंकि शिव भूत गणों से सम्बन्धित हैं और शंकर भूतों—पृथ्वी, जल, अग्नि, वायु और आकाश—से रहित हैं। फिर रुद्र गव, भूति और भोग के निकटतम सम्पर्क में हैं (यहाँ गव का अर्थ वृषभ, भूति का अर्थ श्मशान की विभूति और भोग का अर्थ साँप से है) किन्तु आचार्य शंकर गव, भूति और भोग से रहित हैं, (यहाँ गव का अभिप्राय इन्द्रियाँ, भूति का अभिप्राय सांसारिक ऐश्वर्य और भोग का तात्पर्य विषयों के आनन्द से है) रुद्र ने 'त्रिपुर' (तीन पुरियों) का संहार किया है, वह भी अनेक सहायकों की सहायता से, किन्तु यतिवर ने अपने अद्वैतज्ञान की दृष्टि मात्र से त्रिपुर (स्थूल शरीर, सूक्ष्म शरीर और कारण शरीर) का संहार किया है। इसी कारण यतिवर शंकर 'परम शिव' माने जाते हैं, क्योंकि वे जाग्रतावस्था, स्वप्नावस्था और सुषुप्ति अवस्था से सर्वदा परे हैं। वे तुरीय स्वरूप हैं।

त्रिपुर दैत्य का संहार करते समय महादेव ने सुवर्णगिरिमय धनुष धारण किया था, जिसके बाण का फल स्वयं विष्णु भगवान् बने थे। पृथ्वी रथ बनी थी। सूर्य और चन्द्रमा दोनों रथ के चक्के बने थे। ऐसे रथ की सहायता से महादेव ने त्रिपुर राक्षस का वध किया था। परन्तु आचार्य शंकर ब्राह्मणों के शोभन वर्ण कर्मों में न निरत हैं और न पुरुषों के फल में आसक्त हैं, न रात-दिन प्रकट होने वाले अहंकार, काम आदि से युक्त हैं और न देहरूपी रथ के साथ सम्बद्ध हैं। उन्होंने बिना किसी प्रकार की बाह्य सहायता के विशाल पुर्यष्टक पुरी पर विजय प्राप्त कर ली। (पाँच सूक्ष्म भूत, पाँच प्राण, पाँच ज्ञानेन्द्रियाँ, पाँच कर्मेन्द्रियाँ, अन्त:करण चतुष्टय, अविद्या, कर्म तथा वासना—इन आठों के समूह को पुर्यष्टक कहते हैं अथवा शब्दादि पाँच विषय तथा मन, बुद्धि और अहंकार को पुर्यष्टक कहा जाता है।) अत: उपनिषद् उन्हें यदि पर शिव कहें, तो इसमें आश्चर्य की बात ही क्या है?

आचार्य शंकर साक्षात् परमहंस रूप हैं। यह विकट संसार निश्चय ही भयानक वर्षा ऋतु है। पाप इसके बादल हैं और उसके फलस्वरूप दुखों की प्राप्ति घनघोर वृष्टि रूप है। ऐसे दारुण संसाररूपी वर्षा ऋतु का आचार्य शंकर ने दूर से परित्याग कर दिया है। परमहंसरूपी शंकर ने इसका परित्याग कर मानसरोवर में अपना निवास स्थान बनाया है। वहाँ वे प्रचण्ड पंडितों के यशरूपी कमलनाल के अंकुर को निगल जाते हैं। इस प्रकार परमहंसों में श्रेष्ठ शंकर मानसरोवर के समान अपने मानस में निरन्तर रमण करते हैं।

सच्चिदानन्द रूप होने के कारण ब्रह्म क्षीररूप हैं। दुःखमय होने के कारण यह जगत् नीर रूप है। दोनों के मिश्रित हो जाने से, इन दोनों को पृथक् करना अत्यन्त कठिन है। परन्तु ब्राह्मणों में श्रेष्ठ परमहंसरूपी ब्रह्मज्ञानी शंकर ने इन दोनों का नीर-क्षीर विवेक करके इन्हें पृथक् कर दिया है। इससे उनकी परमहंस वृत्ति का परिचय प्राप्त होता है। ऐसे आचार्य शंकर रागद्वेष आदि दोषों से युक्त वस्तुओं का सेवन करने वाले सज्जनों की बुद्धि पवित्र करें।

इस संसार में नीर-क्षीर के समान मिथ्या जगत् और सत्य ब्रह्म मिले-जुले हैं। बड़े-बड़े विद्वानों द्वारा भी इसका नीर-क्षीर विवेचन करना दुस्साध्य है। परन्तु यतिवर शंकर ने अपने अलौकिक ब्रह्मज्ञान से सत् स्वरूप परमात्मा—ब्रह्म को मिथ्या संसार से पृथक कर लिया है, इससे वे वास्तव में परमहंस हैं। जो व्यक्ति बिम्बाफल के समान कटुफल वाले विषयों के भोगने में अनुरक्त हैं, वे इसका निर्णय करने में असमर्थ हैं। ऐसे व्यक्तियों को कौआ ही मानना चाहिए।

सूर्य भगवान् बाह्य अंधकार को दूर कर लोगों की मन्द दृष्टि को प्रकृष्ट कर देते हैं, वे कमल के प्रिय हैं, संसार का कल्याण करते हैं, इससे वे उसके मित्र कहे जाते हैं। रात्रि के कारण चक्रवाक की विरहजन्य पीड़ा को हर लेते हैं। परन्तु आचार्य शंकर सूर्य से इन विषयों में बढ़कर हैं। वे लोगों के अज्ञान से तिमिराच्छन्न ज्ञान-दृष्टि को अपने ज्ञान-प्रकाश से खोल देते हैं। वे नालीक-अलीक मिथ्या प्रपंच के प्रेमी नहीं हैं। संसार के उपकारक होने से वे समस्त जगत् के सच्चे मित्र हैं। वे एक के नहीं अनेक सुहृदों के जन्म-मरण दुःख को नष्ट कर देते हैं और परमार्थ-रूप जीव-ब्रह्म के एकत्व का समुचित प्रतिपादन करते हैं।

नर्मदा की भीषण बाढ़

जब विद्वत् श्रेष्ठ शंकर यतीत्व प्राप्त कर संसार से मुक्ति के लिए आत्मानुसन्धान में निमग्न हुए, उसी समय वर्षा ऋतु का आगमन हुआ। विषयों में अनुराग करना बिजली की चमक के समान चंचल और क्षणभंगुर है, इस बात को सूचित करते हुए बादल प्रकट हुए। मेघों ने आकाश को आच्छादित कर बार-बार घोर वृष्टि की। शंकर ने इन्द्रियों के समस्त व्यापारों को रोककर अपने चित्त को निर्गुण ब्रह्म में समाहित कर दिया। वे निर्विकल्प समाधि में स्थित हो गये। शंकर उस असंप्रज्ञात समाधि में स्थित हुए जो सान्द्र सुखरूप तथा रसमय जलद से रहित है। उस चिदाकाश में न तो सूर्य प्रकाशित होता है, न चन्द्रमा, न ताराओं का समुदाय, न तो वहाँ बिजली चमकती है और न अग्नि। वहाँ द्युलोक, पृथ्वी और काल की गति नहीं है। ब्रह्मप्राप्ति की अवस्था में सूर्यादि का स्फुरण नहीं होता, बुद्धि भी वहाँ लीन हो जाती है। वह ब्रह्ममयी हो जाती है और उसका पृथक् अस्तित्व नहीं रह जाता। ब्रह्म सहज आनन्द का समुद्र है, कार्य-जगत् के साथ माया की समाप्ति कर देने वाला है। वह अपनी महिमा में प्रतिष्ठित है और अत्यन्त आश्चर्यजनक है। वह स्वतः सत्य, नित्य और परम रहस्यमय है। अपनी समाधि-अवस्था में उन्होंने इस अवस्था

की प्रत्यक्षानुभूति की। समाधि से उत्थान होने पर उन्होंने गम्भीरतापूर्वक विचार किया कि इस समय क्या हेय है और क्या उपादेय है?

इधर वृष्टि की प्रबलता बढ़ती गई। ऐसा प्रतीत हो रहा था कि इन्द्र देवता सृष्टि को जलनिमग्न करने पर तुले हुए हैं। हाथियों की सूँड़ के समान मोटी जलधार की वृष्टि निरन्तर पाँच दिनों तक होती रही। अंधकार से आकाश आच्छादित हो गया। जोरों से बिजली चमक रही थी। पाँच दिनों तक अनवरत घोर वृष्टि होती रही। इससे नर्मदा नदी में प्रलयंकारी बाढ़ आ गई। चारों ओर हाहाकार मच गया। पशु-पक्षियों और मनुष्यों की आर्त ध्वनि से आकाश गूँज उठा। वृक्षों की पंक्ति की पंक्ति धराशायी होने लगी। नर्मदा-तट के लोग भयभीत होकर रक्षार्थ पुकारने लगे। चारों ओर त्राहि-त्राहि मच गई। आश्रम भी जलनिमग्न हो गया। जल-प्रवाह के भीषण शब्द से समस्त आश्रम-निवासी भयभीत हो गये। उस समय गुरुदेव गोविन्दपाद निर्विकल्प समाधि में स्थित थे। शिष्यगण उनके शरीर की रक्षा के लिए चिन्तित थे, पर उन्हें समाधि से उठाना नहीं चाहते थे। शंकर इस स्थिति को देखकर कुछ देर तक शान्त रहे। परन्तु थोड़ी देर बाद उन्होंने एक घड़ा लेकर उसे मंत्र से अभिसिक्त कर गुफा के द्वार पर रख दिया। सारा का सारा जल उसी घड़े में अवरुद्ध कर लिया। उन्होंने उस घड़े में समस्त जल को एकत्र कर उसी प्रकार रख दिया, जिस भाँति अगस्त्य ऋषि ने अपनी हथेली में समुद्र को रख लिया था।

समाधि से व्युत्थित होकर गुरुवर ने शंकर की अलौकिक शक्ति का सारा वृत्तान्त शिष्यों के मुख से सुना। शंकर की अलौकिक योगसिद्धि को जानकर वे अत्यधिक प्रसन्न हुए।

गोविन्दपाद का शंकर को आदेश

कुछ दिनों के बाद वर्षा ऋतु समाप्त हुई और शरद ऋतु आ पहुँची। आकाश से मेघ विलीन हो गये। अवसर पाकर गुरु ने शंकर को सम्बोधित कर कहा, "हे वत्स, शरद ऋतु के आगमन से आकाश कितना निर्मल हो गया है। ब्रह्मविद्या की प्राप्ति से ब्रह्म तथा आत्मा की एकतारूपी सिद्धान्त भी उसी प्रकार स्पष्ट और हृदयग्राही हो जाता है। जिस प्रकार बादल जलवृष्टि करके औषधियों को कृतार्थ करके यथास्थान चले जाते हैं, उसी प्रकार यतिवृन्द अपने सदुपदेशों से जिज्ञासुओं को कृतार्थ कर शरद ऋतु में अपने अभीष्ट स्थान को चले जाते हैं। जिस प्रकार बादलों के छँट-जाने से चन्द्रमा में निर्मल कान्ति आ जाती है, वैसे ही तत्त्वज्ञानी भी माया के आवरण से मुक्त हो जाने पर पवित्र हो जाते हैं। जिस भाँति मेघों के विलीन हो जाने पर आकाश में शुभ नक्षत्र प्रकाशित होते हैं, उसी भाँति रागद्वेषादि अवगुणों के दूर हो जाने से मैत्री, करुणा, मुदिता, उदासीनता आदि गुण प्रकाशित होते हैं। जिस प्रकार हंस के साथ सुशोभित, धूलिविहीन, तरंगरहित, पंक-विहीन इस तड़ाग का जल प्रकाशित हो रहा है, उसी प्रकार तुम्हारा चित्त परमहंस-साधुओं के साथ रहने से रजोगुणविहीन, शोभारहित, पापरहित तथा अत्यन्त गम्भीर हो गया है। वर्षा ऋतु में

महात्मा लोग श्रवण, मनन, निदिध्यासन तथा धारणा, ध्यान और समाधि में अपना दिन बिताते हैं। उसके बाद शरद ऋतु में विचरण कर अपने पावन चरण-कमल की रज से जगत् को पवित्र करते हैं। हे वत्स, अतः अब तुम शिवपुरी, वाराणसी जाओ। वहाँ तुम वेदान्त-मत का प्रचार-प्रसार करो और उसकी शिक्षा दो। लोगों का मन संसार की दावाग्नि में दग्ध हो रहा है। तुम वेदों में वर्णित आध्यात्मिक तत्त्व का रहस्योद्घाटन करो और उसकी अमृतवर्षा से लोगों के दग्ध हृदय को शीतल करो।''

''वत्स, इस सम्बन्ध में व्यास ऋषि ने मुझसे एक बात बतलाई है। हिमालय में एक बार अत्रि ऋषि ने एक सत्र का आयोजन किया था। उस सत्र में इन्द्रादि देवों ने उत्साहपूर्वक भाग लिया था। उस सभा में पराशरनन्दन व्यास उपनिषदों के अर्थ की रहस्यमयी व्याख्या कर रहे थे। उस समय सत्यवादी व्यास से मैंने यह प्रश्न किया, ''हे आर्य आपने वेद-समुदाय का भलीभाँति विभाग किया। महाभारत तथा पुराणों की भी आपने रचना की है। इसके अतिरिक्त योगशास्त्र पर भी भाष्य लिखा और ब्रह्मसूत्र का भी निर्माण किया। इन ब्रह्मसूत्रों पर अनेक विद्वानों ने मनमानी अनेक भाँति की सन्देहात्मक कल्पना की है। अतएव इन सूत्रों पर ऐसे भाष्य लिखने की आवश्यकता है, जिससे मनगढ़न्त ऊलजलूल अर्थ करने वाले पराजित हो जायें।'' मेरी बात सुनकर व्यास जी ने उत्तर दिया, ''तुम क्षुब्ध न हो। महादेव शंकर की सभा में देवताओं ने इसी प्रकार की शंका की थी और उसका निर्णय किया जा चुका है। उसका संकेत मैं तुम्हें दे रहा हूँ। मेरे समान ही सभी विषयों का ज्ञाता तुम्हारा एक शिष्य होगा। उसे इस प्रकार पहचानना, वह एक घड़े में नदी की विशाल जलराशि को भर देगा। वह वेद-विरोधी अनेक मतों का खण्डन करेगा। अनेक कुमार्गगामियों को सत्पथ पर लायेगा। ब्रह्मसूत्र आदि पर मार्मिक, कल्याणप्रद, गम्भीर तथा तर्कयुक्त भाष्य लिखेगा। इसके अलावा अनेक स्वतन्त्र ग्रन्थ भी लिखेगा। तुम्हारे विमल यश को वह शरदकालीन चन्द्रकिरणों की भाँति चारों ओर फैलायेगा।'' इतना कहकर व्यास ऋषि कैलास पर्वत की ओर चले गये। उनके श्रीमुख से सुने वचनों को मैं प्रत्यक्ष अनुभव कर रहा हूँ। उनके बतलाये हुए सभी लक्षण तुम्हीं में घटित हो रहे हैं। हे ज्ञानी प्रवर, तुम उत्तम पुरुष हो। तुम्हारे समान अन्य कोई पुरुष नहीं है। तुम तो साक्षात् शंकर हो। अतएव तुम दोषविहीन उत्तम ग्रन्थों की रचना करो और शीघ्रातिशीघ्र संसार के उद्धार का प्रयास करो। तुम शीघ्र ही शिवपुरी, वाराणसी जाओ। वह गंगा जी के पवित्र तट पर स्थित है। वहाँ जाने से भगवान् आशुतोष शिव तुम पर अनुग्रह करेंगे।''

यद्यपि यतिवर शंकर की प्रबल इच्छा थी कि वे आचार्य गोविन्दपाद के चरणों की जीवनपर्यन्त सेवा करते हुए, उन्हीं के पास रहें, किन्तु संसार के कल्याणार्थ उन्हें शिवपुरी जाना पड़ा। शंकर ने बड़ी कठिनाई से गुरु से विदा ली। वे गुरु के वियोग में व्याकुल हो गये। गुरु के चरण-कमलों में श्रद्धाभक्तिपूर्वक प्रणाम कर उनके पावन

स्वरूप को अपने हृदय में आसीन कर शंकर ने शिवपुरी, वाराणसी के लिये प्रस्थान किया।

यतिवर शंकर चार वर्षों तक आचार्य गोविन्दपाद की सेवा में रहे। उन्होंने गुरु से हठयोग, राजयोग और ज्ञानयोग की पूर्ण शिक्षा प्राप्त की। उस समय उनकी अवस्था मात्र 12 वर्ष की थी। किन्तु उसी अल्पायु में उनके प्रकाण्ड पाण्डित्य का ढिंढोरा चारों ओर पिट चुका था। उनकी अलौकिक योग-शक्तियों की धूम चारों ओर मच गई थी। उनके अखण्ड तेज और तप की महिमा सुनकर वेद-विरोधी आचार्यों का हृदय काँप उठा था। समस्त देशवासी उनका दर्शन करने को आतुर हो उठे थे। मार्ग में वे जहाँ भी विश्राम करते, सहस्रों नर-नारी उनका दर्शन कर और उपदेश श्रवण कर कृतार्थ होते। इस प्रकार वैदिक धर्म का प्रचार और प्रसार करते हुए, यतिवर शंकर वाराणसी गंगा के तट पर पहुँचे। उन्होंने सर्वप्रथम सुरसरि भागीरथी को प्रणाम किया और स्नान किया। तदन्तर वहाँ के अधिष्ठातृ देव भगवान् काशी विश्वनाथ का दर्शन और पूजन किया। उन्होंने मणिकर्णिका घाट पर अपना निवास बनाया। वैदिक धर्म के पुनरुद्धार के सम्बन्ध में निरन्तर सोचते हुए उन्होंने काशी में कुछ समय व्यतीत किया।

■

छः

आत्मविद्या की प्रतिष्ठा

सनन्दन (पद्मपाद) का आगमन

एक दिन आचार्य शंकर के दर्शन-हेतु एक ब्राह्मण-कुमार आया। वह बालक समस्त वेदों का अध्येता था। वह अत्यन्त सुन्दर था। उनके नेत्र कमल के समान थे। वह अपनी प्रभा से दूसरों के तेज को हर लेता था। वह ब्राह्मण-बालक दृढ़ तथा दुष्प्राप्य गुरुकृपारूपी नाव पर चढ़ कर गम्भीर एवं विशाल संसाररूपी सागर पार करने को कटिबद्ध था। वह बाल-ब्रह्मचारी शंकर के चरणकमलों में नतमस्तक हो गया। तब उन्होंने स्नेह से उस बालक को उठा कर पूछा, "हे बालक, तुम कौन हो? तुम्हारा घर कहाँ है? कहाँ से आये हो? अत्यन्त धैर्यवान् प्रतीत हो रहे हो। बालक होने पर भी तुम्हारी बुद्धि बालक के समान नहीं प्रतीत होती। हालाँकि तुम अकेले हो, किन्तु तुममें जनसमुदाय का सा शौर्य परिलक्षित होता है।"

उस बुद्धिमान् बालक ने सविनय उत्तर दिया, "हे भगवन्, मैं जाति का ब्राह्मण हूँ और चोल प्रदेश का निवासी हूँ। उस क्षेत्र में कावेरी नदी प्रवाहित होती है, जिसके पावन जल के स्पर्श से परमात्मा में भक्ति-भावना जाग्रत होती है। महात्माओं के पावन दर्शन की इच्छा से भ्रमण करता हुआ मैं इस क्षेत्र में आया हूँ। मैं संसार-सागर में डूबने से बहुत घबड़ाता हूँ। अतएव मुझ दीन पर कृपा करें और संसार-सागर से मुझे पार करें। हे त्रिलोकीनाथ गुरुदेव, मैं आपकी शरण में आया हूँ। मेरे गुणों-दोषों पर विचार न कीजिये। आज ही अतिशीघ्र मेरे ऊपर कृपा करें। मुझ दीन पर दया करने से जिस यश के आप भागी होंगे, वैसा यश धनी व्यक्ति के ऊपर कृपा करने पर प्राप्त नहीं होगा। सज्जनवृन्द मरुस्थल में जलवृष्टि करने वाले बादल की जितनी प्रशंसा करते हैं, समुद्र में सौ वर्ष जल बरसाने वाले बादल की उतनी स्तुति नहीं होती। हे गुरुदेव, समस्त संसार काम-क्रोध आदि के पाश में आबद्ध है। मेरी मनोकामना है कि मेरा मन इन दोषों से मुक्त हो जाये और मैं ब्रह्म-साक्षात्कार करूँ और निरन्तर जीवन्मुक्ति के आनन्द में रमण करूँ। आकाश, पाताल एवं मृत्युलोक के समस्त भोग मेरी दृष्टि में हेय और नगण्य हैं। हे भवरोग विशेषज्ञ वैद्य, मैं आपकी शरण में हूँ। मेरे भवरोग का निर्मूलन करें और उसके कष्टों को दूर कर शान्ति प्रदान करें। आप ही मेरे आराध्य देव हैं। आप ही मेरे उपास्य हैं।"

बालक सनन्दन के इस विनय भाव एवं त्यागभाव से यतीन्द्र शंकर उस पर अत्यधिक प्रसन्न हुए। उनकी कृपा से सनन्दन की त्याग-भावना और भी अधिक

उद्दीप्त हो गई। आचार्य शंकर ने सनन्दन को विधिवत् संन्यास-दीक्षा दे दी। कहते हैं कि सनन्दन शंकराचार्य के प्रथम दीक्षित शिष्य थे। उन्हें विष्णु का अवतार माना गया।

देवांशों से उत्पन्न अन्य पुरुष भी आचार्य शंकर की सेवा में उपस्थित हुए। उन्होंने भी शंकर से विधिवत् संन्यास ग्रहण किया और काशी-क्षेत्र में उनकी सेवा करने लगे। आचार्य शंकर की महिमा का कौन अनुमान लगा सकता था? उनकी महिमा अपार थी। मौन ही उनका व्याख्यान था। वामदेवादि श्रेष्ठतम् ऋषि उनके छात्र थे। उन सबके चरित्र निष्कलंक और अनुकरणीय थे। वे शंका-कलंक को उखाड़ डालने में सर्वथा समर्थ थे। बड़े-बड़े उद्‌भट विद्वानों ने उनका शिष्यत्व ग्रहण कर अपने को कृतार्थ समझा। वट-वृक्ष के नीचे एक विचित्र बात देखने में आई, वह यह कि शिष्यगण तो वृद्ध हैं और गुरु युवा हैं। वाराणसी में रहनेवाले विद्वानों ने विष्णु के समान प्रभावशाली यतीन्द्र शंकर की विधिवत् श्रद्धापूर्वक उपासना की। टेढ़ी-मेढ़ी उपासना करनेवाले व्यक्ति भी शंकर के प्रताप और प्रसाद से सही रास्ते पर लगकर सच्चे साधु बन गये।

आद्या शक्ति का दर्शन और शंकर को उपदेश

एक दिन आचार्य शंकर प्रात:काल के अन्धकार में मणिकर्णिका घाट की ओर स्नान करने जा रहे थे। साथ में शिष्यमण्डली भी थी। उस समय उन्होंने देखा कि एक युवती का पति मर गया है। वह मृत पति के मस्तक को गोदी में लिये बहुत विलाप कर रही है और पति के दाह-संस्कार के लिये भीख माँग रही है। स्त्री मृत पति का शव लिये हुए मणिकर्णिका के संकीर्ण पथ को रोक कर बैठी थी। आचार्य ने कुछ देर तक प्रतीक्षा की कि वह मार्ग छोड़ दे। उन्हें स्नान करने में देर हो रही थी। मणिकर्णिका जाने का कोई दूसरा रास्ता न देखकर उन्होंने उस स्त्री से कहा, ''माँ, शव को एक ओर हटा लो, ताकि हम निकल जायें।''

स्त्री इतनी शोकातुर थी कि उसने शंकर की बात पर कोई ध्यान नहीं दिया। आचार्य बारम्बार मृत देह को एक तरफ हटाने का अनुरोध करने लगे, तो स्त्री ने किंचित् रोष से कहा, ''महात्मन्, आप शव को ही हटने के लिये क्यों नहीं कह देते?''

यह सुनकर आचार्य ने करुण वाणी में उससे कहा, ''माँ, आप अत्यधिक शोक में अप्रकृतिस्थ हो गई हैं। भला, शव कहीं हट सकता है? वह तो प्राणविहीन हो गया है। उसमें हट सकने की शक्ति ही कहाँ है?''

इस पर उस स्त्री ने शंकर को सम्बोधित कर कहा, ''क्यों यतिवर, आपके मतानुसार तो शक्तिनिरपेक्ष ब्रह्म ही जगत् का कर्त्ता है। फिर शक्ति के बिना शव क्यों नहीं हट सकता?'' स्त्री की यह विवेकमयी वाणी सुनकर शंकर किंकर्तव्यविमूढ़ हो गये और गहरी चिन्ता में पड़ गये।

किन्तु उसी क्षण स्त्री और शव सब कुछ अदृश्य हो गया। यह कैसी आद्या शक्ति की लीला! शंकर की समझ में सारी बात आ गई कि बिना शक्ति के शिव शव मात्र हैं। उन्हें ज्ञान की एक नई दिशा प्राप्त हो गई। उनका अंतःकरण एक अनिर्वचनीय आनन्द से परिपूर्ण हो गया। उन्हें आद्या शक्ति महामाया की लीला सर्वत्र दिखलाई देने लगी। उसी का चिद्विलास सृष्टि के अणु-परमाणु में हो रहा है। नतजानु होकर वे आद्या शक्ति की स्तुति करने में तन्मय हो गये, ''हे भवानि! ब्रह्मा, विष्णु, महेश, इन्द्र, चन्द्र, सूर्य अथवा अन्य किसी को मैं नहीं जानता। मैंने तो आपके चरणों में शरण ली है। आप ही मेरी एकमात्र गति हैं। आप एकमात्र आश्रय हैं। माता भवानि, मैं आपकी शरण में आया हूँ। विवाद में, विपत्ति में, प्रमाद में, प्रवास में, जल में, अग्नि में, पर्वत पर, शस्त्राघात से, अरण्य में—सर्वत्र मेरी रक्षा करें। आप ही मेरी गति हैं, आप ही एकमात्र गति हैं।''

शंकर ने भलीभाँति यह अनुभव कर लिया कि आद्या शक्ति भगवती ने कृपा करके अपनी अचिन्त्य शक्ति का प्रत्यक्ष बोध कराया है। वे ही इस जगत् की सृष्टि, स्थिति और प्रलय का कारण हैं। वही भुक्ति-मुक्ति प्रदायिनी हैं। उन्हीं के लीलाकटाक्ष से इस जगत् का विकास हुआ है। वे ही ब्रह्माण्डों का पोषण करने वाली हैं। उन्हें स्पष्ट प्रत्यक्षानुभूति हो गई कि जीव और ब्रह्म अभिन्न हैं। ब्रह्म और शक्ति भी एक दूसरे से उसी प्रकार भिन्न नहीं हैं, जिस प्रकार खाँड़ से उसकी मिठास भिन्न नहीं है। निर्विशेष ब्रह्म तो केवल द्रष्टा मात्र है। जगत् की रचना तो ब्रह्म की अभिन्न, अचिन्त्य आद्या शक्ति महामाया ही करती है।

चाण्डाल वेशधारी भगवान् विश्वनाथ का दर्शन

एक बार यतिवर शंकर अपने शिष्यों के साथ मध्याह्नकालीन कृत्य करने गंगा जी की ओर जा रहे थे। ग्रीष्म ऋतु की प्रचण्डता अपनी चरम सीमा पर थी। सभी प्राणी गर्मी से व्याकुल थे। सभी प्राणी भीषण ताप से बचने के लिए सुरक्षित स्थानों में चले गये थे। मछलियों ने भी जल के भीतर शरण ले रखी थी। ऐसे समय में शंकर ने एक चाण्डाल देखा, जिसने अपने चार भयावह कुत्तों से मार्ग घेर रखा था। उसे देखते ही शंकर ने उच्च स्वर से कहा, ''दूर हटो, दूर हटो।'' उनकी बात सुनकर चाण्डाल अपने स्थान से तनिक भी टस से मस न हुआ, बल्कि शंकर से कहने लगा, ''हे महात्मन्, आप उपनिषद् के सैकड़ों वाक्यों द्वारा ब्रह्म और जीव की अभिन्नता प्रतिपादन करते हैं। एक ओर तो आप कहते हैं कि एक ही अद्वितीय ब्रह्म है, वह ब्रह्म, सत्, चित्, आनन्द, अद्वितीय, दोषरहित, असंग, सत्यबोध, अखण्ड, सुखरूप, आकाश के समान व्यापक और निर्लेप है, और दूसरी ओर उस प्रत्यगभिन्न ब्रह्म में आप भेद की कल्पना करते हैं। यह महान् आश्चर्य की बात है। हे विद्वान्, आपने यह कहा 'दूर हटो।' तो इससे आप देह से हटाना चाहते हैं अथवा देही से? यह शरीर अन्नमय कोश के अन्तर्गत माना गया है, क्योंकि यह अन्न से परिपुष्ट होता है। अन्न से ही सभी के शरीर पुष्ट होते हैं। ऐसी दशा में एक अन्नमय शरीर दूसरे

अन्नमय शरीर से किस प्रकार भिन्न है? इस शरीर के अन्तर्गत स्थित जीवात्मा हमारे समस्त क्रिया-कलापों का द्रष्टा और साक्षी है। सभी शरीरों का साक्षी और द्रष्टा एक है, भिन्न नहीं। ऐसी स्थिति में एक साक्षी चेतन दूसरे साक्षी चेतन से अभिन्न है। साक्षी में नानात्व नहीं है, वह एक और अद्वितीय है। क्या आप ऐसे अद्वैतवादियों के लिए प्रत्यगात्मा के विषय में भेद समझना शोभनीय है? गंगाजल तथा मदिरा में प्रतिबिम्बित सूर्य में क्या किसी प्रकार भेद है? सूर्य के प्रतिबिम्ब भिन्न हो सकते हैं, पर बिम्बरूप सूर्य तो एक ही है। ठीक इसी भाँति प्रत्येक शरीर में स्थित साक्षी और द्रष्टा आत्मा एक ही है। हे मुनिवर, इन दोनों में आप किसे हटाने की इच्छा करते हैं? आप शास्त्रज्ञ संन्यासी हैं, देवताओं और विद्वानों द्वारा पूजनीय और वंदनीय हैं। फिर भी आपके साथ यह झमेला लगा हुआ है कि 'मैं पवित्र ब्राह्मण हूँ और तुम चाण्डाल हो, अतः दूर हटो'। यह आपका मिथ्या आग्रह कैसा? आप समस्त शरीरों में स्थित एवं अशरीरी पुराण पुरुष की अवहेलना कर रहे हैं। आप सबको अद्वैत आत्मतत्त्व का उपदेश करते हैं। पर ऐसे विज्ञ पुरुष भी अनादि अज्ञान की महिमा से वंचित नहीं हैं। तभी तो अचिन्त्य, अव्यक्त, अनन्त, आद्य, उपाधिशून्य अपने चिद्रूप आत्मा को भुलाकर हाथी के कान के समान प्रत्यक्ष सिद्ध क्षणभंगुर, चंचल शरीर की अहंभावना कर रहे हैं। क्या आप ऐसे अद्वैतज्ञानी के लिये इस प्रकार की भेद-भावना शोभनीय है? जिस प्रकार अज्ञान के कारण रस्सी में सर्प का भ्रम हो जाता है, उसी प्रकार मिथ्या ज्ञान से चिद्रूप ब्रह्म में नाम-रूपात्मक समस्त प्रपंच सत्य के समान दिखलाई पड़ते हैं। मोक्षदायिनी ब्रह्मविद्या को प्राप्त करने पर भी, आपके हृदय में इस प्रकार की तुच्छ भावना क्यों उत्पन्न हो रही कि 'मैं ब्राह्मण हूँ, तुम चाण्डाल हो।' महान् आश्चर्य की बात है कि उस मायावी परमात्मा के विशाल इन्द्रजाल में आप जैसे महान् पुरुष भी फँस रहे हैं।''

ऐसा कह कर चाण्डाल चुप हो गया। अब आचार्य शंकर संदेह में पड़ गये कि यह चाण्डाल है अथवा चाण्डाल के वेष में कोई अन्य महान् पुरुष? अतः उदारमना, सत्यनिष्ठ शंकर ने उससे कहा, ''हे प्राणियों में श्रेष्ठ, आपके वचन युक्तियुक्त और सारगर्भित हैं। आपका कथन सर्वथा सत्य है। आप आत्मज्ञानी हैं। उपनिषद् सभी जानते हैं, इन्द्रियों को जीतने वाले व्यक्ति इसका मनन करते हैं तथा अपने अन्तःकरण को आत्मा में नित्य रमण कराते हैं। इस प्रकार श्रवण, मनन, निदिध्यासन होने पर भी, वे अपनी बुद्धि भेदरहित नहीं कर पाते। जिस दृढ़बुद्धि पुरुष की दृष्टि में सम्पूर्ण विश्व आत्मरूप से प्रकाशित हो रहा है, वह चाहे ब्राह्मण हो अथवा चाण्डाल हो, वह वन्दनीय है, यह मेरी दृढ़ निष्ठा है। जो चैतन्य विष्णु, शिव आदि देवताओं में स्फुरित हो रहा है, वही चैतन्य कीड़े-मकोड़े क्षुद्र जन्तुओं तक में स्फुरित है। जिसकी ऐसी बुद्धि और ऐसी निष्ठा है कि 'वह चैतन्य मैं हूँ', यह दृश्य जगत् नहीं, वह चाण्डाल भले ही हो, पर वह मेरा गुरु है। संसार के विविध विषयों के अनुभव करते समय, जहाँ-जहाँ ज्ञान उत्पन्न होता है, वहाँ-वहाँ समस्त उपाधियों से रहित

मैं ही विद्यमान हूँ। मुझसे भिन्न कोई भी पदार्थ नहीं है, ऐसी जिसकी बुद्धि है, वह पुरुष मेरा गुरु है।''

आचार्य शंकर ने जिन श्लोकों से चाण्डाल वेशधारी विश्वनाथ महादेव शंकर की स्तुति की, वे 'मनीषा-पंचक' नाम से प्रसिद्ध हैं। इनकी संख्या पाँच है और प्रत्येक श्लोक के अन्त में 'मनीषा' शब्द आता है, इसलिये इन्हें 'मनीषा-पंचक' कहा गया है।

यहाँ दो श्लोकों के भावार्थ दिये जा रहे हैं—

''मैं ब्रह्म ही हूँ, चेतन मात्र से व्याप्त यह समस्त जगत् भी ब्रह्मरूप है। समस्त दृश्यजाल मेरे द्वारा ही त्रिगुणमय अविद्या से कल्पित हैं। सत्य, निर्मल, पर सुख रूप में जिसकी ऐसी दृढ़ बुद्धि है, वह चाहे चाण्डाल हो अथवा द्विज, वह मेरा गुरु है, ऐसी मेरी निष्ठा है।'' ॥ 2 ॥

''सर्प आदि तिर्यक्, मनुष्य, देवादि द्वारा 'अहम्' मैं, ऐसा स्पष्ट गृहीत होता है। उसी के प्रकाश से स्वतः जड़, हृदय, इन्द्रिय देह और विषय भाषित होते हैं। मेघ से आवृत्त सूर्यमण्डल के समान विषयों से आच्छादित उस ज्योतिस्वरूप आत्मा की सदा भावना करने वाला आनन्दनिमग्न योगी मेरा गुरु है, ऐसी मेरी मनीषा है।'' ॥ 4 ॥

आत्मा में आचार्य शंकर की इस अपूर्व निष्ठा को देख कर भगवान् आशुतोष शिव उनके ऊपर अत्यधिक प्रसन्न हुए। उन्होंने अपने चाण्डाल वेश को छोड़ दिया। भगवान् चन्द्रमौलिश्वर अष्टमूर्ति में चारों वेदों को धारण किये हुए प्रकट हुए। शिव भगवान् के इस अष्टमृर्ति स्वरूप को देख कर आचार्य शंकर भय, भक्ति, विनय, धैर्य, हर्ष और विषय भाव से भर गये। उन्होंने भावपूर्ण शब्दों में शंकर की स्तुति करनी प्रारम्भ की, ''हे शम्भो, देह बुद्धि से मैं आपका दास हूँ। हे त्रिलोचन, जीव बुद्धि से मैं आपका अंश हूँ। शुद्ध बुद्धि से आत्मविचार करने पर सब कुछ आप ही हैं। ऐसी अवस्था में मैं आपसे रंचमात्र भी भिन्न नहीं हूँ। हे सर्वात्मन्, सभी शास्त्रों के द्वारा निश्चित किया गया, यही मेरा ज्ञान है। अद्वैत ज्ञान के प्रतिपादक शास्त्र धन्य हैं, परन्तु ऐसे शास्त्रों से भी क्या, यदि गुरुकृपा न हो। गुरुकृपा से भी क्या लाभ, यदि शिष्य के अन्तःकरण में ज्ञान न उत्पन्न करे। यदि उस ज्ञान से परम तत्त्व का बोध नहीं हुआ, तो वह ज्ञान भी शून्यवत् है। वह परम तत्त्व मुझसे भिन्न नहीं है। मैं ही परम तत्त्व हूँ। इसी ज्ञान में आश्चर्यमयी बुद्धि की समाप्ति होती है।''

ऐसा कहते-कहते शंकर भाव-विभोर हो गये। उन्होंने सजल नेत्रों से भगवान् शिव को साष्टांग प्रणाम किया।

भगवान् शिव का आदेश

आचार्य शंकर के ज्ञान और भक्ति पर शंकर भगवान् अत्यधिक प्रसन्न और सन्तुष्ट हुए। उन्होंने शंकर से कहा, ''वत्स, तुमने मेरे शिव तत्त्व की प्रत्यक्षानुभूति कर ली है। तुमने हमारी पदवी प्राप्त कर ली है। मैंने तुम्हारे ब्रह्मज्ञान की परीक्षा ले

ली। हे तपोधन, तुमने प्रज्ञा के परम उत्कर्ष को प्राप्त कर लिया है। हे सज्जनों में श्रेष्ठ, तुम और महर्षि बादरायण-व्यास समान रूप से मुझे प्रिय हैं। अत: तुम भी व्यास के समान ही मेरे अनुग्रह के पात्र बनो। वेदव्यास ने सारे वैदिक मंत्रों का विभाजन किया और ब्रह्मसूत्र की रचना की। उस ब्रह्मसूत्र में उन्होंने कणाद, सांख्य, बौद्ध, जैन आदि वेद-विरुद्ध मतों का समूल खंडन किया है। कलि के दोषों से युक्त मूढ़ों ने वेद के दो अथवा तीन वचनों के प्रमाण से अपने कुत्सित भाष्यों की रचना की है। विद्वान् और आस्तिक व्यक्तियों को उनके भाष्य में कोई सार नहीं दिखलायी पड़ता। हे वत्स, तुमने वेदों के तात्पर्य को ठीक-ठीक समझा है। अत: तुम्हें ब्रह्मसूत्र पर नवीन भाष्य लिखना है। वह भाष्य श्रुतियों के द्वारा पुष्ट हो और गम्भीर तर्कों से युक्त हो। तुम्हारा लिखित भाष्य अत्यधिक प्रतिष्ठित और गौरवपूर्ण होगा। वह इन्द्रादि देवताओं द्वारा वन्दनीय होगा। ब्रह्मा की सभा में भी उसकी अत्यधिक प्रतिष्ठा होगी। मनुष्य लोक में उसकी महिमा के सम्बन्ध में जितना भी कहा जाये, सब थोड़ा ही है। हे अद्वैतबुद्धिनिष्ठ शंकर, भास्कर, अभिनवगुप्त, नीलकंठ, प्रभाकर तथा मण्डन मिश्र जैसे विद्वान और विख्यात पंडितों के ऊपर शास्त्रार्थ में विजय प्राप्त करो और अद्वैत ब्रह्मतत्त्व के प्रतिष्ठापक बनो। मोहरूपी अन्धकार को दूर करने के लिये सूर्य के समान तेजस्वी शिष्यों को भिन्न-भिन्न प्रदेशों में वेदान्त धर्म का पालन करने के लिये नियुक्त करो। तत्पश्चात् कृतकार्य होकर मुझी में विलीन हो जाओ।''

भगवान् विश्वनाथ ने आचार्य शंकर को इस प्रकार निर्देश दिया और अपने अमोघ आशीर्वाद से उन्हें कृतकृत्य किया। इसके बाद वे चारों वेदों सहित अन्तर्धान हो गये। उनके चार कुत्ते चारों वेद थे। शंकर अपने शिष्यों सहित गंगातट पर पहुँचे और पूजापाठ से निवृत्त हुए। उनका मन शंकर के आदेश पालन में ही निमग्न था। उनके शिष्यों की भी यही अवस्था थी। मध्याह्नकालीन क्रिया की समाप्ति के पश्चात् शंकर गम्भीरतापूर्वक शिव के आदेश-पालन पर विचार करने लगे। अन्त में उन्होंने यह निर्णय लिया कि लोक-कल्याणार्थ वेदान्त धर्म का प्रचार करने के लिये ब्रह्मसूत्र पर भाष्य अवश्य लिखेंगे।

बदरी की ओर प्रस्थान और भाष्य-रचना

शिवपुरी (वाराणसी) में रहकर इस महत्त्वपूर्ण भाष्य की रचना करना कठिन था, क्योंकि वहाँ उनकी अत्यधिक प्रसिद्धि हो गई थी। पंडितों, शास्त्रार्थियों, जिज्ञासुओं और मुमुक्षुओं के झुण्ड के झुण्ड उनके पास पहुँचते थे। वे निरन्तर लोकहित में निरत रहते थे। अत: भाष्यादि लिखने के लिये समय का अभाव था। यह सब सोच-विचार कर उन्होंने इस महत्त्वपूर्ण कार्य के सम्पादन के लिये एकान्त स्थान बदरीनारायण का चयन किया। आचार्य शंकर अद्वैतज्ञान में पूर्ण रूप से प्रतिष्ठित हो चुके थे। परन्तु समाधिस्थ होकर आत्मानन्द संभोग करने के लिये तो वे अवतरित नहीं हुए थे। उनका आविर्भाव तो विभिन्न स्तरों के द्वैत, विशिष्टाद्वैत और अद्वैत

साधकों के लिये समस्त वैदिक धर्म का पुनः संगठन और संस्थापन करने के लिये हुआ था। अतः यही उनका लक्ष्य था और यही उनका जीवनव्रत। ब्रह्मज्ञानी अद्वैतज्ञान प्राप्त करने के पश्चात् किस भाव से संसार में रहते हैं, इसका भी आदर्श उनके जीवन में देखने को मिलता है। विद्यामाया का आश्रय ग्रहण करके ब्रह्मज्ञानी इस संसार में कालक्षेप करते हैं। अतः उनके जीवन में भक्ति, दया और वैराग्य की प्रमुखता रहती है। उनके जीवन के दो प्रमुख उद्देश्य रहते हैं—लोक शिक्षा एवं रसास्वादन।

जीवकोटि के साधकों और ईश्वरकोटि के पुरुषों में महान् अन्तर होता है। जीवकोटि के साधक साधन-भजन और तीव्र तपस्या द्वारा निर्विकल्प समाधि तो प्राप्त कर लेते हैं पर निर्विकल्प समाधि से व्युत्थित होकर वे अधिक दिनों तक जीवभूमि पर नहीं टिक पाते। शास्त्र के मतानुसार उनका शरीर इस संसार में अधिक से अधिक इक्कीस दिनों तक रह पाता है। इसके पश्चात् वे परब्रह्म परमात्मा में लीन हो जाते हैं। वे जीवन-मरण के चक्र से चिरमुक्त होकर निर्वाणमुक्ति प्राप्त कर लेते हैं। उनके द्वारा संसार-कल्याण संभव नहीं है।

ईश्वरकोटि के अवतार विशेष मन्तव्य से प्रकट होते हैं। उनका अवतरण जीवजगत् के कल्याण के निमित्त होता है। ईश्वरकोटि के पुरुष निर्विकल्प समाधि अवस्था से नीचे उतर आने का सामर्थ्य रखते हैं। वे जीवलोक में उतर कर जीव-जगत् का निरन्तर कल्याण करते रहते हैं। वे सर्वत्र ब्रह्मदृष्टि रखकर जगत् में रहते हैं। आचार्य शंकर के जीवन में यह बात प्रत्यक्ष रूप में घटित होती है। भक्ति को विलासभूमि बनाकर वे अपना चित्त 'एकमेवाद्वितीयम्' ब्रह्म में समाहित किये हुए थे। तीर्थस्वरूप होते हुए भी उन्होंने तीर्थभूमियों की महिमा को पुनः प्रतिष्ठित किया। उनका तीर्थ-पर्यटन धर्मसंस्थापन कार्य का ही एक अभिन्न अंग था। इसीलिये उन्होंने भाष्य-रचना का स्थल बदरी-क्षेत्र चुना।

आचार्य शंकर ने शिष्यों सहित उत्तर दिशा की ओर प्रस्थान किया। उनकी यात्रा का प्रमुख लक्ष्य बदरीनाथ था। बदरीनाथ बहुत दूरी पर था। पथ बीहड़-भयावह और दुर्गम था। वहाँ की यात्रा सभी के वश की बात न थी। कहीं भीषण गर्मी और कहीं असह्य ठंडक थी। कहीं सीधी चढ़ाई थी तो कहीं एकदम उतराई। कहीं-कहीं कटीली झाड़ियों की भरमार थी। किन्तु आचार्य शंकर आत्मा के अद्वैत ज्ञान में निमग्न निरन्तर आगे बढ़ रहे थे। सामान्य यात्री की भाँति अन्य तीर्थयात्रियों के साथ पैदल यात्रा कर रहे थे। जो कुछ सहज भाव से मिल जाता, उसी से क्षुधा निवृत्ति करते और जहाँ कहीं सुविधाजनक स्थान मिलता, वहीं विश्राम कर लेते। कुरुक्षेत्र होते हुए वे हरद्वार-ऋषिकेश पहुँचे। मार्ग में देवप्रयाग, श्रीनगर, रुद्रप्रयाग, कर्णप्रयाग, नन्दप्रयाग, विष्णुप्रयाग आदि स्थानों पर रुककर विधिवत् स्नान करके पूजा-अर्चना की। इस प्रकार दुर्गम पर्वत-शृंखलाओं, घाटियों, वन-उपवन, अनेक नदी-नालों को पार करते हुए बदरीनाथ पहुँचे। यह अलकनन्दा के पावन तट पर स्थित है।

नारायण के मन्दिर के समीप ही तप्तकुण्ड है। आचार्य ने शिष्यों सहित तप्तकुण्ड में स्नान किया। इसके पश्चात् श्री बदरीविशाल के मन्दिर में नारायण का दर्शन करने गये। पर मन्दिर में चतुर्भुज नारायण का विग्रह था ही नहीं। वह विग्रह सत्ययुग में ऋषियों द्वारा प्रतिष्ठित किया गया था उस विग्रह के स्थान पर वहाँ शालग्राम-शिला थी; उसी शिला की पूजा-अर्चना की जाती थी। आचार्य शंकर विग्रह के स्थान पर शिला देखकर परम दुखी और क्षुब्ध हुए। उन्होंने पूजा-अर्चना की, किन्तु दुखी होकर मन्दिर के बाहर निकले। उनका दर्शन करने के लिये मन्दिर के पुजारी एकत्र हुए। आचार्य ने उनसे प्रश्न किया, ''हे पूज्य अर्चकगण, मन्दिर नारायण-विग्रह से शून्य क्यों है? मैंने तो यही सुन रखा था कि इस पुण्यक्षेत्र में नारायण चारों युगों से निवास करते हैं।''

अर्चकों ने निवेदन किया, ''महात्मन् चीनी दस्युओं के अत्याचार से आतंकित होकर हमारे पुरखों ने श्री विग्रह को निकटवर्ती कुण्ड में छिपाकर रख दिया था। पर बाद में लाख चेष्टा करने पर भी, वे विग्रह को खोज निकालने में असमर्थ रहे। उस समय से शालग्राम-शिला को ही भगवान् मानकर पूजा-अर्चना की जा रही है।''

उनकी बात सुनकर आचार्य शंकर चिन्तित होकर ध्यान में लीन हो गये। तदुपरान्त उन्होंने गम्भीर भाव से पुजारियों से प्रश्न किया, ''यदि विग्रह प्राप्त हो जाय, तो उसकी पुनः प्रतिष्ठा कर विधिवत् पूजा-अर्चना करने के लिये क्या आप लोग राजी हैं?''

आचार्य की बात सुनकर सभी आनन्द में निमग्न हो गये और उन्होंने एक स्वर से निवेदन किया, ''महात्मन्, हम सब विग्रह प्राप्त कर कृतार्थ हो जायेंगे। उस विग्रह की अत्यन्त श्रद्धापूर्वक प्रतिष्ठा की जायेगी और शास्त्रीय विधि से नित्य उसकी पूजा-अर्चना होगी।''

उनकी प्रार्थना सुनकर आचार्य शंकर गम्भीर मुद्रा में नारद-कुण्ड की ओर अग्रसर हुए। सभी शिष्य, पुजारी एवं दर्शकगण उनके पीछे-पीछे चल रहे थे। कुण्ड के समीप पहुँच कर वे स्तब्ध भाव से कुछ देर तक खड़े रहे। उसके बाद कुण्ड जल में उतर पड़े। आचार्य की इस क्रिया को देखकर समस्त पुजारी भयभीत हो गये और उन्होंने हाहाकार मचा दिया, ''महात्मन्, इस कुण्ड में मत प्रविष्ट हों। कुण्ड के साथ अलकनंदा संयुक्त हैं। अतः स्रोत आपको नदी में ढकेल देगा। बहुत से लोग इसी भाँति अपने प्राण गँवा चुके हैं। आप जल्दी से निकल आइये।''

शंकर ने उनकी चेतावनी पर कुछ भी ध्यान नहीं दिया। उन्होंने कुण्ड के जल में गोता लगाया और थोड़ी ही देर में जल के बाहर निकल आये। उनके हाथों में नारायण की चतुर्भुज मूर्ति थी। किन्तु निरीक्षण करने पर ज्ञात हुआ कि मूर्ति खंडित है, दाहिने हाथ की कुछ अँगुलियाँ टूट गई हैं। शंकर ने उस मूर्ति को पास ही अलकनंदा में विसर्जित कर दिया। उन्होंने पुनः कुण्ड में गोता लगाया। इस बार भी वे नारायण की मूर्ति लेकर जल में से निकले। किन्तु बड़े ही आश्चर्य की बात हुई। इस

बार भी पहले ही वाली वही टूटी मूर्ति निकली। इस मूर्ति को भी उन्होंने अलकनंदा में विसर्जित कर दिया। अब तीसरी बार उन्होंने फिर डुबकी लगायी। वे एक विग्रह पुन: हाथ में लिये हुए जल के बाहर निकले। उन्होंने ध्यान से निरीक्षण किया तो वही भग्न-विग्रह! आचार्य किंकर्तव्यविमूढ़ हो गये और चिन्ता में पड़ गये, ''यह कैसी दैवी माया है?'' उसी क्षण आकाशवाणी हुई—''शंकर, तुम ऊहापोह और संशय में मत पड़ो। कलियुग में इसी भग्न-विग्रह की पूजा-अर्चना होगी।''

आकाशवाणी सुनकर भक्ति के भावावेश में उनके रोम-रोम पुलकित हो उठे। वे आनन्द में विह्वल होकर श्रद्धाभक्ति से रोमांचित नारायण के उस विग्रह को अपने कन्धे पर रखे हुए बाहर निकल आये। सभी दर्शकगण इस अलौकिक घटना को देखकर स्तब्ध हो गये। चारों दिशाएँ 'जय-जय' की तुमुल ध्वनि से गूँज उठीं।

शंकर ने स्वयं इस मूर्ति की प्रतिष्ठा मन्दिर में की एवं वैदिक रीति से इसकी पूजा-अर्चना की व्यवस्था की। उन्होंने विचार किया कि स्थानीय ब्राह्मणों में वेदाध्ययन का अभाव है, वे भलीभाँति शास्त्रीय विधि से पूजा कार्य नहीं कर पायेंगे। अत: उन्होंने अपने सजातीय नम्बूदरी ब्राह्मण को विग्रह की पूजा के लिये नियुक्त किया। शंकर की चलायी गई पद्धति आज भी अक्षुण्ण रीति से विद्यमान है। वर्तमान समय में भी नम्बूदरी ब्राह्मण की अध्यक्षता में पूजा-अर्चना का कार्य सम्पादित होता है। नम्बूदरी ब्राह्मण पुजारी को 'रावल जी' कहा जाता है। चारों धामों में बदरिकाश्रम को श्रेष्ठतम माना जाता है। उसके उद्धार का समस्त श्रेय आचार्य शंकर को ही है।

भाष्य-रचना

बदरीनाथ के मन्दिर से थोड़ी ही दूर पर त्रिकोण क्षेत्र की अन्तिम सीमा है। वहीं एक पर्वत के अधोदेश में अति प्राचीन व्यासाश्रम स्थित है। वहाँ एक बड़ी भारी गुफा है। उसे व्यास-गुफा कहा जाता है। पास ही अलकनन्दा और केशवगंगा का संगम है उसे केशवप्रयाग कहा जाता है। वहाँ का प्राकृतिक दृश्य अत्यन्त रमणीक है। चारों ओर चिरतुषारमंडित हिमाद्रि है। महर्षि बादरायण ने लक्षश्लोकी महाभारत की रचना इसी स्थल पर की थी। गुफा के पास ही दायीं ओर सरस्वती का और बाईं ओर गजानन गणपति का मन्दिर है। कहा जाता है कि मन ही मन लक्षश्लोकी महाभारत की रचना वेदव्यास ने कर डाली। किन्तु वे चिंता में पड़ गये कि यह लिपिबद्ध किस प्रकार हो। बिना लिपिबद्ध हुए, तो इसका प्रचार और प्रसार असंभव प्रतीत होता है। इससे साधारण-जन इसके लाभ से वंचित हो जायेंगे। वेदव्यास की इस चिन्ता को समझकर पितामह ब्रह्मा उनके समक्ष प्रकट होकर बोले, ''वत्स, तुम चिंतित न हो। तुम गणेश का स्मरण करो। वे ही तुम्हारे महाभारत ग्रंथ के लिपिकार होंगे।''

व्यासदेव ने श्रद्धाभक्ति से गणेश का स्मरण किया। गणेश जी तुरन्त व्यास के सम्मुख प्रकट हुए और बोले, ''अच्छी बात है, मैं आपके ग्रंथ को लिपिबद्ध करने को तैयार हूँ। परन्तु शर्त यह है कि लिखते समय मेरी लेखनी क्षणमात्र के लिये भी

रुकनी नहीं चाहिये। यदि आप जल्दी-जल्दी श्लोक न बोल सके और मेरी लेखनी रुक गयी, तो उसके आगे मैं लिखना बन्द कर दूँगा।''

व्यासदेव ने विचार किया कि मेरी इस रचना में आठ हजार ऐसे कूट श्लोक हैं, जिनका अर्थ केवल मैं अथवा मेरे पुत्र शुकदेव ही समझ सकते हैं। अतः उन्होंने गणेश जी की शर्त स्वीकार करते हुए अपनी भी एक शर्त लगा दी, ''भगवन्, मुझे आपकी आज्ञा शिरोधार्य है, पर मेरी भी एक प्रार्थना है। मैं जो कुछ भी बोलूँ, उसका अर्थ बिना समझे आप लिखियेगा नहीं।''

गणेश जी ने कहा, ''बहुत अच्छा, वही होगा।'' यद्यपि गणेश जी सर्वशास्त्रवेत्ता हैं, तो भी उन कूटश्लोकों का अर्थ समझने में कुछ समय तो लग ही जाता था। उस समय में व्यास जी बहुत से नये श्लोक रच डालते थे। इस प्रकार महाभारत लिपिबद्ध हुआ। साक्षी के रूप में सरस्वती जी भी वहाँ विराजमान रहीं।

इसी पवित्र गुफा में आचार्य शंकर ने अपने शिष्यों के साथ निवास करना प्रारंभ किया। उस स्थान के एकांत वातावरण में शंकर ने कुछ समय निर्विकल्प समाधि में व्यतीत किया। तत्पश्चात् वे अपने जीवन के सबसे महत्वपूर्ण कार्य में संलग्न हुए। उन्होंने ब्रह्मसूत्र पर विशद भाष्य लिखा। यह भाष्य अत्यन्त गंभीर, पांडित्यपूर्ण और सुललित है। तदनन्तर ईश, केन, कठ, प्रश्न, मुण्डक, माण्डूक्य, तैत्तिरीय, ऐतरेय, छान्दोग्य, बृहदारण्यक, नृसिंहतापनीय इन उपनिषदों पर एवं श्रीमद्भगवद्गीता, सनत्सुजातीय पर विलक्षण भाष्य की रचना की। उनके मंत्रों तथा श्लोकों के भाव को पूर्ण रूप से स्पष्ट किया। इसके अतिरिक्त उपदेश-सहस्त्री, विवेकचूडामणि, अपरोक्षानुभूति आदि विविध ग्रंथों की भी रचना की। संस्कृत पद्य-रचना से यह पूर्ण रूप से सिद्ध होता है कि उनमें अलौकिक कवित्वशक्ति थी।

सनन्दन की अनन्य गुरु-भक्ति

भाष्य-रचना करते समय आचार्य शंकर का विमल यश चारों ओर फैल गया। नाना मतों और विभिन्न सम्प्रदायों के पंडितगण व्यासाश्रम में आकर एकत्र होने लगे और अपनी शंकाओं का समाधान कराने लगे। कुछ कुतर्की वेद-विरोधी प्रतिपक्षी भी शंकर के पास शास्त्रार्थ के निमित्त आते, पर शंकर के अकाट्य तर्क और गंभीर पाण्डित्य के समक्ष उनकी एक भी नहीं चल पाती थी। अतः वे श्रीविहीन नतमस्तक होकर वापस लौट जाते थे।

भाष्य-रचना के अवशिष्ट काल में आचार्य शंकर प्रतिदिन शिष्यों और साधकों को योग-साधना और अद्वैत ज्ञान की भी शिक्षा देते रहते थे। इस प्रकार वहाँ के वातावरण के अणु-परिमाणु में आध्यात्मिक भाव परिव्याप्त हो गया था। उनके शिष्यों में सनन्दन का भाव आचार्य के प्रति बहुत ही ऊँचा था। वह अपनी तीक्ष्ण बुद्धि, पाण्डित्य, शास्त्रानुराग, गंभीर मेधा, अलौकिक प्रतिभा, असीम और अनन्य गुरुभक्ति के कारण आचार्य के विशेष कृपापात्र थे। सनन्दन ने आचार्य की समस्त रचनाओं का तीन बार मननपूर्वक अध्ययन किया था और वे उनके सारतत्त्व में निरन्तर निमग्न

रहते थे। सनन्दन पर आचार्य का विशेष स्नेह देखकर अन्य शिष्यों के हृदय में ईर्ष्या का अंकुर उत्पन्न होने लगा। वे तो सर्वज्ञ थे; शिष्यों के मन की बात उन्होंने तुरन्त जान ली। वास्तव में अन्य शिष्य सनन्दन की असीम गुरुभक्ति से सर्वथा अपरिचित थे। अतः एक दिन आचार्य ने उन सबको सनन्दन के वास्तविक रूप को दिखलाने का निश्चय किया।

एक दिन की घटना है कि सनन्दन किसी कार्यवश अलकनन्दा के उस पार गये हुए थे। नदी को पार करने के लिए दूर पर एक पुल था। परन्तु उसे पार कर इस पार आने में विलम्ब की संभावना थी। आचार्य अपने शिष्यों के साथ बैठे हुए थे। सामने वेगवती अलकनन्दा में भीषण प्रवाह था। उसी समय आचार्य ने करुण स्वर मे सनन्दन को पुकारा, "सनन्दन, सनन्दन शीघ्र आओ, शीघ्र आओ।" गुरुदेव की करुण पुकार सुन कर सनन्दन विचलित हो गये। आचार्य के करुण स्वर को सुनकर सनंदन ने सोचा कि गुरुदेव निश्चय ही किसी विपत्ति में पड़ गये हैं। पुल से जाने में तो अति विलम्ब होगा। इस समय उनकी सेवा में तुरन्त उपस्थित होना अनिवार्य है। उन्होंने गुरु-महिमा पर विचार किया, "अनन्त संसार-समुद्र से पार कराने वाली गुरुचरणभक्ति क्या इस नदी से पार नहीं कर सकेगी?" ऐसा चिन्तन कर जब सनन्दन ने जल में प्रवेश किया, उसी समय उनकी अनन्य और असीम गुरुभक्ति देखकर अलकनन्दा द्रवीभूत हो गयीं। उन्होंने सनन्दन के प्रत्येक पग के नीचे कमलों का जाल बिछा दिया। उन्हीं का आश्रय लेकर, उन्हीं पर अपने पग रखते हुए तुरन्त ही आतुर भाव से सनन्दन आचार्य के चरणकमलों में पहुँच गये। उनकी इस गुरुभक्ति से आह्लादित होकर गुरु ने उन्हें अपने गले से चिपटा लिया। सभी शिष्य अवनत शिर होकर अपनी त्रुटि अनुभव करने लगे। आचार्य ने प्रसन्न होकर कहा, "आज से सनन्दन 'पद्मपाद' के नाम से विख्यात होंगे।" तब से उनका यही नाम चल पड़ा।

सनन्दन जी ने आचार्य के आह्वान का गम्भीर रहस्य भली-भाँति समझ लिया। उन्होंने श्री गुरुदेव की चरणधूलि बारम्बार अपने मस्तक पर धारण की। वास्तव में गुरु केवल देह का नाम नहीं है। अपितु देह के अन्तर्गत जो चेतन स्वरूप देही वास करता है, वही गुरु है। वही चेतन-शक्ति गुरुशक्ति है। शिष्यों ने अपनी भूल भलीभाँति समझ ली और हाथ जोड़कर आचार्य से क्षमा-याचना की। उन्होंने तब अपने शिष्यों को आशीर्वाद दिया और कहा, "तुम सब भी पद्मपाद की अनन्य भक्ति का अनुकरण करो। इसमें दुर्लभ मानव जीवन की सार्थकता है।"

पाशुपत मतानुयायियों से शास्त्रार्थ

एक दिन सन्त-दार्शनिकों की सभा में आध्यात्मिक तत्त्वों का विवेचन हो रहा था। उसी समय कुछ पाशुपत मतानुयायी आ गये। वे अज्ञान और अभिमान से भरे हुए थे। उन्होंने अद्वैत सिद्धान्त पर आक्षेप करना प्रारम्भ किया। वे अपने मिथ्या तर्क से आचार्य शंकर को नीचा दिखाना चाहते थे। आचार्य ने शास्त्रीय प्रमाणों, युक्तियों और तर्कों से उनका सन्देह दूर कर उनके आगम का भी खंडन किया। पाशुपत मत में

महेश्वर की रूपता प्राप्त करना तथा शिव में लीन हो जाना मुक्ति है। उनके मत में महेश्वर और जीव भिन्न-भिन्न हैं। परन्तु महेश्वर की उपासना से निर्दोष होकर जीव उनकी समानता प्राप्त करता है। पाशुपत-सिद्धान्त के अनुसार यही जीव की मुक्ति है। शंकराचार्य ने इस प्रकार की मुक्ति का खण्डन अपने अकाट्य तर्क द्वारा किया। उन्होंने पाशुपत मतानुयायियों की मुक्ति पर आक्षेप करते हुए कहा, "आप लोग जीव और ईश्वर में भेद मानते हैं। दोनों में भेद मानने से आपके सिद्धांत की मुक्ति कभी सिद्ध नहीं हो सकती। यदि आप कहें कि शिव का ध्यान करने से इस प्रकार की मुक्ति उत्पन्न होती है, तब तो वह उत्पन्न हुई मुक्ति सांसारिक पदार्थों के समान ही नश्वर है। वास्तव में जो वस्तु उत्पन्न होती है, उसका नष्ट होना भी अवश्यम्भावी है। अतः आपके सिद्धांतानुसार मुक्ति अनित्य और नश्वर है। दूसरी बात यह कि आपके मतानुसार मोक्षावस्था में जीवों में महेश्वर के गुणों का संक्रमण (प्रवेश) होता है, यह सिद्धान्त भी समीचीन नहीं प्रतीत होता, क्योंकि अवयवरहित जीवों में गुण किस प्रकार प्रविष्ट होंगे? यदि यह कहिये कि कमल की अवयवरहित गन्ध जिस प्रकार वायु में प्रविष्ट होती है, उसी प्रकार जीवों में महेश्वर के गुण प्रविष्ट होते हैं। यह युक्ति भी ठीक नहीं है, क्योंकि वहाँ गन्ध का समवायी कारण कमल वायु के साथ सम्बद्ध रहता है, जिससे वायु में गन्ध की प्रतीति होती है। अन्तिम दोष आपकी मुक्ति में यह है कि मोक्षापन्न जीवों में महेश्वर के गुण अंशतः प्रविष्ट होते हैं अथवा पूर्णतः? यदि अंशतः कहें, तो यह ठीक नहीं, क्योंकि देहरहित जीव में अंशतः गुण किस प्रकार प्रविष्ट होंगे? यदि पूर्णतः कहें, तो महेश्वर में अज्ञता सिद्ध होगी, क्योंकि उसके समस्त गुण मुक्त जीव में समानता के लिये चले गये।"

आचार्य शंकर के अकाट्य प्रमाणों और युक्तियों से पाशुपत मतानुयायी हतप्रभ हो गये। उन अभिमानी पंडितों ने परास्त होकर अपना अभिमान इस प्रकार त्याग दिया, जिस प्रकार गरुड़ के प्रबल पंखों की मार से विषधर सर्प अपनी विषज्वाला त्याग देते हैं।

आचार्य शंकर के भाष्यों का महत्त्व

ब्रह्मसूत्र आदि पर भाष्य लिखकर आचार्य शंकर ने श्रुति के अर्थ और रहस्य का उद्धार किया। शून्यवादी बौद्ध आत्मा को मार डालने के लिये उसके पीछे दौड़े। बाद में कणाद के प्रयास से आत्मा ने किसी प्रकार अपनी सत्ता प्राप्त की। कौमारिलों ने गन्तव्य स्थान की ओर जाने के लिए केवल मार्ग दिखला दिया। सांख्यवादियों ने केवल दुःख को हटा लिया। योगियों ने प्राणायाम के द्वारा उसकी श्रेष्ठता सिद्ध की। इस प्रकार नाना दार्शनिकों के प्रपंच में पड़कर आत्मा अत्यन्त खिन्न हुआ। आचार्य शंकर ने ऐसे खिन्न आत्मा को अपनी कृपा से परमात्मा बना दिया।

बौद्धों के मत से वेद बिलकुल झूठे हैं। उनमें प्रतिपाद्य योग आदि नितांत कपोलकल्पित और अश्रद्धेय हैं। मीमांसकों के मतानुसार श्रुति का तात्पर्य

विधियज्ञादि अनुष्ठानों तक सीमित है। नैयायिकों ने अनेक काल्पनिक समासों द्वारा अद्वैत प्रतिपादक श्रुतियों के मूल अर्थ की अवहेलना की है। शून्यवादी बौद्धों ने सब कुछ शून्य मानकर आत्मा के अस्तित्व को अस्वीकार कर दिया। योगाचार ने क्षणिक बुद्धि को ही आत्मा मान लिया और मात्र इतने से वे सन्तुष्ट हो गये। चारवाकों ने देहाकार में परिणत चार भूतों (पृथ्वी, जल, अग्नि और वायु) को ही आत्मा माना। नैयायिकों ने पृथ्वी आदि भूतों से पृथक् ज्ञान आदि गुणों का आश्रय विभु तथा जड़कर्ता भोक्ता आत्मा के स्वरूप को स्वीकार किया। कुमारिल भट्ट के अनुयायियों ने स्वर्ग आदि सुख में आसक्त होकर यज्ञादि अनुष्ठानों के करने में आत्मा को जोड़ दिया। सांख्यवादियों ने आत्मा का कर्तापन हटा कर प्रकृति के अधीन मानकर केवल भोक्ता चेतन माना। इस प्रकार आत्मा की स्वतन्त्र सत्ता को किसी ने भी स्वीकार नहीं किया। द्वैत की अनुभूति ही भय तथा दुःख का मूल कारण है। उस द्वैत की निवृत्ति का प्रतिपादन किसी ने भी नहीं किया। केवल आचार्य शंकर ने द्वैत को मिथ्या सिद्ध किया। उन्होंने अपने भाष्यों में आत्मा और ब्रह्म की एकता सिद्ध की। ''आत्मा ही ब्रह्म है।'' इसे श्रुतियों द्वारा सिद्ध किया। उन्होंने श्रुतियों के अर्थ की वास्तविक व्याख्या की और अनेक कल्पित अर्थों से श्रुतियों की रक्षा की। आचार्य शंकर के भाष्यों के सम्मुख अन्य विद्वानों के भाष्य उसी प्रकार मंद पड़ गये, जैसे सूर्य के सम्मुख तारागण का अस्तित्व नहीं रह पाता। उनके भाष्य की प्रसिद्धि सुनकर काशी के कुछ विद्वान् नैयायिकों ने 'शांकर भाष्य' के खण्डन करने का प्रयास किया। उन नैयायिकों ने अनुमान प्रमाण को ही प्रधान प्रमाण मानकर ऐसा करने का प्रयत्न किया। पर वे अपने प्रयास में सर्वथा असफल सिद्ध हुए।

अनादि वेदरूपी सागर के मंथन से शंकर की भाष्यरूपी सुधा प्रकट हुई है। वह काम, क्रोध आदि शत्रुओं को जीतने वाले विद्वानों से पूजित है। वह अजरत्व और अमृतत्व प्रदायिनी है। जिस प्रकार सुवर्ण घिसने, पीटने, काटने, तपाने आदि क्रियाओं से और अधिक दीप्तिमय हो जाता है, उसी प्रकार आचार्य का भाष्य भी वादियों द्वारा मंथन किये जाने पर और भी उत्कर्ष को प्राप्त हुआ।

आचार्य शंकर ने वेदरूपी समुद्र को न्यायरूपी मंदराचल द्वारा मथकर भाष्यरूपी नवीन सुधा निकाली, जिसे पीकर ब्रह्मजिज्ञासु सदा के लिए अमर होने लगे। भगवान् विष्णु के चरण से गंगाजी उत्पन्न हुईं, परन्तु शंकर की भाष्यरूपी सूक्ति भगवान् शिव के अवताररूप शंकर के मुख से आविर्भूत हुई। दोनों में यह महान् अन्तर दृष्टिगोचर होता है कि जहाँ गंगा लोगों को जल में निमग्न कर देती है (डुबो देती है), वहाँ यह सूक्ति संसार में डूबे लोगों का उद्धार कर देती है।

■

सात

महर्षि व्यास का दर्शन

हिमालय के अन्य तीर्थों की यात्रा

आचार्य शंकर ने व्यासगुफा में रहकर चार वर्षों में लिखने का सारा कार्य समाप्त कर दिया। यह उनके जीवन की महत्त्वपूर्ण उपलब्धि थी। अब उनकी आयु सोलह वर्ष के समीप पहुँच रही थी। उनके शिष्यों ने आचार्य का ध्यान इस ओर आकर्षित किया कि जन-साधारण में भाष्यादि का प्रचार करना नितांत आवश्यक है। उन्होंने अपनी स्वीकृति दे दी। अत: वे अपने शिष्यों सहित सबसे पहले हिमालय के तीर्थों की यात्रा पर निकले।

शिष्य-मण्डली सहित आचार्य सर्वप्रथम ज्योतिर्धाम की ओर रवाना हुए। उनकी यश-गाथा की कीर्ति चारों ओर व्याप्त हो गई थी। सभी लोग उनके अलौकिक जीवन के चुम्बकीय आकर्षण से खिंचे आ रहे थे। बड़े-बड़े प्रख्यात विद्वान् तथा अनेक सम्प्रदायों के प्रतिष्ठित व्यक्ति उनके अनुगामी हो गये। ज्योतिर्धाम के राजा ने पहले ही उनका शिष्यत्व ग्रहण कर लिया था। उन्होंने ही व्यासगुफा में आचार्य की समस्त व्यवस्था की थी। राजा अपने गुरुदेव के आगमन का समाचार सुनकर अत्यधिक आह्लादित हुए। उन्होंने आचार्यप्रवर का भव्य स्वागत किया। समस्त ज्योतिर्धाम साधना केन्द्र बन गया। दूर-दूर के ब्राह्मण पंडित, प्रतिष्ठित व्यक्ति, साधु, साधक, जिज्ञासु और मुमुक्षुगण आचार्य चरण की सेवा में उपस्थित होने लगे। मन्दिरों में विशेष पूजा-अर्चना होने लगी। आचार्य शंकर तथा उनके अन्य विद्वान् शिष्यगण विभिन्न स्थानों में भाष्यों पर प्रवचन करने लगे। शंकर के श्रीमुख से अद्वैततत्त्व का अद्‌भुत निरूपण सुनकर लोग समाधिस्थ होने लगे। समस्त वातावरण आध्यात्मिकता से ओतप्रोत हो गया।

वहाँ के राजा ने आचार्य के भाष्यादि को लिपिबद्ध कराने के लिये अनेक पंडितों को नियुक्त किया। बौद्ध धर्म के प्रचार के समय अनेक देवालय और मन्दिर परित्यक्त हो गये थे। राजा ने वहाँ विग्रह स्थापित करके पूजा-अर्चना की व्यवस्था करायी। राजव्यय से यज्ञ, होम और पूजा अर्चना का अनुष्ठान होने लगा। इस प्रकार जन-जन में धार्मिक प्रवृत्ति का जागरण हो गया। वह सब आचार्य के अनुपम व्यक्तित्व का प्रभाव था।

आचार्य शंकर ने कुछ दिनों तक ज्योतिर्धाम में निवास किया। तत्पश्चात् उन्होंने केदारनाथ जी का दर्शन करना निश्चय किया। उस स्थान की अद्‌भुत महिमा का

पुराणों में मुक्तकण्ठ से गुणगान किया गया है। इस तीर्थयात्रा में ज्योतिर्धाम के राजा भी आचार्य जी के साथ-साथ चले। राजकर्मचारी पथनिर्माण एवं अन्य व्यवस्था करने के लिए आगे चलने लगे। वे नन्दप्रयाग के मार्ग से कल्पेश्वर, गोपेश्वर, अनसूया देवी, रुद्रनाथ आदि तीर्थों में गये। उनके दर्शन के लिए लोगों का ताँता बँध जाता था। वे लोगों में आध्यात्मिक भाव जाग्रत करते जाते थे। इसके बाद तुंगनाथ पहुँचे। इसकी ऊँचाई 12072 फीट है। वहाँ खड़े होने पर हिमालय की विराटता का अनुमान होता है। वहाँ से हिमाच्छादित असंख्य शृंखलाएँ दिखलाई पड़ती हैं। ऐसा प्रतीत होता है मानो हिमालय सत्वगुण से परिपूर्ण महासमाधि में स्थित है। इस दृश्य को देखकर आचार्य भूमा की स्थिति में आरूढ़ हो गये। उन्हें देखकर और उनके उपदेश सुनकर वहाँ के लोग भावातीत लोक में विचरण करने लगे। अपने आन्तरिक मनोभाव को अभिव्यक्त करने के लिए लोगों ने आचार्य शंकर की प्रस्तर मूर्ति स्थापित की।

शंकर ने तुंगनाथ से शोणितपुर, गुप्तकाशी, माध्यमेश्वर, महिषमर्दिनी, शाकम्भरी, त्रियुगीनारायण, शोणप्रयाग, मुण्डहीन गणेश आदि तीर्थों का दर्शन किया। तत्पश्चात् गौरीकुंड में पदार्पण किया। यह स्थान गौरी का तपस्या स्थल है और वहाँ एक बहुत बड़ा तप्तकुण्ड है, जिसका जल गरम रहता है। आचार्य ने गौरीकुण्ड में कुछ दिनों तक विश्राम किया। इसके पश्चात् चीरवासा भैरव और भीमसेन की चढ़ाई पार करके केदार क्षेत्र में पहुँचे।

केदारनाथ चिरतुषारमंडित, पर्वतमालाओं से आच्छादित, शान्त और गम्भीर स्थान है। इसकी ऊँचाई समुद्र तल से 11753 फीट है। यहाँ ठंडक बहुत अधिक रहती है। युधिष्ठिर आदि पाँचों पाण्डव महाप्रयाण के मार्ग में जाते हुए, इस धाम में भी आये थे। आचार्य इस स्थान की शान्ति से अत्यधिक प्रभावित हुए, किन्तु अत्यधिक शीत के कारण उनके शिष्यों को बहुत कष्ट होता था। आचार्य शंकर से उनका कष्ट सहन नहीं हुआ। अत: उन्होंने ध्यान मग्न होकर एक उष्ण सोते का पता लगाया। राजा के कर्मचारियों ने इसे खोदखाद कर ठीक किया। गर्म सोते को पाकर सभी बड़े आनन्दित हुए। यहाँ उनकी वृत्ति अत्यन्त अन्तर्मुखी हो गयी, वह प्राय: ध्यान मग्न ही रहते थे। कुछ लोगों के मतानुसार वे उस स्थान पर एक मास तक रहे। इसके बाद वे गंगोत्री की ओर चल पड़े। गौरीकुण्ड, त्रियुगीनारायण, बूढ़ाकेदार से पँवाली पड़ता है। जंगली रास्ता है और पग-पग पर हिंसक जन्तुओं से सामना करना पड़ता था। मृत्यु का सामना करते हुए लगभग पंद्रह दिनों बाद भागीरथी का दर्शन प्राप्त हुआ। त्रिलोकपावनी भागीरथी की शोभा अपूर्व थी। यहाँ युग-युगान्तर से 'हर-हर' का अनवरत निनाद होता चला आ रहा है। आचार्य शंकर भागीरथी के दर्शन से अत्यधिक आनन्दित हुए। उन्होंने सुमधुर कंठ से 'गंगाजी' का स्तवन किया—

देव सुरेश्वरि भगवति गंगे। त्रिभुवनतारिणि तरलतरंगे॥
शंकरमौलिविहारिणी गंगे। मम मतिरास्तां नव पदकमले॥ 1॥

भागीरथि सुखदायिनि मातः। तव जलमहिमा निगमे ख्यातः॥
नाहं जाने तव महिमानं। त्राहि कृपामयि मामज्ञानम्॥ 2॥

इत्यादि।

अर्थात्, "हे सुरेश्वरी भगवति, त्रिभुवनवारिणी देवि, तरलतरंगशालिनि शिवोशिरोवासिनि विमले गंगे, आपके चरणकमलों में मेरी मति स्थिर हो॥ 1॥

"हे सुखदायिनि माता भागीरथि, वेदों में आपके पुण्यसलिल की महिमा विख्यात है। आपकी अनन्त महिमा मैं नहीं जानता। हे कृपामयि, मैं अज्ञानी हूँ, मेरी रक्षा कीजिए।"

इसी प्रकार चौदह पद हैं। प्रत्येक पद भक्ति से ओतप्रोत और मर्मस्पर्शी है।

भागीरथी के तट से आचार्य ने गंगा के उद्‌गम-स्थान गौमुखी की ओर चलना प्रारम्भ किया। गंगोत्री तक तो कुछ व्यक्ति आते-जाते रहते हैं। परन्तु गौमुखी जाने के लिये कोई मार्ग नहीं है। गंगा के ऊपर बरफ रहने पर ही, उस बरफ पर से ही लोग आते-जाते हैं। मार्ग एकदम सुनसान और भयावह है, पशु-पक्षी, मनुष्य विहीन है। आचार्य जी आत्मानन्द में निमग्न उस मार्ग पर अबाध गति से चले जा रहे थे। वर्तमान समय में तो कुछ यात्री साहस करके वहाँ जाने लगे हैं और अब धर्मशाला आदि का भी निर्माण हो गया है पर जिस समय आचार्य वहाँ पधारे थे, उस समय की बड़ी भयावह और रोमांचक स्थिति थी। वहाँ का दिव्य दृश्य देखकर आचार्य आत्मानन्द में निमग्न हो गये। असीम धैर्य और तितिक्षा के साथ गौमुखी की तीर्थयात्रा समाप्त करके वे गंगोत्री लौट आये। आचार्य की प्रेरणा से ज्योतिर्धाम के राजा ने गंगोत्री में एक मन्दिर का निर्माण करवाया। कहा जाता है कि मन्दिर बन जाने पर आचार्य ने अपने हाथ से वहाँ शिवलिंग और गंगादेवी की मूर्ति-प्रतिष्ठा की।

गंगोत्री में कुछ दिनों तक निवास-करके, आचार्य ने अपने शिष्यों सहित उत्तरकाशी के लिए प्रस्थान किया। यह हिमालय की प्रसिद्ध तपोभूमि है। गंगा उत्तर की ओर बहती हैं। इससे उस स्थान की महिमा और भी अधिक बढ़ गयी है। युग-युगान्तर से अनेक ऋषि-मुनि तपस्या करते आये हैं, अतः वहाँ के वातावरण में आध्यात्मिकता ओतप्रोत है। उत्तरकाशी आकर वे अत्यंत अन्तर्मुख हो गये। शरीराध्यास एकदम समाप्त हो गया। भूखप्यास का भान मिट गया। कुंडली के अनुसार उनकी आयु समाप्ति पर थी, क्योंकि सोलहवाँ वर्ष समाप्तप्राय था। उनके प्रायः सभी महान् कार्य समाप्त हो चुके थे। अतः वे अब देहातीत सत्ता में लौट जाने की तैयारी में थे। अधिकांश समय तक समाधि की अवस्था में रहते थे। पद्मपाद आदि उनकी यह देहातीत अवस्था देखकर अत्यन्त चिन्तित हो उठे। आचार्य द्वारा विरचित "विज्ञान नौका" नामक रचना से उनकी तात्कालिक स्थिति पर अच्छा प्रकाश डालता है—

"तपस्या, यज्ञ, दान आदि द्वारा बुद्धि शुद्ध होने पर, राजपद आदि पर तुच्छबुद्धि तथा आसक्तिहीन होने से जो आत्मलाभ होता है, मैं वही नित्य परब्रह्म हूँ॥ 1॥

ब्रह्मनिष्ठ, प्रशान्त, कृपालु गुरु की आराधना करके विवेक बुद्धि द्वारा स्वरूपविचारपूर्वक विद्वान् व्यक्ति निदिध्यासन और ध्यानयोग से जिस तत्व को प्राप्त करते हैं, मैं वही नित्य परब्रह्म हूँ॥ 2॥ जो आनन्दस्वरूप, प्रकाश स्वरूप परमात्मा इस विश्वप्रपंच को अपनी महिमा के द्वारा निरस्त कर रहे हैं, जो परिच्छेद-शून्य "अहं ब्रह्म" इस वृत्ति के द्वारा लभ्य होते हैं, वह जाग्रत, स्वप्न, सुषुप्ति इन अवस्थात्रय से अतीत चतुर्थ पद तुरीय नित्य परब्रह्म मैं ही हूँ॥ 3॥ जिस आत्मज्ञान के अभाव से सारे ब्रह्माण्डों का अस्तित्व बोध होता है और जिस आत्मज्ञान के उदय से उसका अस्तित्व क्षण भर में विलुप्त हो जाता है, जो मन-वाणी से अतीत है, मैं ही वह विशुद्ध, विमुक्त, नित्य परब्रह्मस्वरूप हूँ॥ 4॥ "तन्न-तन्न" अर्थात् यह ब्रह्म नहीं है, वह ब्रह्म नहीं है— इस वेदान्त वाक्य के द्वारा समस्त प्रपंच विलुप्त होने पर समाधिस्थ योगियों के अन्त:करण में जो अद्वितीय तुरीय ब्रह्म पूर्ण रूप से प्रकाशमान होते हैं, मैं ही वह नित्य परब्रह्मस्वरूप हूँ॥ 5॥ जिसके आनन्दकण से ब्रह्माण्ड के सारे प्राणों में आनन्दमय हो रहे हैं, जिसके प्रकाश से समस्त वस्तुओं में प्रकाश है, जिसके सौन्दर्य से सारा ब्रह्माण्ड सुन्दर रूप से प्रतीयमान हो रहा है, मैं ही वह परब्रह्म स्वरूप हूँ॥ 6॥ जो अनन्त, सर्वकारण, विभु, निश्चेष्ट, निस्संग, मंगलमय, प्रणवगम्य, मृत्युहीन, निराकार, ज्योतिर्मय है, मैं ही वह नित्य परब्रह्म स्वरूप हूँ॥ 7॥ जो ज्ञानामृत पान से तृष्णा दूर करते हैं और इस विज्ञान नौका पर आरोहणपूर्वक अज्ञानमय भवसागर से उत्तीर्ण होते हैं, वे पुरुष विष्णु के परमपद को प्राप्त करते हैं॥ 8॥"

इस प्रकार आचार्य शंकर तुरीयावस्था में स्थित थे। वे सर्वथा निर्लिप्त, निष्क्रिय और असंग हो गये थे। उनकी इस उन्मनी अवस्था को देखकर शिष्यगण गम्भीर चिन्ता में पड़ गये। आचार्य शंकर की तीर्थयात्रा में ज्योतिर्धाम के राजा ने उत्तरकाशी तक उनका अनुगमन किया था। आचार्य ने उन्हें अपना अमोघ आशीर्वाद देकर विदा किया और धर्मप्रचार के कार्यों के सम्पादनार्थ उन्हें अनुप्रेरित किया।

इधर शिष्यों ने आचार्य को तुरीयावस्था से जीवभूमि पर उतार ले आने का निश्चय किया। उन्होंने आग्रह किया, "हम लोगों का ज्ञान अधकचरा है, आप अपने भाष्यादि के अध्यापन से हम लोगों को परिपक्व बनाने की अनुकम्पा करें।" करुणा और दया के साक्षात् विग्रह आचार्य ने शिष्यों की प्रार्थना स्वीकार कर ली। भाष्य का सत्र आरंभ हो गया। शिष्यगण तन्मयतापूर्वक भाष्य का अध्ययन करने लगे।

महर्षि व्यास से साक्षात्कार और उनसे शास्त्रार्थ

शिष्यों की प्रार्थना से द्रवीभूत होकर आचार्य अपनी तुरीयावस्था से सामान्य जीवभूमि पर उतर कर उन्हें भाष्य पढ़ाने लगे। प्रात:काल से मध्याह्न तक यह क्रिया चलती थी। एक दिन प्रात:काल एक कृष्णवर्ण ब्राह्मण वहाँ आकर उपस्थित हुए। उनके आगमन से अध्ययन बन्द करके सभी ने उनसे आसन ग्रहण करने की प्रार्थना

की। परन्तु उन्होंने खड़े ही खड़े प्रश्न किया, सुना है कि यहाँ एक संन्यासी ब्रह्मसूत्र-भाष्य पढ़ाते हैं। वे कहाँ हैं, बता सकते हो?'' शिष्यों ने उत्तर दिया, ''समस्त शास्त्रों के ज्ञाता, उपनिषदों के मर्मज्ञ, हमारे गुरु, पूज्यपाद शंकराचार्य ये ही हमें ब्रह्मसूत्र भाष्य पढ़ाते हैं।''

ब्राह्मणदेव ने आश्चर्य प्रकट करते हुए कहा, ''अरे, इस कलियुग में कौन ऐसा पुरुष है, जो बादरायण व्यास के सूत्रों का रहस्य भलीभाँति जानता है? मैं तो ऐसे व्यक्ति की खोज में हूँ। यदि तुम्हारे गुरु ब्रह्मसूत्र के सचमुच ज्ञाता हैं, तो कृपया एक सूत्र के सम्बन्ध में उत्पन्न हुई मेरी शंका का निराकरण करें।''

ब्राह्मण की बात सुनकर आचार्य शंकर विनीत स्वर में बोले, ''सूत्रार्थ वेत्ता विद्वानों को मैं प्रणाम करता हूँ। मैं इन गूढ़ सूत्रों के अर्थ जानने का अभिमान नहीं करता। फिर भी आप जो प्रश्न करेंगे, उसका उत्तर देने की चेष्टा करूँगा।'' आचार्य शंकर के ऐसा कहने पर आगन्तुक ब्राह्मण ने प्रश्न किया, ''ब्रह्मसूत्र के तीसरे अध्याय के प्रथम पाद के प्रथम सूत्र—'तदन्तरप्रतिपत्तौ रंहति संपरिष्वक्तः प्रश्ननिरूपणाभ्याम्,[1] का क्या अभिप्राय है?''

आचार्य शंकर ने इस सूत्र की व्याख्या करते हुए कहा, ''इस शरीर के अवसन्न हो जाने पर, अर्थात् मृत्यु हो जाने के पश्चात् जब जीव अन्य शरीर की प्राप्ति करता है, तब वह पंचभूतों के सूक्ष्म अवयवों से युक्त होकर ही दूसरे स्थान पर जाता है। इस विषय में उपनिषद् का प्रमाण स्पष्ट है—छान्दोग्य उपनिषद् (5/3/3) में जैवलि और गौतम के संवाद के माध्यम से इसी विषय का प्रतिपादन किया गया है। प्रश्न है—'पाँचवीं आहुति में जल को पुरुष क्यों कहते हैं?' उत्तर इस प्रकार है—'आकाश, पर्जन्य, पृथ्वी, पुरुष तथा स्त्री रूपी पाँच अग्नियों में क्रमशः श्रद्धा, सोम, वृष्टि, अन्न तथा वीर्य रूपी पाँच आहुतियाँ दी जाती हैं। इस प्रकार जल को, अर्थात् देह के उत्पादक पंचभूतों के सूक्ष्म अवयवों को पुरुष कहते हैं। तात्पर्य यह है कि जीव आकाश आदि पाँच भूतों के सूक्ष्म अंशों से आवृत्त होकर ही एक देह से दूसरे देह में प्रविष्ट होता है।''

आचार्य शंकर की व्याख्या सुनकर ब्राह्मण ने फिर संशय किया, ''हे यतिवर, पंच महाभूत सर्वत्र सुलभ हैं। ऐसी स्थिति में जीव का इस देह से अन्य देह के लिये सामग्री ले जाना व्यर्थ है, क्योंकि तत् तत् भूतों में तत् तत् इन्द्रियों का लय माना गया है और पंचाग्नि विद्या में पंचम आहुति में जल पुरुष शब्द वाच्य होता है। यह कैसे कहा गया है?''

1. **सूत्र का अर्थ**—अन्य देह की प्राप्ति में देह के बीजभूत भूतसूक्ष्मों से परिवेष्टित होकर जीव धूमादि मार्ग द्वारा स्वर्गलोक में गमन करता है। यह प्रश्न और निरूपण से सिद्ध है। प्रश्न है...''पाँचवीं आहुति में जल पुरुषसंजक होता है, क्या तू इसे जानता है?'' (छा० 5/3/3) निरूपण इसे सिद्ध करता है (छान्दोग्य 5/9/1)

शंकर ने विनीत स्वर में उत्तर दिया, ''ब्राह्मण प्रवर, 'श्रद्धा वा आप:' यहाँ प्रथम आहुति श्रद्धा है। इसीलिये श्रद्धा को आप (जल) कहा गया है। अतएव जल को पुरुष-शरीर कहा गया है।''

इस अर्थ को सुनकर ब्राह्मण ने उसमें अनेक विकल्प किये। सभी लोग विस्मय में पड़ गये। ब्राह्मण एक के अनन्तर दूसरा प्रश्न करते जा रहे थे और शंकर भी सहजभाव से उनका उत्तर देते जा रहे थे। उस आलोचना प्रसंग में समस्त ब्रह्मसूत्र, चारों वेद, कर्मकाण्ड, ज्ञानकाण्ड विविध शास्त्र तथा अन्य मतमतान्तरों का भी समावेश हो गया। दोनों के असाधारण पांडित्य, स्मृतिशक्ति, मेधा, अन्तर्दृष्टि तथा विचारनैपुण्य ने शिष्यों को स्तम्भित कर दिया। उन लोगों ने ऐसा विचार कभी सुना ही नहीं था और आचार्य की ऐसी प्रतिभा तथा विद्वत्ता भी कभी नहीं देखी थी। इस प्रकार बृहस्पति और शेषनाग के समान उन दोनों का वह विवाद आठ दिन तक चलता रहा।

आचार्य शंकर और ब्राह्मण के इस अद्वितीय शास्त्रार्थ का यह रूप देखकर पद्मपाद के मन में आशंका हुई। उन्होंने शंकर से अपनी शंका इस प्रकार अभिव्यक्त की, ''हे गुरुवर, यह ब्राह्मण तो वेदान्त-रहस्य के ज्ञाता व्यास ही हैं।'' तत्पश्चात् उन्होंने फिर कहा, ''हे शंकर, आप साक्षात् शंकर हैं तथा व्यास स्वयं नारायण हैं। इन दोनों में विवाद होने पर आपका दास मैं क्या करूँ?''

पद्मपाद के रहस्ययुक्त इन वचनों को सुनकर व्यास जी अन्तर्धान हो गये। तदन्तर आचार्य शंकर ने विविध स्तोत्रों द्वारा भगवान् व्यास की स्तुति की। व्यास जी प्रसन्न होकर अपने दिव्य स्वरूप में प्रकट हुए। उनका श्यामवर्ण शरीर भस्मविभूषित था; वे व्याघ्रचर्म धारण किये हुए थे। जटामुकुट से उनका मस्तक सुशोभित था। रुद्राक्ष की माला से उनका कण्ठ सुशोभित हो रहा था। इन सब उपकरणों से ऐसा लगता था कि वे भगवान् शंकर के अर्द्धासन पर बैठने के अधिकारी हैं। वे अद्वैतज्ञान के अंकुश के तीव्र प्रहार से अहंकार रूपी उन्मत्त गज को वश में रखने वाले थे और अपने अद्वैत शास्त्ररूपी खूँटे में उज्ज्वल सूत्ररूपी रस्सी से अकृतिम (अपौरुषेय) श्रुतिरूपी सहस्त्र गायों को बाँधने वाले थे। मुनिश्रेष्ठ, गुरुओं के भी गुरु व्यास जी को इस वेश में आये देखकर शंकर के हर्ष की सीमा न रही। शिष्यों सहित आगे बढ़कर उन्हें साष्टांग प्रणाम किया और उनकी स्तुति करनी प्रारम्भ की, ''हे ऋषिप्रवर द्वैपायन, आपके श्रीचरणों के दर्शन से मेरा जीवन धन्य हुआ। परोपकार ही आपका जीवनव्रत है। उसी की पूर्ति के लिये आपने आत्मोत्सर्ग किया है। हे मुनिवर, आपने जीवकल्याण के निमित्त जो-जो कार्य किये हैं, वे सदैव अमर रहेंगे। आपने अठारह पुराणों की रचना कर परम लोककल्याण किया। आपने मिश्रित वेद समुद्र को ऋक्, यजः, साम और अथर्व इन चार समूहों में विभक्त किया तथा उनकी अनेक शाखाओं-प्रतिशाखाओं का भी इसलिये भेद किया कि आगे आने वाली आर्यसन्तान प्रखर बुद्धिवाली नहीं होगी। आप त्रिकालदर्शी हैं। आपके लिये संसार में अज्ञात कुछ भी

नहीं है। आपने अपने क्षीरसमुद्र रूपी शरीर से महाभारत रूपी चन्द्रमा को प्रकाशित कर संसार का अशेष कल्याण किया है। वेद, शिक्षा आदि अंग, सब शास्त्र, महाभारत रूपी महासमुद्र, समस्त पुराण आपसे उत्पन्न हुए हैं। समस्त वाङ्मयकर्ता आप ही हैं। सच्चिदानन्द स्वरूप परमात्मा, पुराणपुरुष नारायण आप ही हैं। आपकी महिमा अपरम्पार है। आपके क्रियाकलाप अद्भुत हैं। आप हमारे आदि गुरु हैं। आपको लक्ष-लक्ष प्रणाम!''

वेदव्यास जी आचार्य शंकर की स्तुति से अत्यधिक प्रसन्न हुए। वे शंकर के दिए हुए आसन पर बैठ गये और कुछ देर के पश्चात् उन्होंने कहा, ''हे यतीन्द्र, तुम्हारे अखण्ड पाण्डित्य को मैंने भलीभाँति समझ लिया और उससे बहुत ही आह्लादित हुआ। इस भूमण्डल में तुम्हारे अतिरिक्त अन्य कोई भी व्यक्ति मेरे एक भी प्रश्न का उत्तर नहीं दे सकता था। तुमने मेरी पदवी प्राप्त कर ली है। तुम पुत्र शुकदेव के ही समान मेरे अति प्रिय हो। मेरे सूत्रों की तुमने भाष्य-रचना की है, यह सुनकर मैं तुम्हें देखने आया हूँ। मुझे पहले से ही विदित था कि स्वयं भगवान् शंकर ही तुम्हारे रूप में अवतरित होकर मेरे सूत्रों पर भाष्य लिखेंगे।''

व्यास की बात सुनकर आचार्य शंकर ने विनीत भाव से कहा, ''हे मुनिश्रेष्ठ, आपके दर्शन से यह दीन अत्यन्त अनुगृहीत हुआ है। मैं आपका प्रशिष्य हूँ। इसी नाते इस दुष्कर कार्य को सम्पन्न करने का साहस किया है। इसकी संशुद्धि करने में आप ही समर्थ हैं।'' ऐसा कहकर आचार्य शंकर चुप हो गये।

वेदव्यास ने आदर के साथ शंकर के हाथ से अपने दोनों हाथों में उस भाष्य को ले लिया। उन्होंने एकाग्रचित्त से उसे देखना प्रारंभ किया। बहुत समय बीत जाने पर वे शंकर की ओर आकृष्ट हुए। उन्होंने अति प्रसन्नमुद्रा में आचार्य शंकर से कहा, ''हे वत्स, तुम आत्मनिष्ठ सद्गुरु द्वारा सुशिक्षित हुए हो। यह भाष्य-ग्रंथ तुम्हारे ही उपयुक्त हुआ है। तुमने इस अलौकिक भाष्य की ऐसी रचना की है, कि तुम्हारे अतिरिक्त कोई अन्य पुरुष नहीं कर सकता था। तुमने समस्त दर्शनों में निपुणता प्राप्त की, इसीलिये सूत्रों का भाष्य बहुत ही सुन्दर हुआ है। मेरे सूत्र लघु, दुर्ज्ञेय तथा आत्मसार-सम्पन्न हैं। उन सूत्रों का सम्यक् भाव तुम्हारे सिवा अन्य कौन विद्वान् समझ सकता है? स्थान-स्थान पर किसी-किसी सूत्र के प्रति कटाक्ष भी किया गया है। इससे मैं विशेष रूप से प्रसन्न हूँ। हे धीमन्, तुम सर्वार्थज्ञाता महापुरुष हो, इसमें रंचमात्र संशय नहीं है। मुझे ज्ञात है कि परमपुरुष महादेव से ही तुम्हारा शरीर और शक्ति उद्भूत है। गोविन्दपाद और उनके गुरु गौड़पाद आदि मेरी ही शिष्य परम्परा के हैं। गौड़पाद ने मेरे पुत्र शुकदेव से शास्त्रादि की शिक्षा प्राप्त की थी। वत्स, श्रुति (उपनिषद्) और स्मृति (श्रीमद्भगवद्गीता) की भाष्य रचना का भार भी तुम्हारे ही ऊपर अर्पित है।''

वेदव्यास के वचन सुनकर आचार्य शंकर विशेष आनन्दित हुए। उन्होंने निवेदन किया, ''गुरुदेव, आपका वह आदेश भी पूरा कर लिया गया है। उन्हें भी देखने की

अनुकम्पा कीजिये।'' इतना कहकर आचार्य प्रवर ने समस्त भाष्यग्रंथों को वेदव्यास जी के कर-कमलों में रख दिया। वेदव्यासजी ने बड़ी देर तक मननपूर्वक उनका अध्ययन किया तत्पश्चात् प्रसन्न मुद्रा में कहा, ''ये रचनाएँ भी अद्वितीय बन पड़ी हैं। ये भी तुम्हारे ही व्यक्तित्व के अनुरूप हैं।''

इसे सुनने के बाद यतिवर शंकर ने विनीत भाव से व्यास देव से प्रार्थना की, ''भगवन्, आप द्वारा अभिलषित सारे कार्यों की समाप्ति हो चुकी है और वेद-विरोधी मतों का भलीभाँति खण्डन भी हो गया है। हे सज्जनों के प्रेमी, इस मणिकर्णिका घाट के समीप एक क्षण आप रुकने की कृपा करें, ताकि मैं आपके सम्मुख समाधि योग से इस नश्वर शरीर का परित्याग करूँ।''

आचार्य की यह इच्छा जानकर शिष्यगण किंकर्तव्यविमूढ़ होकर हतप्रभ हो गये। वेदव्यास भी स्तम्भित हो उठे। कुछ देर तक ध्यानस्थ होकर उन्होंने कहा, ''हे वत्स, इस प्रकार की अप्रिय बात मुख से क्यों निकाल रहे हो? अभी तो तुम्हारा कार्य पूरा नहीं हुआ है। भारत में अब भी प्रख्यात दिग्विजयी पंडित विद्यमान हैं; विवाद-समर में उनके ऊपर तुम्हें विजय प्राप्त करनी है। इसे ध्यान में रख कर तुम अभी कुछ वर्षों तक संसार में रहो और लोगों को मोक्षलाभ की शिक्षा दो। जैसे माता के बिना अनजान शिशु की अवस्था चिन्तनीय हो जाती है, वैसे ही मोक्ष की दशा भी तुम्हारे बिना हो जायेगी। हे पुत्र, ब्रह्मा ने तुम्हें मात्र आठ वर्ष की आयु प्रदान की थी। महादेव की प्रसन्नता से तुम्हें आठ वर्ष की आयु और मिली थी, वह आज समाप्त होने को है। परन्तु जिस विशेष लक्ष्य से तुम इस शरीर में आये हो, उसे पूर्ण करने के लिये देवाधिदेव की अनुज्ञा से तुम्हारी आयु और भी सोलह वर्ष बढ़ गयी है। अत: तुम बत्तीस वर्ष तक इस शरीर में निवास करोगे। महान् कर्मकाण्डी कुमारिल भट्ट अपनी विद्वत्ता और प्रकाण्ड पांडित्य से सारे भारत में प्रख्यात हैं। उन्हें पराजित करना तुम्हारा पहला काम है। इसके पश्चात् देश के अन्य प्रदेशों में परिभ्रमण कर विविध प्रतिपक्षियों को परास्त करो। विभिन्न मतों में समन्वय स्थापित करना भी तुम्हारा परम कर्तव्य है। वेदान्त की महिमा और अद्वैत ब्रह्मात्म-विज्ञान की प्रतिष्ठा तुम्हें ही करनी है। सारे कार्यों की समाप्ति के अनन्तर तुम अपने स्वरूप में लीन हो जाओगे।''

आचार्य शंकर ने गुरुदेव की आज्ञा शिरोधार्य की और उन्हें साष्टांग प्रणाम किया। वेदव्यास भी अन्तर्धान हो गये। शंकर व्यास के वियोग से बहुत दुखी हुए। परन्तु उनकी आयु वृद्धि जानकर शिष्यों के आनन्द की सीमा नहीं रही। उनके चित्त की दुश्चिन्ता समाप्त हो गयी और उनमें अपूर्व उत्साह हिलोरें लेने लगा।

■

आठ

कुमारिल भट्ट और आचार्य शंकर की भेंट

आचार्य शंकर और कुमारिल भट्ट की भेंट भारत के धार्मिक इतिहास में एक अत्यन्त महत्त्वपूर्ण घटना है। दोनों के ही व्यक्तित्व अपने ढंग के निराले थे। दोनों ने वैदिक धर्म की रक्षा की। एक ने कर्मकाण्ड का सहारा लेकर और दूसरे ने ज्ञानकाण्ड के बल पर बौद्धों-जैनों तथा अन्य वेद-विरोधी प्रतिपक्षियों को परास्त किया। दोनों ही अपने व्यापक पाण्डित्य के कारण समस्त भारत में प्रसिद्ध थे।

व्यासदेव के श्रीमुख से कुमारिल के अगाध पाण्डित्य, वेदों में उनकी अटूट निष्ठा की बात सुनकर शंकर उनसे मिलने के लिये अत्यधिक उत्कण्ठित हुए। उनसे मिलने के लिये अपने शिष्यों सहित आचार्य शंकर प्रयाग की ओर चल पड़े। वेदव्यास के आदेशानुसार आचार्य शंकर ने दिग्विजय के उद्देश्य से सर्वप्रथम वेद-रहस्य-मर्मज्ञ महापण्डित, भट्टपाद कुमारिल को शास्त्रार्थ में परास्त करने का निश्चय किया। कुमारिल भट्ट के द्वारा वे अपने भाष्य पर वार्तिक रचना कराना चाहते थे। उस समय कुमारिल से बढ़कर अन्य कोई भी वार्तिककार नहीं था। यहाँ से आचार्य शंकर के जीवन ने नया मोड़ लिया। अभी तक वे सिद्ध योगी, उद्‌भट ब्रह्मज्ञानी और अद्‌भुत भाष्यकार के रूप में प्रसिद्ध थे। अब उनका एक नवीन रूप लोगों के सामने उपस्थित हुआ। वे वैदिक धर्म के एकनिष्ठ सेवक और अद्वितीय धर्मप्रचारक के रूप में प्रकट हुए। उन्होंने अपने शिष्यों सहित हिमालय से लेकर कन्याकुमारी तक और गुजरात से लेकर असम तक घूम-घूम कर वेदान्त-वाणी की अमृत-वर्षा करके लोगों को अमरत्व प्रदान किया और न मालूम कितने नास्तिकों को आस्तिक बनाया। सोलह वर्ष तक वे इसी पुनीत उद्देश्य को लेकर परिभ्रमण करते रहे। बौद्धों ने सनातन हिन्दू धर्म को विनाश के कगार पर पहुँचा दिया; जो कुछ उसमें अवशिष्ट था, वह भी संप्रदायों में विभक्त होकर विनष्टप्राय हो रहा था। आचार्य शंकर ने विशृंखलित मत-मतान्तरों को एक सूत्र में पिरोया। उन्होंने हिन्दू धर्म की विविध विधाओं में समन्वय स्थापित किया। मूर्तिपूजा, तीर्थयात्रा, देवाराधना सभी को सत्य सिद्ध करके सनातन हिन्दू धर्म को अत्यन्त शक्तिशाली बनाया। विशुद्ध कर्म, उपासना और ज्ञान को एक दूसरे का पूरक सिद्ध किया।

हिन्दू धर्म के ऊपर विपत्ति आ गयी थी। बौद्धों से वह आक्रान्त और त्रस्त था। आचार्य शंकर धर्म और ज्ञानशक्ति से बलवान् होकर उज्ज्वल ज्ञानवर्तिका हाथ में लेकर उस अन्धकार को मिटाते हुए चल रहे थे। उन्होंने अपने इस दिग्विजय-

अभियान में राज्यशक्ति की अपेक्षा नहीं की। इसीलिये वह और भी महत्त्वपूर्ण सिद्ध हुआ। स्वयं सर्वत्यागी होते हुए भी, उन्होंने महान् कर्मयोगी का जीवन व्यतीत करके लोगों के सम्मुख निष्काम कर्मयोग का अनुपम आदर्श उपस्थित किया। हिन्दू-धर्म से उद्‌भूत उस समय पचहत्तर विभिन्न मतवादियों से उन्होंने शास्त्रार्थ किया था और यह सिद्ध किया था सभी मत वैदिक धर्म से उद्‌भूत हुए हैं। उनकी इस दूरदर्शिता ने सभी को चमत्कृत कर दिया।

प्रयाग के मार्ग में उन्होंने कुरुक्षेत्र, मथुरा, वृन्दावन आदि तीर्थों का दर्शन किया और लोगों को उपासना और ज्ञान का दिव्य संदेश दिया। उनके व्यक्तित्व की महानता से सभी लोग विमुग्ध हो गये। साथ ही साथ वे बौद्ध आदि नास्तिकों के प्रसिद्ध गढ़ों को भी ध्वस्त करते गये। श्रीकृष्ण के जन्मस्थान का दर्शन कर वे प्रयाग के लिये रवाना हुए। तीर्थराज प्रयाग पहुँचने पर गंगा-यमुना की श्याम-धवल हिलोरों का संगम देखकर आचार्य में अद्‌भुत भावावेश उत्पन्न हुआ। उस अनादि पावन तीर्थ की अद्‌भुत महिमा स्मरण कर उनका रोम-रोम पुलकित हो उठा। वेदों में भी इस तीर्थ की महिमा वर्णित है—''सितासिते सरिते यत्र संगते, तत्राप्लुतासो दिवमुत्पतन्ति,'' अर्थात् जहाँ श्वेतवर्णा गंगा और श्यामवर्णा यमुना का संगम होता है, वहाँ स्नान करने से मानव अवश्य ही स्वर्गलोक को प्रयाण करते हैं। यतिश्रेष्ठ शंकर ने एक उत्तम स्तोत्र रचकर त्रिवेणी की वन्दना की। शिष्यों-सहित वहाँ स्नान किया और सभी कृत्य सम्पादित किये। उनके अन्तर्गत आध्यात्मिक भाव का दिव्य स्रोत उमड़ पड़ा और वे उसी में निमज्जित हो गये। वे भावातीत दशा में एक वृक्ष की छाया में बैठ गये। उसी समय उन्हें समाचार मिला कि कुमारिल भट्टपाद गुरुवध के अपराध में प्रायश्चित्त-स्वरूप तुषानल में प्रविष्ट होकर आत्मदाह करने जा रहे हैं। यह समाचार सुनकर आचार्य शंकर विषण्ण हो गये और उन्होंने विचार किया, ''सज्जनों के आश्रयभूत जिस महापण्डित ने अटारी से गिरकर वेदों की प्रामाणिकता सिद्ध की और जिसके पौरुष और प्रयास से स्वर्गलोक में देवताओं ने यज्ञभाग प्राप्त किया, जो समस्त वेदों के रहस्य के ज्ञाता हैं, वही धीर कुमारिल गुरु के सिद्धान्तों के खण्डन से उत्पन्न महादोष के प्रायश्चित्त के लिये परम आस्तिक होने के कारण अपना आत्मदाह कर रहे हैं। उन्होंने समस्त वेदों का सांगोपांग अध्ययन किया है, बड़े-बड़े वेद-विरोधी बौद्ध पंडितों को वाक्-समर में परास्त किया है और बहुत अंशों में वैदिक मर्यादा स्थापित की है। बड़े ही दुःख की बात है कि ऐसा उद्‌भट वैदिक विद्वान् संसार से चला जा रहा है।'' ऐसा सोचकर यतिवर शंकर उनके दर्शन के निमित्त तुरन्त चल पड़े। उन्होंने घटनास्थल पर पहुँच कर देखा कि भट्टपाद का शरीर भूसे की आग में जल रहा है। उनके प्रभाकर आदि सभी शिष्य अश्रुपूर्ण नेत्रों से दुखितावस्था में उनके समीप खड़े हैं। प्रायः शरीर जल चुका था। केवल मुख दिखलाई पड़ रहा था। इस कारुणिक दृश्य को देखकर यतिवर शंकर करुणा से विगलित हो गये।

भट्टपाद कुमारिल ने आँख खोलकर आचार्य का दर्शन किया। शंकर के तेजोमय स्वरूप को देखकर उनके आनन्द की सीमा नहीं रही। उन्होंने अत्यन्त धीरभाव से कहना प्रारम्भ किया, "यतिवर, मेरा अहोभाग्य है कि संसार से प्रयाण करते समय, आप ऐसे सर्वज्ञ, तपोनिधि, ब्रह्मज्ञान के साकार विग्रह, वैदिक-धर्म के परम उद्धारक मेरे सम्मुख विराजमान हैं। मैं अपने भाग्य की जितनी भी प्रशंसा करूँ, सब थोड़ी है। आचार्य मैंने आपका नाम-यश भलीभाँति सुन रखा था, किन्तु अभी तक दर्शन करने का सौभाग्य नहीं हुआ था। अंतिम समय में आपका दर्शन कर मैं कृतकृत्य हो गया। अहो, मैं परम भाग्यशाली हूँ।"

कुमारिल भट्ट की श्रद्धा से आचार्यप्रवर परम प्रसन्न और सन्तुष्ट हुए। उन्होंने अपना भाष्य भट्ट जी को दिखलाया। समस्त ग्रंथ दोषरहित भी हो, फिर भी विद्वान् शिष्ट पुरुषों द्वारा आलोचित किये जाने पर, वह संसार में और अधिक प्रसिद्ध हो जाता है। उसकी कीर्ति में चार चाँद लग जाते हैं।

भाष्य को देखकर कुमारिल अत्यधिक प्रसन्न और संतुष्ट हुए। उन्होंने कहा, "हे विद्वन्, ग्रंथ के आरम्भ में ही अध्यास भाष्य में आठ हजार वार्तिक सुशोभित हो रहे हैं। व्यासकृत ब्रह्मसूत्र के प्रथम अध्याय पर मैंने आठ हजार श्लोक-वार्तिक की रचना की थी। दूसरे अध्यायों के विषय में भी बहुत कुछ कहने को था, परन्तु वह नहीं हो पाया। यदि आप पहले आते तो संभव था, मैं तुषानल में प्रविष्ट न होता। आपके भाष्यों की वार्तिक रचना के सौभाग्य से मैं वंचित रह गया, इसका मुझे महान् दुःख है।" इतना कहते-कहते कुमारिल का मुखमण्डल भावावेश में उज्ज्वल हो गया।

इतना कहने के बाद भट्टपाद ने फिर कहना प्रारम्भ किया, "आचार्यप्रवर, आप लोगों का दर्शन, विशेषतः इस समय में दुर्लभ है। पूर्व जन्म में उपार्जित पुण्यों के फलस्वरूप आपने मुझे दर्शन दिया है। आपके दर्शन की प्रबल आकांक्षा थी, वह भाग्यवश अभी पूर्ण हुई है। यह सब काल के अधीन है, व्यक्ति के नहीं। मैंने अनेक ग्रंथों की रचना की, कर्मकाण्ड का प्रतिपादन किया, नैयायिकों के युक्तिजाल को ध्वस्त किया और सभी विषयों का उपभोग किया। किन्तु काल को हटाने में असमर्थ रहा। मैंने अपने जीवन में दो पाप किये हैं। पहला पाप तो यह है कि मैंने अपनी कृतियों में ईश्वर का खण्डन किया है। मैंने वेदों का महत्त्व बढ़ाने के लिये ही ईश्वर का खंडन किया है, केवल यही सिद्ध करने के लिये कि वेद अपौरुषेय हैं और स्वतः प्रमाण हैं, उनकी सत्यता और प्रामाणिकता के लिये ईश्वर की दुहाई देना निरर्थक है। परन्तु हे विद्वन्, मैंने उस ईश्वर का कभी निषेध नहीं किया जो आनन्द प्रदाता और जगत् के दुःखों का हर्ता है।"

"दूसरा अपराध है कि गुरुद्रोह करके मैं उनकी मृत्यु का कारण बना। यह घटना इस प्रकार घटित हुई—सारा भूमण्डल बौद्धों से भर गया था और उनके प्रभाव से सभी आक्रान्त हो गये थे। वैदिक मार्ग विरल हो गया था। मैंने वैदिक-धर्म की

रक्षा के लिये एक योजना बनाई। इसके लिये शास्त्रार्थ में बौद्ध आचार्यों को परास्त करना आवश्यक था। बौद्ध धर्म के नेता और उनके अनुयायी राजाओं के पास जाकर बौद्ध धर्म स्वीकार करने के लिये बाध्य करते थे और साथ ही वैदिक धर्म के परित्याग का भी आग्रह करते थे। वे यह प्रचार करते हुए घूम रहे थे कि वेद असत्य और कपोलकल्पित हैं। उनमें परस्पर-विरोधी श्रुतियाँ पायी जाती हैं, इससे वे त्याज्य हैं। देश में किसी ऐसे प्रभावशाली और शक्तिशाली वैदिक विद्वान् का नितान्त अभाव था, जो बौद्धों के इस घृणित और कुत्सित प्रचार को रोकने में समर्थ हो सके। अत: उनका विरोध करने के लिये मैंने बीड़ा उठाया। मैं देश में घूम-घूमकर बौद्धाचार्यों से शास्त्रार्थ करने लगा। परन्तु उनके सिद्धान्त की बारीकियों को जाने बिना, यह कार्य दुस्साध्य प्रतीत हुआ। निषेष्य वस्तु के सम्यक् ज्ञान से निषेध्य का शमन किया जा सकता है, अन्यथा संभव नहीं। इस पर भलीभाँति विचार करके मैं विनीत भाव से बौद्धों की शरण में गया और उनके सिद्धान्तों का विधिवत् अध्ययन किया। एक बार एक कुशाग्र-बुद्धि बौद्ध ने वैदिक धर्म को दूषित बता कर वेदों की निन्दा और भर्त्सना की। वेदों की निन्दा सुनकर मेरी आँखों में आँसू आ गये। अश्रुबिन्दु टपटप जमीन पर गिरने लगे। समीप में बैठे हुए अन्य विद्यार्थियों ने मेरी मन:स्थिति ताड़ ली। उस दिन से बौद्धों ने मुझे अपने धर्म का विरोधी मानकर मित्रता समाप्त कर दी। उन्होंने सोचा, ''यह वैदिक धर्म का अनुयायी है। हमारे मत का विरोधी है। हमारे धर्म की इसने भलीभाँति विज्ञता प्राप्त कर ली है। मेधावी और बलवान् ब्राह्मण है। समय आने पर यह आस्तीन का साँप सिद्ध हो सकता है। ऐसा खतरनाक व्यक्ति यहाँ रहने योग्य नहीं है। इसे येन केन प्रकारेण यहाँ से हटा देना ही हम लोगों के लिये श्रेयस्कर है।'' ऐसा सोचकर उन अहिंसा के प्रचारक बौद्धों ने मुझे एक ऊँची अटारी से नीचे ढकेल दिया।''

''एक अटारी से दूसरी अटारी पर गिरते हुए मैंने जोर से घोषणा की, 'यदि श्रुति सत्य और प्रामाणिक हैं, तो मैं विषम स्थल पर गिर कर भी जीवित रहूँगा। मेरे जीवन की रक्षा ही वेदों की प्रामाणिकता सिद्ध करेगी। इस घोषणा में 'यदि' शब्द लगाने से, मेरी वेद-निष्ठा में कुछ कमी प्रतीत हुई। अत: गिरने पर मैं बच गया, किन्तु मेरी एक आँख जाती रही। इसे विधि की विडम्बना ही समझिये। कपट वेश में गुरु से शिक्षा ग्रहण करना और वेदों की प्रामाणिकता के संबंध में संशय मूलक 'यदि' शब्द का प्रयोग करना मेरी आँख फूटने के कारण सिद्ध हुए। एक अक्षर का प्रदाता भी गुरु कहलाता है। समग्र शास्त्रों का उपदेश देने वाला गुरु है, इसमें कहना ही क्या है? मैंने कपट वेश में बौद्ध गुरु से समस्त शास्त्र का अध्ययन किया और शास्त्रार्थ में उन्हें ही परास्त किया, यह महान् गुरु द्रोह और अक्षम्य अपराध है। बौद्ध गुरु से शास्त्राध्ययन कर उनके कुल का ही मैंने सर्वनाश किया। साथ ही जैमिनि द्वारा शास्त्र में विश्वास रखकर मैंने परमेश्वर का निराकरण भी किया। अत: गुरुद्रोह और मीमांसा-दर्शन में आग्रह के कारण ईश्वर का निराकरण—इन दोनों पापों के प्रायश्चित्त

करने के निमित्त मैंने अग्नि में प्रवेश किया है। आपके चरणकमलों के दर्शन से मैं पूर्णतया पापविमुक्त होकर शुद्ध हो गया हूँ। मैं जानता हूँ कि आर्य-जन के कल्याणार्थ तथा अद्वैतमार्ग के रक्षार्थ आपने अवतार लिया है। यदि आपका दर्शन मुझे पहले ही हो गया होता, तो मैं तभी कृतार्थ हो जाता और पाप के प्रायश्चित्त के लिये आत्मदाह न करता।''

''हे योगीन्द्र, आपने भाष्य की रचना की है, यह मैंने सुन रखा था। उसे प्रत्यक्ष देखकर पूर्णरूपेण संतुष्ट हुआ। उस पर वार्तिक लिखने की मेरी प्रबल आकांक्षा थी, उससे महान् यश की प्राप्ति होती। परन्तु अब तो समय निकल चुका है। इस समय उस बात के कहने से क्या प्रयोजन सिद्ध होगा? इस समय उन दोनों अपराधों से उत्पन्न पाप के प्रायश्चित्त के निमित्त मैं भूसे की आग में आत्मदाह कर रहा हूँ। हे आर्य, शाबर-भाष्य के ऊपर वार्तिक लिखने के समान आपके भाष्य पर भी वार्तिक लिखकर यश प्राप्त करना मेरे भाग्य में नहीं था।''

कुमारिल भट्ट ने अपना कथन समाप्त किया। वे उस समय प्रसन्न मुद्रा में थे। आचार्य शंकर ने उनसे कहा, ''महान् मीमांसक, मैं आपको स्वामी कार्तिकेय का अवतार मानता हूँ। आपने अपने अगाध पांडित्य और अद्भुत तर्कशक्ति से वेद-विरोधी बौद्धों को वाक्-समर में पराजित कर वैदिक धर्म की रक्षा की है। आपके उज्ज्वल चरित्र में पाप की रंचमात्र भी संभावना नहीं है। आप सत्पुरुषों को शिक्षा देने के लिए इस कठोर सत्यव्रत का अनुष्ठान कर रहे हैं। आपका यह अनुष्ठान लोकशिक्षा के निमित्त है। हे प्रिय, अपने कमण्डल से जल की कुछ बूँदें छिड़क कर मैं तुषानल को बुझा कर आपको जीवित कर देता हूँ। आप मेरे भाष्य पर भी सुन्दर वार्तिक की रचना कीजियें।''

आचार्य शंकर की अमृतवाणी सुनकर विद्याधन, धर्मविद् एवं ब्राह्मणगौरव भट्टपाद कहने लगे, ''हे आचार्यप्रवर, वेदोक्त जिस विधानव्रत में मैं व्रती हुआ हूँ, उसका परित्याग करने में सुधीगण मेरी निन्दा करेंगे। लोकाचार विरुद्ध कर्म मैं कभी न करूँगा। आप ब्रह्मज्ञानी हैं। ब्रह्मज्ञानी महापुरुष अति कुटिल व्यक्ति के ऊपर भी गुणों का आरोप उसी प्रकार करते हैं, जिस प्रकार शूरवीर धनुर्धर कुटिल धनुष के ऊपर प्रत्यंचा का। हे शंकर, आप अपनी कृपादृष्टि से चिर मृतक व्यक्ति में भी जीवनशक्ति भर सकते हैं। हे भगवन्, मैं आपके प्रभाव को भलीभाँति जानता हूँ। आप सभी प्राणियों का संहार कर, पुनः पहले के समान उन्हें जीवित करने में पूर्ण समर्थ हैं। मुझे भी जीवित कर देंगे, तो इसमें कौन सी आश्चर्यजनक बात होगी? इस कारण आपसे प्रार्थना करता हूँ कि मुझसे संकल्पच्युत होने के लिए आप अनुरोध न करें।''

''यदि आप वेदान्तमार्ग—अद्वैतज्ञान—को शक्तिशाली बनाना चाहते हैं, तो विद्वानों में श्रेष्ठ, सारी दिशाओं में प्रख्यात और यशस्वी मंडन मिश्र को जीतिये। उनके जीत लेने पर, आप भूमण्डल में सभी को जीतने में समर्थ होंगे। वे भूतल में महान् कर्मकाण्डी के रूप में प्रसिद्ध हैं। वे वैदिक कर्मों में एकनिष्ठ, प्रवृत्तिमार्ग के प्रबल

पोषक, अत्यन्त कर्मठ और महान् गृहस्थ हैं। निवृत्तिमार्ग में उन्होंने कभी भी आस्था नहीं दिखलायी। किसी युक्ति से उन्हें आप वशीभूत कीजिये। उनके वश में होने से आपकी मनोकामना अवश्य पूर्ण होगी। आप उनके पास शीघ्र जाइये, विलम्ब करना ठीक नहीं है। लोग उन्हें 'उम्बेक' कहते हैं। उनकी स्त्री बांधवजनों में उम्बा (अम्बा) नाम से जानी जाती है। दुर्वासा के शाप के कारण स्वयं सरस्वती मंडन मिश्र की सहधर्मिणी के रूप में अवतरित हुई हैं। इस समय उनका नाम 'उभयभारती' है। वह विश्वरूप (मंडनमिश्र) सभी शास्त्रों के ज्ञान में मुझसे बढ़कर हैं। अपने शिष्यों में वे मुझे सबसे अधिक प्रिय हैं। हे तापसों में श्रेष्ठ, उनकी प्रिय स्त्री, उभयभारती को मध्यस्थ बना आप मंडन मिश्र से शास्त्रार्थ करें। उभयभारती सर्वविद्याविशारदा है। आप और मंडन मिश्र के शास्त्रार्थ में मध्यस्थ होने के योग्य कोई दूसरा विद्वान् भारत में नहीं है। मंडन को पराजित कर वेदान्तमार्ग का अनुयायी बनाइये। वही आपके भाष्यों की वार्तिक-रचना करेंगे।''

''हे उपदेशक-शिरोमणि, भवसागर से पार कर देने वाले ब्रह्मतत्त्व का उपदेश कर मुझे कृतार्थ कीजिये। हे बिना कारण कृपा करने वाले, आप एक क्षण के लिए यहाँ उपस्थित रहने की कृपा करें, ताकि योगीन्द्रों द्वारा हृदयकमल में चिन्तनीय आपके स्वरूप को देखता हुआ अपने प्राणों का विसर्जन करूँ।''

परम हृदयविदारक दृश्य था। तुषानल प्रज्वलित हो उठा। चारों ओर 'धूँ-धूँ' की ध्वनि उठने लगी। वैदिक धर्म का महाप्राण, महान् पुरुष आदर्श की रक्षा के लिए आत्म-बलिदान कर रहा था। हिन्दू-धर्म के इतिहास में कुमारिल का यह आत्मोत्सर्ग युग-युगान्तरों तक अमर रहेगा।

भट्टपाद ने विनयपूर्वक शंकर से कहा, ''हे महात्मन्, मैंने अपने मन को नितान्त अन्तर्मुखी कर लिया है। सारी चिन्ताओं से मुक्त हूँ। चित्तवृत्ति को परमब्रह्म में समाहित कर रहा हूँ। मुझे आप तारकब्रह्म का नाम सुनाइये। मैं अग्निस्पर्श का अनुभव कर रहा हूँ। आपके सम्मुख ही इस नश्वर शरीर का परित्याग कर रहा हूँ।''

यतिवर शंकर गंभीर स्वर में तारकब्रह्मनाम का उच्चारण करने लगे। कुमारिल बाह्य और आन्तरिक द्वन्द्वों का परित्याग कर सच्चिदानन्द स्वरूप में विलीन हो गये।

■

नौ

आचार्य शंकर और मंडन मिश्र

भट्टपाद कुमारिल के महा-प्रयाण के पश्चात् आचार्य शंकर ने शिष्यों सहित प्रयाग से प्रस्थान किया। मंडन मिश्र से शीघ्र मिलने के लिए उन्होंने योगशक्ति से आकाश मार्ग का सहारा लिया। आकाश मार्ग से उड़कर जाते हुए उन्होंने मंडन पंडित से सुशोभित माहिष्मती नगरी को भलीभाँति देखा। ओंकारनाथ के निकट नर्मदा और माहिष्मती नदियों के संगमस्थल पर मंडन की निवास भूमि माहिष्मती अवस्थित थी। उस नगरी की अद्वितीय शोभा देखकर आचार्य आश्चर्य-विभोर हो गये। उस नगरी की विविध अट्टालिकाएँ, रत्नों से जटित जगमगा रही थीं। उन्हें देखकर दर्शकों की आँखें चौंधिया जाती थीं। नर्मदा के शीतल जल से संस्पर्शित वायु के स्पर्श से उनकी थकावट दूर हुई। स्नान करने के पश्चात् नदी तट पर स्थित एक शिव मन्दिर में थोड़ा विश्राम कर उन्होंने नित्यक्रिया समाप्त की और दोपहर के समय मंडन मिश्र के घर की ओर प्रस्थान किया। मार्ग में मंडन मिश्र की दासियाँ मिलीं। वे संस्कृत में बातचीत करती हुई नदी से जल भरने जा रही थीं। उन दासियों से आचार्य जी ने पूछा, ''मंडन मिश्र का घर कहाँ है?'' उनके तेजोमय स्वरूप को देखकर वे स्तम्भित हो गईं। उन्होंने विनय भाव से उत्तर दिया,—

स्वतः प्रमाणं परतः प्रमाणं कीरांगना यत्र गिरं गिरन्ति।

द्वारस्थनीडान्तरसन्निरुद्धा जानीहि तन्मण्डनपण्डितौकः॥

अर्थात्, ''जिस घर में शुक और शुकी आपस में बातचीत करते हुए यह बोलते हों—वेद स्वतः प्रमाण हैं अथवा परतः प्रमाण; कर्म ही फलदाता है अथवा ईश्वर; जगत् नित्य है अथवा अनित्य—उसी घर को मंडन मिश्र का घर समझ लीजियेगा।''

उन परिचारिकाओं की बात सुनकर आचार्य शंकर को विशेष कौतूहल हुआ। कुछ दूर जाने पर उन्हें मण्डन मिश्र का घर दिखायी पड़ा। लेकिन द्वार के दरवाजे बन्द थे। पूछने पर द्वारपाल ने बताया, ''मिश्र जी आज श्राद्धकर्म में संलग्न हैं। उन्होंने किसी को भी भीतर आने देने के लिए मना कर रखा है। इसलिए फाटक बन्द कर दिया गया है।''

यह सुनकर शंकर बड़े चिन्तित हुए, क्योंकि वे मंडन मिश्र से मिलने के लिये अत्यधिक उत्कण्ठित थे। मंडन मिश्र का घर साधारण घर नहीं था, अपितु एक विशाल सुन्दर महल था और दुर्ग की भाँति दुर्भेद्य था। घर में प्रवेश का कोई अन्य

मार्ग न देखकर आचार्य योगशक्ति से उस घर के आँगन में जा विराजे। वहाँ उन्होंने कमल के समान सुन्दर मंडन मिश्र को देखा। मंडन मिश्र का सौन्दर्य देखकर आचार्य विमुग्ध हो गये।

उस समय मंडन मिश्र श्राद्धक्रिया में निरत थे। उन्होंने अपने तपोबल से व्यास और जैमिनि, दोनों ऋषियों को श्राद्ध में निमन्त्रित करके बुला लिया था। दोनों ऋषि आसन पर विराजमान थे और मंडन मिश्र उनके चरणकमलों की अर्चना कर रहे थे। आचार्य शंकर ने दोनों ऋषियों को प्रणाम किया और उन दोनों ने शंकर का अभिनन्दन किया। श्राद्ध कर्म के समय संन्यासी का आगमन निषिद्ध माना गया है। मण्डन मिश्र कर्मकाण्ड के विशेषज्ञ थे। व्यास और जैमिनि के बीच एक शिखासूत्रविहीन संन्यासी को देखकर मण्डन मिश्र आगबबूला हो गये। उनके क्रोध का ठिकाना नहीं रहा। मंडन मिश्र के उग्र मुखमण्डल को देखकर आचार्य विस्मित हो गये।

मंडन मिश्र ने क्रोधावेश में आचार्य से प्रश्न किया, ''कुतो मुण्डी?''

अर्थात्, हे मुण्डी कहाँ से आये? यहाँ मुण्डी शब्द अनादर-भाव सूचित करता है। इस वाक्य का दूसरा अर्थ भी हो सकता है कहाँ से मुण्डित हो? आचार्य ने दूसरे ही अर्थ को मन में रखकर मण्डन को उत्तर दिया, ''आगलात् मुण्डी'' (अर्थात् गले तक मुण्डन है।)

मंडन मिश्र का उस उत्तर से क्रोध और भी बढ़ा और उन्होंने प्रश्न को और स्पष्ट करते हुए फिर से प्रश्न किया, ''पन्थास्ते पृच्छयते मया'', अर्थात् ''मैं आपके मार्ग के सम्बन्ध में पूछ रहा हूँ कि आप कहाँ से आये?''

मंडन के प्रश्न का उत्तर आचार्य ने फिर विनोदपूर्ण ढंग से दिया, ''किमाह पन्था?'' अर्थात् मार्ग से पूछे जाने पर उसने क्या उत्तर दिया?

मंडन ने चिढ़ कर कहा, 'त्वन्माता मुण्डा'। अर्थात् मार्ग ने मुझे उत्तर दिया कि तुम्हारी माता मुण्डा (संन्यासिनी) है।''

मंडन के इस कथन से आचार्य की विनोद-वृत्ति और बढ़ गयी। उन्होंने कहा, ''बहुत ठीक, 'इत्याह तथैव हि', अर्थात्, आपने ही मार्ग से यह प्रश्न किया है। अतः मार्ग का यह उत्तर आप पर घटित होता है। अतः आपकी ही माता मुण्डा (संन्यासिनी) है, मेरी नहीं।''

अहो पीता किमु सुरा नैव श्वेता यतः स्मर।
किम् त्वं जानासि तद्वर्णमहं वर्णं भवान् रसम्॥

मंडन ने आचार्य से और क्रुद्ध होकर प्रश्न किया, ''क्या आपने सुरा (मदिरा) पी है? अर्थात्, शराबी ही इस प्रकार अनाप-शनाप बातें करता है।''

'पीता' शब्द का दूसरा अर्थ 'पीला रंग' भी होता है। उसी को मन में रखकर आचार्य शंकर ने कहा, ''सुरा तो श्वेत होती है, पीली नहीं।''

मंडन ने कहा, ''अरे, आप तो उसके रंग को भी जानते हैं।''

शंकर ने कहा, ''मैं तो उसके रंग मात्र को जानता हूँ। पर आप तो उसके रस को जानते हैं। अर्थात्, उसका सेवन आपने किया है, अतः आप पाप के भागी हैं, मैं नहीं; मैं तो उसके पीले रंग को ही जानता हूँ।''

आचार्य शंकर के आक्षेप से मण्डन मिश्र और अधिक क्रुद्ध होकर निम्न स्तर पर उतर आये और उन्होंने कहा, ''हे दुर्बद्धे, जब तुम गदहे द्वारा भी न ढोने योग्य कन्था ढो रहे हो, तो शिखा और यज्ञोपवीत में कितना भार है, जो तुमने उनका परित्याग कर दिया है?''

शंकर ने मुस्कराते हुए कहा, ''हे दुर्बद्धे, तुम्हारे पिता तो गृहस्थ थे, अतः उनके द्वारा भी ढोने के अयोग्य कन्था को तो मैं अवश्य ढो रहा हूँ। परन्तु शिखा और सूत्र (यज्ञोपवीत) तो श्रुति के लिए महान् भार होगा, क्योंकि संन्यासी होने के पश्चात् श्रुति शिखा-सूत्र के परित्याग पर जोर देती है। अतः यदि शिखा-सूत्र का विधिवत् परित्याग कर संन्यास न ग्रहण किया जायेगा तो श्रुति के कथन का निर्वाह न हो पायेगा। इसलिये शिखा-सूत्र श्रुति की दृष्टि में संन्यासी के लिये भार ही हैं।''

मंडन ने आवेश में कहा, ''तुमने यत्न से गार्हपत्य, आहवनीय तथा दक्षिणाग्नि—इन तीनों श्रोत अग्नियों का बहिष्कार कर दिया है, अतः तुम्हें इन्द्रहत्या का पाप लगेगा।''

शंकर ने श्रुति के आधार पर मण्डन मिश्र के श्रुतिकथन का खंडन करते हुए कहा, ''ब्रह्मतत्त्व को न जानने वाला आत्महत्यारा है। अतः हत्या का भागी वही होता है। ब्रह्मज्ञानी को पाप-पुण्य स्पर्श तक नहीं कर सकते। वह इन सब विधि-विधानों से परे हो जाता है।''

शंकर के कथन से मंडन मिश्र मात खा गये। उन्होंने वार्ता की दिशा परिवर्तित करते हुए कहा, ''हमारे घर के द्वारपालों को धोखा देकर चोर की भाँति तुम यहाँ कैसे घुस आये?''

शंकर ने श्रीमद्भगवद्गीता के तीसरे अध्याय के बारहवें श्लोक को ध्यान में रखते हुए कहा, ''भिक्षुओं को बिना दिये चोर की भाँति तुम अन्न कैसे खा रहे हो? अतः चोर तुम हो, मैं तो वीतरागी संन्यासी हूँ।''

इस प्रकार क्रोध और अहंकार के वशीभूत होकर मण्डन प्रश्न पर प्रश्न करते जा रहे थे और आचार्य उनके प्रश्नों का उत्तर अपनी कुशाग्र बुद्धि से विनोद भाव से दिये जा रहे थे। जैमिनि ऋषि मुस्कराते हुए मंडन मिश्र को देख रहे थे। अन्त में व्यास जी को इस अप्रिय वार्ता में हस्तक्षेप करना पड़ा। व्यास जी ने मंडन मिश्र से कहा, ''हे वत्स मण्डन, जिसने तीनों एषणाओं—पुत्रेषणा, वित्तेषणा और लोकेषणा—का त्याग कर दिया, जो आत्मस्वरूप में स्थित है, पूर्ण संन्यासी है, ऐसे महान् व्यक्ति को तुम अपने दुर्वचन-बाणों से बिद्ध कर रहे हो। ऐसा आचरण शिष्ट व्यक्तियों के लिए

शोभनीय नहीं है। यह अतिथि स्वयं विष्णु भगवान् हैं। ऐसा समझ कर इन्हें निमन्त्रित करो और इनका आतिथ्य-सत्कार करो।''

व्यास ऋषि के आदेशानुसार मंडन शान्त हो गये। उन्होंने जल का आचमन करके आत्मशुद्धि की। इसके बाद उन्होंने आचार्य शंकर की पूजा की और भोजन के निमित्त उन्हें सादर निमन्त्रित किया।

मंडन का निमंत्रण पाकर आचार्य शंकर बोले, ''हे सौम्य, मुझे सामान्य अन्न की भिक्षा नहीं चाहिए। मैं तो विवाद रूपी भिक्षा की आकांक्षा से आपकी सेवा में उपस्थित हुआ हूँ। परन्तु उसके साथ शर्त यह रहेगी कि परस्पर शिष्य रूप से भिक्षा देनी स्वीकार करनी होगी, अर्थात् जो पराजित होगा, वह दूसरे का शिष्यत्व ग्रहण करेगा। वेदान्तमार्ग का प्रचार और प्रसार ही मेरा परम लक्ष्य और इष्ट है। संसाररूपी ताप की शान्ति के लिए अद्वैतज्ञान चन्द्रमा के समान शीतल है। वेदान्त की महिमा अलौकिक और वर्णनातीत है। परन्तु मुझे इस बात का खेद है कि यज्ञादिक के अनुष्ठान में ही आपकी निष्ठा है। उनके सम्पादन में ही निरत होकर आपने वेदान्तमार्ग की अवहेलना की है।''

''मेरा निश्चय है कि मैं सभी प्रतिपक्षियों को पराजित कर वेदान्तमार्ग को पूर्णतया प्रतिष्ठित कर उसका विस्तार करूँगा। अत: श्रेयस्कर यही होगा कि आप भी मेरे इस उत्तम पथ को स्वीकार कर लीजिये अथवा मुझसे शास्त्रार्थ करके मुझे पराजित कीजिये।''

यतिराज शंकर के चुनौती भरे वचनों को सुनकर महायशस्वी मंडन मिश्र अपने गौरव में स्थित होकर बोले, ''यतिवर, यदि सहस्रमुखधारी शेषनाग भी मेरे सम्मुख शास्त्रार्थ करने आ जायँ, तो भी मैं यह नहीं कह सकता कि मैं हार गया। भला मैं श्रुतिप्रतिपादित कर्मकाण्ड का परित्याग कर, कल्पित व्यासमत अथवा आपके मत को कैसे स्वीकार कर सकता हूँ?''

''संन्यासिन्, मेरे मन में बहुत दिनों से शास्त्रार्थ करने की प्रबल आकांक्षा रही है। परन्तु विद्वान् प्रतिद्वन्द्वी न मिलने के कारण यह संभव न हो सका। आज का दिन स्वयं विजय महोत्सव लेकर मेरे सामने खड़ा है। शास्त्र में मैंने पर्याप्त परिश्रम किया है, आज उसके सफल होने की घड़ी है। संयोगवश यदि इस पृथ्वी पर अमृत स्वयं उपस्थित हो, तो भला कोई बुद्धिमान् उसका परित्याग करेगा? संन्यासिन्, मुझे आप साधारण व्यक्ति न समझें। मैं तो यम के विनाशक ईश्वर का भी खण्डन करने वाला हूँ। वेदान्ती कर्मफलदाता ईश्वर को मानते हैं, परन्तु मैंने यह सिद्धान्त प्रतिपादित किया है. कि कर्म का फलदाता स्वयं कर्म है, न कि ईश्वर को कर्मफलदाता मानना असंगत है।''

''हे यतिवर, राजहंस के सदृश सुललित वाणी में आप मेरे साथ शास्त्रार्थ अवश्य कीजिये। प्रतिपक्षियों के गर्वरूपी वन को नष्ट करने में कठोर कुठार के तुल्य, समस्त शास्त्रों के मर्म को जानने वाली मेरी पटुता क्या आपके कानों तक नहीं

पहुँची? हे मुनि, आपकी इस शर्त में कितना दम है कि आप शास्त्रार्थ करें, तो मैं भिक्षा करना स्वीकार करूँगा, अन्यथा नहीं? आपका इस प्रकार का कथन बाल-चापल्य के अतिरिक्त और क्या कहा जा सकता है? हे यतिवर मैं आपसे शास्त्रार्थ करने के लिए पूर्ण रूप से सन्नद्ध हूँ। हाँ, एक बात यह है कि हमारे शास्त्रार्थ का मध्यस्थ कौन होगा? हम दोनों की प्रतिज्ञाएँ क्या होंगी? यह विवाद कल से प्रारम्भ होना चाहिए, क्योंकि आज मुझे मध्याह्न-कृत्य समाप्त करने हैं।''

आचार्य शंकर को तो मुँहमाँगी मुराद मिली। वे इसी निमित्त तो वहाँ गये थे। उन्होंने शास्त्रार्थ की मध्यस्थता करने के लिये व्यास और जैमिनी का नाम प्रस्तावित किया। शंकर के प्रस्ताव को सुनकर उन दिनों ऋषियों ने कहा, ''हे विद्वत्-शिरोमणि शंकर, मंडन की सहधर्मिणी, उभयभारती आप लोगों के शास्त्रार्थ की निर्णायिका होंगी। वही मध्यस्थता का भार ग्रहण करेंगी। वे साक्षात् सरस्वती का अवतार हैं। वे भलीभाँति निर्णय करेंगी।''

मंडन मिश्र ने उनकी बात का अनुमोदन किया और आचार्य शंकर ने उसे सहर्ष स्वीकार कर लिया। तदन्तर मंडन मिश्र ने तीनों अतिथियों का विधिवत् पूजन किया। भोजनोपरान्त उन तीनों महापुरुषों का कुछ समय तक उपनिषदों पर विचार विमर्श हुआ। इसके बाद व्यास और जैमिनि ऋषि तो अन्तर्धान हो गये और शंकराचार्य ने शिष्यों के साथ नर्मदा तट पर स्थित एक मन्दिर में निवास किया।

व्यास और जैमिनी के अलभ्य दर्शन से आचार्य शंकर अत्यधिक प्रसन्न हुए। वे रात भर उन दोनों ऋषियों की अमृततुल्य गाथा अपने शिष्यों को सुनाते रहे। प्रात: कालीन क्रियाओं से निवृत्त होकर आचार्य शंकर शिष्यों सहित मंडन मिश्र के सभामण्डप में विराजमान हुए। शंकर और मंडन, दोनों ही उस युग के महापण्डित थे। दोनों ही की ख्याति सम्पूर्ण भारत में फैली हुई थी। दोनों के शास्त्रार्थ की बात सुनकर दूर-दूर से विद्वान् पंडित एकत्र होने लगे।

मंडन मिश्र से शास्त्रार्थ

सूर्य पूर्णरूप से उदित हो गये। उनकी प्रभामयी किरणों से सारा आकाश रंजित हो गया। आचार्य शंकर के जीवन में यह प्रभात उनकी कीर्ति तथा यश का मंगलमय प्रभात था। आज ही उनके भाग्य की निर्णय घड़ी थी। आज का मंगलमय प्रभात अद्वैत-वेदान्त का डिण्डिम-घोष का सूचक था। ऐसी शुभ वेला में दोनों महापण्डितों का शास्त्रार्थ प्रारम्भ हुआ। यह शास्त्रार्थ भारतीय संस्कृति की अलौकिक निधि समझा जाता है। अद्वैत-ज्ञान की पूर्ण प्रतिष्ठा का यह पुनीत पर्व माना जाता है।

पण्डितवर मंडन मिश्र के विशाल सभामण्डप में शास्त्रार्थ का आयोजन किया गया। शंकर और मंडन मिश्र के आग्रह से उभयभारती ने मध्यस्थ पद को सुशोभित किया। पति के द्वारा मध्यस्थ बनने के लिये आग्रह किये जाने पर अनुपम सुंदरी और परम विदुषी उभयभारती ने मध्यस्थ-पद का आसन ग्रहण किया। उनमें अनुपम

सौन्दर्य और महान् विद्वत्ता का मणिकांचन संयोग था। श्रोतागण श्रद्धाभरी दृष्टि से उन्हें देखने लगे। उनकी शोभा उस समय ऐसी प्रतीत हो रही थी, मानो सरस्वती साकार विग्रह धारण कर उद्भूत हुई हों। वह शुभ घड़ी, नारी जाति के परम सम्मान की शुभ घड़ी थी। उससे भारतीय नारी की विद्वत्ता का मूल्य और महत्व भलीभाँति आँका जा सकता है।

आचार्य शंकर की प्रतिज्ञा

आचार्य शंकर ने यह प्रतिज्ञा की और अपने विषय की संक्षिप्त रूपरेखा सभा के समक्ष प्रस्तुत की, "मेरे अद्वैत वेदान्तमार्ग के सिद्धान्तानुसार ब्रह्म एक, अद्वितीय, सत्, चित्, आनन्द, निर्मल तथा परमार्थ स्वरूप है। जैसे मिथ्या ज्ञान से सीप में रजत की भ्रान्ति होती है, ठीक उसी प्रकार, मिथ्या अनादि अज्ञान से सत्, चित्, आनन्द स्वरूप ब्रह्म में दृश्यमान जगत् का प्रपंच भाषित होता है। जब उपनिषदों के 'तत्वमसि', 'अहं ब्रह्मास्मि', 'प्रज्ञानं ब्रह्म', 'अयमात्मा ब्रह्म' आदि महावाक्यों द्वारा जीव और ब्रह्म की एकता का बोध होता है, तब अनादि अविद्या सहित संसार के समस्त प्रपंच समाप्त हो जाते हैं। उस समय जीव अपने वास्तविक स्वरूप सत्, चित्, आनन्द में स्थित हो जाता है और उसके फलस्वरूप जीवन-मरण के प्रपंच से छुटकारा प्राप्त कर, मुक्त हो जाता है। यही मेरा सिद्धान्त है। उपनिषद् इसके प्रमाण हैं। मैं अपने कथन की पुनरावृत्ति कर रहा हूँ। 'जीव ब्रह्मैक्य' (जीव और ब्रह्म एक हैं; दोनों अभिन्न हैं) यही मेरा विषय है। इसमें उपनिषद्-वाक्य प्रमाण हैं। हे प्रिय मंडन, यदि इस शास्त्रार्थ में मैं पराजित हुआ, तो इन काषाय वस्त्रों का परित्याग कर श्वेत वस्त्र धारण कर लूँगा। इस विवाद में जय-पराजय का निर्णय उभयभारती करेंगी।"

मंडन मिश्र की प्रतिज्ञा

सभामण्डप में आचार्य शंकर की यह प्रतिज्ञा सुनकर गृहस्थ-शिरोमणि, महान् कर्मकाण्डी, वेद-मर्मज्ञ विश्वरूप मण्डन मिश्र अपने सिद्धान्त की प्रतिष्ठा के निमित्त यह प्रतिज्ञा की—

"मैं वेद के कर्मकाण्ड भाग को ही प्रमाण मानता हूँ। उपनिषदों को मैं प्रमाण-कोटि में नहीं मानता, क्योंकि वे चैतन्य स्वरूप ब्रह्म का प्रतिपादन कर सिद्ध वस्तु का वर्णन करते हैं। वेद का अभिप्राय है विधि का प्रतिपादन करना, पर उपनिषद् विधि का वर्णन न कर उसके स्वरूप का प्रतिपादन करते हैं। अत: ये प्रमाण-कोटि में किसी भी प्रकार नहीं आ सकते। शब्दों की शक्ति कार्य मात्र के प्रकट करने में है। दु:खों से मुक्ति कर्म के द्वारा ही होती है। अत: कर्म का अनुष्ठान प्रत्येक मनुष्य को आयुपर्यन्त करते रहना चाहिये। मीमांसक होने के कारण यही मेरी प्रतिज्ञा है। यदि इस शास्त्रार्थ में मैं पराजित हूँगा, तो मैं गृहस्थ धर्म को छोड़कर संन्यासी बन जाऊँगा। जिस मेरी सहधर्मिणी उभयभारती को आपने शास्त्रार्थ में मध्यस्थ बनाया है, उसे मैं भी स्वीकार करता हूँ।"

आचार्य शंकर और मंडन मिश्र, दोनों ने परस्पर यह प्रतिज्ञा की कि पराजित व्यक्ति विजेता के मत को स्वीकार करके उसके आश्रम में प्रविष्ट हो जायेगा। इसके पश्चात् दोनों का महत्त्वपूर्ण शास्त्रार्थ प्रारम्भ हुआ। विद्वन्मण्डली ने दोनों महापुरुषों की प्रतिज्ञाएँ सुनीं। वादी और प्रतिवादी में शास्त्रार्थ प्रारम्भ हो गया। मध्याह्न के समय में कुछ समय के लिये शास्त्रार्थ बन्द कर दिया जाता था। उस बीच में दोनों व्यक्ति भोजनादिक क्रियाओं से निवृत्त होते थे। इसी प्रकार शास्त्रार्थ कई दिनों तक चलता रहा। उभयभारती को गृहस्थी के कार्य भी देखने थे, भोजन आदि की व्यवस्था करनी थी। अतः उभयभारती दोनों पक्षों को लक्षित कर बोलीं, ''आप लोग शास्त्रार्थ कीजिये। मध्याह्न का समय समीप आ गया है। मैं पतिदेव के लिये भोजन का प्रबन्ध करने जा रही हूँ। अधिक विलम्ब करने से पतिसेवा में त्रुटि हो जायेगी। साथ ही संन्यासी के निमित्त भी भिक्षा का प्रबंध करना है। आप लोग निश्चिन्त रहें, मैं दूर से ही सब सुनती रहूँगी।''

इतना कहने के पश्चात् उन्होंने दोनों के गले में पुष्पमाला डाल कर कहा, ''जिसके गले की माला म्लान होगी, शास्त्रार्थ में वही पराजित समझे जायेंगे। आप लोग आनन्द से विधिवत शास्त्रार्थ कीजिये।''

शास्त्रार्थ अनवरत चलने लगा। दोनों ही महापुरुष एक दूसरे पर विजय पाने के लिये प्रबल आकांक्षी थे। अतः वाद में विस्तार पर विस्तार होता गया, उत्तर-प्रत्युत्तर में सूक्ष्मता आने लगी। उस शास्त्रार्थ की इतनी प्रसिद्धि हो गई कि उसे सुनने के लिये ब्रह्मा आदि विशिष्ट देवगण भी अपने-अपने वाहनों पर सवार होकर उस सभामण्डप में उपस्थित हुए। शास्त्रार्थ के बीच-बीच में सभ्य लोग उन्हें साधुवाद देकर उनका उत्साह बढ़ाने लगे। अपने-अपने पक्ष की पुष्टि के लिये दोनों ने समस्त वेद को साक्षी-प्रमाण माना। दोनों परस्पर आनन्दित थे। उत्तरोत्तर शास्त्रार्थ की उत्कृष्टता और गंभीरता बढ़ती गयी। उसे सुनने के लिये दूर-दूर से पंडित-मंडली एकत्र होने लगी। एक को पराजित करने के लिये दूसरा अत्यन्त प्रयत्नशील था।

उस शास्त्रार्थ में एक श्लाघनीय बात यह देखी गयी कि दोनों वादी प्रतिवादी बड़ी शिष्टता और प्रेमभाव से साधु और मृदु शब्दों का व्यवहार कर रहे थे। उनका मन कभी क्लान्त नहीं होता था। साथ ही उनकी वाणी में तथा स्वरादि में शैथिल्य नहीं आने पाता था। प्रश्नोत्तरों की झड़ी धारावाहिक चल रही थी। मध्यस्थ उभयभारती प्रतिदिन मध्याह्न काल में आकर दोनों से निवेदन करतीं ''आर्य, भोजन करने का समय हो गया है, पधार कर भोजन कीजिये। यतिवर, भिक्षा करने की बेला आ पहुँची है, पधार कर भिक्षा ग्रहण कीजिये।''

इसी प्रकार पाँच-छः दिन बीत गये। शास्त्रार्थ में दोनों अपनी-अपनी विजय के लिये पूर्ण आशान्वित थे। दोनों के मुखमण्डल विकसित थे और दोनों के ओठों पर मन्द-मन्द मुसकान थिरक रही थी। उनके शरीर में न पसीना होता, न कम्पन होता और न वे आकाश की ओर देखते। अपितु अत्यन्त सतर्कता और सावधानी से एक

दूसरे के प्रश्नों का उत्तर बड़ी प्रगल्भता से देते थे। निरुत्तर होने पर क्रोधावेश में वाक्छल का प्रयोग भी नहीं करते थे।

अंततः यतिशिरोमणि आचार्य शंकर ने अपनी युक्ति, तर्क, पांडित्य और अनुभव से विचक्षण मंडन मिश्र के शास्त्र-कौशल के सभी पक्षों का विधिवत् खण्डन कर दिया। समस्त विद्वन्मण्डली में शंकर के सम्मुख मंडन की प्रतिभा श्रीविहीन सी प्रतीत होने लगी। अर्थात् शंकर ने मंडन मिश्र को इस बात में निरुत्तर कर दिया कि वेदान्त-वाक्य भी कर्म प्रतिपादक वाक्यों के समान याग आदि क्रियाओं को कहते हैं, ब्रह्म को नहीं। आचार्य ने श्रुतिप्रमाण से यह सिद्ध कर दिया कि वेदान्त ब्रह्मज्ञान में प्रमाण हैं, कर्म में नहीं।

तदनन्तर 'तत्त्वमसि' महावाक्य को लेकर निर्णायक शास्त्रार्थ प्रारम्भ हुआ। मंडन मिश्र मीमांसक होने के कारण द्वैतवादी थे। उधर शंकर वेदान्ती होने के कारण अद्वैत के प्रतिपादक थे। मंडन का कहना था कि समस्त उपनिषद् द्वैतपरक हैं, उनमें अद्वैत नहीं है। शंकर का सिद्धान्त था कि समस्त उपनिषद् अद्वैतपरक हैं, उनमें द्वैत की गुंजाइश है ही नहीं। दोनों ही विद्वानों ने अपने सिद्धान्तों की पुष्टि के लिये बड़े-बड़े तर्कों और युक्तियों का सहारा लिया।

मंडन मिश्र ने पूर्वपक्ष ग्रहण किया और आचार्य शंकर ने उत्तर पक्ष। मण्डन मिश्र प्रश्न उपस्थित करने वाले हुए और आचार्य शंकर उनका उत्तर देने वाले।

मंडन मिश्र ने पूर्वपक्षी होकर अपना सिद्धान्त प्रस्तुत किया, "यतिश्रेष्ठ, जीव और ब्रह्म की अभिन्नता कभी भी सिद्ध नहीं हो सकती, क्योंकि यह अभिन्नता तीनों प्रमाणों से बाधित है—(1) प्रत्यक्ष से, (2) अनुमान से और (3) श्रुति से। 'तत्त्वमसि' (जीव ही ब्रह्म है) वाक्य से आत्मा और परमात्मा की अभिन्नता कैसे मानी जा सकती है? इस एकता और अभिन्नता का न तो प्रत्यक्ष ज्ञान है और न अनुमान ही होता है। प्रत्यक्ष तो अभेदवाद का महान् विरोधी है, क्योंकि यह तो प्रत्येक व्यक्ति का प्रतिदिन का अनुभव है कि मैं ईश्वर नहीं हूँ। अतः प्रत्यक्ष विरोधी होने के कारण 'तत्त्वमसि' वाक्य प्रयोज़न जीव-ब्रह्म की एकता सिद्ध करने में नहीं है।"

शंकर ने शान्तभाव से उत्तर दिया, "पंडित शिरोमणि, आपका यह सिद्धान्त समीचीन नहीं है। इन्द्रियों के द्वारा जीव और परमात्मा के भेद का ज्ञान कभी नहीं होता। इन्द्रियों के सन्निकर्ष से प्रत्यक्ष ज्ञान होता है। इन्द्रियों की गति तो ब्रह्म तक है ही नहीं, क्योंकि वह तो मन, बुद्धि और इन्द्रियों से परे है। ऐसी स्थिति में विरोध का प्रश्न ही कहाँ उपस्थित होता है।"

आचार्य शंकर का उत्तर पाकर मण्डन मिश्र ने इस सम्बन्ध में दूसरा तर्क उपस्थित किया, "आचार्य प्रवर, जीव अल्पज्ञ है और ब्रह्म सर्वज्ञ, इस बात को तो आप भी मानते होंगे? अतः अल्पज्ञ (जीव) और सर्वज्ञ (ब्रह्म) के बीच एकता और अभिन्नता स्थापित करना कहाँ तक समीचीन और न्यायसंगत है? यह तो प्रत्यक्ष रूप से अनुचित प्रतीत होता है।

शंकर ने मुस्कराते हुए उत्तर दिया, ''पंडिताधिराज, आपकी यह बात त्रुटिपूर्ण है। प्रत्यक्ष और श्रुति में किसी विरोधभावना की संभावना नहीं है,क्योंकि दोनों के आश्रय भिन्न-भिन्न हैं। प्रत्यक्ष प्रमाण द्वारा अविद्यायुक्त जीव और मायायुक्त ईश्वर में भेद जाना जाता है। परन्तु श्रुति—('तत्त्वमसि' उपनिषद् का यह महावाक्य) अविद्या और माया से रहित, निरुपाधि शुद्ध चैतन्य स्वरूप आत्मा और ब्रह्म में अभेदभाव स्थापित करती है। अत: प्रत्यक्ष का आश्रय अविद्या युक्त और मायायुक्त ईश्वर है और श्रुति का आश्रय विशुद्ध आत्मा और ब्रह्म है। एक आश्रय में विरोध उपस्थित होता है, परन्तु भिन्न आश्रय होने के कारण, विरोध का कोई प्रश्न ही नहीं उठता। अत: प्रत्यक्ष प्रमाण से अभेददर्शिनी श्रुति का विरोध नहीं किया जा सकता।''

आचार्य शंकर के इस प्रबल तर्क के सम्मुख मण्डन मिश्र ने प्रत्यक्ष प्रमाण की कमजोरी प्रत्यक्ष अनुभव कर ली। उन्होंने फिर प्रश्न किया, ''हे यतिराज, मैं स्वीकार करता हूँ कि आपने प्रत्यक्ष प्रमाण का खण्डन कर दिया। पर अनुमान प्रमाण भी तो 'तत्त्वमसि' की अभेदता का बाध कर रहा है। जीव सर्वज्ञ नहीं है, अल्पज्ञ है। अत: वह ब्रह्म से उसी प्रकार भिन्न है, जिस प्रकार सर्वज्ञ न होने के कारण सामान्य घट ब्रह्म से भिन्न होता है। अत: इस अनुमान प्रमाण से जीव और ब्रह्म की एकता कभी नहीं सिद्ध हो सकती।''

आचार्य शंकर ने मंडन मिश्र के उपर्युक्त तर्क का बड़ी कुशलता से खण्डन किया। उन्होंने कहा, ''कर्मकाण्ड शिरोमणि, इस सम्बन्ध में मैं आपसे पूछता हूँ कि जीव और ब्रह्म में जिस भेद को आप सिद्ध करने की चेष्टा कर रहे हैं, वह पारमार्थिक है अथवा काल्पनिक-असत्य। यदि यह भेद बिल्कुल सत्य है, तब तो आपका प्रस्तुत किया हुआ दृष्टान्त ठीक नहीं बैठता और यदि वह काल्पनिक है, तो उसे स्वीकार करने में मुझे किसी प्रकार की आपत्ति नहीं है। उसे सिद्ध करने के लिये प्रमाणों की कोई आवश्यकता ही नहीं है।''

मंडन मिश्र आचार्य की युक्ति से अनुमान प्रमाण के सम्बन्ध में निरुत्तर हो गये। अब उन्होंने अन्य तर्क उपस्थित किया, ''अच्छी बात है, मेरा अनुमान भले ही ठीक न हो, परन्तु जीव और ब्रह्म की एकता स्थापित करने वाले 'तत्त्वमसि' महावाक्य का विरोध अन्य श्रुतियाँ स्पष्ट रूप से करती हैं। आपने मुण्डकोपनिषद् की इस श्रुति पर तो भलीभाँति विचार किया ही होगा?

द्वा सुपर्णा सयुजा सखाया समानं वृक्षं परिषस्वजाते।
तयोरन्य: पिप्पलं स्वाद्वत्ति, अनश्ननन्यो अभिचाकशीति॥[1]

---

1. इस श्रुति का अर्थ इस प्रकार है, ''साथ-साथ रहनेवाले तथा समान आख्यानवाले दो पक्षी एक ही वृक्ष का आश्रय करके रहते हैं। उनमें एक तो स्वादिष्ट (मधुर) पिप्पल (कर्मफल) का भोग करता है और दूसरा भोग न करके केवल देखता रहता है।''—मुण्डकोपनिषद् 3। 1। 1

यह श्रुति स्पष्ट रूप से जीव और ईश्वर में भेद प्रकट करती है, क्योंकि जीव कर्मफल का भोक्ता है और ईश्वर कर्मफल से तनिक भी सम्बन्ध नहीं रखता।''

आचार्य शंकर ने मंडन मिश्र के आक्षेप का निराकरण करते हुए कहा, ''गृहस्थशिरोमणि, जीव और ब्रह्म का यह भेद-प्रतिपादन एकदम निष्फल है, क्योंकि इस ज्ञान से न स्वर्ग की प्राप्ति हो सकती है और न अपवर्ग की। निष्फल होने पर भी, हम इस भेद को स्वीकार करने को तैयार हैं। परन्तु इस श्रुति में बुद्धि और पुरुष का भेद प्रदर्शित किया गया है, न कि जीव और ब्रह्म का। श्रुति का अभिप्राय यह है कि कर्मफल को भोगने वाली बुद्धि है। पुरुष उससे सर्वथा भिन्न है। इसलिये वह सुख-दुखों के भोगने वाले फलाफलों से सर्वथा विमुक्त है।''

मंडन मिश्र ने आचार्य के अर्थ का विरोध करते हुए कहा, ''यतिश्रेष्ठ, आपके इस नवीन अर्थ का मैं विरोधी हूँ, क्योंकि बुद्धि तो जड़ है। भोक्ता चेतन पदार्थ होता है, न कि जड़। ऐसी स्थिति में पूर्व श्रुति बुद्धि जैसे जड़ पदार्थ को भोक्ता माने, इसे कोई भी विद्वान् मानने को तैयार न होगा। अत: उक्त श्रुति का अभिप्राय जीव और ब्रह्म के बीच भेद दिखलाने में ही है।''

मंडन मिश्र की इस उक्ति को सुनकर आचार्य शंकर तनिक भी विचलित नहीं हुए। बल्कि उन्होंने अपनी प्रत्युत्पन्नमति से मंडन मिश्र की उक्ति का खण्डन करते हुए इस प्रकार अपना तर्क उपस्थित किया, ''पंडितप्रवर, आपके इस आक्षेप में कोई दम नहीं है। क्योंकि 'पैङ्गय रहस्य' नामक ब्राह्मणग्रंथ में स्पष्ट रूप से विवेचन किया गया है कि बुद्धि (सत्व) कर्मफल को भोगती है,जीव तो केवल साक्षी भाव से स्थित रहता है, वह कर्मफल का भोक्ता नहीं है। जब ब्राह्मण-ग्रंथों की यह व्याख्या है, तो यह बिल्कुल स्पष्ट है कि उक्त वाक्य का आशय बुद्धि और जीव की भिन्नता प्रदर्शित करने में है, न कि जीव और ब्रह्म की।''

मंडन मिश्र ने आचार्य के तर्क का खण्डन करते हुए कहा, ''यति-शिरोमणि ब्राह्मण वाक्य का अभिप्राय तो यह है कि जिसके द्वारा स्वप्न देखा जाता है, वह सत्त्व है और जो शरीर में रहते हुए साक्षी की भाँति स्थित रहता है, वह क्षेत्रज्ञ है। परन्तु मीमांसा शास्त्र उस अर्थ को न ग्रहण कर, दूसरा ही अर्थ ग्रहण करता है। मीमांसा की दृष्टि में 'सत्त्व' शब्द का अर्थ स्वप्न और दर्शन क्रिया का करने वाला जीव है और क्षेत्रज्ञ का अर्थ स्वप्न का देखने वाला सर्वज्ञ ईश्वर है।''

शंकर ने मंडन मिश्र की आपत्ति का उत्तर दिया, ''यह अर्थ कभी नहीं हो सकता। सत्व दर्शन का कर्ता नहीं, बल्कि कारण है। अर्थात् इस पद का अर्थ जीव न होकर बुद्धि है। क्षेत्रज्ञ के साथ 'शरीर' विशेषण जुड़ा हुआ है, अथवा इसका अर्थ जीव ही है, ईश्वर नहीं।''

मंडन मिश्र तर्क में पराजित होकर बोले, ''अच्छी बात है, मैंने आपकी बात स्वीकार कर ली। परन्तु कठोपनिषद् की एक श्रुति पर ध्यान दीजिये, जो जीव और ईश्वर में स्पष्ट भेद मानती है, जिस प्रकार का भेद छाया तथा आतप में है—

ऋतं पिबन्तौ सुकृतस्य लोके, गुहां प्रविष्टौ परमे परार्धे।

छायातपौ ब्रह्मविदो वदन्ति, पंचाग्नयो ये च त्रिणाचिकेतः॥[1]

शंकर ने उत्तर दिया, ''बहुत अच्छा, परन्तु इस श्रुति से भी अद्वैत-सिद्धान्त में किसी प्रकार की बाधा नहीं पहुँचती। यह तो लोक-सिद्ध भेद का प्रतिपादन मात्र करती है। वास्तव में अभेद प्रतिपादक श्रुतियों से नवीन और अलौकिक अर्थ प्रकट होता है। ऐसे अर्थ लोक में सिद्ध नहीं दिखलायी पड़ेंगे। अतः अभेद प्रदर्शित करनेवाली श्रुतियाँ अधिक बलवती हैं। जगत् में भेद तो सर्वत्र ही दिखलायी पड़ता है। उसके भेद के प्रतिपादन में कोई विचित्रता नहीं है। विचित्रता और अलौकिकता तो अभेद प्रदर्शित करनेवाली श्रुतियों में है। श्रुति निरन्तर अपूर्व वस्तु के वर्णन में ही निरत रहती हैं, इसीलिये उनका सर्वोच्च स्थान माना गया है।''

मंडन ने आचार्य की बात का मृदुता से खण्डन किया, ''हे यतिराज, भेद और अभेद प्रदर्शित करनेवाली श्रुतियों में भेदपरक श्रुतियाँ अधिक महत्त्वपूर्ण और शक्तिशालिनी हैं, क्योंकि, सभी प्रमाणों से वे ही पुष्ट की जाती हैं।''

आचार्य ने शंकर की बात का उत्तर इस प्रकार दिया, ''गृहस्थशिरोमणि, श्रुतियों के बलाबल के सम्बन्ध में आपने सम्यक् रीति से नहीं विचार किया है। उनकी महत्ता के सम्बन्ध में एक बात विचारणीय है। वह यह है कि यदि कोई श्रुति प्रमाण, अनुमान अथवा किसी अन्य तर्क एवं युक्ति से प्रमाणित की जाती है, तो उसे बलहीन मानना चाहिये। बलवती और महत्त्वपूर्ण श्रुति तो वही मानी जायेगी, जो किसी भी प्रमाण अथवा युक्ति द्वारा सिद्ध न की जा सके, क्योंकि वहाँ प्रमाणों आदि की पहुँच नहीं है। सबसे बड़ा प्रमाण तो वे ही हैं। इसलिये उन्हें वेदों का शिरोभाग माना जाता है। पदार्थों की विभिन्नता, तो जगत् में सर्वत्र दिखलायी पड़ रही है। जिस श्रुति से इस बात की सिद्धि हो, वह कमजोर मानी जायेगी। जगत् में अभेद तो कहीं दिखलायी नहीं पड़ता। प्रबल श्रुति उसी अभेद भाव का वर्णन करती है, अभेद-दृष्टि की उपलब्धि के लिये वह संकेत करती है। अतः अभेदपरक श्रुति (अर्थात् जिस श्रुति द्वारा जीव-ब्रह्म की एकता प्रदर्शित की जाये) अत्यन्त शक्तिशालिनी हैं। इस कसौटी पर कसे जाने से 'तत्त्वमसि' महावाक्य सर्वथा खरा उतरता है। इससे जीव और ब्रह्म की एकता पूर्णरूपेण सिद्ध होती है। अतः इस वाक्य का अभिप्राय जीव-ब्रह्म के बीच ऐक्य-स्थापन में है, जो प्रत्यक्ष प्रमाण, अनुमान प्रमाण, श्रुति, स्मृति अथवा किसी भी युक्ति एवं तर्क से बाधित नहीं किया जा सकता है।''

---

1. इस श्रुति का अर्थ इस प्रकार है, ''ब्रह्मवेत्तागण कहते हैं कि शरीर में बुद्धिरूपी गुहा के अन्तर्गत प्रकृष्ट ब्रह्म स्थान में प्रविष्ट हुए अपने कर्मफल को भोगने वाले छाया और धूप के समान परस्पर विलक्षण दो (तत्त्व) हैं। यही बात जिन्होंने तीन बार नाचिकेताग्नि का चयन किया है वे पंचाग्नि की उपासना करने वाले भी करते हैं।''—कठोपनिषद् 1।3।1

आचार्य शंकर की इस अकाट्य उक्ति को सुनकर मण्डन निरुत्तर होकर मौन हो गये। वे अत्यधिक विचलित हो गये। उनके शरीर से स्वेदप्रवाह चलने लगा। तुहिनपात से मुरझाये हुए कमल की तरह, उनके मुखमण्डल की कान्ति तेजविहीन हो गयी। फलस्वरूप उनके गले की माला भी मुरझा गयी। अलौकिक प्रतिभासम्पन्न आचार्य शंकर ने मीमांसक-मर्मज्ञ मण्डन मिश्र को भरी विद्वन्मण्डली में पराजित कर दिया। मीमांसा सिद्धान्त के कर्मकाण्ड पर वेदान्त मत के अद्वैतज्ञान की पूर्ण विजय स्थापित हो गयी। मीमांसाशास्त्र के पण्डितों में खलबली मच गयी। उन्हें इस बात की स्वप्न में भी आशंका नहीं थी कि पंडित-समाज के मंडनभूत मंडन की प्रतिभा किसी भी दिग्गज से दिग्गज पंडित के सम्मुख कभी क्षीण होगी। परन्तु उन्होंने आश्चर्ययुक्त नेत्रों से देखा कि माहिष्मती की जनता के सम्मुख मीमांसक मूर्धन्य मण्डन मिश्र का उन्नत मस्तक अवनत हो गया है।

मध्यस्थ उभयभारती पति के भावी संन्यास-ग्रहण के कारण बहुत खिन्न हुईं। पर उन्होंने न्याय और सत्य की मर्यादा का पूर्ण निर्वाह किया। उन्होंने भरी सभा में अपना निर्णय घोषित किया, ''मेरे पतिदेव इस शास्त्रार्थ में पराजित हो गये हैं, और आचार्यप्रवर विजयी।''

इस घोषणा के पश्चात् उभयभारती ने शंकर से विशेष बात की ओर संकेत किया, ''यतिश्रेष्ठ शंकर, प्राचीनकाल में क्रोधावेश में दुर्वासा ऋषि ने मुझे शाप दिया था। आपकी यह विजय ही उस शाप की समाप्ति की अवधि है। अतएव अब मेरा शाप समाप्त हो गया। इसलिये, हे यतिवर, अब मैं अपने धाम को जा रही हूँ।''

इतना कह कर जब वह शीघ्रतापूर्वक अपने धाम—ब्रह्मलोक को जाने लगीं, तब योगिराज ने 'नवदुर्गा' मंत्र के द्वारा उन्हें इस भूमण्डल पर बाँध रखा, क्योंकि वे उन्हें भी परास्त करना चाहते थे। वे अपनी इस अलौकिक शक्ति से सरस्वती के ऊपर अपनी विजय स्थापित नहीं करना चाहते थे, अपितु अपने अद्वैत-सिद्धान्त की सिद्धि के आकांक्षी थे। उन्होंने उभयभारती को मंत्रशक्ति से बाँध कर उनसे विनीत-भाव से कहा, ''माँ, मैं आपके स्वरूप से भलीभाँति विज्ञ हूँ। आप शिव की सहोदरा बहिन हैं तथा ब्रह्मा की धर्मपत्नी हैं। इस संसार के कल्याणार्थ आप भूमण्डल पर अवतरित हुई हैं। अत: मेरी इच्छा के अनुसार अभी कुछ दिनों तक इस संसार में रहने की अनुकम्पा कीजिये।''

उनकी प्रार्थना को उभयभारती (सरस्वती) ने स्वीकार कर लिया। शंकर सरस्वती की सहमति जानकर अत्यधिक आनन्दित हुए और मण्डन मिश्र के हृद्गत भावों को जानने के लिये उत्सुक हुए।

यतिश्रेष्ठ शंकर के युक्तियुक्त तर्कों से मंडन मिश्र परास्त तो हो गये, पर पूर्व जन्मों के संस्कारों के फलस्वरूप उनकी द्वैत के प्रति निष्ठा बनी रही। उन्होंने विनीत भाव से अपना संशय शंकराचार्य से अभिव्यक्त किया, ''यतिराज, आपने मुझे शास्त्रार्थ में पराजित कर दिया है। इसका मुझे उतना दुख नहीं है, जितना दु:ख इस बात का

कि आपने अपने अकाट्य तर्कों से त्रिकालज्ञ जैमिनि ऋषि के कर्मकाण्ड के सिद्धान्तों का खण्डन कर दिया। जैमिनि परम तपस्वी और जगत् के महान् कल्याणकारक थे। वे वेदों के प्रचार-प्रसार में निरन्तर प्रयत्नशील थे। मेरा संशय यह कि इतने महान् होते हुए भी, उन्होंने गलत सूत्रों की रचना ही क्यों की?''

जैमिनि ऋषि के सम्बन्ध में मंडन मिश्र के इस भ्रम का निराकरण करते हुए आचार्य शंकर ने मृदु स्वरों में कहा, ''मीमांसक-शिरोमणि, जैमिनि के कर्मकाण्ड के सिद्धान्त में कहीं भी संशय-विपर्यय के लिये स्थान नहीं है। अपनी अनभिज्ञता के कारण हम उनके सिद्धान्तों का वास्तविक रहस्य नहीं समझ पाते। उनके सिद्धान्त का अभिप्राय परमानन्द स्वरूप परब्रह्म का प्रतिपादन ही है। मनुष्य इन्द्रियों के विषयों में अनुरक्त रहता है। जन-साधारण विषय प्रवाह में निरन्तर बहते रहते हैं। उनकी वृत्ति विषयोन्मुखी होती है। उसी वृत्ति को मोड़ने के लिये जैमिनि ऋषि ने उनके लिये पुण्यकर्मों के सम्पादन की व्यवस्था की और उनके करने पर पूरा जोर दिया। सकाम कर्म धीरे-धीरे निष्काम कर्म का रूप धारण कर लेता है। निष्काम पुण्य करने से अन्त:करण की शुद्धि होती है। शुद्ध अन्त:करण में ब्रह्मजिज्ञासा भाव का जागरण होता है। उसी से ब्रह्मज्ञान प्राप्त होता है। इस अभिप्राय को यह श्रुति स्पष्ट करती है—

'तमेतं वेदानुवचनेन ब्राह्मणा विविदिषन्ति। यज्ञेन दानेन तपसाऽनाशकेन'।

भाव यह कि ब्रह्मजिज्ञासु साधक वेदों के अध्ययन, यज्ञ, दान तथा अनाशक तप से उस परब्रह्म को जानने की इच्छा करें।''

आचार्य शंकर की बात सुनकर मंडन मिश्र ने फिर जिज्ञासा की, ''आचार्यप्रवर, तब जैमिनि के इस सूत्र का क्या अभिप्राय है?—'आम्नायस्य क्रियार्थ-त्वादानर्थक्यमतदर्थानाम्' (जैमिनि सूत्र 1। 2। 1) कर्म का प्रतिपादन करनेवाली श्रुतियाँ ही सार्थक हैं। जो श्रुतियाँ वेद भाग यज्ञ आदि क्रिया के लिये नहीं हैं, वे निरर्थक हैं। इस सूत्र से यह स्पष्ट सिद्ध होता है कि सम्पूर्ण वेदों में कर्म के अनुष्ठान पर बल दिया गया है, ब्रह्म-प्राप्ति पर नहीं।''

आचार्य शंकर ने मंडन मिश्र के संशय का इस प्रकार समाधान किया, ''भद्र, श्रुति का अभिप्राय ब्रह्म के प्रतिपादन ही में है। परन्तु आत्मज्ञान उत्पन्न करने वाले कर्मों के प्रति भी श्रुति का ध्यान है। जैमिनि ऋषि का उपर्युक्त सूत्र कर्म के प्रकरण में है, और इसका अर्थ कर्मपरक है। ब्रह्मविद्या तो पृथक् ही विषय है। वह इससे सर्वथा भिन्न है। अत: इस सूत्र से वेदान्त वाक्यों का महत्त्व किसी प्रकार कम नहीं हो सकता।''

आचार्य शंकर के इस उत्तर से मंडन मिश्र के मन में एक दूसरी शंका ने जन्म लिया, ''जब समस्त वेद का लक्ष्य सच्चिदानन्द ब्रह्म का प्रतिपादन ही है, तब परमेश्वर से भिन्न कर्म ही फलदाता है। इस सिद्धान्त के प्रतिपादन में जैमिनि ने ईश्वर का निराकरण कैसे किया?''

यतिश्रेष्ठ शंकर ने मण्डन की शंका का समाधान करते हुए उत्तर दिया, ''पंडितप्रवर मंडन जी, कर्म का सम्पादन कोई कर्त्ता ही करता है। बिना कर्त्ता के अस्तित्व के कर्म होना असम्भव है। जगत् का निर्माण रूपी कर्म भी किसी कर्त्ता के ही अधीन है। जगत् का रचयिता सर्वज्ञ ईश्वर है। आगम वचनों के बिना भी यह अनुमान ईश्वर को सिद्ध करता है। श्रुतियाँ केवल अनुमान का अनुवाद मात्र करती हैं, यह वैशेषिकों का मत है। परन्तु शुष्क अनुमान ईश्वर-सिद्धि में पर्याप्त और सन्तोषजनक नहीं है। अनुमान द्वारा ईश्वर सिद्ध नहीं किया जा सकता। जैमिनि ने ईश्वर के सम्बन्ध में इसी भाव को अपने मन में रखा। वैशेषिक सिद्धान्त के अनुसार ईश्वर अनुमानपरक है और उसी से जगत् की उत्पत्ति, संहार आदि होते हैं। जैमिनि ने अनुमानपरक ईश्वर का अनेक तर्कों और युक्तियों से खण्डन किया है। कहने का अभिप्राय यह है कि जैमिनि ने अनुमान परक ईश्वर का खण्डन किया है, वे श्रुति-सम्मत ईश्वर का खण्डन नहीं करते। अतः मेरी दृढ़ धारणा यह है कि उपनिषदों के सिद्धान्त से जैमिनि का रंचमात्र भी विरोध नहीं है। उनके सिद्धान्त के इस गूढ़ रहस्य को न समझ कर विद्वान् लोग उन्हें अनीश्वरवादी मानते हैं। वास्तव में वे ईश्वरवादी हैं।''

इस प्रकार जैमिनि ऋषि के कर्मकाण्ड के गूढ़ रहस्य समझने पर मंडन मिश्र, उभयभारती तथा सारे सभासद अत्यधिक प्रसन्न हुए। परन्तु आचार्य शंकर के समझाने पर भी, मण्डन मिश्र की कर्मकाण्ड-सिद्धान्त के प्रति आस्था बनी रही। अतः उन्होंने शंकर के सिद्धान्त को पूर्ण रूप से समझने के लिये जैमिनि का आह्वान किया। मंत्रशक्ति के प्रभाव से वे शीघ्र ही मण्डन मिश्र के सम्मुख आ विराजे।

उन्होंने मंडन को संबोधित करते हुए कहा, ''वत्स मंडन, भाष्यकार शंकर के वचनों में सन्देह मत करो। मेरे सूत्रों का अभिप्राय ये ठीक-ठीक समझते हैं। मेरे सूत्रों के सम्बन्ध में इनकी धारणा सर्वथा समीचीन है। मेरे ही अभिप्राय को ये ठीक समझते हैं, साथ ही श्रुति और समस्त शास्त्रों के रहस्य को भी वे सम्यक् रूप में समझते हैं। ये सर्वज्ञ हैं। भूत, भविष्य तथा वर्तमान तीनों कालों के ज्ञाता हैं। कोई भी शास्त्रज्ञ इनसे बढ़कर नहीं है। मेरे गुरु, वेदव्यास की यह धारणा है कि उपनिषदों का परम लक्ष्य चिद्रूप, एकरस, अखण्ड और अद्वैत ब्रह्म का प्रतिपादन है। मैं उन्हीं वेदव्यास का शिष्य हूँ और उन्हीं से सारी विद्याएँ सीखी हैं। भला एक भी सूत्र उनके इस सिद्धान्त के विपरीत मैं कैसे रच सकता हूँ? इसलिये, हे यशस्वी मंडन, मेरे कहने से अपने सन्देह को छोड़ दो। संसार के प्रपंच-जाल में फँसे हुए व्यक्तियों के उद्धार के लिये साक्षात् शिव ही शंकर के रूप में अवतरित हुए हैं। इसलिये तुम इन्हें साधारण यति न समझकर साक्षात् शिव ही समझो। सतयुग में कपिल मुनि ने ज्ञानमार्ग की प्रतिष्ठा की। त्रेतायुग में दत्तात्रेय ने, द्वापर में वेदव्यास ने और इस कलियुग में आचार्य शंकर ने। हे सुमति मेरी आज्ञा है कि तुम इनके मत में प्रविष्ट होकर संसार-समुद्र को पार करो।''

जैमिनि के इस उपदेश से मंडन मिश्र अत्यधिक प्रसन्न और सन्तुष्ट हुए। जैमिनि शंकराचार्य को मन ही मन में प्रणाम करके अन्तर्धान हो गये।

मण्डन के द्वारा आचार्य शंकर की स्तुति

महान् मीमांसक, परम कर्मकाण्डी मंडन मिश्र ने याज्ञिकों की भरी सभा में आचार्य शंकर की स्तुति करनी प्रारम्भ की, ''हे भगवन्, अब मुझे आपके वास्तविक स्वरूप का पूर्ण बोध हो गया। आप संसार के आदि कारण हैं और समस्त उपाधियों और विशेषणों से रहित हैं। आपका स्वरूप ज्ञानमात्र है, पर अज्ञानियों के उद्धार के निमित्त इस शरीर को धारण किया है। वास्तव में आप अशरीरी हैं। हे यतिशिरोमणि, आपने उपनिषदों द्वारा निरूपित, एक अद्वितीय, अखण्ड, अनादि, अनन्त, सत्, चित, आनन्द ब्रह्म के स्वरूप की सम्यक् व्याख्या की है। 'तत्वमसि' महावाक्य का अस्त्र लेकर आपने वेद विरोधी और नास्तिक बौद्धों के सिद्धान्तों का शिरोच्छेदन किया है। यदि आप ऐसा न करते तो वैदिक धर्म रसातल में चला गया होता। सोता हुआ मनुष्य स्वप्न देखते हुए कभी-कभी यह सोचता है कि मैं जग गया हूँ, पर बात ऐसी नहीं होती। बात यह है कि स्वप्न में जगकर स्वप्न के अन्तर्गत स्वप्न देखने लगता है। इस प्रकार वह स्वप्नान्तर के अन्तर्गत ही अपने को जगा हुआ समझने लगता है। ठीक वही अवस्था द्वैतवादी भक्त की होती है। वह यह समझता है, यहाँ से शरीरान्त के बाद अन्य लोक में जायेगा और वहाँ विविध भोगों को भोगेगा, इसी को वह अपना मोक्ष समझता है। लोकान्तर-प्राप्ति मात्र को मुक्ति मान बैठना अत्यन्त हास्यास्पद है। माया और मोह से रहित आप ऐसे सामर्थ्यवान् गुरु के दास ऐसे लोगों के भ्रम पर हँसते हैं।''

''हे महान् गुरु, अविद्यारूपी राक्षसी ने समस्त ब्रह्माण्ड के स्वामी परमात्मा को निगल लिया था, आपने उसके पेट को चीर कर उसमें से परमात्मा को निकाल कर बाहर किया है। हनुमान ने लंका में राक्षसियों द्वारा घिरी सीता का उद्धार किया, तो वे अपने इस कर्म से जगत् में पूजे जाने लगे। आपने तो जिस मोक्ष का प्रतिपादन किया है, वहाँ संसार के प्रपंच समाप्त हो जाते हैं। वह मोक्ष आत्मस्वरूप की प्राप्ति है। वह सत्, चित्, आनन्द है। वहाँ द्वैतभाव का प्रवेश नहीं है। सब कुछ अद्वैत ही है। वहाँ सांसारिक दु:खों का नितान्त अभाव है। मैं आपकी अनन्त महिमा का कहाँ तक गुणगान करूँ? मैंने अज्ञानतावश, मोह और अहंकार के वशीभूत होकर न मालूम कितनी अप्रिय और कटु बातें आपको कही हैं, हे कृपासागर, उन सबको आप क्षमा करें।''

''हे शाश्वत गुरु, जगद्गुरु, श्रुतियों के अर्थ-निरूपण में कपिल, कणाद और गौतम ऐसे अमित प्रतिभाशाली ऋषियों ने भी भूलें कीं। ठीक-ठीक विवेचन करने में वे भी मोहित और भ्रमित हो गये। आप शिवरूप में अवतरित हुए हैं। आपने अज्ञानान्धकार दूर करने के लिए श्रुतियों के अर्थ की वास्तविक व्याख्या की है।

अल्पबुद्धिवाले टीकाकारों की टीकायें विषधर सर्पों के समान हैं। उनके दशन से श्रुतियाँ जर्जर हो गयी थीं। आपने अपने वचन रूपी सुधा की वृष्टि करके उनमें नवीन प्राण का संचार कर दिया। आत्मा में विश्वास और निष्ठा रखने वाले साधक अब उनके आनन्द-समुद्र में निमज्जित होते रहेंगे। हे स्वामिन्, मैंने आपका स्वरूप भलीभाँति पहचान लिया है। अतएव मैंने अपने पुत्र, स्त्री, घर, धन, गृहस्थाश्रम, कर्तव्य कर्म, मान-प्रतिष्ठा सब को तिलांजलि देकर आपके चरणकमलों की शरण ग्रहण की है। मैं आपका दास हूँ, कृपया ब्रह्मतत्त्व का उपदेश कीजिए।''

■

दस

उभयभारती से शास्त्रार्थ

बुद्धिमान् मंडन मिश्र ने विनीत और मधुर भाव से आचार्य के गुणों का वर्णन किया और उनकी स्तुति की। जितेन्द्रिय शंकर मंडन मिश्र के ऊपर बहुत प्रसन्न हुए। उन्होंने अपनी कृपामयी दृष्टि मंडन मिश्र की सहधर्मिणी पर डाली। उभयभारती ने आचार्य के मनोभाव को समझते हुए कहा, ''हे यतिवर, मैं आपके भाव को भलीभाँति समझ रही हूँ। मैंने शास्त्रार्थवाली घटना को एक तपस्वी के मुख से अपने बचपन में ही सुन ली थी। अब आप तथा सभा के अन्य व्यक्ति इसे ध्यान से सुनें। एक बार मैं अपनी माता के साथ घर में बैठी थी, इतने ही में एक महा तेजस्वी तपस्वी का आगमन हुआ। उनके काले-काले घुँघराले बाल थे, जो श्यामल मेघों के सदृश थे। उनके समस्त अंगों में विभूति पुती थी, हाथ में योगदंड लिये थे। मेरी माता ने उनकी बड़ी आवभगत की। बैठने के लिए सुन्दर आसन दिया। आतिथ्यसत्कार कर लेने के पश्चात् माता ने बड़े आदरभाव से विनीत शब्दों में उनसे मेरे भविष्य के सम्बन्ध में पूछा, 'हे महात्मन्, मैं अपनी पुत्री के भविष्य के सम्बन्ध में जानने को बहुत उत्कण्ठित हूँ। आप ऐसे योगिराज को भूत, भविष्य और वर्तमान की सब कुछ जानकारी अवश्य होगी। आप ऐसे महापुरुष भक्तों पर कृपा करके भविष्य की सारी अदृश्य बातें बता सकते हैं। मेरी पुत्री की आयु कितनी होगी? इसे कैसा पति मिलेगा? कितने बच्चे होंगे? क्या इसका जीवन सुखमय और धनधान्य से परिपूर्ण रहेगा? क्या यह यज्ञानुष्ठान आदि कर्मों का सम्पादन करेगी?' मेरी माता के इन प्रश्नों के पूछने पर तपस्वी कुछ देर के लिए ध्यानस्थ हो गये और उन्होंने अपनी आँखें मूँद लीं। तत्पश्चात् उन्होंने मेरे भूत और भविष्य से सम्बन्धित अनेक महत्त्वपूर्ण घटनाओं का उद्‌घाटन किया, 'हे देवी, भूतल पर वैदिक धर्म के उच्छिन्न हो जाने पर स्वयं ब्रह्मा वेदमार्ग के उद्धार के निमित्त मंडन मिश्र के रूप में अवतरित होंगे। जिस प्रकार लक्ष्मी जी भगवान् विष्णु की और पार्वती जी आशुतोष शंकर की सहधर्मिणी हुईं, उसी प्रकार तुम्हारी पुत्री महापंडित मंडन मिश्र की पत्नी बनेगी। पति के साथ यह अनेक यज्ञों का अनुष्ठान करेगी। अनेक पुत्रों की माता बनेगी और सुखमय जीवन व्यतीत करेगी। इसके पश्चात् इस संसार में दुष्ट मतों द्वारा नष्ट हुए उपनिषद्-सिद्धान्त तथा अद्वैतमार्ग को स्थिर करने के लिये स्वयं महादेव भगवान् आचार्य शंकर के रूप में अवतरित होंगे। उन यतिवेशधारी शंकर के साथ तुम्हारी कन्या के पति, मंडन मिश्र का प्रसिद्ध शास्त्रार्थ होगा। उस शास्त्रार्थ में तुम्हारी कन्या

के पति पराजित होंगे। इसके पश्चात् वे गृहस्थ धर्म का परित्याग कर सर्वशरणदाता आचार्य शंकर की शरण में जाकर संन्यास ग्रहण करेंगे।' इतना कहने के बाद वे तपस्वी चले गये। हे विद्वन्, तपस्वी की कही हुई वाणी अक्षरश: सत्य घटित हुई है। अत: मेरे पतिदेव का संन्यास ग्रहण करना भी सुनिश्चित है।''

''परन्तु, हे विद्वन्, मेरे पति की पराजय अभी सम्पूर्ण नहीं हुई है, वह अभी अधूरी है। शास्त्र में 'आत्मनोऽर्धं पत्नी', अर्थात् पत्नी को पति की अर्द्धांगिनी माना गया है। मुझे पराजित कर ही आप मेरे पति को शिष्य बना सकते हैं। मैं पूर्णरूपेण यह जानती हूँ कि आप सर्वज्ञ हैं, तथापि मेरी इच्छा है कि मैं आपसे शास्त्रार्थ करूँ।''

शंकराचार्य इस प्रकार की अप्रत्याशित स्थिति के लिये तैयार नहीं थे। उन्होंने थोड़ी देर मौन रह कर कहा, ''हे यशस्विनी, आपका मन मेरे साथ शास्त्रार्थ करने को उत्कण्ठित हो रहा है, पर यह उचित नहीं प्रतीत होता। आप महिला हैं। यशस्वी पंडितगण स्त्री के साथ वाद-विवाद करना उचित नहीं मानते।''

आचार्य शंकर के इस उत्तर को सुनकर उभयभारती ने उत्तेजित स्वर में कहा, ''हे भगवन्, आप स्त्री को तुच्छ क्यों समझते हैं? आपके सिद्धान्त को जो चुनौती देता है, उसके खण्डन करने का प्रयास करता है, वह चाहे पुरुष हो अथवा स्त्री, उसके साथ शास्त्रार्थ करना सर्वथा समीचीन है। आप हमारे यहाँ के प्राचीन दृष्टान्त पर ही दृष्टि डालिए। क्या महर्षि याज्ञवल्क्य ने गार्गी के साथ शास्त्रार्थ नहीं किया था? राजर्षि जनक ने सुलभा नामक नारी के साथ शास्त्रार्थ किया था। इन दृष्टान्तों से विज्ञजन भलीभाँति परिचित हैं। क्या स्त्री के साथ शास्त्रार्थ करने में उनकी कीर्ति में किसी भी प्रकार की आँच आयी? अत: आप मेरे साथ शास्त्रार्थ क्यों न कीजियेगा, विशेषतया तब, जब मैं आपसे शास्त्रार्थ की प्रार्थना करती हूँ? यदि आप शास्त्रार्थ में प्रवृत्त नहीं होना चाहते, तो पराजय स्वीकार कीजिये।''

उभयभारती की स्पर्द्धापूर्ण चुनौती सुनकर आचार्य ने उनसे शास्त्रार्थ करने की स्वीकृति दे दी। दोनों पक्षों का विचार प्रारम्भ हुआ। उभयभारती ने अपने पति के पक्ष को ग्रहण किया और उसी को आधार मानकर शास्त्रार्थ में प्रवृत्त हुईं। अपूर्व और विलक्षण समारोह था। वादिनी थीं भारत की सर्वशास्त्र विशारदा उभयभारती और प्रतिवादी थे आशुतोष शिव के अवतार शंकर। पंडितों, विद्वानों और शास्त्रमर्मज्ञों के लिये यह शास्त्रार्थ नितान्त कौतूहल का विषय था। उन्होंने उभयभारती के पांडित्य के सम्बन्ध में बहुत कुछ सुन रखा था। उनकी विद्वत्ता की अनेक गाथाएँ भी सुनी थीं। इस स्वर्ण अवसर को पाकर उनके हर्ष का ठिकाना न रहा। दोनों के बीच अनेक शास्त्रों के रहस्यों, तथ्यों और भावों के सम्बन्ध में विवाद होने लगा। विचार उत्तरोत्तर गुरुतर होने लगा। उभयभारती ने सूक्ष्मातिसूक्ष्म और गूढ़ातिगूढ़ प्रश्नों की झड़ी लगा दी। उनकी विचार शैली, अगाध पाण्डित्य और विश्लेषणशक्ति से आचार्य शंकर विस्मित हो गये। वे और अधिक सतर्क होकर उत्तर देने लगे। इस शास्त्रार्थ में जगत् का कोई भी शास्त्र अछूता न बचा। निरन्तर सत्रह दिनों तक यह शास्त्रार्थ चलता रहा।

अर्थशास्त्र, धर्मशास्त्र, मोक्षशास्त्र, सभी विषयों का इस शास्त्रार्थ में समावेश हो गया। ऐसा प्रतीत होता था कि इसका कभी अन्त ही नहीं होगा। समवेत विद्वन्मण्डली उभयभारती के अगाध शास्त्रज्ञान, और असाधारण विचारशक्ति का परिचय पाकर आश्चर्य-चकित रह गयी। परन्तु शंकराचार्य अडिग हिमालय की भाँति अपने पक्ष पर डटे रहे।

उभयभारती ने मन ही मन समझ लिया कि सर्वज्ञ शंकर को वेदों और शास्त्रों में पराजित करना असम्भव है, क्योंकि वे अनादि सिद्ध हैं। अठारहवें दिन एक अनोखी और अप्रत्याशित परिस्थिति उत्पन्न हुई। उन्होंने पहले से सोच रखा था, ''आचार्य शंकर ने तो बाल्यावस्था से ही संन्यास ग्रहण कर लिया है और संन्यास-धर्म के कठोर नियमों का दृढ़तापूर्वक पालन किया है। निश्चित ही वे कामशास्त्र से अनभिज्ञ हैं। विरक्त, त्यागी, संन्यासी होने के कारण इनकी बुद्धि कामशास्त्र में किस प्रकार प्रविष्ट हुई होगी? कामशास्त्र ही इनके पांडित्य का दुर्बल पक्ष है। अत: उनके इस दुर्बल पक्ष का लाभ उठाना चाहिये।''

यह विचार कर उभयभारती ने आचार्य शंकर से कामशास्त्र के सम्बन्ध में विलक्षण प्रश्नों की झड़ी लगा दी, ''भगवन्, काम की कलाएँ कितनी हैं? उनका स्वरूप क्या है? शरीर के किन-किन अंगों में इसका निवास रहता है? शुक्लपक्ष और कृष्णपक्ष में इनकी स्थिति एक समान रहती है अथवा भिन्न-भिन्न हुआ करती है? किन-किन क्रियाओं से कामकला का आविर्भाव और तिरोभाव होता है? नारी किस प्रकार पुरुष के ऊपर कामकला का विस्तार करती है?''

इन प्रश्नों को सुनकर शंकराचार्य बहुत देर तक सिर झुका कर बैठे रहे और सोचते रहे, ''मैं बड़े धर्मसंकट में पड़ गया हूँ। यदि इन प्रश्नों का उत्तर नहीं देता हूँ, तो मुझ पर अल्पज्ञाता का दोष लगेगा और यदि इनका उत्तर देता हूँ, तो संन्यास धर्म का विनाश होता है।''

ऐसा विचार कर उन्होंने उभयभारती से कहा, ''हे माता, आप शास्त्रीय प्रश्न पूछें, मैं उनका यथोचित उत्तर दूँगा। संन्यासी से इस प्रकार के प्रश्न क्यों पूछ रही हैं?''

उभयभारती ने उत्तर दिया, ''क्यों यतिवर, कामशास्त्र क्या शास्त्र नहीं है? सर्वत्यागी संन्यासी होकर भी तो आप विजिगीषा छोड़ नहीं सके। जो अपौरुषेय वेद का तात्पर्य जानते हैं, वे तो सर्वज्ञ हैं। यदि आप सिद्ध संन्यासी हों, तो आप जितेन्द्रिय हैं। अत: कामशास्त्र की चर्चा में आपको चित्तविकार क्यों होगा?''

आचार्य शंकर उभयभारती के तर्क सुनकर किंकर्तव्यविमूढ़ हो गये। पत्नी के ऐसे अशोभनीय प्रश्नों से मण्डन मिश्र विचलित और लज्जित हो गये। उन्होंने कहा, 'देवि, संन्यासी से इस प्रकार के प्रश्न करना, तुम्हारे लिये शोभनीय नहीं है। तुम संन्यासी को इस प्रकार लांछित मत करो।''

उभयभारती ने स्वाभिमान के साथ कहा, ''आत्मसाक्षात्कार और ब्रह्मज्ञान होने पर काम, क्रोध आदि विकारों पर पूर्ण विजय हो जाती है। कामशास्त्र की आलोचना

से यदि इनके चित्त में विकार उत्पन्न होता है, तो मैं तो यही समझूँगी कि ये अभी ब्रह्मज्ञान में पूर्ण स्थित नहीं हुए हैं और आपके गुरु होने के योग्य नहीं हैं।''

पत्नी की बात सुनकर मण्डन मिश्र मौन हो गये। किन्तु आचार्य शंकर ने हँसते हुए कहा, ''माता, आपके प्रश्नों के यथोचित उत्तर के लिये मैं एक मास का समय माँगता हूँ। मैं संन्यासी हूँ। मैं इस मुख से आपके प्रश्नों का उत्तर नहीं दूँगा। संन्यासी के लिये मनसा, वाचा, कर्मणा काम का त्याग करना शास्त्रीय अनुशासन है, त्रिगुणातीत ब्रह्मज्ञानी को भी लोक कल्याण के निमित्त व्यावहारिक क्षेत्र में शास्त्र की मर्यादा सुरक्षित रखने का नियम है। यदि मैं उस नियम के पालन करने में शिथिलता बरतूँ, तो संन्यास-धर्म निन्दनीय माना जायेगा। अत: मैं अपने योगबल से किसी अन्य शरीर में प्रविष्ट होकर आपके प्रश्नों का लिखित उत्तर दूँगा। उसमें आपको आपत्ति नहीं होनी चाहिये।''

उभयभारती ने कहा, ''यतिशिरोमणि, मैं आपसे यह पूछना चाहती हूँ कि यदि किसी अन्य शरीर में प्रविष्ट होकर कामकला सीखें, तो क्या कामवासना के कारण आप संन्यास-धर्म से पथभ्रष्ट नहीं हो जायेंगे?''

आचार्य ने शान्त और निर्लिप्त भाव से उत्तर दिया, ''हे देवि, आपके मुख से ऐसी बात शोभा नहीं देती। पूर्व जन्म का चाण्डाल अगले जन्म में ब्राह्मण-वंश में उत्पन्न हो, तो क्या उसके ब्राह्मणत्व पर किसी प्रकार की आँच आयेगी?''

उभयभारती ने अपने कथन की असंगति तुरन्त समझ ली और वे बोलीं, ''अच्छा, तो आपकी इच्छा के अनुसार मैं आपको एक मास की अवधि दे रही हूँ।''

इसके उपरान्त सभा विसर्जित हुई।

योगिराज शंकर अपने विद्वान् शिष्यों के साथ योगबल से आकाश में भ्रमण करने लगे। संयोगवश उन्होंने एक मृतक राजा को देखा। उस राजा का नाम अमरुक था। वह शिकार खेलने गया था। दुर्भाग्यवश उसकी मृत्यु हो गई। अनेक रानियाँ और राजपुरुष राजा की मृत्यु पर शोक प्रकट कर आर्तनाद कर रहे थे। दैव का ऐसा विधान देखकर आचार्य ने कहा, ''देखो पद्मपाद विधाता का कैसा विधान है, कैसा सुवर्ण-संयोग उपस्थित है। मैं इस राजा के शरीर में प्रवेश कर कामकला का अध्ययन करूँगा। तुम लोग शीघ्रातिशीघ्र किसी सुनसान गुफा का पता लगाओ।''

आचार्य के ऐसा कहने पर यतिश्रेष्ठ सनन्दन ने कहा, ''हे सर्वज्ञ, आपसे कोई भी विषय अज्ञात नहीं है। परन्तु ऐसी क्रिया यतिधर्म के विरुद्ध है। यदि आप ऐसे निस्पृह, त्यागी व्यक्ति ऐसा आचरण करेंगे, तो सामान्य जन की क्या दशा होगी? यति और सर्वत्यागी के लिए इस प्रकार आचरण निन्दनीय है। कहाँ तो हमारा यह अनुपम संन्यास-व्रत और कहाँ यह गर्हित और निन्दनीय कामशास्त्र। आप यदि कामशास्त्र की चर्चा करें, तो जगत् में बड़ी अव्यवस्था फैल जायेगी। भूमण्डल पर तो संन्यास-धर्म पहले से ही क्षीण और शिथिल हो रहा है। आपके सत्य संकल्प से

उसमें दृढ़ता आयेगी परन्तु आप भी अपने सत्यव्रत और संकल्प से च्युत हो रहे हैं। अतः मेरी दृष्टि में यह परकाय प्रवेश नितान्त अनुचित प्रतीत हो रहा है। मैं आपमें अत्यधिक श्रद्धा और भक्ति रखता हूँ। भक्ति के वशीभूत होने के कारण ये उद्‌गार मेरे मुख से निकल रहे हैं। अतः आप इसे अन्यथा न समझियेगा।''

आचार्य शंकर ने अपने सुयोग्य और परम त्यागी शिष्य, पद्‌मपाद के वचनों को बड़े ध्यान से सुना। तत्पश्चात् उन्होंने पद्‌मपाद को समझाना प्रारम्भ किया, ''हे त्यागी पद्‌मपाद, तुम्हारे वचन सद्‌भाव से प्रेरित हैं, ये अत्यन्त श्लाघनीय हैं और तुम्हारे ही योग्य हैं। हे सौम्य, अब मैं परमार्थ के वचन कहकर तुम्हारी चिन्ता का परिहार करता हूँ। तुम मेरी बातों को ध्यान से सुनो। तुम्हारे वचन सर्वथा शास्त्र-सम्मत हैं। पर इस तथ्य के केवल बाह्य स्वरूप पर ही तुम्हारी दृष्टि पहुँची है। इसके आन्तरिक स्वरूप को तुम नहीं समझ सके हो। तुम जानते नहीं हो कि समस्त इच्छाओं के मूल में मनुष्य का संकल्प स्थित रहता है। संकल्प ही बन्धन और मोक्ष का कारण होता है। संकल्पविहीन महापुरुष समस्त बन्धनों से मुक्त हो जाता है।''

''शास्त्र के विधिविधान अज्ञानी जड़बुद्धिवाले व्यक्तियों के लिए बनाये गये हैं। जो व्यक्ति अनात्म शरीर में ही अभिमान करके उसी को सब कुछ समझ बैठा है, वह अज्ञानी है, तत्त्वविहीन और अनात्मवादी है। ऐसे व्यक्ति के ऊपर शास्त्र के अनुशासन और विधिविधान लागू होते हैं।''

''जो व्यक्ति उपनिषदों के महावाक्यों में पूर्ण रूप से प्रतिष्ठित है, वह चारों आश्रमों और चारों वर्णों के विधि-विधानों से विनिर्मुक्त हो जाता है। वह 'तत्त्वमसि' आदि महावाक्यों के आन्तरिक रस का निरन्तर आस्वादन करता रहता है। वह नित्य, अविनाशी, अद्वैत, अखण्ड, सत्, चित्, आनन्द ब्रह्म में निमग्न रहता है। उसके लिए शास्त्र के विधि-विधान नहीं हैं। वह इनके पाश में नहीं बाँधा जा सकता है।''

''जैसे मृत्तिका से उत्पन्न घट आदि मृत्तिका से भिन्न नहीं हैं, वैसे ही परमात्मा से उत्पन्न हुआ विश्व, उससे भिन्न नहीं है। विश्व की पृथक सत्ता नहीं है। अधिष्ठान से भिन्न कल्पित वस्तु की सत्ता नहीं होती। जिस महापुरुष को यह बोध हो गया कि सम्पूर्ण जगत् मिथ्या है, वह कर्मफलों में लिप्त नहीं होता। जैसे स्वप्न में किये गये पाप-पुण्यों का फल नहीं होता, उसी प्रकार जगत् के प्रति मिथ्यात्व बुद्धि हो जाने के कारण ब्रह्मज्ञानी को पापपुण्यों के फल स्पर्श तक नहीं कर सकते। ब्रह्मज्ञानी चाहे सौ अश्वमेध यज्ञों का सम्पादन करे, चाहे अगणित ब्राह्मणों की हत्या करे, तो भी वह सुकृत और दुष्कृत से अछूता रहता है, क्योंकि उसकी कर्तृत्व बुद्धि नष्ट हो जाती है।''

''जनक ने अनेक बहुदक्षिणायुक्त यज्ञों से देवाराधन किया और असंख्य धन से ब्राह्मणों को परितुष्ट किया, तो भी उन्होंने अभय परमात्म-पद को प्राप्त किया। शुभ कर्म भोगने के लिये उन्हें शरीर नहीं धारण करना पड़ा। काण्व श्रुति से यह पूर्णतया

प्रमाणित होता है। ब्रह्मज्ञानी संकल्प-विहीन इन्द्र ने त्वष्टा के पुत्र त्रिशिरा विश्वरूप का संहार किया, पर इस पाप कर्म से उनका एक बाल भी बाँका न हुआ। यह ऋग्वेद का दृष्टान्त है। ब्रह्मवेत्ता आत्मज्ञानी पुरुष की तो यही महिमा है। संकल्पनाश का प्रभाव यही है। संकल्पविहीन महापुरुष को पाप-पुण्यों के फल स्पर्श तक नहीं कर सकते।''

''हे सौम्य पद्मपाद, मैं नितान्त वासनाहीन हूँ। मेरे हृदय में कामवासना का लेश भी नहीं है। इस शरीर से कामशास्त्र का परिशीलन करने पर भी, मैं सर्वथा दोषविहीन और पापविहीन रहूँगा। फिर भी लोकमर्यादा पालन करने के निमित्त मैं इस शरीर से नहीं, बल्कि परकायप्रवेश द्वारा कामकला सीखूँगा। अत: इस काम से मुझे विरक्त मत करो, बल्कि सहायता देकर इस अनुष्ठान को सुगम बनाकर पूर्ण करो।''

पद्मपाद को ऐसा उपदेश देकर आचार्य दुर्गम पर्वत के शिखर पर चढ़ कर बोले, ''हे प्रिय शिष्यो, यह देखो! यह रमणीक गुफा दिखलायी पड़ रही है। इसके आगे एक विशाल शिला स्थित है। उसके समीप ही यह घाटी है। यह घाटी स्वच्छ जल एवं फल-फूलों से परिपूर्ण है। तुम लोग यहीं पर रहो और मेरे शरीर की सावधानी से रक्षा करो। मैं राजा के शरीर में प्रविष्ट होकर कामकला का अनुभव करने जा रहा हूँ।''

शिष्यों को इस प्रकार सावधान कर यतिप्रवर आचार्य शंकर ने उस गुफा में अपना भौतिक शरीर स्थापित किया। उन्होंने लिंग शरीर का आश्रय लेकर प्रबल योगशक्ति से राजा अमरुक के शरीर में प्रवेश किया। सत्रह तत्त्वों से युक्त शरीर को लिंग शरीर अथवा सूक्ष्म शरीर कहा जाता है। वे सत्रह तत्त्व इस प्रकार हैं—पंच ज्ञानेन्द्रिय, पंच कर्मेन्द्रिय, पंच प्राण, मन तथा बुद्धि। इसे आतिवाहिक शरीर भी कहा जाता है।

एकाग्रबुद्धि योगिराज ने अपने प्राणों को अँगूठे से ले जाकर गुदा, नाभि, हृदय आदि स्थानों में स्थित करते हुए ब्रह्मरन्ध में पूर्ण रूप से प्रतिष्ठित किया। तत्पश्चात् राजा अमरुक के शरीर में ब्रह्मरन्ध्र मार्ग से प्रविष्ट होकर उत्तरोत्तर सभी अंगों में प्रविष्ट हो गये। आचार्य शंकर के प्राणों के प्रवेश से मृत राजा अमरुक के शरीर में नवीन प्राण संचार हो गया। उसके अंग-प्रत्यंग में प्राणवायु का समावेश हो गया। उसने धीरे-धीरे अपनी आँखें खोल दीं। कुछ देर में उठ खड़ा हुआ। परन्तु उसके जीवित होने के रहस्य को कोई भी नहीं जान सका। अमरुक को जीवित अवस्था में देखकर, रानियाँ और मन्त्रीगण अत्यधिक आह्लादित हुए। राजा के जीवित होने की खुशी में मंगलवाद्य बजाये जाने लगे। उनकी ध्वनि से समस्त दिशाएँ गूँज उठीं।

■

ग्यारह

शंकर का कामकला-अध्ययन

राजा के पुनः जीवित होने की खुशी में उसके कल्याण के निमित्त मंत्रियों ने पुरोहित द्वारा शास्त्रविहित मांगलिक कृत्य सम्पादित कराये। राजा ने सुन्दर और विशाल गज पर सवार होकर राजधानी में प्रवेश किया। नगर में पहुँच कर उसने दुखी प्रजा को सान्त्वना दी। वह इन्द्र के समान शासन करने लगा। अधीनस्थ राजागण उसका शासन आदरपूर्वक मानने लगे। उसने अपने सुयोग्य मंत्रियों के साथ पृथ्वी का इस प्रकार पालन किया, जिस प्रकार इन्द्र स्वर्ग का पालन करते हैं। राजा ने मंत्रियों तथा अन्य राजकर्मचारियों को लेकर पूरे राज्य का परिभ्रमण और निरीक्षण किया। उसके राज्य की सुचारु व्यवस्था से प्रजा अत्यधिक सन्तुष्ट हुई। राजा की कुशल राज्यशासनपटुता, कर्त्तव्यपरायणता, प्रजावत्सलता, उदारता तथा अन्य दिव्य गुणों को देखकर मंत्रियों के मन में यह सन्देह उत्पन्न हुआ कि मृत राजा अमरुक के शरीर में किसी दिव्य महान् आत्मा का प्रवेश हुआ है, इसी से उसमें इतनी विलक्षणता आ गयी है। उन मंत्रियों ने आपस में गुप्त मंत्रणा की और राजा के सम्बन्ध में यह कहा, ''राजा अब ययाति के समान याचकों को धन देता है, बृहस्पति के समान नीतियुक्त वचन बोलता है, अर्जुन के समान शत्रुओं को पराजित करता है और भगवान् शंकर के समान सभी के मन की बात जानता है। दान, शौर्य, पौरुष, धैर्य आदि दुर्लभ गुणों से युक्त यह राजा साक्षात् परमात्मा के समान प्रतीत होता है। इसके अलौकिक प्रताप से वृक्ष बिना ऋतु के फूल-फल के भार से लद गये हैं। गायें अधिक दूध देने लगी हैं। पृथ्वी पर अभीष्ट वृष्टि होने से अन्न की पर्याप्त वृद्धि हो रही है। राजा के प्रभाव से सारी प्रजा धर्मपालन में अनुरक्त है और इस कलियुग में त्रेता युग लौट आया है। इससे यह स्पष्ट प्रतीत होता है कि कोई सर्वगुण सम्पन्न ऐश्वर्यवान् पुरुष राजा के शरीर में प्रविष्ट होकर पृथ्वी का पालन कर रहा है। यह पुरुष सद्गुणों का समुद्र है। अतः अब हमें ऐसी युक्ति करनी चाहिये, जिससे यह अपने पूर्व त्यक्त शरीर में फिर वापस लौटने न पाये।''

ऐसी मंत्रणा करके मंत्रियों ने निश्चय कर राज्यकर्मचारियों को यह आज्ञा दी, ''देखो, जहाँ भी मृतक शरीर प्राप्त हो, उसे अति शीघ्र जला दिया जाये। उसमें तनिक भी विलम्ब न होने पाये।''

इधर राजा ने अपनी मेधाशक्ति और बुद्धिकौशल से आन्तरिक एवं बाह्य परिस्थितियों पर पूर्ण नियंत्रण कर राज्य में अपूर्व शान्ति स्थापित कर दी। राजा का

यह परम धर्म है कि अपनी प्रजा की सुरक्षा, सुख-समृद्धि और प्रसन्नता के लिये समुचित व्यवस्था करे। इस प्रकार राजा ने शासन की बागडोर विश्वस्त और सुयोग्य मंत्रियों को सौंप दी। स्वयं चिन्तारहित और निश्चिन्त होकर राजा ने अन्तःपुर में प्रवेश किया। वह विलासिनी और सुन्दर रमणियों के बीच समय व्यतीत करने लगा। उसने वात्स्यायन के कामशास्त्र का विधिवत् अध्ययन किया। इस प्रकार समय बीतने लगा।

दूसरी ओर आचार्य शंकर की शिष्यमण्डली उनके निष्प्राण शरीर की रक्षा में तन और मन से जुटी थी। उन्हें चिन्ता होने लगी कि एक महीने की अवधि बीत गई, बल्कि पाँच दिन और अधिक हो गये, परन्तु कृपालु गुरु ने अब तक अपने शरीर में प्राणप्रतिष्ठा नहीं की। ऐसी स्थिति में क्या किया जाये, उनका कहाँ पता लगाया जाये? उनका ठीक-ठीक पता किस प्रकार लगेगा? वे अन्य शरीर में छिपे हुए हैं, इसकी जानकारी कैसे प्राप्त होगी?

अपने मित्रों की इस चिन्ता को देखकर यतिश्रेष्ठ पद्मपाद बोले, "क्या आप लोगों को नहीं ज्ञात है कि उत्साही व्यक्ति अपने प्रयत्न से अलभ्य से अलभ्य वस्तु प्राप्त कर लेता है? विघ्नों के बारम्बार उपस्थित होने पर, उत्साही देवताओं ने अलभ्य अमृत की उपलब्धि कर ली। हमारे कृपालु गुरुदेव अन्य शरीर में छिपे हुए हैं और उनका पता लगाना कठिन है। परन्तु वे अपने दिव्य गुणों के प्रकाश और प्रभाव से उसी प्रकार छिप नहीं सकते, जैसे राहुग्रस्त चन्द्रमा अपने प्रकाश से छिप नहीं सकता। हमारे गुरुदेव परम संयमी और कामहीन हैं, परन्तु कामकला की जानकारी के लिये किसी राजा के शरीर में छिपे हुए हैं। वे दिव्य पुरुष और आप्तकाम हैं। उन्होंने जिस भू-भाग को अपने चरणकमलों से सुशोभित किया होगा, वह भूभाग त्रिविध तापों—आधिभौतिक, आधिदैविक और आध्यात्मिक—से विनिर्मुक्त होगा। वहाँ की वसुन्धरा, सुख, शान्ति और समृद्धि से परिपूर्ण होगी। वहाँ की प्रजा अत्यधिक प्रसन्न, संतुष्ट और अपने धर्माचरण में अनुरक्त होगी। हमें आलस्य छोड़कर उन्हें खोज निकालना चाहिये।"

पद्मपाद की यह बात सुनकर उनके सभी गुरुभाई बहुत प्रसन्न हुए। कुछ शिष्य आचार्य शंकर के निष्प्राण शरीर की रक्षा में लग गये, बाकी सब उनकी खोज में निकले। उन्होंने अनेक राज्यों में भ्रमण किया और अनेक पर्वतों, वनों और नगरों को देखा, पर आचार्य की उपस्थिति का कहीं पता न चला। आखिरकार वे अमरुक की रमणीक और ऐश्वर्ययुक्त राजधानी में पहुँचे। वहाँ उन्हें यह बात ज्ञात हुई कि यहाँ के राजा मर कर पुनः जीवित हुए हैं। जब से जीवित हुए हैं तब से राज्य की सारी विघ्न-बाधाएँ स्वतः समाप्त हो गयी हैं। राजा ने इतनी सुन्दर राज्यव्यवस्था स्थापित कर दी है, जितनी कुशलता से इन्द्र स्वर्गलोक की शासन व्यवस्था सँभालते हैं। इस बात को सुनकर सबकी यह पक्की धारणा बन गयी कि निश्चित ही अमरुक राजा के शरीर में हमारे गुरुदेव प्रविष्ट हुए हैं। उन्हें यह भी जानकारी प्राप्त हुई कि राजा

सुन्दर रमणियों तथा संगीत और गायन के अति प्रेमी हैं।

शिष्यों ने आचार्य तक पहुँचने के लिये गायकों का वेश धारण किया। उन्होंने कहा, ''संगीत पर हमारा पूर्ण अधिकार है। राजा हम लोगों से संगीत सुनकर बहुत प्रसन्न होंगे।'' ऐसा बहाना बनाकर वे राजमहल में प्रविष्ट हुए। राजा अपने संगीत भवन में बैठे थे। वे सुन्दर रमणियों के बीच इस प्रकार सुशोभित हो रहे थे, जिस प्रकार ताराओं के बीच पूर्णमासी का चन्द्रमा सुशोभित होता है। राजा के पीछे कुछ सुन्दरियाँ चँवर डुला रही थीं। उनकी किंकणियों से मधुर ध्वनि निकल रही थी। कुछ रमणियाँ मधुर राग अलाप रही थीं, उनकी रसीली ध्वनि समस्त संगीतभवन में गूँज रही थी। कुछ सुवर्णनिर्मित एवं रत्नजटित राज्यक्षत्र ताने खड़ी थीं। राजा का रत्नजटित किरीट चमचम चमक रहा था। राजा प्रभुत्व और तेजस्विता में इन्द्र के समान लग रहा था और सौन्दर्य में साक्षात् कामदेव।

गायक वेश में शिष्यों के राजमहल में प्रविष्ट होने पर, राजा ने संकेत से उन्हें बैठ जाने को कहा। कुछ देर के बाद राजा ने उन्हें गाना गाने का आदेश दिया। उन्होंने संगीतशास्त्र के सभी नियमों का निर्वाह करते हुए अत्यन्त सुरीला गाना गाया।

गाने का भाव ऐसा था, ''ऐ मधुप, हमलोग आपकी ही मधुमक्षिकाएँ हैं। आप हमलोगों को छोड़कर यहाँ चले आये हैं। हम सब पर्वत-शिखर की गुफा में आपके शरीर की रक्षा कर रहे हैं और बड़ी उत्सुकता से आपके लौटने की उत्कट प्रतीक्षा कर रहे हैं। भगवान् की अनुकम्पा से अब हमारी चिन्ता समाप्त हो गयी है। कामकला के अध्ययन के लिये आप यहाँ निवास कर रहे हैं। आपको विदित हो कि आपने अपने शरीर को गुहा में निष्प्राण छोड़ दिया है। हे पवित्रात्मा, हमलोगों ने सभी प्रकार की साधनाओं का परित्याग कर आपके चरणकमलों में शरण ली। यहाँ तक कि वाराणसी में हम लोगों ने शिवोपासना तक को छोड़ दिया। हमें पूर्ण विश्वास था कि आपकी छत्रछाया हमलोगों पर सदैव बनी रहेगी, पर बड़े दुःख की बात है कि हमलोग उससे वंचित कर दिये गये। हे चन्द्रवदन यती, यह कितने आश्चर्य की बात कि पहचान लिये जाने के पश्चात् भी आप यहाँ रुके हुए हैं? क्या आप अपने पूर्व वृत्तान्तों को एकदम भूल गये हैं? हे कामविजयी, क्या हमारे गीत से आप अपने पूर्व चरित का स्मरण करेंगे?''

इसके पश्चात् पद्मपाद अपने गायन में अद्वैत दर्शन की ऊँची बातें कहने लगे, ''उपनिषद् 'नेति नेति' वाक्यों से मूर्त (स्थूल) और अमूर्त (सूक्ष्म) समस्त पदार्थों का भलीभाँति निषेध कर, उसे इस जगत् का अधिष्ठान बतलाते हैं। अब प्राणियों का आत्मरूप होने के कारण उस अधिष्ठान का निषेध कभी भी नहीं किया जा सकता। जो व्यक्ति ब्रह्म का निषेध भी करता है, तो उस निषेध का भी साक्षी कोई न कोई अवश्य होता है। सर्वाधिष्ठान और सर्वसाक्षी रूप से वही परमात्मतत्त्व सर्वत्र प्रकाशित हो रहा है। विद्वान् लोग जिस आत्मस्वरूप को जानते हैं, वह तत्त्व आप ही हैं।''

''बुद्धिमान लोग धान कूटकर चावल को भूसी से पृथक् कर लेते हैं। परब्रह्म का साक्षात्कार भी इसी रीति से किया जाता है। ब्रह्म आकाश आदि भूतों को उत्पन्न कर उनके अन्तर्गत प्रविष्ट हो गया। अन्नमय, प्राणमय, मनोमय, विज्ञानमय और आनन्दमय इन पंचकोशों के भीतर उसने अपने को छिपा लिया है। बाह्यदृष्टि वाले अज्ञानियों को उसकी सत्ता की प्रतीति नहीं होती। विद्वान् पुरुष युक्तियों से इसकी विशेष विवेचना कर धान में छिपे चावल की भाँति अथवा तिल में व्याप्त तेल की भाँति जिस आत्मतत्त्व का साक्षात्कार करते हैं, वह आप ही हैं।''

''जैसे मनमानी दौड़नेवाले घोड़ों को कोड़े मारकर रस्सियों से भलीभाँति रोककर एक स्थान में खूँटे से बाँध दिया जाता है, वैसे इन्द्रिय रूपी घोड़े विषय विषयों में लिप्त होकर संचरण करते हैं। विद्वान् पुरुष विषयों में दोषदर्शन रूपी कोड़े मारकर उन्हें वशीभूत करते हैं और चित्तवृत्ति रूपी रस्सियों से इन इन्द्रियरूपी अश्वों को जिस परमात्मतत्त्वरूपी खूँटे में बाँधते हैं, वह तत्त्व आप ही हैं।''

''आत्मा जाग्रत, स्वप्न तथा सुषुप्ति—इन तीन अवस्थाओं में अनुस्यूत होकर भी इनसे इस प्रकार पृथक् रहता है, जिस प्रकार पुष्पमाला में अनुस्यूत धागा। इन तीन अवस्थाओं से पृथक् कर विद्वान् लोग जिस तत्त्व को जानते हैं, वह तत्त्व आप ही हैं।''

''पुरुष के विषय में वेद की श्रुतियाँ कहती हैं कि वह ब्रह्मतत्व सबका कारण और सबका आत्मा है। जिस प्रकार सुवर्ण अपने कार्यरूप मुकुट का आदि कारण भी है और उसका आत्मा भी, उसी प्रकार परब्रह्म सबका आदिकारण भी है और सबका आत्मा भी, वह परमतत्त्व आप ही हैं।''

''जो 'मैं' इस शरीर में प्रतिभासित हो रहा हूँ, वह 'मैं' सूर्यमण्डल में भी है और जो सूर्य-मण्डल में प्रकाशित हो रहा है, वह मैं ही हूँ। इस प्रकार व्यतिहार (परिवर्तन) द्वारा वेदवादी लोग यत्नपूर्वक जिस परमतत्त्व का निरूपण करते हैं, वह आप ही हैं।''

''वेदाध्ययन, सद्ज्ञान, यज्ञ, तप आदि धर्मों से तथा श्रद्धायुक्त उपासना से पूर्ण अत्यन्त निर्मल अन्तःकरणवाले ब्राह्मण जिस ब्रह्मतत्त्व को जानने की अभिलाषा करते हैं, वह परमतत्त्व आप ही हैं।''

''धीर पुरुष शम, दम, उपरति आदि साधनों द्वारा अपनी बुद्धि में अपने स्वरूप को खोजकर श्रुति प्रतिपादित अनन्त सच्चिदानंद स्वरूप को प्राप्तकर कृतकृत्य हो जाते हैं। वे इस संसार में जन्म मरणरूप दुःख को पुनः प्राप्त नहीं होते, वह परमतत्त्व आप ही हैं।''

आत्मविषयक सारगर्भित, पुनीत और गम्भीर गीत सुनकर राजा को अपने आगामी कर्तव्य का बोध हुआ। राजा ने प्रसन्नता से उन गायकों को प्रचुर पुरस्कार देकर विदा किया। आत्मस्वरूप का स्मरण कर आचार्य शंकर ने राजा के शरीर से

अपने सूक्ष्म शरीर को पृथक् कर लिया। परिणाम यह हुआ कि भरी सभा में राजा का शरीरपात हो गया। शंकर सूक्ष्म शरीर से अपने पूर्व शरीर में प्रविष्ट हुए। ब्रह्मरन्ध्र द्वारा उन्होंने गुफास्थित निष्चेष्ट शरीर में प्रवेश किया।

परन्तु इसी बीच एक अद्भुत घटना हुई। राज्यकर्मचारियों ने मंत्रियों के आदेशानुसार आचार्य शंकर के शरीर पर अधिकार कर लिया और उसे जलाने के लिये चिता पर रखकर आग लगा दी। उस समय शंकराचार्य के शिष्यगण नैत्यिक क्रिया करने के लिये बाहर गये हुए थे। चिता पर रखने पर आचार्य प्राणवान् हो गये। आग शान्त करने के लिये उन्होंने 'लक्ष्मीनृसिंह स्तोत्र' द्वारा नृसिंह भगवान् की स्तुति की। भगवान् नृसिंह ने प्रकट होकर आग को तुरन्त शान्त कर दिया। उस समय यतिराज शंकर उस गुफा के भीतर से इस प्रकार बाहर निकले, जिस प्रकार चन्द्रमा राहु के मुख से निकल कर सुशोभित होता है।

सनन्दन आदि शिष्यों ने आचार्य शंकर को चारों ओर से घेर लिया। बहुत दिनों के विछोह के बाद उनके दर्शन कर उनके हर्ष की सीमा नहीं रही। शिवावतार शंकर अब मण्डन मिश्र से मिलने के लिये बहुत उत्सुक हुए, ताकि शास्त्रार्थ का अन्तिम चरण समाप्त हो जाये। अत: मण्डन मिश्र से मिलने के लिये उन्होंने आकाशमार्ग से यात्रा की। वे मंडन मिश्र के घर में आकाशमार्ग से नीचे उतरे।

इधर मंडन मिश्र में अद्भुत परिवर्तन हो गया था। शास्त्रार्थ में पराजित होकर वे गृहादि से उदासीन और अनासक्त हो गये थे। मीमांसा के कर्मकाण्ड का अभिमान भी ध्वस्त हो गया था। आचार्य शंकर को आकाश से उतरते हुए देखकर मंडन मिश्र आदर भाव से खड़े हो गये। उन्होंने बड़ी श्रद्धाभक्ति से आचार्य का अभिनन्दन किया। दोनों हाथ जोड़े हुए, अपलक दृष्टि से वे यतीश्वर शंकर को निहारते रहे। सत्यवादी मंडन आचार्य के चरणों पर गिर पड़े और उन्होंने कहा, ''स्वामिन्, मैं अपने गृह, धनसम्पत्ति, मान-मर्यादा एवं शरीर आदि सबको आपके चरणों में अर्पित कर रहा हूँ।'' इतना कहकर उन्होंने आचार्य शंकर को भव्य सिंहासन पर बैठाया। पंडितों और विद्वानों का दरबार लगा हुआ था। विद्वानों से घिरे हुए आचार्य शंकर के समीप उभयभारती पहुँच कर बोलीं, ''हे भगवन्, आप सदाशिव हैं, ब्रह्मा के भी अधिपति हैं। सभी देवताओं और समस्त प्राणियों के आप स्वामी हैं। कामारि, आप सभी विद्याओं के अधिपति तथा सर्वज्ञ हैं। आपने सर्वज्ञ होते हुए भी शास्त्रार्थ में मुझे पहले नहीं पराजित किया, इसका कारण यह है कि अवधि माँग कर आपने जगत् की मर्यादा-रक्षा की है। हम दोनों आपसे शास्त्रार्थ में पराजित किये गये हैं, यह हमारे लिये लज्जा की बात नहीं है। हे भगवन्, सूर्य की प्रचण्ड ज्योति के सम्मुख ताराओं और चन्द्रमा की ज्योति का मन्द पड़ जाना एकदम स्वाभाविक है। अत: इसमें लज्जा का प्रश्न ही नहीं उठता। मेरे अवतार ग्रहण करने का उद्देश्य समाप्त हो गया। अब मैं अपने निर्मल ब्रह्मलोक जा रही हूँ। हे पूज्य, अब मुझे इस संसार को छोड़ने की आज्ञा दीजिये।''

इतना कहकर जब उभयभारती अन्तर्धान होने के लिये उद्यत हुईं, तो शंकर ने उनसे निवेदन किया, ''माता, मैं आपको भलीभाँति जानता हूँ कि आप साक्षात् सरस्वती हैं। आप शिव की सहोदरा और ब्रह्मा की सहधर्मिणी आप चैतन्यस्वरूपिर्णि हैं। जगत् की रक्षा के निमित्त आप लक्ष्मी का स्वरूप धारण करती हैं। भविष्य में मैं आपकी उपासना करने के लिये ऋष्यश्रृंग (शृंगेरी) में मन्दिर की स्थापना कराऊँगा। अन्य स्थानों पर भी आपके मन्दिर स्थापित होंगे। हे माता सरस्वती, मैं आपसे प्रार्थना करता हूँ कि आप उन मन्दिरों में अपनी शक्ति से प्रत्यक्ष निवास करें और भक्तजन की मनोकामनाएँ पूर्ण करती रहें।''

उभयभारती (सरस्वती) ने आचार्य शंकर की प्रार्थना स्वीकार कर ली। वे तुरन्त अन्तर्हित होकर ब्रह्मलोक चली गयीं। सभा के सारे लोग आश्चर्य से इस घटना को देखते रह गये। अभी तक प्रत्येक व्यक्ति यही सोच रहा था कि शास्त्रार्थ में पराजित होने से मंडन मिश्र संन्यास ग्रहण कर लेंगे और उभयभारती का अन्तिम जीवन वैधव्य-जीवन के समान हो जायेगा। परन्तु मण्डन मिश्र तथा अन्य लोगों को उभयभारती के ब्रह्मलोक प्रयाण करने से महान् शान्ति प्राप्त हुई।

मंडन मिश्र ने वेद विधान के अनुसार प्राजापत्य यज्ञ को विधिवत् पूर्ण करके अपनी समस्त लौकिक सम्पत्ति साधु-महात्माओं और ब्राह्मणों को दान कर दी। सभी सांसारिक वासनाओं का परित्याग करके उन्होंने अग्निहोत्र का अनुष्ठान किया और तत्पश्चात् संन्यास-धर्म में प्रविष्ट हुए। संन्यास धर्म के पूर्व सभी क्रियाओं के पूर्ण हो जाने पर आचार्य शंकर ने उन्हें 'तत्त्वमसि' का उपदेश दिया। इस उपदेश से उनके जन्म-मरण का चक्र समाप्त हो गया और सांसारिक दु:खों की पूर्ण निवृत्ति हो गयी। मण्डन मिश्र ने गेरुवा वस्त्र धारण किया और हाथ में दण्ड-कमण्डल ले लिया। उन्होंने घर-घर जाकर मधुकरी (भिक्षा) माँगी। सभी औपचारिकताओं की समाप्ति के पश्चात् आचार्य शंकर ने उन्हें वेद के शीर्षस्थ भाग उपनिषदों का रहस्य समझाना प्रारम्भ किया।

मण्डन मिश्र को वेदान्त का उपदेश

''पंडिताधिराज, तुम यह देह नहीं हो। देह तो घट आदि के समान चैतन्यहीन होने से जड़ है। यह शरीर रूप आदि गुणों तथा मनुष्यत्व, पशुत्व आदि विविध उपाधियों से युक्त है। आत्मा इन उपाधियों से परे है। वह शब्द, स्पर्श, रूप, रस और गन्ध आदि से रहित है। शरीर के सम्बन्ध में सबकी यह दृढ़ धारणा है कि यह शरीर दृश्य है। शरीर का कोई न कोई द्रष्टा या साक्षी होता है, जो शरीर से सर्वथा पृथक् होता है। सबके अनुभव में यह बात आती कि मकान आदि दृश्य हैं, उनका द्रष्टा उनसे भिन्न होता है।''

''इन्द्रियाँ भी आत्मा नहीं हैं, ये आत्मा का उपकरण मात्र हैं। जिस प्रकार किसान का साधन हँसुवा होता है, हँसुवा किसान नहीं हो जाता, उसी प्रकार इन्द्रियाँ आत्मा के साधन मात्र हैं, आत्मा नहीं। सभी यह कहते हैं, 'मेरी यह आँख है, मेरा

यह कान है, मेरी यह जीभ है, इसके विपरीत यह कोई नहीं कहता कि 'मैं आँख हूँ, मैं कान हूँ, मैं जीभ हूँ।' इससे यह प्रत्यक्ष अनुभव होता है कि इन्द्रियाँ आत्मा का साधन मात्र हैं, आत्मा नहीं। सुषुप्ति अवस्था में इन्द्रियाँ लीन हो जाती हैं, उनके सारे व्यापार समाप्त हो जाते हैं। ऐसी स्थिति में भी साक्षी और द्रष्टा 'अहं' (मैं) सदैव विराजमान रहता है। अत: इन्द्रियाँ दृश्य पदार्थ हैं, द्रष्टा नहीं। यदि कोई यह कहे कि इन्द्रियों का समुदाय आत्मा है, तो यह कथन भी उपयुक्त नहीं है, क्योंकि ऐसी स्थिति में एक भी इन्द्रिय के विनाश होने पर आत्मा का विनाश हो जायेगा। पर आत्मा स्थाणु रूप में सदैव स्थित रहता है। यदि यह कहा जाये कि प्रत्येक इन्द्रिय आत्मा है, तो यह कहना भी समीचीन नहीं प्रतीत होता, क्योंकि इस अवस्था में तो शरीर के कई स्वामी हो जायेंगे, और शरीर की क्रिया का संचालित होना असम्भव हो जायेगा, और वह नष्ट हो जायेगा। पाँच ज्ञानेन्द्रियों के अतिरिक्त यदि आत्मा को एक अतिरिक्त इन्द्रिय मान लिया जाये, तो भी ठीक नहीं होगा, क्योंकि इस अवस्था में फिर दूसरा कौन किसी इन्द्रिय के अभाव को जान सकेगा? यदि नेत्रेन्द्रिय विनष्ट हो जाती है, तो उसके अभाव का ज्ञान श्रवणेन्द्रिय न कर पायेगी। इस प्रकार यदि आत्मा को एक इन्द्रिय विशेष की परिधि में सीमित कर दिया जाये, तो सारी इन्द्रियों का बोध किसे होगा? अतएव आत्मा का अस्तित्व सभी इन्द्रियों से पृथक् है।''

''मन को भी आत्मा नहीं माना जा सकता, आत्मा का यह उपकरण (साधन) मात्र है। यह सबका अनुभव है कि मेरा मन बाहर चला गया, मेरा मन अति चंचल, मलीन है। इसके अतिरिक्त सुषुप्ति अवस्था में मन का भी लय हो जाता है। परन्तु साक्षी आत्मा मन का द्रष्टा होकर सुषुप्ति अवस्था का भी अनुभव करता रहता है। अत: मन भी जड़ और दृश्य पदार्थ है। आत्मा तो मन से पृथक् है और उसका साक्षी है।''

''इसी प्रकार बुद्धि भी आत्मा का उपकरण मात्र है, आत्मा नहीं। यह भी मन के समान अन्त:करण की निश्चयात्मिका वृत्ति विशेष है, तभी तो लोग अनुभव करते हैं कि हमारी बुद्धि अन्यत्र चली गयी थी; यह बात हमारी बुद्धि में नहीं आ रही है। फिर सुषुप्ति अवस्था में बुद्धि का भी लय हो जाता है। अत: हे विद्वन्, बुद्धि को भी इन्द्रियों और मन के समान ही समझो। साक्षी आत्मा तो इन सबसे पृथक् है।''

''अहंकार भी आत्मा नहीं है, क्योंकि 'अहम्' शब्द के अन्त में 'कृति' अथवा 'कार' शब्द क्रियावाची है 'अहमति करणमहंकृति:', इस व्युत्पत्ति से 'अहम्' को क्रियावाची कहा गया है। अत: अहंकार भी आत्मा का उपकरण मात्र है।''

''यद्यपि प्राण सुषुप्ति में रहते हैं, पर वे भी जड़ हैं। लोग ऐसा कहते भी हैं कि ये प्राण मेरे हैं। इसके अतिरिक्त प्राणों की क्रिया भी परतंत्र है। उन्हें चलाने वाली कोई पृथक् ही सत्ता है। इसलिये प्राणों को भी आत्मा नहीं माना जा सकता।''

''इस प्रकार सबका बाध कर देने पर शुद्ध, साक्षी और द्रष्टा आत्मा ही अवशिष्ट रहता है। यह आत्मा शरीर, इन्द्रियों, मन, बुद्धि, अहंकार और प्राणादिक से परे हैं।

'तत्त्वमसि' वाक्य से इसका बोध होता है। 'तत्त्वमसि' में 'त्वं' शब्द जीव का बोधक है और 'तत्' शब्द जगत् का कारण ब्रह्म का लक्षण है। इन दोनों शब्दों में 'असि' (हो) शब्द एकता का बोध कराता है, अर्थात्, 'वह ब्रह्म तुम्हीं हो।' परन्तु यहाँ एक शंका यह हो सकती है और वह उचित भी है कि ब्रह्म सर्वज्ञ है और जीव अल्पज्ञ। अतः सर्वज्ञ ब्रह्म और अल्पज्ञ जीव में एकता कैसे सम्भव हो सकती है? अंधकार और प्रकाश परस्पर विरोधी हैं, उन दोनों में एकता किस प्रकार हो सकती है? जिस प्रकार अंधकार और प्रकाश की एकता भूत, वर्तमान और भविष्य तीनों कालों में नहीं देखी जा सकती, उसी प्रकार सर्वज्ञ ब्रह्म और अल्पज्ञ जीव में एकता का मानना कहाँ तक सम्भव है? इस शंका का उत्तर यह है कि वाच्यार्थ पर विचार करने पर दोनों में विरोध अवश्य प्रतीत होता है, परन्तु सम्यक् ज्ञान प्राप्त होने पर इस विरोध की भी निवृत्ति हो जाती है। जैसे 'सोऽयं देवदत्तः'—यह वही देवदत्त है, जिसको पहले देखा था। यहाँ पर 'सो' (वह) शब्द (पूर्व देश तथा पूर्वकाल) और 'अयम्' (यह) शब्द (सम्मुख देश तथा वर्तमान काल) इन दोनों अंशों में विरोध है। परन्तु इन दोनों विरोधी अंशों को छोड़ दिया जाये, तो 'देवदत्त' व्यक्ति में तो कोई विरोध नहीं है। 'देवदत्त' तो 'सो' में भी है और 'अयम्' में भी है। वह पूर्वकाल और पूर्वदेश में था और वर्तमान देश और वर्तमान काल में भी है। उसी प्रकार 'तत्त्वमसि' वाक्य में 'तत्' शब्द का अर्थ है सर्वत्वादि विशिष्ट ईश्वर और 'त्वं' का अर्थ है अल्पज्ञादि गुणों से युक्त जीव। यहाँ 'सर्वज्ञत्व' और 'अल्पज्ञत्व' में विरोध दिखलायी पड़ता है। यहाँ 'सर्व' और 'अल्प' में विरोध है। 'ज्ञ' दोनों में समान रूप से व्याप्त है। अतः 'ज्ञ' के विरोध का कोई प्रश्न ही नहीं उठता। अतः उसी को ग्रहण करना वांछनीय है। 'तत्' और 'त्वं' पद का लक्ष्यार्थ चैतन्यस्वरूप एक, अद्वितीय ब्रह्म है। अतः विरोधी अंशों को छोड़कर अविरोधी अंश को ग्रहण किया जाये। भागत्यागलक्षणा से विरोधी अंश को त्याग कर अविरोधी अंश को ग्रहण किया जाता है। 'तत्' और 'त्वं' पद लक्ष्यार्थ की एकता का बोध कराते हैं, इसमें विरोध की रंचमात्र गुंजाइश नहीं है। अतः हे विद्वन्, अपने को 'तत्त्वमसि' समझो। कर्मों में आग्रह करने वालों के द्वारा कष्ट से त्याज्य अनादि काल से अर्जित देह, गेह आदि में उत्पन्न हुई अहं बुद्धि का विवेकबुद्धि से परित्याग करो। सदैव परमात्मतत्त्व में आत्मभावना करो। ऐसा निरन्तर करने से मोक्षपद की प्राप्ति अवश्यम्भावी है। विद्वन्, इसे भलीभाँति समझ लो कि देहावसान के पश्चात् यह मृतक शरीर या तो जला दिया जायेगा, या गाड़ दिया जायेगा अथवा जल में प्रवाहित कर दिया जायेगा। जलाने से यह अग्नि का भोज्य होगा, गाड़ने से कृमि का और प्रवाहित करने में कच्छ-मच्छ अथवा काक-शृगाल का। अतः इस मलमूत्रादि से परिवेष्ठित शरीर में दुःख की कारण-भूत ममता का परित्याग करो। समस्त बाह्य विषयों से अपने मन तथा इन्द्रियों को खींच कर अन्तर्मुख हो जाओ। हे विद्वन्, समस्त संशयों से विनिर्मुक्त होकर चित्त को परमतत्त्व में समाहित करो।"

''जिस प्रकार महामत्स्य तैर कर एक तट से दूसरे तट पर जाता है, पर वह तट से पृथक् है और तट से कभी लिप्त नहीं होता, उसी प्रकार आत्मा भी जाग्रत, स्वप्न और सुषुप्ति आदि अवस्था में संचरण करता हुआ भी, उनसे निर्लिप्त और निर्विकार रहता है। जाग्रत, स्वप्न, सुषुप्ति, ये तीनों अवस्थाएँ मिथ्या ज्ञान अथवा अविद्या से तुम्हारे आत्मरूप में कल्पित हैं। चक्षु आदि इन्द्रियों से उत्पन्न ज्ञानावस्था को जाग्रत, और इन्द्रियों से अजन्य विषय के परोक्ष ज्ञान को स्वप्न कहा जाता है। जिस अवस्था में केवल अविद्या विद्यमान रहती है, उसे सुषुप्ति अवस्था कहते हैं। आत्मा इन तीनों अवस्थाओं में अनुस्यूत होते हुए भी, इनसे पृथक् है।''

''जिस प्रकार भ्रान्तिवश रज्जु में सर्प, दण्ड और भूमिछिद्र का बोध होता है, उसी प्रकार अविद्यावश आत्मा में जाग्रत, स्वप्न और सुषुप्ति की कल्पना की जाती है। आत्मा इन तीनों अवस्थाओं से सर्वथा पृथक् है। वह ब्रह्म, तुरीय, अभय तथा शिवपद है। हे पंडितराज, तुम वही आत्मस्वरूप ब्रह्म हो। अब इसमें भ्रम मत करो।''

''आत्मा सूक्ष्म से सूक्ष्म तथा महान् से महान् है। वह सत्, चित्, आनन्दस्वरूप है। वह 'सत्यं ज्ञानमनन्तं ब्रह्म' है। समस्त दुःखों से रहित और सभी भूतों की अन्तरात्मा है। वह समीप से समीप है। फिर भी मूढ़ उसे बाहर ढूँढ़ने का प्रयास करते हैं।''

''आत्मा सबसे सूक्ष्म है। वह जड़ तथा दुःखमय अहंकारादि के विपरीत है। वह सत्, चित् और आनन्द स्वरूप से अपने ही प्रतिष्ठित और प्रकाशित है। वही सभी पदार्थों को प्रकाशित करता है, उसे कोई भी प्रकाशित नहीं कर सकता। वह अतिशय प्रत्यक् है। विद्वान् धीर व्यक्ति को यह अत्यन्त समीप प्रतीत होता है और अज्ञानी को बहुत दूर। चैतन्य आत्मा भीतर-बाहर सर्वत्र व्याप्त है। परन्तु अशुद्ध बुद्धिवाला, उसे बाहर भी ढूँढ़ने का प्रयास नहीं करता। अहो, माया की आश्चर्यमयी अपार महिमा है।''

''जिस प्रकार सराय में बहुत से लोग जाकर रुकते हैं, पर बाद में वे सब सराय छोड़कर अपना-अपना रास्ता पकड़ लेते हैं, उसी प्रकार एक ही घर और परिवार में अनेक प्राणी उत्पन्न होते हैं और सम्बन्ध के सूत्र में बँधते हैं। परन्तु मरणान्तर कोई भी किसी का साथी नहीं रह जाता।''

''देखा जाता है कि सुखप्राप्ति के लिये लोग अहर्निश काम करते हैं, पर परिणाम विपरीत ही होता है, सुख के स्थान पर उन्हें दुःख ही प्राप्त होता है। पुण्य के बिना सुख की उपलब्धि नहीं होती और वह भी पूर्व जन्मों के संस्कारानुसार होता है।''

''दर्पण में दीखती हुई नगरी के समान यह समस्त नामरूपात्मक विश्व अपने सच्चिदानन्दस्वरूप व्यापक आत्मा के भीतर दृश्यमान है। इस कल्पित प्रतीतिमात्र विश्व का अधिष्ठान एकमात्र आत्मा है। जिस प्रकार निद्रा में अनेक प्रकार के स्वप्न-

जगत् की सृष्टि होती है और वह बिलकुल सत्य प्रतीत होती है, उसी प्रकार मायाशक्ति से यह जाग्रत-प्रपंच आत्मा में सत्य सा प्रतीत होता है। इस प्रकार जो इस द्वैत प्रपंच को मिथ्या-मायामय निश्चय कर महादेव शंकर के तुल्य श्री गुरुदेव की कृपा से स्वरूपभूत अद्वैत ब्रह्मात्मतत्त्व का प्रबोध के समय साक्षात्कार करता है, ऐसे श्रीगुरुमूर्ति श्री दक्षिणामूर्ति भगवान् महादेव को यह मेरा भक्तियुक्त नमस्कार है।''

''गुरु के उपदेश से ही आत्मसाक्षात्कार होता है। आत्मा की महिमा अपार है। जिसकी बुद्धि पवित्र हो चुकी है, उसे वेद के केवल एक वाक्य से आत्मसाक्षात्कार हो जाता है। जिसकी बुद्धि मलिन है और सांसारिक विषयों में आसक्त है, वह गुरु के चरण कमलों की निरन्तर सेवा कर उत्तरोत्तर बार-बार उपदेश द्वारा आत्मसाक्षात्कार कर सकता है।''

''प्रणवोपासना, वेदविहित संध्यावंदन आदि शुभ कर्मों के सम्पादन एवं सद्गुरु की सेवा द्वारा मन का मल समाप्त हो जाता है। तदुपरान्त तत्त्व को ग्रहण करने में वह सक्षम होता है।''

''तत्वज्ञानी गुरु साक्षात् शिव है अत: अहर्निश उसी में अपने मन को लगाना चाहिए। सेवाभाव से प्रसन्न होकर वह शिष्य के मुख को कृपापूर्वक देखता है।''

''आत्मज्ञान-प्राप्ति में गुरु का माहात्म्य अवर्णनीय है। जितना गुरुदेव के सदुपदेश से फल प्राप्त होता है, उतना शास्त्रादिक के श्रवण-मनन से नहीं। अत: गुरु आज्ञा को अक्षरश: प्रसन्नचित्त पालन करने में तत्पर रहना चाहिए।''

''गुरु से दीक्षित व्यक्ति पर यदि देवता आदि भी रुष्ट हो जायें, तो उनके रोष से वह हमारी रक्षा कर लेता है। परन्तु गुरु के प्रकोप से कोई भी रक्षा करने में समर्थ नहीं हो पाता। अतएव गुरु के मन में कभी क्षोभ न उत्पन्न करे। गुरु के प्रसन्न होने पर समस्त देवतागण भी प्रसन्न होते हैं और उनके रुष्ट होने पर देवतागण भी रुष्ट हो जाते हैं। सद्रूप देवताओं में सद्गुरु की आत्मबुद्धि रहती है, अत: वह विश्वरूप है।''

आचार्य शंकर के उपदेश से मण्डन मिश्र का हृदय सात्विक भावों से परिपूर्ण हो गया। वे आचार्य के चरणकमलों में गिरकर कहने लगे, ''हे महात्मन्, आज मैं धन्य और कृतकृत्य हो गया। आज आपकी महती अनुकम्पा से अविद्यारूपी पिशाचिनी से मुक्त हुआ हूँ। मैं जन्म-जन्मान्तरों से अज्ञान निद्रा में सो रहा था, आज आपके सदुपदेश से जग गया हूँ। घनघोर अन्धकार में दिव्य प्रकाश का प्रवेश हुआ है। उस प्रकाश में अन्धकार न मालूम कहाँ चला गया? आपकी कृपा से आज मैंने द्वैत से अद्वैत, भय से अभय, मृत्यु से अमृत तत्त्व को प्राप्त किया है। अहो बड़े आनन्द की बात है कि आज से माया का पर्दा एकदम हट गया है। इसी पर्दे ने मेरे वास्तविक आत्मस्वरूप को ढक लिया था। अविद्यारूपी अंधकार के कारण मैंने अनात्म जड़ वस्तुओं को सर्वस्व समझ लिया था और उन्हीं में आसक्त होकर मैं नाना प्रकार के दु:खों को भोग रहा था। परम पुरुष, आज आपकी महती कृपादृष्टि से मुझे दिव्य नेत्रों

की प्राप्ति हुई है। अनेक देवताओं की पूजा-अर्चना करने पर भी मुझे उन दिव्य नेत्रों की प्राप्ति नहीं हुई थी। भगवान्, मुझे प्रत्यक्ष बोध हो रहा है कि मैं ही ब्रह्म हूँ, मैं ही देवाधिदेव साक्षात् शिव हूँ, मैं ही नित्य, शुद्ध, बुद्ध और मुक्तस्वरूप हूँ। आपकी कृपा से आप मुझे निरतिशय अनन्त आनन्द-समुद्र की प्राप्ति हुई है। क्षणिक विषयों की सुखप्राप्ति में शाश्वत आनन्द की अनुभूति करना वैसे ही है, जैसे मृगमरीचिका के मिथ्या जल से प्यास बुझाना। हे कृपाल गुरुदेव, हमारे पास कोई ऐसी मूल्यवान वस्तु नहीं है, जो आपको दक्षिणा रूप में अर्पित कर सकूँ। भला लौकिक वस्तुओं की दक्षिणा देकर उस आत्मसुखप्राप्ति की कभी दक्षिणा चुकाई जा सकती है? हाँ, मैं अपने भावों की अनुपम माला आपके चरणकमलों में अर्पित करता हूँ। आपके चरणों में मेरा सब कुछ समर्पित है।'' इतना कहते-कहते भावावेश में मण्डन मिश्र आचार्य शंकर के चरणों में फिर गिर पड़े।

आचार्य ने उन्हें स्नेह से उठा कर कहा, ''हे विद्वन्, अब तुम कृतकृत्य हुए हो। आज से तुम्हारे संन्यास का नाम सुरेश्वराचार्य रखा जाता है।''

मंडन मिश्र के ऊपर विजय प्राप्त करने से आचार्य शंकर की कीर्ति सूर्य-प्रभा की भाँति सभी दिशाओं में व्याप्त हो गई। आचार्य ने यह भी घोषणा कर दी, ''जो वेदविरोधी हो और अद्वैत ब्रह्मतत्त्व तथा जीवब्रह्म की एकता को न मानता हो, वह हमसे शास्त्रार्थ करने के लिए आमंत्रित है। यदि उसे शास्त्रार्थ करना स्वीकार न हो, तो चुपचाप वह वैदिक धर्म को स्वीकार कर ले।'' आचार्य की इस घोषणा को सुनकर वेदविरोधी मतवाले अत्यधिक क्रुद्ध हुए। पर वे शंकर की प्रतिभा के सम्मुख वैसे ही श्रीविहीन हो गये, जैसे सूर्य के सम्मुख नक्षत्रों का अस्तित्व नहीं रह जाता।

उत्तर भारत में आचार्य के प्रभाव की तूती बोलने लगी। अधिकांश व्यक्तियों ने अद्वैत मत स्वीकार करके उसके प्रति अपनी श्रद्धा अभिव्यक्त की। अब योगिराज शंकर ने शिष्यों सहित दक्षिण की ओर प्रयाण किया। अपनी यात्रा में वे वेद-विरोधी मतों का खण्डन करते गये। विपक्षी शास्त्रार्थी उनके सम्मुख उसी प्रकार नहीं टिक पाते थे, जैसे प्रबल शक्तिशाली सिंह के सम्मुख गजसमुदाय नहीं टिक पाता। विरोधीगण उनकी अलौकिक शक्ति से दुम दबाकर भागने लगे।

आचार्य महाराष्ट्र में श्रीशैल पर पहुँचे। श्रीशैल का माहात्म्य पुराणों में अत्यधिक श्रद्धा से वर्णित किया गया है। वनों की प्रचुरता के कारण यह स्थान भगवान् शिव को बहुत ही प्रिय है। शीतल, मंद, सुगन्ध वायु से समस्त पर्वत परिपूर्ण था। इस पर्वत के जंगलों में बड़े-बड़े सिंह रहते थे। वे मत्त गजराजों के कुम्भस्थल को विदीर्ण करते थे। श्रीशैल के समीप एक पुनीत सरिता प्रवाहित होती थी, जो अपनी भीषण तरंगों से तरंगिणी नाम सार्थक करती थी। आचार्य ने उस पुनीत सरिता में स्नान करके अपनी नित्य क्रियाएँ पूर्ण कीं। श्रीशैल की उच्च शिखरें आकाश से बातें कर रही थीं। परिवृन्द पर्वत के वक्षस्थल पर कलरव गान कर रहे थे और पुनीत सरिता उसके चरणों का प्रक्षालन कर रही थी।

शंकराचार्य पर्वत पर चढ़ गये और वहाँ उन्होंने विशाल शिवलिंग का दर्शन किया। उस शिवलिंग को 'मल्लिकार्जुन लिंग' कहा जाता है। स्थान की रमणीकता और एकान्त देखकर आचार्य का मन रम गया और वहाँ पर उन्होंने कुछ दिनों तक वास किया। वहाँ उन्होंने अनेक विद्वानों और पण्डितों को अपने भाष्य का अध्ययन कराया। उसी समय वहाँ आकर पाशुपत, वैष्णव, वीरशैव, माहेश्वर सम्प्रदाय के कुछ आचार्यों ने शंकर-रचित भाष्य पर अनेक आक्षेप किये। आचार्य के प्रमुख शिष्य सुरेश्वराचार्य (मंडन मिश्र) ने उन आक्षेपों को मुँहतोड़ उत्तर देकर उन्हें परास्त कर दिया। शंकर की अलौकिक प्रतिभा देखकर कुछ लोगों ने अपना अभिमान छोड़ कर आचार्य के वेदांतमत को श्रद्धापूर्वक स्वीकार कर लिया। कुछ लोग क्रोध और अज्ञानतावश उनकी मृत्यु की प्रतीक्षा करने लगे। परन्तु वे अपने पाप से उसी प्रकार नष्ट हो गये, जिस प्रकार श्रीकृष्ण भगवान् से स्पर्द्धा करने वाला राजा पौण्ड्रक (मिथ्या वासुदेव) नष्ट हो गया था। जिन विद्वानों ने गम्भीरतापूर्वक शंकर के भाष्य का मननपूर्वक अध्ययन किया, उन्हें कणाद, कपिल, शैव, शाक्त, वैष्णव आदि सम्प्रदायों के सिद्धान्त हीन प्रतीत होने लगे। आचार्य शंकर ने बौद्ध धर्म का बड़ी सतर्कता से खण्डन किया, अत: वह प्राणविहीन सा हो गया। इसी प्रकार आचार्य के प्रभुत्व के सम्मुख कुमारिल मत मौन हो गया, नैयायिक पंगु और बलहीन हो गये, यही अवस्था कपिल सिद्धान्त के अनुयायियों की भी हुई।

■

बारह

उग्रभैरव से संघर्ष

श्रीशैल शैव स्थान होने पर भी बहुत दिनों से अवैदिक मार्गावलम्बियों के अधिकार में आ गया था। पहले इस स्थान पर बौद्धों का प्रभाव बहुत अधिक था। परन्तु आचार्य शंकर के समय में वहाँ बौद्धों के प्रभाव का पता नहीं चलता। उस समय तो उसे कापालिकों ने अपना गढ़ बना रखा था। कापालिकों की उपासना-पद्धति अत्यन्त उग्र थी। वे शंकर के उग्र रूप महाभैरव के उपासक थे। उनकी पूजा में मद्य, मांस आदि का प्रचुर मात्रा में प्रयोग होता था। उनके उपास्यदेव महाभैरव का स्वरूप बड़ा उग्र तथा भयानक था। 'प्रबोध-चन्द्रोदय' में उनकी उपासना का संकेत मिलता है, "ये लोग आग में मनुष्य के मांस की आहुति देते थे, ब्राह्मण की खोपड़ी में मदिरापान कर ये अपने व्रत को धारण करते थे। महाभैरव के सामने पुरुषों की बलि दिया करते थे।" आचार्य शंकर के समय में कापालिकों का प्रभुत्व व्याप्त था। उन दिनों श्रीशैल में विशेष रूप से कापालिकों का प्राधान्य था। आचार्य द्वारा प्रचारित वेदांतमार्ग और उसकी प्राप्ति के उपाय रूप-त्याग एवं इन्द्रिय-निरोध और संयम-साधन के विरुद्ध उन्होंने युद्ध की घोषणा की। आचार्य की अलौकिक आध्यात्मिक शक्ति के सामने सभी पराजित हो रहे हैं, इस समाचार से कापालिकों का राजा क्रकच अत्यन्त विचलित हुआ। उसने श्रीशैल के कापालिकों के प्रधान उग्रभैरव को कौशल से आचार्य की हत्या करने के लिये नियुक्त किया।

उग्रभैरव रावण के समान कपट साधुवेश धारण कर अनेक पापाचारों में प्रवृत्त था। आचार्य के अद्‌भुत प्रभाव के सामने उसके जघन्य और गर्हित कर्मों की कलई अवश्य खुल जायेगी, इस विचार से उसका हृदय नीचता से भर गया। उधर कापालिकों के राजा क्रकच की प्रेरणा तो थी ही कि आचार्य शंकर की हत्या कर दी जाये। वह निरन्तर इसी ताक में था कि कहीं पर आचार्य अकेले मिल जायें, तो उनका बध कर दिया जाये। परन्तु शंकर के शिष्यगण उनकी सुरक्षा में अत्यधिक तत्पर और सावधान थे। इसलिए उग्रभैरव का उग्र और कुत्सित संकल्प पूरा न हो सका।

उग्रभैरव का जैसा नाम था, उसके अनुरूप ही उसकी आकृति भी भीषण उग्र थी। उसने कपटपूर्ण श्रद्धा का सहारा लेकर आचार्य शंकर के पास आना-जाना प्रारम्भ किया। पहले तो उसने अपने मत की श्रेष्ठता प्रमाणित करने के लिये अनेक तर्कों और युक्तियों का सहारा लिया, पर आचार्य की प्रकाण्ड विद्वत्ता के सामने उसकी एक भी न चल पाई।

एक दिन सायंकाल आचार्य के सारे शिष्य सान्ध्य-कृत्य करने के लिये बाहर गये थे। उग्रभैरव तो ऐसे ही समय की ताक में था। बनावटी और कपट श्रद्धा से युक्त होकर आचार्य के समीप पहुँच कर उनके चरणकमलों में गिर कर उनकी स्तुति करने लगा, ''हे भगवन्, मैंने आपके जीवन और आपके सद्गुणों के प्रति बहुत कुछ सुन रखा है। आप परम कृपालु, सर्वज्ञ और महान् परोपकारी हैं। मैं इस समय विशेष मन्तव्य लेकर आपके दर्शन करने आया हूँ। आप अद्वैत-सिद्धान्त के सार्वभौम और सर्वश्रेष्ठ गुरु हैं। आपने शरीर भाव के ऊपर पूर्ण विजय प्राप्त कर ली है। आपने शास्त्रार्थ में सभी द्वैतवादियों को जीत लिया है। आपने दूसरों के कल्याण के निमित्त शरीर धारण किया है। देवतागण भी आपकी स्तुति करते हैं। आप अपने कृपा-कटाक्ष से सज्जनों की चिन्ता और संकट दूर कर देते हैं। लोगों की जो कुछ भी मनोकामना होती है, उसे आप अपने कृपालु शब्दों से पूरी कर देते हैं आप सद्गुणों के सागर हैं। सारा जगत् आपके प्रति महान् श्रद्धालु है। आपके शास्त्रीय ज्ञान का अन्त नहीं है। शास्त्रार्थ में आपके सम्मुख दिग्गज से दिग्गज विद्वान् नहीं टिक सकते। आपमें कामभाव का लेश अंश भी नहीं है। आप अत्यन्त कृपालु और उदार हैं। लोगों के कल्याण के निमित्त आप अपना सब कुछ न्यौछावर कर देते हैं। आप ऐसे महान् व्यक्ति भक्तों की कामनापूर्ति के लिये अपना शरीर तक दे देते हैं।''

''भगवन्, मेरा बहुत बड़ा कार्य फँस गया है। आप ऐसे सर्वज्ञ महात्मा से ही उस कार्य की पूर्ति हो सकेगी। मैं अपने इष्टदेव कापाली (भगवान् शिव) की कृपा का आकांक्षी हूँ। मैंने कापाली शिव की सौ वर्षों तक कठोर तपश्चर्या की। मेरी तपश्चर्या का प्रमुख उद्देश्य है—सशरीर कैलाश लोक की प्राप्ति। मैं अपने इसी पार्थिव शरीर से कैलाश लोक जाकर वहाँ के भोगों को भोगना चाहता हूँ। भगवान् शिव ने मेरी तपस्या से सन्तुष्ट होकर कहा, ''तुम्हारी मनोकामना अवश्य पूर्ण होगी। परन्तु उसके साथ शर्त यह है कि तुम किसी चक्रवर्ती राजा अथवा सर्वज्ञ ज्ञानी के सिर को अग्नि में हवन करो' आज तक मैं उसी प्रयास में रत था। पर दुर्भाग्य से न मुझे कोई चक्रवर्ती राजा मिला और न कोई सर्वज्ञ महापुरुष ही। मेरा परम सौभाग्य है कि आज मुझे सर्वज्ञ परोपकारी महात्मा मिल गये हैं। मेरी खोज का लक्ष्य आज प्राप्त हो गया। मेरे कार्य की सिद्धि चक्रवर्ती राजा के अभाव में सर्वज्ञ पुरुष के सिर से हो जायेगी। राजा के सिर की प्राप्ति के लिये मेरे सारे प्रयास निष्फल सिद्ध होंगे। अतएव हे गुरुदेव, मुझे पूर्ण विश्वास है कि आपके त्याग द्वारा मेरी अभीष्ट अभिलाषा अवश्य पूरी होगी। ऋषि दधीचि ने देवताओं के कल्याणार्थ इन्द्र की प्रार्थना पर अपनी हड्डियाँ तक दे दी थीं। उस परोपकार के लिये उनकी यशगाथा का गुणगान मर्त्यलोक ही में नहीं, अपितु स्वर्गलोक में भी होता है। मुझ जैसे स्वार्थान्ध व्यक्ति धर्माधर्म, पापपुण्य अथवा न्यायान्याय पर दृष्टि नहीं डालते। उनकी दृष्टि तो मात्र स्वार्थसिद्धि पर रहती है। परन्तु आप तो परोपकारी, परम तेजस्वी और सर्वज्ञ हैं। मेरी कार्य सिद्धि के लिये अपना सिर अवश्य दीजिये। आपको बारम्बार प्रणाम है।''

ऐसा कहकर उग्रभैरव आचार्य के आगे पृथ्वी पर गिरकर लोटने और करुण-क्रन्दन करने लगा। आचार्य उसकी इस दशा पर द्रवीभूत हो गये। वे करुणा से ओतप्रोत हो गये।

उन्होंने उग्रभैरव से कहा, "वत्स, लाख चेष्टा करने पर भी इस शरीर का नाश तो एक न एक दिन होगा ही। यदि इस नश्वर शरीर के दान से किसी का कार्य सिद्ध हो, तो इससे महान् पुरुषार्थ और क्या हो सकेगा? परन्तु सबके सामने सिर देना मेरे वश की बात नहीं है, क्योंकि योग्य शिष्य इस कार्य में विघ्न डाल देंगे। उनका जीवन गुरुमय होता है। वे गुरु को अपना सर्वस्व समझते हैं। अतः पहले से निश्चित किए हुए स्थान पर आकर समाधि में स्थित हो जाऊँगा। तुम उस निश्चित स्थान और समय पर आकर मेरा सिर ले लेना। मैं अपने सिर का दान तुम्हें प्रसन्नतापूर्वक दे रहा हूँ। किन्तु यदि मेरे शिष्यों को यह पता चला, तो निश्चय ही वे इस कार्य में बाधा डाल देंगे; क्योंकि यह ध्रुव सत्य है कि जैसे कोई व्यक्ति अपना शरीर छोड़ने में आनाकानी करता है, वैसे ही कुछ प्रिय जन ऐसे भी हैं, जो अपने श्रद्धेय के शरीर-रक्षण में अपना सब कुछ बलिदान कर देते हैं।

पद्मपाद द्वारा कापालिक के षड्यन्त्र का भंडाफोड़

इसके पश्चात् आचार्य शंकर और उग्रभैरव ने आपस में मन्त्रणा करके एक दिन, बेला और स्थान का निश्चय किया, ताकि कापालिक उग्रभैरव आचार्य का सिर काट ले और अपने कार्य को साध ले। तब कापालिक पूर्ण प्रसन्न और सन्तुष्ट होकर अपने स्थान पर चला गया। इधर शंकर अपने आश्रम पर विराजमान थे। उन्होंने इस मन्त्रणा का किसी से भी नहीं उल्लेख किया।

निश्चित तिथि, घड़ी आ पहुँची। आचार्य के शिष्यगण नित्यक्रिया के निमित्त उस समय बाहर चले गये थे। आचार्य शंकर निश्चित किये हुए स्थान पर पहुँच गये। शिष्यों को आचार्य के बाहर जाने का रंचमात्र भी आभास न हुआ।

उधर उग्रभैरव हाथ में त्रिशूल लिये, माथे पर त्रिपुण्ड लगाये, गले में हड्डियों की माला पहने, शराब के नशे में लाल-लाल आँखों को घुमाते हुए निश्चित स्थान पर जा पहुँचा। बीच-बीच में वह सशंकित दृष्टि से देखता भी जाता था कि आस पास कोई है तो नहीं। शंकर के पास पहुँच कर, वह उनका सिर काटने को उद्यत हो गया। कापालिक को देखकर शंकर ने अपने शरीर-त्याग का निश्चय कर लिया। पवित्र 'ॐ' अक्षर का उच्चारण करते हुए, उन्होंने अपनी इन्द्रियों और उनके विषयों को मन में लय कर दिया, मन को बुद्धि में, बुद्धि को अहंकार में, अहंकार को महत्तत्व में और महत्तत्व को सर्वान्तर्यामी परमात्मा में। उन्होंने अपने मेरुदण्ड को एकदम सीधा कर लिया। ज्ञानमुद्रा की स्थिति में दोनों हथेलियों को घुटने पर रखा। उनकी आँखें अधमुंदी थीं और दृष्टि नासिका के अग्र भाग पर थी। मुखमण्डल शांत और निर्विकार था। इस प्रकार आचार्य निर्विकल्प समाधि में स्थित हो गये। उन्होंने समस्त बहिर्मुखी वृत्तियों को समेट कर शुद्ध सच्चिदानंदघन आत्मस्वरूप में

निमज्जित कर दिया। इस अवस्था में उन्हें बाह्य वातावरण का तनिक भी भान नहीं रह गया। उग्रभैरवं ने सोचा कि अब सिर काटने का उपयुक्त अवसर आ पहुँचा है। वह हाथ में नंगी तलवार को ऊपर उठाये आचार्य का सिर काटने को सन्नद्ध हो गया। इतने में ही सारे षड्यंत्र की साजिश पद्मपाद (सनन्दन) के दिमाग में कौंध गयी।

पद्मपाद ने अपने हृदयपट पर उस दृश्य को प्रत्यक्ष देख लिया। इतना देखते ही उसका सारा शरीर प्रज्वलित अग्नि के समान दहकने लगा। बात यह थी कि पद्मपाद ने नृसिंह भगवान् के मंत्र की सिद्धि प्राप्त कर ली थी। भक्त प्रह्लाद की रक्षा के लिये भगवान् ने नृसिंह रूप धारण करके उसके पिता, हिरण्यकशिपु का संहार किया था। जो भी भक्त आर्त्तभाव से उनकी शरण में जाता है, नृसिंह भगवान् उसका संकट तत्काल दूर कर देते हैं। पद्मपाद नृसिंह का स्मरण करते-करते स्वयं नृसिंह रूप हो गया। वह मर्त्यभाव को एकदम भूल गया, उसमें नृसिंह की अपार शक्ति आ गयी। उसी भावावेश में उसने आकाश में झपट्टा मारा। उसके अयालों की चोट से बादल तितर-बितर हो गये। उसकी दहाड़ से पृथ्वी के समस्त प्राणी प्रकम्पित हो गये। सभी किंकर्तव्यविमूढ़ हो गये। देवगण भी भयभीत और आतंकित हो गये। सारी प्रकृति रोमांचित हो गयी। पद्मपाद को नृसिंह रूप में देखकर जगत् के सभी प्राणी काँपने लगे। उग्रभैरव ने आचार्य का सिर काटने के लिये, जैसे ही तलवार चलानी चाही, उतने ही में नृसिंह भगवान् ने उसे पकड़ कर तेज नखों से उसका हृदय विदीर्ण कर दिया। जिस प्रकार नृसिंह भगवान् ने हिरण्यकशिपु को पकड़ कर अपने जंघों पर बैठाकर उसका हृदय चीर डाला था, उसी प्रकार नृसिंहवपुधारी पद्मपाद ने उग्रभैरव को अपने विशाल नखों से चीर कर उसे यमपुरी पहुँचा दिया। उग्रभैरव को मार डालने पर भी पद्मपाद उसी प्रकार सिंह-गर्जना करता रहा। उसकी गर्जना सुन कर सभी शिष्यगण घटनास्थल पर पहुँच गये। उन्होंने वहाँ पहुँच कर देखा कि आचार्य शंकर तो निर्विकल्प समाधि में स्थित हैं, उग्रभैरव का क्षत-विक्षत शरीर समीप ही पृथ्वी पर पड़ा है और नृसिंह भगवान् क्रोध में दहाड़ रहे हैं।

सभी शिष्यों ने आश्चर्य भाव से नृसिंहवपुधारी पद्मपाद से पूछा, "भाई पद्मपाद, नृसिंह भगवान् ने तुम्हारे ऊपर इतनी कृपा कैसे की? इतना आश्चर्यजनक कार्य करने में तुम कैसे समर्थ हुए?" पद्मपाद ने मुस्कराते हुए उन्हें यह उत्तर दिया, "बहुत पहले मैं 'बल' नामक पावन पर्वत के शिखर पर भगवान् नृसिंह की प्रसन्नता-प्राप्ति के लिये कठोर तपश्चर्या कर रहा था। वे अपने भक्तों पर सदैव से अनुकम्पा करते आये हैं। एक युवक किरात उधर से निकलता हुआ, प्रायः मुझसे यह पूछा करता था, 'ओ योगी, इस एकान्त गुफा में तुम अकेले किस लिये रह रहे हो?' एक दिन मैंने उसके नित्य के प्रश्न का उत्तर दिया, 'भाई किरात, मैं इस पावन स्थल पर नृसिंह भगवान् की आराधना कर रहा हूँ। मैंने सुन रखा है कि यहाँ के जंगल में वे निवास करते हैं, पर मैं अभी तक उनका दर्शन नहीं कर पाया हूँ।' इतना सुनते ही वह किरात गहन वन में प्रविष्ट हो गया और थोड़ी ही देर में नृसिंह भगवान् को

लताओं में बाँधे हुए मेरे सम्मुख उपस्थित हुआ। नृसिंह भगवान् को लताओं में आबद्ध देखकर मैं आश्चर्य से चकित हो गया। मैंने उनसे पूछा, 'आपकी प्राप्ति तो ऋषियों के लिये भी दुर्लभ है। मुझे आश्चर्य है कि इस किरात ने आपकी प्राप्ति इतनी शीघ्र किस प्रकार कर ली?' नृसिंह भगवान् ने उत्तर दिया, 'इस किरात की भाँति ऋषि भी मेरी आराधना करने में असमर्थ हैं। यह मनसा, वाचा, कर्मणा मेरा अनन्य उपासक है। तुम्हारी आराधना भी इसकी आराधना के समान प्रबल नहीं है।' इतना कहकर मुझे आशीर्वाद देते हुए वे अन्तर्धान हो गये।''

पद्मपाद की कथा सुनकर सभी शिष्य आश्चर्य में पड़ गये। उस समय भी नृसिंह भगवान् भीषण सिंहनाद कर रहे थे। सारी दिशाओं में वह निनाद गूँज रहा था। आचार्य शंकर अब निर्विकल्प समाधि से उतर कर सामान्य धरातल पर आ गये थे। उन्होंने अपनी आँखें खोलीं, तो नृसिंह भगवान् का भयंकर रूप सामने देखा। नृसिंह के अयाल चन्द्रमा के समान श्वेत वर्ण के थे। उनके मस्तक के नीचे सूर्य की भाँति आँखें चमक रही थीं। असंख्य सूर्यों के समुदाय के समान उनका तेज था। उनकी भीषण गर्जना से सारी दिशाएँ आक्रान्त हो गयी थीं। उनका सारा शरीर कापालिक के रक्त से अनुरंजित था। उनके वक्षस्थल पर श्रीवत्स का चिह्न था, गले में कौस्तुभ मणि सुशोभित थी, जिस पर कापालिक की अँतड़ियाँ चिपकी थीं। उनके इस उग्ररूप को देखकर सारा जगत् थर्रा रहा था। उनके मुख में अनेक जीभें प्रचंड अग्नि की लपटों के समान लपलपा रही थीं। वे जीभें आकाश को चाट रही थीं। उनके रोमछिद्रों से भयानक चिनगारियाँ निकल कर सभी जगह उड़ रही थीं। उनके इस भैरव स्वरूप ने ब्रह्मा, शिव आदि के मन में भय उत्पन्न कर दिया। उन्होंने नृसिंह भगवान् से प्रार्थना की, ''हे जगत्-स्वामिन्, शान्त हों। बिना काल के प्रल . : करें।''

आचार्य शंकर द्वारा नृसिंह भगवान् की स्तुति

ब्रह्मा और शिव की प्रार्थना से नृसिंह भगवान् शान्त नहीं हुए। उनका भयानक और रौद्र स्वरूप ज्यों का त्यों बना रहा। आचार्य शंकर उस भीषण रूप को देखकर तनिक भी भयभीत नहीं हुए। उन्होंने अत्यन्त श्रद्धाभक्ति से नृसिंह भगवान् की स्तुति करनी प्रारम्भ कर दी, ''भगवान् नृसिंह, संसार के कल्याण के निमित्त अपने महान् क्रोध का परित्याग करें। अपने हाथों से मारा हुआ शत्रु पृथ्वी पर पड़ा हुआ है। अब आप शान्त और कृपालु हों, ताकि संसार के प्राणी आपकी भयोत्पादक, भीषण आँखों के देखने से उत्पन्न भय से विमुख हों। आप तो अपनी सात्विक वृत्ति के लिए विश्व में विख्यात हैं, अतः क्रोध करना आपके लिए शोभनीय नहीं है। बड़े आश्चर्य की बात है कि आपने 'हरी' (विष्णु) के होते हुए भी, 'हर' (शिव) के तमोगुण को ग्रहण कर लिया है। उस तमोगुण का प्रतीक अतिशय क्रोध है। भगवन्, आपकी आराधना करने से तो भक्त भयविमुख होकर परमानन्द की अनुभूति करता है। आपके इस उग्र रूप के दर्शन से भक्तों को कितना लाभ होगा? भक्तगण तो इस रूप को देखकर

भयभीत हो रहे हैं। हे परमात्मन्, मरते समय भी जो आपका स्मरण करता है, उसका भी उद्धार हो जाता है। यह कापालिक तो आपके हाथों से ही मारा गया है, अतः अब इसके जीवन-मरण के चक्र का कोई प्रश्न ही नहीं उठता। हिरण्यकशिपु द्वारा अत्यधिक प्रताड़ना दिये जाने पर प्रह्लाद ने उच्च स्वर में निर्भय भाव से कहा था, ''प्रभु सर्वत्र विराजमान हैं। सृष्टि के अणु-परमाणु में मेरे प्रभु ही व्याप्त हैं। उसके पिता ने प्रह्लाद के विश्वास को चुनौती दी। भक्त प्रह्लाद के कल्याणार्थ आपने उस चुनौती को स्वीकार किया और खंभे से नृसिंह रूप में प्रकट होकर दुष्ट हिरण्यकशिपु का संहार किया। सृष्टि-रचना के समय आप रजोगुण से युक्त होते हैं। यद्यपि आप सत्त्वगुणस्वरूप हैं, पर सृष्टि की रक्षा के निमित्त हाथ में धनुष-बाण धारण कर उसकी रक्षा निरन्तर करते रहते हैं। सृष्टि के संहार के लिए आप तमोगुण का आश्रय लेकर शिव रूप में प्रकट होते हैं।''

''हे सर्वस्वामिन् आप जन्मविहीन हैं, आप सत्व, रज और तम, इन तीनों गुणों से परे निर्गुणरूप हैं। आप जगत् के कल्याण के निमित्त अनेक रूपों में अवतरित होते हैं। श्रुतियाँ आपको वाक्, मन से अगोचर मानती हैं। वेदान्त भी चकित होकर आपका बोध कराते हैं—'यतो वाचो निवर्तन्ते अप्राप्य मनसा सह', अर्थात, मन के सहित सभी इन्द्रियाँ उस ब्रह्म को न पाकर वहाँ से लौट आती हैं।' हे नृसिंह भगवान्, आपके नाम के उच्चारण मात्र से सारे भूत-प्रेत भाग जाते हैं। कोई भी आसुरी शक्ति आपका स्पर्श तक नहीं कर सकती। सृष्टि रचयिता, पालनकर्ता और संहारकर्ता आप ही हैं। आप सभी के आदि कारण हैं। पवित्र अंतःकरण में आप प्रतिभासित होते रहते हैं। हे शुद्ध चिद्-घन, मैं आपकी शरण में हूँ। उग्र पिशाच को तो आपने मार ही डाला है। अतः अब आप अपने उग्र स्वरूप को छोड़ दें, क्योंकि इसे देखकर सब का हृदय काँप रहा है।''

''भगवन्, आपका यह सिंहनाद प्रलयकाल में शिव के तीसरे नेत्र से निकली हुई प्रलयाग्नि से कहीं अधिक प्रबलतर है। आप अपने इस महानाद से भक्तों के हृदय में ब्रह्मज्ञान की उस अग्नि को प्रज्वलित करें, जिससे समस्त सांसारिक दुःखों और बंधनों का नाश हो जाता है। समुद्र-मंथन के समय मंदराचल पर्वत से जो ध्वनि उत्पन्न हुई थी, उस ध्वनि को भी आपका महानाद पराजित करने वाला है। प्रलयकालीन शिव के डमरूनिनाद को भी आपका महानाद लज्जित करने वाला है। आपकी यह महाध्वनि संसार के समस्त पाप-ताप की शान्ति करे। स्वामिन्, अब आप एकदम शान्त हो जायँ।''

आचार्य की इस प्रार्थना से नृसिंह भगवान् ने अपना स्वरूप अन्तर्हित कर लिया। अब पद्मपाद को अपने शरीर का बोध हुआ। स्वप्न देखते हुए पुरुष की भाँति वह जाग्रतावस्था में आ गया। वह आचार्य के चरणकमलों में गिर पड़ा। आचार्य शंकर ने उसके ऊपर अपना वरद हस्त रखकर आश्वस्त किया।

■

तेरह

अन्य शिष्यों की प्राप्ति

आचार्य शंकर ने श्रीशैल में निवास करके कापालिकों का प्रभुत्व समाप्त कर वैदिक धर्म की पूरी-पूरी प्रतिष्ठा कर दी। इसके पश्चात् वे अक्लांत भाव से वेदान्तमार्ग और वैदिक धर्म का प्रचार करते हुए शिष्यों के साथ आगे बढ़े। वे गोकर्ण तीर्थ पहुँच गये। यह स्थान कर्नाटक प्रदेश का एक प्रसिद्ध शैव तीर्थ है। गोवा से उत्तर तीस मील की दूरी पर समुद्र तट पर यह स्थित है। यह अत्यन्त प्राचीन और प्रसिद्ध तीर्थ माना जाता है। वाल्मीकि रामायण (उ० काण्ड 9/47), महाभारत (अनु० पर्व, 24) और श्रीमद्भागवत में इसकी महिमा का उल्लेख है। यहाँ भगवान् शिव की अर्द्धनारीश्वर मूर्ति है, अर्थात् मूर्ति का आधा भाग शिव जी का और आधा भाग पार्वती का है। उस स्थान पर पहुँच कर आचार्य ने पहले देवदर्शन किया। अर्द्धनारीश्वर भगवान् शिव को उन्होंने प्रणाम किया। सद्योरचित स्तोत्र के द्वारा उनकी वन्दना प्रारम्भ की, "हे कामारि, आपके शरीर के दाहिने भाग में आपकी शोभा परिलक्षित हो रही है। वह कान्ति मेघ की कान्ति के समान है। आपके बायें भाग में बिजली की प्रभा फैली हुई है, यह प्रभा पार्वती के वर्ण की प्रभा है। दाहिने भाग में आपने नवतृणांकुर-भक्षण-रत मृग का रूप धारण किया है और बायें भाग में पार्वती के हाथ में शुक पक्षी विराजमान है। पार्वती के कण्ठ के साथ आपका कण्ठ संलग्न है। इसलिये आपके कण्ठ में स्थित हलाहल प्रभाशून्य हो गया है। मैं आपके शरीर की ज्योति का ध्यान करता हूँ। आपके शरीर की ज्योति तो मेरा ही स्वरूप है। भूमा रूप परमात्मा के साथ हम दोनों के एकत्व के कारण आपके साथ मेरा भी एकत्व है।" इस गोकर्ण तीर्थ में आचार्य शंकर तीन दिन आनन्दपूर्वक रहे। वे विद्वानों और भक्तों को प्रतिदिन अद्वैतमार्ग का उपदेश करते थे।

गोकर्ण तीर्थ से आचार्य शंकर शिष्यमंडली सहित हरिशंकर तीर्थ की ओर चल पड़े। वहाँ हरिहर की मूर्ति विष्णु (हरि) और शिव (हर) दोनों परम देवों के सम्मिलित रूप से विद्यमान थी। यह तीर्थ कैलाश और विष्णुलोक दोनों के माहात्म्य से समन्वित है। यहाँ उन्होंने एक स्तोत्र द्वारा हरी और हर दोनों की समान भाव से स्तुति की। उस स्तोत्र की यह विशेषता है कि वह श्लेषपरक है। जिस प्रकार 'हरि-हर' की मूर्ति सम्मिलित है, उसी प्रकार स्तोत्र का अर्थ शिवपक्ष और विष्णुपक्ष दोनों पर घटित होता है। उदाहरणार्थ—

समावहन केसरितां वरां यः, सुरद्विषत्कुंजरमाजघान्।
प्रह्लादमुल्लसितमादधानं' पंचाननं तं प्रणामुः पुराणम्॥

अर्थ, विष्णुपक्ष में—हे नृसिंह रूपी नारायण, आपने सिंह रूप धारण कर देवताओं के शत्रु हिरण्यकशिपु का संहार किया है और प्रह्लाद को आनन्दित बनाया है। अत: मैं आपको प्रणाम करता हूँ।

शिवपक्ष में—हे शिव, आप पंचमुख धारण करने वाले हैं। आपके मस्तक में नदियों में श्रेष्ठ गंगा विराजती हैं। गजासुर को मारकर आप अत्यन्त आनंदित हुए। अत: मैं आपको प्रणाम करता हूँ।

आचार्य शंकर का यह भावावेश देखकर वहाँ के जन एवं अर्चकगण विशेष श्रद्धासम्पन्न हुए। नर-नारियों का झुंड आचार्य के दर्शन के लिए उमड़ पड़ा। ब्रह्मज्ञान से उद्‌भासित उनके मुखमंडल को देख दर्शकगण मंत्रमुग्ध हो गये। कुछ श्रद्धालुओं ने अपने उद्‌गार इस प्रकार अभिव्यक्त किये, ''स्वयं ब्रह्मण्यदेव धराधाम में अवतीर्ण हुए हैं।'' आचार्य शंकर से अद्वैततत्त्व की व्याख्या सुनकर सभी श्रोता परितृप्त हो गये। उन्होंने अधिकारी के भेदानुसार कुछ साधकों को द्वैत साधना का रहस्य समझा कर उन्हें देवाराधना में नियोजित किया। अनेक धार्मिक व्यक्तियों के पदार्पण से हरिशंकर तीर्थ उत्सवक्षेत्र बन गया।

आचार्य शंकर की कीर्ति दिन दूनी रात चौगुनी बढ़ने लगी। अनेक राजा, विद्वान्, ब्राह्मण, विभिन्न सम्प्रदायों के महात्मा एवं साधक उनके अनुयायी होने में अपने जीवन की सार्थकता समझने लगे। बहुत से लोग उनके पवित्र संग की प्राप्ति के लिए तथा कुछ व्यक्ति तीर्थयात्रा के उद्देश्य से उनके साथ-साथ चलने लगे। वहाँ से चलकर शिष्यमंडली सहित आचार्य मूकाम्बिका तीर्थ की ओर अग्रसर हुए। सर्वत्र अनेक धर्मपरायण व्यक्ति उनके दर्शन के निमित्त आते और उनके चुम्बकीय आकर्षण से खिंच कर उनके साथ-साथ चलने लगते थे। उन्होंने अपनी अमृतवाणी की वर्षा करके सभी को परितृप्त किया।

आचार्य प्रवर शंकर उस पुण्यभूमि में प्रवेश करते ही मूकाम्बिका देवी के मन्दिर की ओर चले। उनका दर्शन करने के लिए जन समुदाय उमड़ पड़ा। वे ध्यानावस्था में धीरे-धीरे बढ़ रहे थे। मार्ग में एक परम कारुणिक दृश्य देखकर वे रुक गये। आचार्य ने देखा कि एक ब्राह्मण-स्त्री अपने मृत एकलौते पुत्र को गोद में लिये महान् करुण-क्रन्दन कर रही है। ब्राह्मणी का पति उसके समीप खड़ा था। करुणवत्सल आचार्य इस कारुणिक दृश्य को देखकर करुणार्द्र हो गये। वे स्तब्ध भाव से वहीं खड़े हो गये। इतने ही में उन्हें अमानवीय वाणी सुनायी दी, ''जहाँ किसी का वश न चले, ऐसी स्थिति में करुणा करना बेकार है। यहाँ करुणा प्रदर्शित करना मानसिक विक्षेप का कारण होगा।'' इसे सुन कर आचार्य ने कहा, ''अदृश्य देव से जो बात मैंने सुनी है; वह अक्षरश: सत्य है। परन्त यह बात भी उतनी ही सत्य है कि उन्हीं परम देव की कृपा से सृष्टि की रचना, पालन और संहार होता है। उन्हीं की कृपा से अघटित घटना भी घटित हो जाती है। सामान्य व्यक्ति के लिये ऐसा कार्य करना असम्भव है।'' आचार्य का कथन समाप्त होते ही ब्राह्मण का बालक नींद में सोये हुए

के समान जग पड़ा। आचार्य शंकर के इस अलौकिक चमत्कार से सभी दर्शकगण आश्चर्य विभोर हो गये।

तत्पश्चात् आचार्य शक्तिपीठ मूकाम्बिका-मन्दिर के निकट पहुँच गये। यह मन्दिर सघन वृक्षों से परिवेष्टित था। मन्दिर के चारों ओर आम, कटहल, ताड़ और अनार के पेड़ लहलहा रहे थे। मन्दिर में प्रवेश करते ही आनन्दातिरेक से उनके नेत्रों से अश्रुवर्षा होने लगी, सारा शरीर रोमांचित हो गया। महान् शंकर ने अनन्य भक्ति-भावना से देवी की स्तुति करनी प्रारम्भ की, "हे माता, आपके चरणकमलों से तीन सौ साठ कलाएँ प्रभूत होकर सूर्य, चन्द्रमा और अग्नि के प्रकाश के रूप में वर्ष-पर्यन्त प्रतिभासित होती रहती हैं। साधकगण विविध प्रकार की साधनापद्धतियों का सहारा लेकर आपकी आराधना किया करते हैं। सामान्य कोटि के साधक संसार की अमूल्य वस्तुओं से आपकी आराधना करते हैं। मध्यम साधक शारीरिक क्रियाओं से परिपूर्ण मानसिक पूजा करते हैं और उत्तम कोटि के विरले भक्त आपकी चिन्मयी आध्यात्मिक उपासना में निरत रहते हैं। परन्तु जो महान् साधक आपके सत्, चित्त और आनन्द स्वरूप में पूर्ण रूप से प्रतिष्ठित हो जाता है, उसके लिए किसी प्रकार की आराधना करने का कोई प्रश्न ही नहीं उठता, क्योंकि वह सदैव के लिये आपसे युक्त होकर आपका ही स्वरूप बन जाता है।"

"हे देवि, आप अड़तीस कलाओं से युक्त हैं। उनमें पाँच ही कलाएँ निवृत्ति-प्रधान हैं और उन्हीं से मोक्षप्राप्ति होती है। हे अम्ब, बुद्धिमान् व्यक्ति इन कलाओं से ऊपर उठकर आपके चरणकमलों की ही आराधना में निरत रहते हैं। हे माता, समस्त सृष्टि की रचना, पालन और संहार आप ही करती हैं। आप ही जीव को मोक्ष देने वाली हैं। अपनी अहेतुकी कृपा से साधकों के सारे बन्धनों को क्षण मात्र में काट देती हैं।"

"हे परमेश्वरी, जो साधक प्रत्यभिज्ञामत के पारगामी हैं, वे गुरु के उपदेश से समाधि योग में स्थित होकर 'वही मैं हूँ' की अनुभूति करते हैं। इस प्रकार एकता की अनुभूति कर मोक्ष-प्राप्ति कर लेते हैं। संसार के भोगों के आकांक्षी साधक मूलाधार चक्र और स्वाधिष्ठान चक्र में आपकी आराधना कर सांसारिक समृद्धि और ऐश्वर्य की प्राप्ति करते हैं, मणिपूर चक्र के आराधक आपके निवासस्थान के दरवाजे तक पहुँच पाते हैं। जो अनाहत चक्र में आपका ध्यान करते हैं, वे आपके क्षेत्र में प्रवेश करते हैं। विशुद्ध-चक्र के उपासक आपका सामीप्य प्राप्त कर लेते हैं। आज्ञा चक्र में मन लगाने वाले साधक आपके ही समान भागों को प्राप्त कर लेते हैं। ध्रुवमंडल सहस्त्रदल कमल में आपकी उपासना करने वाला साधक शिरोमणि चार प्रकार की अनुभूति से मोह को दूर कर सायुज्य मुक्ति प्राप्त करने में समर्थ होता है।"

ऐसी स्तुति करके आचार्य शंकर ने उस पुण्यस्थली में कुछ दिनों तक निवास किया। उस अवधि में वे नित्य देवी का दर्शन करने जाते थे। जिज्ञासु-समुदाय उनके दर्शन और सत्संग के निमित्त बराबर उपस्थित होता रहा।

हस्तामलक शिष्य की प्राप्ति

इसके पश्चात् आचार्य शंकर 'श्रीबलि' नामक अग्रहार में गये। अग्रहार उस ग्राम को कहा जाता है, जिसमें केवल ब्राह्मणों का निवास रहता है। उस अग्रहार में दो सहस्र ब्राह्मण रहते थे। वहाँ के सभी ब्राह्मण कर्मकाण्डी, वेदज्ञ और सदाचारी थे। यज्ञानुष्ठान और स्वाध्याय के अतिरिक्त उन्हें किसी और काम से मतलब नहीं था। वहाँ अल्पायु में किसी की मृत्यु नहीं होती थी। उस ग्राम में प्रभाकर नामक एक प्रतिष्ठित मीमांसक, वेदज्ञ, सदाचारी ब्राह्मण रहते थे। वे धन-सम्पत्ति, पशुधन से परिपूर्ण थे। सगे-सम्बन्धी उनकी बहुत प्रतिष्ठा करते थे और आसपास के लोगों पर उनका बहुत प्रभाव था। परन्तु इतने पर भी वे दुखी रहते थे। उनके दुख का कारण उनके इकलौते पुत्र, पृथ्वीधर की जड़ता थी। तेरह वर्ष की अवस्था होने पर भी वह नितान्त जड़ तथा गूँगा था। इस कारण ब्राह्मण-दम्पति के मन में सदैव अशान्ति और चिन्ता रहती थी। प्रभाकर प्रत्येक विद्वान् से अपने पुत्र के सम्बन्ध में पूछा करते थे। वे लोग जैसा बताते थे, वैसा उपचार करते थे। पर वह बालक ज्यों का त्यों रहा। उसकी मानसिक स्थिति में कोई भी परिवर्तन नहीं हुआ।

प्रभाकर को यह ज्ञात हुआ कि अलौकिक शक्तिसम्पन्न शंकराचार्य पधारे हैं और उनके साथ अनेक शिष्य हैं और पुस्तकों का प्रचुर भण्डार है। प्रभाकर अपने पुत्र को लेकर आचार्य के सम्मुख उपस्थित हुए। उन्होंने पहले फल, मिष्ठान्न आदि से आचार्य शंकर का पूजन किया, तत्पश्चात् अपनी मनोव्यथा को बताना प्रारम्भ किया, "हे स्वामिन्, मैं आपसे पूछता हूँ कि इस बालक की जड़ता का क्या कारण है? इसकी आयु तेरह वर्ष की हो गयी है, पर न इसने अक्षर सीखे हैं और न वेद ही पढ़ा है। किसी प्रकार इसका उपनयन-संस्कार कर दिया गया है। सम आयु वाले लड़के इसे खेलने के लिये बुलाते हैं, परन्तु यह अपने स्थान से टस से मस नहीं होता। दुष्ट लड़के इसे पागल समझ कर पीटते हैं, फिर भी यह रुष्ट नहीं होता। मन में आया तो खा लिया, नहीं तो भूखा ही रहता है। भूख-प्यास की कोई भी प्रतिक्रिया इसके मन में नहीं होती। यह न कुछ सुनता है और न कुछ कहता है। आलसी की तरह कुछ सोचता हुआ पड़ा रहता है। जब जो चाहता है, करता है। यह बिल्कुल स्वच्छंद है, बन्धन नहीं मानता। भगवन्, क्या आप इसकी जड़ता का कारण बता सकेंगे?"

पंडित प्रभाकर की बात सुनकर आचार्य ने उस बालक से पूछा—

"कस्त्वं शिशो कस्य कुतोऽसि गन्ता,
किं नाम ते त्वं कुत आगतोऽसि?
एतद् वद त्वं मम सुप्रसिद्धं
मत्प्रतिये प्रीतिविवर्धनोऽसि॥"

अर्थात्, "हे शिशु, तुम कौन हो, किसके पुत्र हो, कहाँ जा रहे हो, तुम्हारा नाम क्या है, कहाँ से आये हो? मेरे इन प्रश्नों का सुस्पष्ट उत्तर देकर मुझे प्रसन्न करो। तुम्हें देखकर मुझे विशेष आनन्द हो रहा है।"

शंकराचार्य के प्रश्नों को सुनकर बालक (पृथ्वीधर) अत्यधिक आह्लादित हुआ। आचार्य की ओर अपलक दृष्टि से देखते हुए उसने मधुर वाणी में उत्तर दिया।

''नाहं मनुष्यो न च देवयक्षौ,
न ब्राह्मण-क्षत्रिय-वैश्य-शूद्रः।
न ब्रह्मचारी न गृही वनस्थो
भिक्षुर्न चाहं निजबोधरूपः।''

अर्थात्, ''मैं मनुष्य नहीं हूँ; देवता या यक्ष भी नहीं; ब्राह्मण, क्षत्रिय, वैश्य और शूद्र भी नहीं; ब्रह्मचारी, गृहस्थ, वानप्रस्थी और संन्यासी भी नहीं। मैं केवल निजबोध स्वरूप आत्मा हूँ।'' इस प्रकार के बारह श्लोकों में उसने आत्म-परिचय दिया। इस आत्म-परिचय में शुद्ध निर्गुण ब्रह्म के प्रतिपादन के अतिरिक्त और कुछ नहीं है। प्रत्येक श्लोक का भाव नीचे दिया जा रहा है—

''सूर्य जिस प्रकार लोकचेष्टा का कारण है, उसी प्रकार जो मन, चक्षु आदि इन्द्रियों की प्रवृत्ति का कारण है तथा सब प्रकार की उपाधियों से रहित आकाश-तुल्य है, मैं ही वह नित्य ज्ञानस्वरूप आत्मा हूँ॥ 2॥''

''अग्नि की उष्णता के समान नित्य चैतन्य ही जिसका स्वरूप है, जो निश्चल और अद्वितीय है, जिन्हें अक्षय करके जड़ प्रकृति तथा मन, चक्षु आदि इन्द्रियाँ अपने-अपने विषय में प्रवृत्त होती हैं, मैं वही नित्य, ज्ञानस्वरूप आत्मा हूँ॥ 3॥''

''दर्पण में दृश्यमान मुख-प्रतिबिम्ब जिस प्रकार बिम्ब से पृथक् नहीं है, उसी प्रकार बुद्धि-दर्पण में जो आत्म-प्रतिबिम्ब रूप आभास चैतन्य जीव नाम से कथित है और वह जिस ब्रह्म से अभिन्न है, मैं वही नित्य, ज्ञानस्वरूप आत्मा हूँ॥ 4॥''

''दर्पण के अविद्यमान होने पर जिस प्रकार प्रतिबिम्ब अदृश्य होकर केवल कल्पनारहित एक मात्र मुख ही विद्यमान रहता है, उसी प्रकार बुद्धि-वृत्ति के निरोध होने पर जो बिम्बरूप से अकेले विद्यमान रहता है, वह बोधस्वरूप आत्मा मैं ही हूँ॥ 5॥''

''मन, चक्षु आदि से रहित होने पर भी जो मन का मन और चक्षु का चक्षु है तथापि जो मन या चक्षु आदि इन्द्रियों के अगोचर है, मैं ही वह नित्यस्वरूप, ज्ञानस्वरूप आत्मा हूँ॥ 6॥''

''जो अद्वितीय पुरुष निर्मल चित्त में स्वतः प्रकाशित होता है, विविध पात्रों के जल में प्रतिबिम्बित सूर्य की भाँति जो प्रकाशस्वरूप में अनेक बुद्धियों के अन्तर्गत विभिन्न रूप से प्रतीयमान होता है, वही नित्य, ज्ञानस्वरूप आत्मा मैं हूँ॥ 7॥''

''जिस प्रकार सूर्य एक साथ अनेक चक्षुओं में प्रकाश देकर प्रकाश्य वस्तुओं को प्रकाशित कर देता है तथा जो सारी बुद्धि-वृत्तियों का एकमात्र प्रकाशक है, उसी प्रकार वह नित्य, ज्ञानस्वरूप आत्मा मैं ही हूँ॥ 8॥''

"जिस प्रकार सूर्यालोक से प्रकाशित होकर चक्षु रूपग्रहण करने में समर्थ होता है, उसी प्रकार सूर्य जिसकी ज्योति से प्रकाशित होकर चक्षु को भासित करता है, मैं वही नित्य, ज्ञानस्वरूप आत्मा हूँ॥ 9॥"

"एक ही सूर्य का प्रतिविम्ब जिस प्रकार स्थिर और चंचल जल में विभिन्न रूप से प्रतीयमान होता है, उसी प्रकार जो एक होकर भी स्थिर और चंचल अनेक प्रकार की बुद्धियों में अनेक रूपों में प्रतीत होता है, मैं ही वह नित्य, ज्ञानस्वरूप आत्मा हूँ॥ 10॥"

"अति मूढ़ व्यक्ति मेघ से दृष्टि आच्छन्न होने के कारण जिस प्रकार सूर्य को मेघाच्छन्न तथा प्रभाहीन समझता हूँ, उसी प्रकार जिस परमतत्त्व ब्रह्म को मूढ़बुद्धि लोकबद्ध की तरह समझते हैं, मैं वही नित्य, ज्ञानस्वरूप आत्मा हूँ ॥ 11॥"

"जो सारे प्राणियों और वस्तुओं में व्याप्त है तथापि कोई भी वस्तु जिसे स्पर्श नहीं कर सकती, जो आकाश के समान सर्वदा शुद्ध और मुक्तस्वरूप है, मैं वही, नित्य ज्ञानस्वरूप आत्मा हूँ ॥12॥"

शंकराचार्य के प्रश्न पर जन्म के गूँगे बालक के मुख से आत्म-जिषय-प्रतिपादक ऐसे सुन्दर श्लोकों को सुनकर सब लोग आश्चर्यचकित और किंकर्तव्यविमूढ़ हो गये। उसके पिता, प्रभाकर के भी हर्ष का ठिकाना न रहा । उन्हें तो मानो जीवन का सर्वस्व प्राप्त हो गया। आचार्य शंकर भी विस्मित हो गये। उन्होंने अपने शिष्यों से कहा,"यह बालक कोई ब्रह्मज्ञ महापुरुष है। इसने बिना किसी सद्‌गुरु के उपदेश द्वारा आत्मसाक्षात्कार कर लिया है। बिना आत्मानुभूति प्राप्त किये इस प्रकार आत्मविषयक उद्‌गार अभिव्यक्त करना असंभव है। हाथ में रखे हुए आमले की तरह इस बालक ने आत्मज्ञान प्राप्त कर लिया है। अतः आज से इसका नाम हस्तामलक होगा। इसके द्वारा उच्चरित स्तोत्र भी 'हस्तामलक'[1] नाम से प्रसिद्ध होगा। तुम लोग भी आत्म विषय-प्रतिपादक इस स्तोत्र को कंठस्थ कर लो।"

---

1. अनेक जीवनी ग्रंथों में 'हस्तामलक स्तोत्र' आचार्य शंकर द्वारा रचित माना गया है। शंकर ग्रंथमाला 75 स्तोत्रों का संकलन है। इस स्तोत्र को उन्हीं द्वारा रचित माना गया है। किसी ग्रंथ में ऐसा भी लिखा है कि शंकराचार्य ने उस गूँगे बालक के मुख से इस स्तोत्र को सुनकर पद्मपाद से कहा था, "यह प्रसिद्ध हस्तामलक स्तोत्र है। निर्गुणोपासकों के लिये अत्यन्त आदर की वस्तु है। उन्हें इसकी आवृत्ति करनी चाहिये।" इस बात से भी यह सिद्ध होता है कि यह शंकर रचित नहीं है, कोई पुरातन स्तोत्र है। आचार्य ने इस श्लोक की टीका भी की है। स्वरचित किसी दूसरे स्तोत्र की उन्होंने टीका की है, ऐसा ज्ञात नहीं है।

   ऐसा भी संभव है कि उस बालक के मुख से आत्मस्वरूपप्रतिपादक तत्वज्ञानयुक्त वाक्यों को सुनकर शंकराचार्य ने प्रसन्न होकर उसके वाक्यों के अवलम्बन से अद्वैतज्ञान-प्रतिपादक इस स्तोत्र की रचना की हो। इस कारण यह स्तोत्र उन्हीं के नाम से चला आ रहा हो।

आचार्य बालक के ऊपर अत्यन्त प्रसन्न हुए। उन्होंने बालक के सिर पर हाथ रख कर उसे अमोघ आशीर्वाद दिया। कुछ देर तक सोचकर उन्होंने प्रभाकर से कहा, "हे ब्राह्मणदेवता, यह पुत्र आपके घर में रहने के योग्य नहीं है। पूर्व जन्म की अनेक तपश्चर्या और शुभ कर्मों के कारण यह बालक आत्मपद में प्रतिष्ठित हुआ है। दिनरात अपने आत्मस्वरूप में निमग्न रहता है। अतः इसे लौकिक व्यवहारों से स्वाभाविक वितृष्णा और ग्लानि है। अपने प्रारब्ध भोग को समाप्त करने के लिये यह इस शरीर में आबद्ध है। इसे अपने शरीर में अहंबुद्धि नहीं है। सांसारिक सम्बन्धों और माता-पिता के ज्ञान से बहुत ऊपर उठकर यह ब्रह्मपद में पूर्ण रूप से प्रतिष्ठित है। यह भलीभाँति अनुभव करता है कि मैं चिद्घनस्वरूप ब्रह्म हूँ। यह आप लोगों को किसी भी प्रकार का सांसारिक सुख नही पहुँचा पायेगा। यह आपके किसी काम के योग्य नहीं है और न होगा। अतः आप इस बालक को मेरे पास छोड़ दें।"

आचार्य शंकर का प्रस्ताव सुनकर प्रभाकर सन्नाटे में आ गये, उनके पैरों के नीचे से मानो जमीन खिसक गई। वे किसी भी कीमत पर पुत्र को अपने से अलग करने को तैयार नहीं थे। पुत्र चाहे गूँगा हो, चाहे बहरा अथवा जड़, वह पुत्र ही है। संसार में पुत्र की ममता सबसे बढ़कर होती है। पुत्र-वात्सल्य की अधिकता से उनका हृदय उमड़ पड़ा। उन्होंने लम्बी साँस छोड़ते हुए आचार्य से कहा, "भगवन्, आपका कहना शत प्रतिशत यथार्थ है। परन्तु इकलौते पुत्र का वियोग मैं किस प्रकार सहन कर पाऊँगा? अतः मैं बहुत सोचकर भी इसे देने में अपने को असमर्थ पा रहा हूँ। इसकी माता के प्राण तो इसी में बसते हैं। इसके बिना वह कैसे जीवित रह सकेगी? फिर भी मैं उसे सारी बातें बताकर, उससे परामर्श लूँगा।"

इतना कहने के पश्चात् प्रभाकर ने आचार्य के चरणकमलों में साष्टाङ्ग प्रणाम किया और अपना पुत्र लेकर वे घर चले गये। बालक की माता सारा वृत्तान्त सुनकर पुत्र-स्नेह में बावली सी हो गयी। पर बारंबार उसका मुख चूमने लगी। स्नेहातिरेक में उन्होंने कहा, "वत्स, मुझे 'माँ' तो कह दो।" परन्तु बालक ने मुँह तक न खोला। तब पुत्र के भावी वियोग की चिन्ता से माता कातर होकर विलाप करने लगी।

दूसरे दिन प्रातःकाल प्रभाकर पत्नी-पुत्र सहित आचार्य की शरण में फिर उपस्थित हुए। ब्राह्मणी व्याकुल होकर आचार्य के चरणकमलों में गिर पड़ी। रोती-कलपती हुई उसने आचार्य से प्रार्थना की, "यतिराज, आप कृपा करके मेरे पुत्र को प्रकृतिस्थ कर दीजिये। आपकी कृपा से असंभव भी संभव हो सकता है। मृत भी जीवित हो जाता है। इकलौते पुत्र को छोड़कर मैं अकेली कैसे रह पाऊँगी? आप से हाथ जोड़कर प्रार्थना करती हूँ कि आप मेरी गोद सूनी न करें। इसे आप अच्छा कर दें और मेरे ही पास रहने दें।"

ब्राह्मणी की कातरता देखकर करुणावत्सल आचार्य द्रवीभूत हो गये। उन्होंने अत्यन्त मधुर स्वर में ब्राह्मणी को सान्त्वना दी, "माता, आप इस प्रकार विचलित न

हों, शान्त हो जायँ। पुत्र के लिये शोकार्त्त और चिन्तित न हों। आपके पुत्र के शरीर में एक सिद्ध योगी निवास करते हैं। इस कारण आपका पुत्र किसी भी दशा में सांसारिक प्रपंचों में नहीं पड़ेगा। उससे आप गार्हस्थ्य धर्म का पालन कभी न करा सकेंगी।''

आचार्य की बात सुनकर ब्राह्मण-दम्पति विस्मित हो गये। वे दोनों स्तब्ध होकर आचार्य को अपलक दृष्टि से देखते रहे। तब आचार्य ने उन दोनों के जीवन की एक भूतपूर्व घटना का उल्लेख करते हुए कहा, ''आप लोग भलीभाँति स्मरण करें, इस बालक की आयु उस समय केवल दो वर्ष की थी। एक दिन आप दोनों पुत्र को लेकर यमुना-स्नान करने गये। यमुना-तट पर एक ध्यानस्थ योगी की कुटी में अपने पुत्र को रख कर आप लोग नहाने लगे। इधर शिशु खेलते-खेलते कुटी के बाहर निकल गया और यमुना में गिर कर मर गया। आप उस मृत पुत्र को गोद में लिये रोते हुए योगी के पास गये। आप लोगों के करुण-क्रन्दन से योगिराज करुणार्द्र हो गये। उन्होंने अपनी अपूर्व योगशक्ति से मृत बालक के शरीर में प्रवेश किया। बालक जी उठा। आप लोग आनन्द के साथ घर लौट आये। वे ही सिद्ध महात्मा इस बालक के पार्थिव शरीर में स्थित होकर आत्मसुख का आनन्द ले रहे हैं। इसी कारण यह बालक परम वीतराग है और पूर्ण ज्ञानी है। इसे आप लाख चेष्टा करके गृहस्थ बनाने में असमर्थ रहेंगे।''

आचार्य शंकर की बात सुनकर पति-पत्नी दोनों को वह घटना स्मरण हो आयी। घटना एकदम सही थी। हस्तामलक के कण्ठ खुल गये। उसने अपनी माता को आश्वस्त करते हुए कहा, ''माताजी, आपने मेरा पूर्व वृत्तान्त तो आचार्य के श्रीमुख से सुन ही लिया। ऐसी स्थिति में मुझे गृहस्थी में क्यों फाँसने का प्रयास कर रही हैं? आप प्रसन्न होकर मुझे आज्ञा दें कि मैं गुरुदेव की ही शरण में कालक्षेप करूँ। मैं प्रार्थना करता हूँ कि आप शीघ्रताशीघ्र एक सुपुत्र की माँ बनेंगी। मेरी प्रार्थना निरर्थक नहीं होगी।''

ब्राह्मण-दम्पति के समक्ष समस्त घटना स्वप्नवत् प्रतीत हुई। उन्होंने प्रारब्ध का प्रबल भोग मानकर शंकराचार्य के परामर्श को विवश होकर स्वीकार किया। यतिराज, शंकर ने उन्हें आश्वस्त करके आशीर्वाद दिया। ब्राह्मण-दम्पति उदासभाव से घर लौट गये।

इस प्रकार पृथ्वीधर अब हस्तामलक हो गया। आचार्य शंकर ने शास्त्रीय विधि से उसे संन्यासाश्रम में दीक्षित किया। उसका संन्यास-नाम 'हस्तमलकाचार्य' रखा गया। हस्तामलक का गूँगापन और जड़त्व समाप्त हो गया। राख में छिंपी हुई अग्नि के समान वे अपने असली स्वरूप में आ गये। ब्रह्मज्ञान की अलौकिक प्रभा से उनका मुखमण्डल उद्भासित हो गया। उनके मुख से अब आत्मज्ञान की अद्वैतपरक बातें निकलने लगीं। उनकी प्रसिद्धि चारों ओर फैल गयी। आचार्य के प्रमुख चार शिष्यों में उनकी गणना की गयी।

शृंगेरी-मठ की संस्थापना

आचार्य के समस्त क्रिया-कलाप अलौकिक थे। देवगण भी उनके कार्यों को देख-सुन कर विस्मित हो जाते थे। 'श्रीबलि' का कार्य समाप्त करके आचार्य अब शृंगेरी की ओर बढ़े। साथ में पद्मपाद आदि शिष्यगण भी थे। शृंगेरी को तब शृंग गिरि कहा जाता था। इस पुनीत स्थल पर ऋष्यशृंग ने बहुत समय तक कठोर तपश्चर्या करके आत्मसाक्षात्कार किया था। समीप ही तुंगभद्रा प्रवाहित होती हैं, जिनमें स्नान करने से परम गति की प्राप्ति होती है। इस स्थान पर विपुल सात्विक व्यक्तियों का निवास था। वे नित्य शुभ कर्म और यज्ञानुष्ठान संपादित करने में निरत रहते थे। शृंगेरी जाते समय आचार्य ने मार्ग में अनेक नर-नारियों को धर्मोपदेश किया। विभिन्न मतावलम्बियों से शास्त्रार्थ भी हुआ। अब वे सहस्त्रों मनुष्यों के साथ यात्रा कर रहे थे। वे धर्म-धुरन्धर, शूरवीर विजेता के सदृश आगे बढ़ रहे थे। मार्ग में सर्वत्र विजय-श्री उन्हें प्राप्त होती गयी।

आठ वर्ष की आयु में सद्गुरु की तलाश में उन्होंने इस पुण्यस्थल का दर्शन किया था। वह स्थान उन्हें अत्यधिक रमणीक और आकर्षक प्रतीत हुआ था। उस स्थान के एकान्त और सात्विक वातावरण ने आचार्य का मन मोह लिया था। ग्रीष्म ऋतु के प्रचण्ड आतप में विषधर सर्प को मेढक के ऊपर छाया किये हुए देखकर वे मन्त्रमुग्ध हो गये थे। उन्हें ऐसी अनुभूति हुई थी कि इस स्थान के अणु-परमाणु में सात्विक भावना और आध्यात्मिकता प्रवाहित हो रही है। उनकी यह प्रबल धारणा बनी थी कि आध्यात्मिक साधकों के लिये यह स्थान कल्पतरु के समान है।

चालुक्य-नरेश को जब यह ज्ञात हुआ कि शंकराचार्य दलबल के साथ शृंगेरी पधार रहे हैं, तो उन्होंने अपने राजकर्मचारियों को निर्देश दिया कि वे यथोचित रीति से उनका स्वागत-सत्कार करें : शृंगेरी के अपूर्व प्राकृतिक सौन्दर्य को देखकर आचार्य की शिष्यमंडली अत्यधिक आह्लादित हुई। उस पावन तपोभूमि को देखकर आचार्य ने वहाँ कुछ दिनों तक रहने का विचार किया। थोड़े ही समय में चालुक्य के राजकर्मचारियों ने साधकों के रहने के निमित्त बहुत सी कुटियाँ निर्मित कर दीं।

जिस प्रकार प्रस्फुटित कमल के पास भौंरे स्वत: आकर्षित होकर पहुँच जाते हैं, उसी प्रकार ब्रह्मज्ञानी, अद्वैतनिष्ठ, सर्वज्ञ शंकराचार्य के आगमन का समाचार सुनकर अनेक मुमुक्षु, शास्त्रज्ञ, विद्वान्, मनीषी उनसे उपदेशामृत का पान करने के निमित्त एकत्र होने लगे। थोड़े ही समय में वह स्थल आध्यात्मिक साधना का केन्द्रस्थल बन गया। उन्होंने उन साधकों के सम्मुख अपने भाष्य का विश्लेषण तथा अन्यान्य शास्त्रों का विशद विवेचन किया। उन्होंने उस स्थल पर अद्वैतनिरूपिणी पीयूषधारा की सरिता प्रवाहित कर दी। उनके इस कार्य में उनके शिष्य, पद्मपादाचार्य और सुरेश्वराचार्य ने बहुत हाथ बँटाया। उनकी अनुभूति और पाण्डित्य से प्रभावित होकर आचार्य शंकर ने उन्हें धर्मप्रचार करने की आज्ञा प्रदान कर दी। बहुत से लोगों ने आचार्य के उन दोनों सुयोग्य शिष्यों से दीक्षा ग्रहण की। उस स्थल के सभी साधक

शम, दम, तितिक्षा एवं उपरति के अभ्यास में लग गये।

धीरे-धीरे उस स्थान पर मन्दिर और मठ का निर्माण किया गया। आचार्य ने स्वयं मन्दिर की प्राणप्रतिष्ठा की और लोक-प्रसिद्ध 'श्रीयंत्र' की भी स्थापना की। इस प्रकार आचार्य के सत्य संकल्प के बल पर 'शृंगेरी मठ' की संस्थापना हुई। इस महत्वपूर्ण कार्य के लिये आचार्य अत्यधिक सतर्क और सावधान थे। उनका यह अद्‌भुत मठ सनातन वैदिक धर्म का प्रकाशस्तम्भ बन गया। साधकों में त्याग, तपस्या, स्वाध्याय, विवेक, वैराग्य, भक्ति, संयम, नियम, अखण्ड ब्रह्मचर्य-व्रतपालन की दिव्य ज्योति प्रदीप्त कर मठ के उच्चादर्शों को धार्मिक-जगत् के सम्मुख प्रस्तुत किया। उनके इस महान् कार्य को देखकर भारत के नहीं, संसार के सभी धर्मपरायण व्यक्ति आश्चर्य-चकित हो जाते हैं। वास्तव में मठ और मन्दिरों का निर्माण करना उतना महत्वपूर्ण नहीं है, जितना कि साधकों का जीवन निर्माण करना। पहला कार्य बाह्य निर्माण है और दूसरा आन्तरिक निर्माण। आध्यात्मिक जगत् में अन्तर्निर्माण ही सब कुछ है। कहते हैं कि इस पावन स्थल पर उन्होंने अनेक उद्‌बोधक ग्रंथों की रचना की, जिनमें विवेकचूड़ामणि, अपरोक्षानुभूति, मोहमुद्‌गर, दृग्दृश्यविवेक, अज्ञानबोधिनी, आत्मबोध, वेदान्तकेशरी, ललित-त्रिशती, भाष्य, प्रपंचसार, आत्मानात्मविवेक, सर्वदर्शन सिद्धान्त आदि मुख्य हैं। इन ग्रंथों में विवेक, वैराग्य, भक्ति और अद्वैतज्ञान का अद्‌भुत सम्मिश्रण हुआ। अनेक आध्यात्मिक साधकों ने इन ग्रंथों से लाभ उठाया है।

शृंगेरी मठ की संस्थापना आध्यात्मिक जगत् के इतिहास में महत्वपूर्ण घटना है। इससे समस्त सनातन वैदिक धर्म के विविध सम्प्रदाय एक सूत्र में बँध गये। हिन्दू धर्म को शक्तिशाली बनाने में इसका महत्वपूर्ण योगदान है। आचार्य शंकर द्वारा प्रचारित वेदान्त मार्ग संसार के सभी धर्मों को अपने में समेट लेता है। अद्वैतज्ञान में ही समस्त साधनाओं की परिसमाप्ति है।

तोटकाचार्य शिष्य की उपलब्धि

शृंगेरी में निवास करते समय गिरि नामक एक ब्राह्मण-युवक आचार्य की शरण में मोक्षप्राप्ति का उद्देश्य लेकर उपस्थित हुआ। वह नवयुवक विशेष पढ़ा-लिखा नहीं था। पर वह अपनी आज्ञाकारिता, कर्मठता, सत्यवादिता और अल्पभाषण के लिये प्रसिद्ध था। आचार्य शंकर का तो वह अनन्य भक्त था। वह उनके मन के भाव जानकर उनकी आवश्यकता के समस्त कार्य करता था। वह गुरु के पहले ही स्नानादि क्रियाओं से निवृत्त होकर उनकी सेवा में जुट जाता था। उनकी दातून, स्नान आदि का समस्त प्रबन्ध करता था। दिन भर उनकी सेवा में लगा रहता। सोते समय उनके पैरों को बड़ी कुशलता से दबाता था। वह छाया की भाँति आचार्य शंकर के पीछे-पीछे लगा रहता था। गुरु के समीप वह कभी जँभाई नहीं लेता और न पैर फैलाकर बैठता था। आज्ञा की कभी उपेक्षा न कर तुरन्त उसका पालन करता था। वह मितभाषी था, केवल काम की ही बातें बोलता था। सदा गुरु के पीछे चलता, उनके

आगे कभी नहीं खड़ा होता था। गुरु के खड़े होने पर खड़ा हो जाता और उनके चलने पर चलने लगता था। गुरु के कुछ बोलने पर उनके वचनों को श्रद्धा और विनीत भाव से सुनता था। बिना कुछ कहे भी उनके हित साधन में अहर्निश निरत रहता था। निरलस भाव से गुरु की सेवा में प्रतिक्षण लगा रहता था।

आचार्य के शिष्य अपने पांडित्य और विद्वत्ता के लिए प्रसिद्ध थे। उनमें शास्त्र-विवेचन की अद्‌भुत क्षमता थी। इस दृष्टि से गिरि उनका पासंग भी नहीं था। पर उसकी गुरुभक्ति और शास्त्रनिष्ठा अतुलनीय थी। गुरुदेव जब शिष्यों को अध्यात्म-शास्त्र का अध्ययन कराते, तब गिरि भी श्रद्धाभाव से गुरु के समीप बैठ कर ध्यानपूर्वक उनकी सारी बातें सुना करता था। कभी उसमें व्यतिक्रम नहीं होता था। एक दिन वह तुंगभद्रा के तट पर अपने गुरुदेव के वस्त्र धो रहा था। इस क्रिया में उसे लौटने में कुछ विलम्ब हो गया। इधर आचार्य के अध्यापन का समय आ गया। शिष्यगण एकत्र हो गये। उन्हें शान्तिपाठ में उद्यत देखकर आचार्य ने कहा, ''अभी थोड़ी और प्रतीक्षा करो, गिरि आता ही होगा।'' कुछ देर प्रतीक्षा की गई, पर गिरि तब भी नहीं लौटा। इस पर पद्‌मपाद ने आचार्य शंकर से पास की दीवाल को इंगित करते हुए कहा, ''हे गुरुदेव, आप किसकी प्रतीक्षा कर रहे हैं? जिसकी बुद्धि इस दीवाल के समान जड़ है, क्या वह शास्त्र समझने में समर्थ होगा?''

आचार्य शंकर ने पद्‌मपाद के प्रश्न का सामान्य भाव से उत्तर दिया, ''यह सत्य है कि गिरि समझ नहीं सकता। परन्तु वह अत्यन्त श्रद्धाभाव से ध्याननिष्ठ और एकाग्रचित्त होकर सब कुछ पुनता है।'' इधर आचार्य ने शिष्यों के अहंकार को दूर करना चाहा, इसमें उन्होंने अनन्य गुरुभक्त, गिरि पर अहेतुकी कृपा कर उसे समस्त विद्याएँ सहज भाव से प्रदान कर दीं। आध्यात्मिक-जगत्‌ के सम्मुख यह प्रत्यक्ष प्रमाण रख दिया कि अनन्य गुरुभक्ति से सब कुछ प्राप्त करना सम्भव है। आचार्य ने अपनी प्रबल इच्छाशक्ति से गिरि के अन्तर्गत चौदह विद्याओं को समाविष्ट कर दिया। चार वेद, छः वेदांग (शिक्षा, कल्प, निरुक्त छंद, ज्योतिष और व्याकरण), पुराण, न्याय, मीमांसा और धर्मशास्त्र इनकी गणना चौदह विद्याओं के अन्तर्गत की जाती है।

उधर नदी में कपड़े धोते हुए गिरि को यह प्रत्यक्षानुभूति हुई कि गुरुदेव मेरे ऊपर अत्यधिक प्रसन्न हैं और साथ ही साथ अमोघ आशीर्वाद दे रहे हैं। उसका अन्तःकरण दिव्य ज्ञान से उद्‌भासित हो गया। उसे यह अनुभव हुआ कि समस्त विद्याओं पर उसको पूर्ण अधिकार प्राप्त हो गया है। उसका सम्पूर्ण अन्तःकरण अनिर्वचनीय आनन्द से परिपूर्ण हो गया। नदी से लौटते समय उसके मन में ऐसा भाव आया कि उसकी चिन्तनधारा छन्दोबद्ध होकर कविता रूप में स्वतः प्रवाहित हो रही है। भावावेश में मधुर स्वर से कविता का गान करता हुआ गिरि आचार्य शंकर के समीप उपस्थित होकर उनकी चरण वंदना करने लगा। उस समय भी

उसके मुख से छन्दबद्ध श्लोक निकल रहे थे। गिरि के मुख से निकले हुए तोटक छन्द का भाव यहाँ दिया जा रहा है—

''शिष्य का प्रश्न—जन्म-मरण जिस समुद्र का जल है सुख-दुःख जिस समुद्र की मछलियाँ हैं, हे भगवन्, उस भव-समुद्र में गिरकर मैं दुःख भोग रहा हूँ। अनन्य गति होकर मैंने आपकी शरण ली है। कृपापूर्वक इस शरणागत का उद्धार कीजिये। मुझे उपदेश दीजिये।

गुरु का उत्तर—विषयासक्ति सब दुःखों का कारण है। विषयासक्ति पर विजय प्राप्त कर इस मायामय शरीर में आत्मबुद्धि का त्याग करो तथा परमात्म पद में सदा अनुरक्त रहो। हे तत्त्वपिपासु, मोहजनित भ्रम का परित्याग करो॥ 1॥

अन्नमय आदि पाँच कोशों में 'मैं और मेरा' बोध छोड़कर, हृदय में स्थित गुणातीत, अज, अनन्त, चित् स्वरूप में ही सदा 'मैं हूँ' ऐसे बोध का आरोप करो॥ 2॥

जल के अनेकत्व से जिस प्रकार सूर्य का अनेकत्व प्रतीत होता है अथवा घटादि के बहुत्व से जिस प्रकार आकाश का बहुत्व अनुभूत होता है, तुम्हारा बहुत्व ज्ञान भी उसी प्रकार बुद्धि-भेद जनित है, क्योंकि तुम स्वयं निर्विकार और मन, बुद्धि के द्रष्टा रूप हो॥ 3॥

सूर्यलोक की तरह तुम स्वयं अविकृत रहकर अपने चैतन्य गुण द्वारा मनुष्य की चित्तस्थित सभी बातों का ज्ञान रखते हो। अतः तुम प्रतिक्षण अपने को आत्मस्वरूप करके जानना॥ 4॥

निरक्षर गिरि के मुख से गम्भीर अध्यात्म-तत्त्वपूर्ण श्लोक सुनकर सारी शिष्यमंडली अवाक् रह गयी। उन सभी का अभिमान ध्वस्त हो गया। पद्मपाद ने लज्जावश अपना सिर नीचे झुका लिया और मन ही मन आचार्य से क्षमायाचना करने लगे। इस प्रकार आचार्य के परम अनुग्रह से, गिरि ने तत्काल सभी विद्याएँ प्राप्त कर लीं। उसने ललित तोटक छन्द में आचार्य शंकर की स्तुति की थी, इससे आचार्य ने उसका नाम तोटकाचार्य रखा। सभी को यह ज्ञात हो गया कि गुरु की अलौकिक कृपा से ही गिरि समस्त विद्याओं का स्वामी बन गया। शृंगेरी के सभी लोगों में यह अलौकिक घटना की चर्चा का प्रमुख विषय बन गयी।

'आचार्य शंकर की महती अनुकम्पा' से तोटकाचार्य की भी गणना उनके प्रमुख शिष्यों में होने लगी। इस प्रकार अब उनके चार प्रमुख शिष्य हो गये—पद्मपादाचार्य, सुरेश्वराचार्य, तोटकाचार्य और हस्तामलकाचार्य। उन चारों शिष्यों की महान् विलक्षणता देखकर विद्वान् और बुद्धिमान लोग इस प्रकार कहने लगे, ''ये चारों शिष्य चार पुरुषार्थ (अर्थ, धर्म, काम और मोक्ष) हैं, अथवा चारों वेद, (ऋक्, यजुः, साम और अथर्व) अथवा चार प्रकार के मोक्ष (सालोक्य, सामीप्य, सादृश्य और सायुज्य) अथवा ब्रह्मा के चारों मुख हैं।''

ब्रह्मज्ञान प्राप्ति करने वाले मुमुक्षुओं के लिए आचार्य शंकर ने अद्वैतज्ञान की शिक्षा देकर मुक्तिमार्ग सुलभ बना दिया। बुद्धिमान् साधक उसका साधन कर सहज ही मोक्ष पद प्राप्त कर लेते हैं। ऐसे महान् पुरुष सांसारिक भोगों को नगण्य समझ कर उनका परित्याग कर देते हैं। इन्द्र के स्वर्गलोक के अलौकिक भोग और ऐश्वर्य भी उनकी दृष्टि में नश्वर और तुच्छ प्रतीत होते हैं। उन्होंने आध्यात्मिक साधकों के लिए वेदान्तमार्ग की ऐसी सीढ़ी बना दी, जिसका सहारा लेकर मुमुक्षु सहज ही में ब्रह्मपद प्राप्त कर सकते हैं। अजेय और यशस्वी शिष्यों के मध्य आचार्य शंकर इस प्रकार सुशोभित होते थे, जैसे इन्द्रादिक देवताओं के बीच देवगुरु बृहस्पति शोभा पाते हैं।

■

चौदह

वार्तिक-रचना का प्रस्ताव

व्यास-रचित ब्रह्मसूत्र को 'वेदान्त-सूत्र' या 'शारीरिक-सूत्र' भी कहा जाता है। इस ब्रह्मसूत्र में विशेषतया जीव के बन्धन और उसके मोक्ष लाभ का दार्शनिक विवेचन प्रस्तुत किया गया है। सामान्य व्यक्ति को उनके छोटे-छोटे सूत्रों का अर्थ समझना नितान्त कठिन है। आचार्य शंकर ने इस कठिनाई को अनुभव करके उन सूत्रों का अर्थ स्पष्ट करने के लिए अद्वैतपरक भाष्य की रचना की। उनकी यह कृति दार्शनिक-जगत् की अनुपम और अत्यन्त महत्वपूर्ण रचना मानी जाती है।

व्यास-रचित 'ब्रह्मसूत्र' पर आचार्य शंकर के पूर्ववर्ती और परवर्त्ती विभिन्न विद्वान् आचार्यों ने भाष्य-रचना की। पूर्ववर्त्ती आचार्यों में बोधनाचार्य का नाम विशेष महत्वपूर्ण है। आचार्य शंकर के परवर्त्ती आचार्यों में रामानुजाचार्य, मध्वाचार्य और निम्बार्काचार्य आदि प्रसिद्ध विद्वानों ने ब्रह्मसूत्र पर भाष्य-ग्रंथों की रचना की। किन्तु आचार्य-रचित शारीरिक सूत्र-भाष्य का दूसरा ही महत्व है। यह अनेक दृष्टियों से अन्य सूत्र-भाष्यों से अनूठा है। यह अद्वैत ब्रह्मात्मतत्व की दार्शनिक व्याख्या एवं तद्विषयक अत्यन्त प्रामाणिक ग्रन्थ है। इस भाष्य में परमार्थ-तत्व एवं जीव-तत्व के सूक्ष्म अंगों का दार्शनिक विवेचन बड़ी गंभीरता से किया गया है। साथ ही इसमें न्याय, सांख्य, वैशेषिक एवं बौद्ध दर्शन-शास्त्रों के सूक्ष्मातिसूक्ष्म विचारों की भी मीमांसा की गई है। अतः शंकर कृत यह भाष्य ग्रंथ भी बहुत गंभीर और क्लिष्ट दार्शनिक रचना है। इसका भी समझना सब के बूते की बात नहीं है। इसीलिए आचार्य शंकर व्यास के आदेश तथा कुमारिल भट्ट के निर्देश के अनुसार अपने शारीरिक भाष्य पर वार्तिक[1] लिखना चाहते थे। शृंगेरी का वातावरण इस कार्य के लिए नितान्त अनुकूल था। जनसमुदाय से यह स्थान दूर था। सामने तुंगभद्रा नदी कलकल निनाद करती हुई प्रवाहित होती थी। किसी प्रकार का जनरव तथा सांसारिक प्रपंच उस पार्वत्य प्रदेश में प्रवेश न कर सकते थे। चारों तरफ घने जंगलों से प्रकृति ने उसे घेर रखा था। ऐसा शान्त वातावरण वार्तिक रचना के लिए सर्वथा अनुकूल था।

---

1. जिस टीका-ग्रन्थ में मूलग्रन्थ कहे गये, नहीं कहे गये अथवा बुरी तरह कहे गये सिद्धान्तों की मीमांसा की जाती है, उसे वार्तिक कहते हैं। इसमें मूलग्रंथ के विषयों की केवल व्याख्या नहीं रहती, अपितु उसके विरोधी मतों का भी सांगोपांग खंडन रहता है।

संयोगवश एक दिन सुरेश्वराचार्य ने आचार्य के पास जाकर उन्हें साष्टांग प्रणाम किया और निवेदन किया, ''हे महान् गुरु, मैं जिस भाँति आपकी लक्ष्य-प्राप्ति में सहायक हूँ, उसे पूरा करने के लिए सब तरह से तैयार हूँ। आप मुझे नि:संकोच आज्ञा प्रदान कीजिए। शिष्य के लिए गुरु की आज्ञा पालन करना परम कर्तव्य है। वस्तुत: शिष्य का जीवन गुरु के ही जीवन में अंतर्हित रहता है। उसका कोई पृथक अस्तित्व नहीं होता।''

सुरेश्वराचार्य की प्रार्थना सुनकर आचार्य शंकर बहुत प्रसन्न हुए और बोले, ''वत्स, तुम मेरे शारीरिक भाष्य पर सुन्दर वार्तिक की रचना करो।''

सुरेश्वराचार्य ने कहा, ''स्वामिन्, तर्कयुक्त, गंभीर वाक्य-सम्पन्न आपके भाष्य को तो समझने की शक्ति मुझमें नहीं है, फिर भी आपकी कृपादृष्टि होने पर मैं यथाशक्ति ग्रंथ-रचना करने की पूर्ण चेष्टा करूँगा।'' आचार्य शंकर ने वार्तिक-रचने के लिये अपनी स्वीकृति दे दी।

इधर जब अन्य शिष्यों को यह बात मालूम हुई कि आचार्य सुरेश्वर से अपने भाष्य पर वार्तिक लिखाना चाहते हैं, तो उन्होंने इसका विरोध किया। पद्मपाद और अन्य शिष्यों ने सोचा कि सुरेश्वराचार्य गृहस्थाश्रम में प्रबल मीमांसक थे। कुछ ही दिनों से वे संन्यासी हुए हैं। अत: उनका पूर्व संस्कार छूटा न होगा। इस कारण अपने वार्तिक में संभवत: वह मीमांसा शास्त्र को श्रेष्ठ सिद्ध करने की कोशिश करेंगे। फलत: सूत्रभाष्य का रहस्य विकृत हो सकता है और उसकी प्रतिष्ठा पर आँच आ सकती है।

ऐसा विचार कर कुछ शिष्यों ने आचार्य के पास पहुँच कर उनसे निवेदन किया, ''भगवन्, आप सुरेश्वराचार्य से अपने भाष्य पर वार्तिक लिखा रहे हैं। पर इससे आपका अभीष्ट सिद्ध नहीं होगा, बल्कि विपरीत परिणाम हो सकता है। क्या कुछ ही समय पहले ये प्रबल मीमांसक नहीं थे? उन्होंने मंडन मिश्र (विश्वरूप) के रूप में मीमांसा के कर्मकाण्ड का प्रतिपादन किया। उन्होंने इस बात पर बहुत अधिक जोर दिया कि समस्त वेदों का लक्ष्य कर्म के प्रतिपादन में है। कर्म करने से ही स्वर्गलोक की प्राप्ति होती है। कर्म ही फलदाता है। कर्म के अतिरिक्त ईश्वर कोई वस्तु नहीं। संन्यास-ग्रहण करने के पूर्व तक वे कर्मकाण्ड सिद्धान्त का प्रचार करते रहे हैं। उनका सिद्धान्त रहा है कि जो शास्त्र मीमांसा के कर्मकाण्ड को छोड़ कर वेद की अन्य बातों का समर्थन करते हैं वे तत्त्वविहीन हैं। हे प्रभो, ऐसे कर्मकाण्डी द्वारा आपके भाष्य पर वार्तिक लिखना आपके अद्वैतपरक भाष्य के सर्वथा प्रतिकूल होगा, क्योंकि उसमें वैदिक कर्मकाण्ड की प्रधानता रहेगी। अत: सुरेश्वराचार्य की वार्तिक-रचना आपके अद्वैत सिद्धान्त पर कुल्हाड़ी चलाने के समान सिद्ध होगी।''

''सुरेश्वराचार्य ने आपसे शास्त्रार्थ में पराजित होकर विषम परिस्थिति में संन्यास ग्रहण किया है, कोई सच्चे वैराग्य के कारण नहीं। अत: इस कार्य में उनका विश्वास नहीं किया जा सकता। हम लोगों की पक्की राय यह है कि उन्हें इस महत्त्वपूर्ण

कार्य में न लगाया जाये। कुमारिल-मत के अनुयायियों की यह धारणा है कि जड़ों, अपाहिजों, लूले-लँगड़ों के लिए संन्यास है। सुरेश्वराचार्य (मंडन मिश्र) गृहस्थाश्रम में उसी कुमारिल सिद्धान्त के अनुयायी रहे हैं। उनका पूर्वाग्रह छूट नहीं सकता। अतः वे विश्वसनीय वार्तिककार कभी नहीं हो सकते। इसलिए उनका विश्वास किसी भी दशा में नहीं करना चाहिए।''

''अब हम लोग आपका ध्यान आपके योग्यतम शिष्य पद्मपाद की ओर आकर्षित करते हैं। आपने पहले इनकी परीक्षा भी ली है। आपकी पुकार पर ये बहती अलकनन्दा में चल कर आये थे। अलकनन्दा की प्रबल धार पर स्वर्णकमल उग आये। उन्हीं पर चलकर ये आपकी सेवा में उपस्थित हुए। आपने ही प्रसन्न होकर सनन्दन से पद्मपाद नाम रखा था। ये वे ही पद्मपाद हैं, जो आपकी अपूर्व सेवा कर आपकी कृपा से अद्वैत-ज्ञान में पूर्ण रूप से प्रतिष्ठित हुए हैं। ये इन्द्रियजयी और पूर्ण ब्रह्मज्ञानी हैं, द्वैतभाव का इनके अन्तर्गत लेश भी नहीं है। अतः हम सभी शिष्यों में पद्मपाद योग्यतम हैं। आपके भाष्य पर वही वार्तिक लिखने में समर्थ होंगे। पद्मपाद के अभाव में यह महत्त्वपूर्ण कार्य तोटक को सौंपा जा सकता है। तोटक ने अपनी कठिन तपश्चर्या और अलौकिक गुरु-भक्ति से आपकी महती अनुकम्पा अर्जित की है। उसी के फलस्वरूप उनमें सारी विद्याएँ पूर्णतया प्रतिष्ठित हो चुकी हैं। उनके ऊपर सरस्वती की अद्भुत कृपा है। विश्वरूप उर्फ मंडन उर्फ सुरेश्वराचार्य महान् मीमांसक कर्मकाण्डी हैं। उनका वेद के कर्मकाण्ड विभाग में ही विश्वास और आस्था है। अतः हे प्रभो, आप इस महत्त्वपूर्ण कार्य का उत्तरदायित्व सुरेश्वराचार्य के ऊपर किस प्रकार सौंप सकते हैं? अतः इस कार्य में आप पद्मपाद को ही नियोजित करें।''

इसके बाद पद्मपाद ने आचार्य से प्रार्थना की, यह हस्तामलक आपके भाष्य पर वार्तिक लिखने में सर्वथा समर्थ है। सभी शास्त्रों का उन्हें हस्तामलकवत्, ज्ञान है। उनकी इसी विशिष्टता पर मुग्ध होकर आपने 'हस्तामलक' नाम रखा था।

पद्मपाद का निवेदन सुनकर यतिराज शंकर ने उत्तर दिया, ''वत्स पद्मपाद, तुम्हारी बात हस्तामलक के सम्बन्ध में अक्षरशः सत्य है। पर इसमें कठिनाई यह है कि वह निरन्तर अंतर्मुख रहता है और आत्मसुख की अनुभूति में अहर्निश निमग्न रहता है। सांसारिक प्रपंचों से वह सर्वथा विमुक्त है। उसकी वृत्ति बहिर्मुखी होती ही नहीं। न उसने पढ़ा है न लिखा है। गुरु के मुख से वेदों का अध्ययन भी नहीं किया है। बाल्यावस्था में इसकी बड़ी विचित्र स्थिति थी। खाने-पीने, खेलने सभी से उदासीन होकर जड़, बधिर और गूँगे के समान एकान्त में चिंतन-निमग्न पड़ा रहता। इसके पिता ने कोई प्रेत-बाधा समझ कर बहुत उपचार किये, पर कुछ भी कारगर न सिद्ध हुआ। अन्त में जब इसके पिता इसे मेरे पास लाये तो इसमें अकस्मात् आश्चर्यजनक परिवर्तन आ गया। मुझे इसने बार-बार श्रद्धापूर्वक प्रणाम किया। इसके मुख से वेदान्तपरक श्लोकों की झड़ी लग गई। सभी को परम आश्चर्य हुआ। पर

इसके पिता तो विशेष रूप से आश्चर्यान्वित हो गये। अन्त में उन्होंने यह कह कर मुझे सौंप दिया, ''भगवन्, जिस प्रकार राजहंस का निवास मानसरोवर है, वह कँटीली झाड़ियों में नहीं रह सकता, उसी प्रकार इसका निवास आपके चरणों में ही हो सकेगा, गृहस्थी का प्रपंच इसके लिए महा पाश के समान होगा।''

''पिता के छोड़ने के बाद यह बराबर मेरे ही पास रह रहा है। अपने जन्म से ही यह अन्तर्मुख होकर ब्रह्मसुख ही में रमण करता चला आ रहा है। इतने अन्तर्मुख और उपराम व्यक्ति से भाष्य-रचना का विद्वत्तापूर्ण कार्य असंभव है।''

आचार्य शंकर की बात सुनकर शिष्यों ने आश्चर्यभाव से जिज्ञासा प्रकट की, ''भगवन्, हमें बड़ा कौतूहल है कि बिना पढ़े-लिखे बिना वेदों का अध्ययन किये तथा बिना गुरु के सदुपदेश सुने तोटक को ब्रह्मज्ञान कैसे प्राप्त हो गया?''

आचार्य शंकर ने उत्तर दिया, ''प्रिय शिष्यो, मेरी बात ध्यान से सुनो। यमुना तट पर एक कुटी में परम वीतराग, योगी और ब्रह्मज्ञानी महात्मा रहते थे। वे दिन-रात आत्मसुख में ही निमग्न रहते थे। सांसारिक प्रपंचों से एकदम उपराम रहते थे। संयोगवश एक ब्राह्मण-स्त्री यमुना में स्नान करने आयी। अपने दो वर्ष के बच्चे को कुटी के पास छोड़कर स्नान करने लगी। अवसर पाकर उसका बच्चा खिसकते-खिसकते यमुना में गिर कर मर गया। ब्राह्मणी बच्चे का शव लेकर साधु की कुटिया के समीप आर्तनाद करके विलाप करने लगी। महात्मा को ब्राह्मणी की दशा पर दया आ गयी और उन्होंने अपनी योगशक्ति से अपने को बच्चे के मृत शरीर में प्रविष्ट कर दिया। हस्तामलक के शरीर में उन्हीं महात्मा का निवास है। यही कारण है कि उसे गर्भ से ही सारी विद्याएँ प्राप्त हैं और ब्राह्मज्ञान के अद्वैत तत्व में सदैव प्रतिष्ठित रहता है। उसे सारी वस्तुओं का ज्ञान प्राप्त है। फिर भी वह अपनी नितान्त अन्तर्मुखता के कारण वार्तिक लिखने के योग्य नहीं है।''

सुरेश्वराचार्य पूर्ण शास्त्रज्ञ हैं, साथ ही ब्रह्मज्ञानी हैं। कठोर साधना के अनन्तर इस पद पर पहुँचे हैं। उनका शास्त्रीय ज्ञान अपूर्व है। विविध मत-मतांतरों की सूक्ष्म से सूक्ष्म बात जानते हैं। उनमें महान् पांडित्य तथा अलौकिक प्रतिभा और मेधा है। जगत् में उनकी ख्याति से बढ़कर और किसी की ख्याति नहीं। भला, उनसे बढ़कर और कौन ऐसा व्यक्ति होगा जो पांडित्यपूर्ण वार्तिक की रचना कर सके? पर यदि तुम लोगों में अधिकांश की यही राय है कि सुरेश्वर वार्तिक रचना न करें, तो मैं इस सम्बन्ध का आग्रह और हठ न करूँगा।'' परन्तु मुझे इस बात की पूरी आशंका है कि सुरेश्वर के बिना वार्तिक-रचना की योजना असफल सिद्ध हो जायेगी।''

उनके शिष्यों ने निवेदन किया, ''भगवन्, योजना क्यों असफल होगी? यदि आप वार्तिक रचने के लिए सनन्दन (पद्मपाद) को आदेश दें, तो क्या वे इसे नहीं लिख सकेंगे? उन्होंने बिना गृहस्थावस्था में प्रवेश किये, ब्रह्मचर्याश्रम से सीधे संन्यास ग्रहण किया है। उनकी शिक्षा-दीक्षा भी विधिवत् हुई है और शास्त्रों में पूरी गति है।''

शिष्यों की बात सुनकर आचार्य ने कहा, ''इसमें सन्देह नहीं कि पद्मपाद बड़ा ही योग्य और विद्वान् है, साथ ही पूर्ण ब्रह्मज्ञानी भी है। अत: मेरी राय यह है कि पद्मपाद इस भाष्य पर वृत्ति लिखे और सुरेश्वर वार्तिक। वार्तिक रचने के लिये सुरेश्वर स्वयं प्रतिज्ञाबद्ध है।''

इसके अनन्तर आचार्य शंकर ने सुरेश्वराचार्य को एकान्त में बुला कर, कहा, ''वत्स सुरेश्वर, अभी तुम वार्तिक मत लिखो। तुम्हारे गुरु-भाइयों को सन्देह है कि सुरेश्वराचार्य वार्तिक लिखने में सक्षम नहीं हैं, क्योंकि संन्यास-ग्रहण करने के पूर्व मीमांसा-शास्त्र के कर्मकाण्ड के प्रति उनका आग्रह बहुत अधिक था। उनका वह आग्रह अभी छूटा न होगा। अत: उनकी वार्तिक-रचना कर्मकाण्ड-प्रधान होगी, न कि अद्वैतज्ञान प्रधान। गृहस्थाश्रम में मण्डन के रूप में उन्होंने संन्यासी को अपने घर में प्रविष्ट होने से द्वारपालों द्वारा मना करा दिया था। इन्हीं कारणों से अन्य शिष्यों का तुममें विश्वास नहीं है। अतएव तुम वार्तिक रचने के पूर्व एक स्वतंत्र अद्वैत परक ग्रंथ की रचना करके मुझे दिखाओ। इस ढंग से अन्य शिष्यों की आशंका निर्मूल हो जायेगी।'' इस प्रकार आचार्य शंकर ने उपस्थित समस्या को कुशलता से सुलझा दिया। परन्तु उनकी आशंका दृढ़बद्ध हो गई कि अब वार्तिक का निर्माण सम्भव नहीं प्रतीत हो रहा है।

शिष्यों के मनोभावानुसार आचार्य का नया आदेश पाकर सुरेश्वराचार्य अद्वैत-सिद्धान्त के नये ग्रन्थ के प्रणयन में जुट गये। थोड़े ही समय में उन्होंने 'नैष्कर्म्य सिद्धि' नामक ग्रन्थ की रचना कर डाली। इस ग्रन्थ में आत्मा के स्वरूप का स्वतंत्र और मौलिक निरूपण किया गया है। यह ग्रन्थ शैली-सौन्दर्य और तर्क-गाम्भीर्य के लिये बहुत प्रसिद्ध है। इसकी कीर्ति आज तक अक्षुण्ण बनी हुई है। इस ग्रन्थ की रचना से सुरेश्वराचार्य स्वयं बहुत सन्तुष्ट हुए। उन्होंने इस अभूतपूर्व ग्रन्थ को आचार्य के करकमलों में समर्पित किया। यतिराज शंकर इस ग्रन्थ को आद्योपान्त पढ़ कर पुलकित हो उठे। उन्होंने प्रसन्न चित्त से इसे अपने शिष्यों को दिखा कर इसकी भूरि-भूरि प्रशंसा की। इसका अवलोकन कर उन सब को भी पूर्ण सन्तोष और आह्लाद हुआ। उन्हें यह पूर्ण निश्चय हो गया कि सुरेश्वराचार्य की बुद्धि शास्त्रों के यथार्थ और सूक्ष्म भावों को ग्रहण करने में अप्रतिम है। उनके ज़ोड़ का शास्त्रमर्मज्ञ कोई भी विद्वान् नहीं है। आजकल भी बड़े-बड़े संन्यासी और दार्शनिक 'नैष्कर्म्य सिद्धि' का अध्ययन करते हैं और उसकी प्रशंसा मुक्तकंठ से करते हैं।

एक दिन सुरेश्वराचार्य ने आचार्य शंकर के चरणकमलों में साष्टांग प्रणाम करके निवेदन किया, ''भगवन् आपके आदेशानुसार मैंने आपके भाष्य पर वार्तिक लिखना प्रारम्भ किया, किन्तु मेरे गुरुभाइयों ने इसका विरोध किया। पर यह निश्चय है कि यदि कोई भी विद्वान् भाष्य का वार्तिक लिखेगा, तो वह यशस्वी न हो सकेगा। विद्वन्मण्डली में उसकी कृति प्रसिद्ध न हो सकेगी।'' ऐसा अभिशाप देकर सुरेश्वराचार्य ने अपनी रचना आचार्य को समर्पित कर उनसे निवेदन किया, ''गुरुवर

इस ग्रन्थ की रचना मैंने अपनी ख्याति, लोकप्रसिद्धि अथवा किसी लाभ के निमित्त नहीं की है। गुरु के आदेशानुसार इस ग्रन्थ का निर्माण किया गया है। यदि शिष्य गुरु की आज्ञा में तत्पर न हो, तो गुरु और शिष्य का सम्बन्ध कहाँ रहा? मुझमें अब गृहस्थ का लेश मात्र संस्कार नहीं रह गया है। जिस प्रकार युवावस्था में बचपन की और वृद्धावस्था में युवावस्था की पुनरावृत्ति नहीं होती, ठीक उसी प्रकार मेरी संन्यासावस्था में गृहस्थाश्रम का संस्कार अवशिष्ट नहीं रह गया है। मनुष्य के जीवन में कोई वस्तु स्थायी नहीं रह पाती, परिस्थिति के अनुसार उसमें निरन्तर परिवर्तन होता रहता है। अत: अब मुझे गृहस्थ समझना भारी भूल है। चूँकि मैं पहले गृहस्थ था, अतएव अब भी हूँ, यह समझना न्याय-संगत नहीं है। मन ही मनुष्य के बन्धन और मोक्ष का कारण है। यदि किसी भी व्यक्ति का अन्त:करण पवित्र है, तो यह बात बिल्कुल नगण्य है कि वह संन्यासी है अथवा गृहस्थ। यदि मेरा यह पूर्वाग्रह रहता कि गृहस्थ धर्म ही श्रेष्ठ है, तो मैं आपके साथ शास्त्रार्थ करने में क्यों प्रवृत्त होता? मैं यह शर्त क्यों लगाता कि पराजित होने पर संन्यास ग्रहण कर लूँगा? मुझ पर जो यह आक्षेप लगाना कि मैं संन्यासियों का अपमान करता था और उन्हें भिक्षा भी नहीं देता था, यह भी एकदम निराधार है। भगवन, आप ही बतायें कि शास्त्रार्थ के समय क्या मैंने आपके रहने और खाने-पीने की व्यवस्था नहीं की थी? दूसरों के सम्बन्ध में लोग बिना समझे-बूझे अनाप-शनाप बका करते हैं। उनके मुँह पर ताला नहीं लगाया जा सकता। मैंने संन्यास केवल इसलिये नहीं ग्रहण किया कि मैं शर्त के अनुसार शास्त्रार्थ में आपसे पराजित हो गया, बल्कि इसलिये कि मैंने आपके उपदेश से यह भलीभाँति अनुभव किया कि मोक्ष कामी पुरुष के लिये त्यागवृत्ति ही सब कुछ है। आपकी महती कृपा से मुझे आत्मसाक्षात्कार हो गया और सत्, चित् आनन्द ब्रह्म में पूर्ण रूप से प्रतिष्ठित हो गया। तत्पश्चात् मेरे अन्तर्गत सर्वत्याग की भावना जाग्रत हुई। जो कुछ भी है उस शास्त्रार्थ का मुख्य उद्देश्य सत्यस्वरूप परमात्मा की प्राप्ति ही था। अपने पूर्व जीवन में मैंने न्याय-शास्त्र का दिल खोलकर खंडन किया और कर्मकाण्ड का प्रतिपादन किया। इसके पश्चात् मैंने गृहस्थ-जीवन का परित्याग कर संन्यास ग्रहण किया। अब मुझे आपके चरणकमलों की सेवा के अतिरिक्त कोई भी कामना नहीं रह गयी है। वह व्यक्ति सचमुच ही परम सौभाग्यशाली और गुरु-ऋण से सर्वथा मुक्त है, जो गुरु के आदर्शों की पूर्ति के लिये तन-मन से तत्पर रहता है।''

आचार्य ने सुरेश्वराचार्य को क्षुब्ध देखकर सारगर्भित और मधुर वचनों से उन्हें आश्वस्त किया। तत्पश्चात् उन्होंने अपनी दो प्रसिद्ध कृतियों—बृहदारण्यक और तैत्तिरीय उपनिषदों के भाष्य का अवलोकन करते हुए सुरेश्वर से कहा, ''विद्वन् तुमने अभी जितनी भी बातें कहीं हैं, सब सत्य हैं। मैं तुम्हारी विनम्रता से अत्यधिक प्रभावित हूँ। तुम जानते ही हो कि मेरी तैत्तिरीय शाखा है और तुम्हारी काण्व। उन दोनों शाखाओं की तैत्तिरीयोपनिषद् और बृहदारण्यकोपनिषद् पर मैंने भाष्य लिखा

है। अत: जगत्-कल्याण के लिये तुम उन दोनों पर वार्तिक रचना करो। ये दोनों भाष्य मुझे परम प्रिय हैं। इन दोनों उपनिषदों पर वार्तिक लिखकर तुम सदैव के लिये अमर हो जाओगे। भावी पीढ़ियाँ तुम्हारे इस अलौकिक कार्य के लिए तुम्हें निरन्तर स्मरण करती रहेंगी। पहले की भाँति अब तुम तनिक भी भयभीत न हो। अब मुझे इस संकल्प से कोई भी विचलित नहीं कर सकता। मैं तुम्हें पक्का वचन देता हूँ। इससे तुम्हारा क्षोभ भी शान्त हो जायेगा।'' आचार्य शंकर के आदेशानुसार सुरेश्वराचार्य वार्तिक लिखने में जुट गये। शीघ्र ही उन्होंने अपना कार्य सफलतापूर्वक समाप्त कर लिया और दोनों उपनिषदों के वार्तिकों को आचार्य को समर्पित किया। गुरु के निर्देशानुसार सुरेश्वराचार्य ने इन दोनों ग्रन्थों में वेदान्त के अद्वैत मार्ग का बड़ी कुशलता से प्रतिपादन किया है। साथ ही अद्वैत विरोधी मतों का अकाट्य तर्कों और युक्तियों से खण्डन किया। यति शंकर उन वार्तिक ग्रन्थों को देखकर अत्यन्त सन्तुष्ट और प्रसन्न हुए। ये दोनों ग्रन्थ अब भी उपलब्ध हैं।

कुछ समय बाद पद्मपाद ने आचार्य-रचित ब्रह्मसूत्र भाष्य पर ग्रन्थ की रचना की, जिसका पूर्व भाग 'पंचपादिका' और उत्तर भाग 'वृत्ति' के नाम से प्रसिद्ध है। उन्होंने गुरु-दक्षिणा के रूप में आचार्य को वह ग्रन्थ समर्पित किया। सूर्य आदि ग्रहों की स्थिति पर विचार कर एक दिन आचार्य शंकर ने सुरेश्वराचार्य से एकान्त में कहा, ''वत्स सुरेश्वर, पद्मपाद-रचित भाष्य की वृत्ति के पाँच पाद ही प्रसिद्ध होंगे, उसमें भी चार सूत्रों की व्याख्या ही प्रसिद्ध होगी। प्रारब्ध कर्मानुसार तुम्हें फिर जन्म धारण करना पड़ेगा और वाचस्पति नाम से प्रसिद्ध होगे। मेरे ब्रह्मसूत्र भाष्य पर तुम बहुत ही सुन्दर टीका लिखोगे। मेरे सूत्र-भाष्य को समझने में वह कृति बहुत सहायक सिद्ध होगी और उसकी विमल कीर्ति सदैव अक्षुण्ण बनी रहेगी।

इसके बाद आचार्य शंकर ने आनन्दगिरि (तोटकाचार्य) आदि शिष्यों को अद्वैतपरक ग्रन्थों को लिखने के लिये प्रेरित किया। उन सभी ने अपनी योग्यता और क्षमता के अनुसार अद्वैतज्ञान सम्बन्धी तेजस्वी ग्रन्थों की रचना की।

■

पन्द्रह

पद्मपाद की तीर्थयात्रा

एक बार पद्मपाद ने आचार्य शंकर से तीर्थयात्रा करने के लिए आज्ञा माँगी। इस पर यतिराज शंकर ने पद्मपाद को शिक्षा देते हुए कहा, ''वत्स पद्मपाद, गुरु का सामीप्य शिष्य की सबसे बड़ी तीर्थयात्रा है। गुरु का चरणोदक ही महान् तीर्थ का पवित्र जल है। गुरु के उपदेश द्वारा आत्मदर्शन करना ही समस्त देवताओं का प्रत्यक्ष दर्शन है। अत: शिष्य का पुनीत कर्तव्य है कि गुरु की सेवा में तत्पर रहकर उसके समीप ही निवास करे। लम्बी यात्रा में अन्न, जल, स्थान आदि की अनेक बाधाएँ उपस्थित होती हैं। यात्रा की थकावट के कारण नींद भी बहुत आती है। इससे समुचित ध्यान-धारण करने में अड़चन पड़ती है। वत्स, संन्यास दो प्रकार का होता है। तत्वज्ञान-प्राप्ति के अनन्तर अपने स्वरूप में पूर्णरूप से स्थित हो जाना, यह पहले प्रकार का संन्यास है। इसे 'विद्वत्' संन्यास कहते हैं। गुरु के उपदेश से तत्वज्ञान प्राप्त करने का आकांक्षी दूसरे प्रकार के संन्यास के अन्तर्गत आता है। ऐसे संन्यास को 'विविदिषा' संन्यास की संज्ञा दी गयी है। संन्यासी का लक्ष्य 'तत्वमसि' का साक्षात्कार करना है। उसे तत् (ब्रह्म) और 'त्वम्' (जीव) की ऐक्य-अनुभूति के लिये ही निरन्तर अभ्यास करना चाहिये। अत: तुम्हारा परम कर्तव्य यही है कि 'तत्वमसि' के चिंतन में सदैव निरत रहो। इसलिये तुम्हारे लिये यही श्रेयस्कर है, तीर्थयात्रा नहीं। तीर्थयात्रा में शान्तभाव से 'तत्वमसि' का चिंतन करना दु:साध्य है। तीर्थयात्री का मन निरन्तर इन्हीं बातों के चिंतन में असंतुलित और उद्विग्न बना रहता है—'किस स्थान पर पर्याप्त जल मिल सकेगा? कहाँ जल का अभाव है? विश्राम करने के लिए कौन स्थान उपयुक्त रहेगा? यदि ज्वर अथवा विशूचिका की बीमारी हुई, तो किस प्रकार उपचार होगा?' आदि। इसके अतिरिक्त रुग्णावस्था में साथ का साथी भी संग छोड़कर अलग हो जाता है। तीर्थयात्री सदैव इसी भाव से त्रस्त रहता है कि सबेरे का स्नान कहाँ होगा, संध्या-वन्दन की विधि कैसे बैठेगी, भोजन कहाँ प्राप्त होगा, उपयुक्त साथी किस प्रकार मिलेगा? इस प्रकार तीर्थयात्री का सारा समय भोजन, निवास और सुरक्षा के चिन्तन में ही व्यतीत हो जाता है। फिर वह निश्चिन्त भाव से आत्म-चिन्तन कैसे कर सकेगा?''

वार्तिक-रचना में बाधा डालने के कारण पद्मपाद मन ही मन अपने को महान् अपराधी समझने लगे थे। भारी पश्चात्ताप से उनका हृदय भर गया था और उस पाप का प्रायश्चित करने के लिये उन्होंने मन ही मन तीर्थयात्रा करने का संकल्प कर लिया था। अत: वे आचार्य शंकर से बोले, ''गुरुवर, आपके आदेश में आपत्ति करना

समीचीन नहीं प्रतीत होता। फिर भी मैं आपकी आज्ञा से अपने मनोभाव अभिव्यक्त कर रहा हूँ। हालाँकि गुरु-सामीप्य सबसे बड़ा तीर्थस्थल है, फिर भी मुझे मानसिक असन्तोष बना हुआ है कि मैंने विभिन्न तीर्थों का दर्शन नहीं किया है। सचमुच ही तीर्थयात्री के सम्मुख खाने-पीने, रहने आदि की कठिनाइयाँ उपस्थित होती हैं। किन्तु मेरी प्रार्थना है कि आध्यात्मिक जीवन में सारी सुविधाएँ क्या उसके विकास का कारण हो सकती हैं? मनुष्य के पूर्व कृत पापों के फलस्वरूप बीमारियाँ उत्पन्न होती हैं। यदि यह सत्य है, तो वे सभी स्थानों पर आ सकती हैं, चाहे मनुष्य यात्रा पर हो और चाहे सुख-सुविधापूर्ण स्थान से। मृत्यु का समय आ पहुँचा, तो वह किसी को किसी स्थान या किसी समय पर नहीं छोड़ेगी। यह धारणा है कि अमुक स्थान में रहने के कारण कोई मृत्यु से बच जायेगा अथवा मर जायेगा नितान्त भ्रामक है। निश्चित समय, निश्चित घड़ी और निश्चित स्थान में मृत्यु होगी ही। उसका कोई अतिक्रमण नहीं कर सकता। अतएव स्थानान्तरण का कोई महत्व नहीं है। मनु आदि स्मृतिकारों का स्पष्ट आदेश है कि स्थान, समय के अनुसार पवित्रता और विधि-विधानों का पालन करना चाहिये। प्रत्येक स्थान और प्रत्येक समय में उनका निर्वाह सम्भव नहीं है। इसलिये यात्रा के समय नियम-पालन आवश्यक नहीं रह जाता। उनमें ढील भी बरती जा सकती है। इसके लिये कोई पार नहीं लगता। यदि परमात्मा की कृपा होती है तो तीर्थयात्री को भयानक जंगल में भी भोजन प्राप्त हो जाता है और यदि उसकी कृपा नहीं होती, तो चाहे जिस स्थान पर रहे, भोजन नहीं उपलब्ध होगा। मानव-जीवन की प्रत्येक परिस्थिति और प्रत्येक घटना के पीछे परमात्मा का विधान ही प्रमुख रहता है। बहुत से ऐसे लोग हैं, जो तीर्थयात्रा करके सकुशल लौट आते हैं। इसके विपरीत बहुत से लोग घर ही में मर जाते हैं। अत: तीर्थयात्रा में संकटों का कारण ढूँढ़ना व्यर्थ है। यदि किसी पुरुष ने ब्रह्मानन्द की अनुभूति प्राप्त कर ली है, तो वह जीवन की प्रत्येक परिस्थिति में उसका रसास्वादन करता रहता है। मेरी यही दृढ़ धारणा है। तीर्थ के पवित्र जल में स्नान करने से मन निर्मल हो जाता है और उसे परम शान्ति प्राप्त होती है। अनेक स्थानों और दृश्यों के अवलोकन से मानसिक विकास की परिधि विस्तीर्ण हो जाती है। साधु-महात्माओं के सम्पर्क में आने से साधक आध्यात्मिक पतन से बचता रहता है। ये सब तीर्थयात्रा के लाभ हैं। कौन ऐसा व्यक्ति होगा, जो इनसे फायदा नहीं उठाना चाहेगा?'' दूरस्थ स्थानों में भी साधु-सन्तों के सत्संग की पूरी सम्भावना रहती है। सन्तों से बढ़कर न कोई सम्बन्धी है और न कोई मित्र। दूर से दूर रहने पर भी शिष्य गुरु के चरणकमलों में ध्यान लगा कर उसके सामीप्य की अनुभूति कर सकता है। किन्तु जिस शिष्य में गुरु के प्रति श्रद्धाभक्ति का अभाव है, वह उसके निकट रहते हुए भी, बहिर्मुखता के कारण उनसे बहुत दूर है। उसमें आध्यात्मिक भावों का जागरण नहीं हो सकता। सारांश यह कि यदि शुद्ध भावों से युक्त व्यक्ति पवित्रात्मा के सान्निध्य में रहता है, तभी उसकी मानसिक और आध्यात्मिक चेतना

में अभिवृद्धि होती है और अन्त में आत्मसाक्षात्कार कर लेता है।''

पद्मपाद की बातें ध्यान से सुनकर आचार्य ने उनसे कहा, ''वत्स, पद्मपाद, यदि तीर्थयात्रा करने की तुम्हारी इतनी प्रबल भावना है, तो मैं तुम्हें हतोत्साहित बिल्कुल भी नहीं करूँगा। मैं तुम्हारे संकल्प की परीक्षा ले रहा था। मैं तुम्हें आशीर्वाद दे रहा हूँ कि तुम अधिक से अधिक दिन तीर्थाटन में व्यतीत करो और तुम्हें किसी प्रकार का कष्ट न हो। तीर्थस्थल, प्रसिद्ध मन्दिरों और नगरों तक पहुँचने के लिये अनेक मार्ग हैं। जो मार्ग सुरक्षित हो और जिस मार्ग पर जनसाधारण चलते हों, उसी मार्ग से तुम भी जाना। चोरों-डकैतों की भाँति गुप्त मार्ग से मत चलना। साधु-महात्माओं के सान्निध्य में कुछ दिन व्यतीत करना। अथवा अपनी अभिरुचि के अनुसार सीधे-सीधे तीर्थ स्थान तक पहुँच जाना। साधु-महात्माओं का सम्पर्क एवं उनके साथ वेदान्त-चर्चा करना अत्यन्त प्रेरणावर्द्धक हैं। सत्संग की अपार महिमा है। यह क्लान्तों में विश्राम, दुःखों-क्लेशों से छुटकारा, कायरों को प्रोत्साहन, कानों और हृदय को आनन्द प्रदान करता है। साधु-संग का सबसे बड़ा दोष यह है कि जब साधुओं से वियोग होता है, तो हृदय को अपार कष्ट होता है और मिलने से असीम सुख की प्राप्ति होती है। संसार की अच्छी से अच्छी वस्तु में कुछ न कुछ दोष अवश्य ही छिपा रहता है। किसी स्थान पर अधिक दिनों तक निवास न करना, इससे आसक्ति उत्पन्न होने की सम्भावना बनी रहती है। यदि आसक्ति उत्पन्न हो गयी, तो अपने लक्ष्य की सिद्धि में बड़ी बाधा पहुँचती है। अत: सर्वोत्तम यही होगा कि अपने लक्ष्य की प्राप्ति शीघ्रातिशीघ्र कर लेनी चाहिये, नहीं तो लक्ष्य सिद्धि में सुरसा की भाँति मुँह फैलाकर अनेक विघ्न-बाधाएँ आ उपस्थित होती हैं। कभी-कभी ये बाधाएँ इतना प्रबल रूप धारण कर लेती हैं कि हमें लक्ष्य से च्युत कर देती हैं। बहुत से सफेदपोश और मृदुभाषी लोगों से मार्ग में मुलाकात होगी, पर उनकी ओर बराबर सतर्क दृष्टि रखना आवश्यक है। तनिक सी चूक होने पर वे तुम्हारा कपड़ा-लत्ता, पुस्तक आदि लेकर नौ दो ग्यारह हो जायेंगे। किसी अनजान और अपरिचित का विश्वास मत करना। यदि मार्ग में अथवा मार्ग से दूर कोई भी संन्यासी मिले, तो उसका दर्शन अवश्य करना, उसका पूर्ण सम्मान करना। यदि सुयोग्य एवं गुणज्ञ पुरुषों का यथोचित सम्मान नहीं किया जाता, तो अपने ही हित की हानि होती है। सत्य और धर्मपथ पर अडिग रहना। अनुशासनविहीन और उच्छृंखल व्यक्तियों के साथ से बचना। मन की सभी कुटिलताओं का परित्याग कर, सत्, चित्, आनन्दस्वरूप ब्रह्म में निमग्न रहना। अत: मेरा आशीर्वाद है कि खूब प्रसन्न मन से तीर्थयात्रा करो।'' पद्मपाद ने आचार्य शंकर के उपदेश को बड़े ध्यान से सुना। वे अपनी तीर्थयात्रा के लिये चल पड़े। आचार्य शंकर ने शिष्यों के साथ शृंगेरी में कुछ समय तक और निवास किया।

मातृ-दर्शन के निमित्त आचार्य का कालटी गमन

इसी बीच आचार्य शंकर ने अपनी योगशक्ति से यह जान लिया कि अब माता का अन्तिम समय निकट आ पहुँचा है। उन्होंने अपने शिष्यों को इसकी सूचना देकर

आकाश मार्ग से अपनी जन्मभूमि, कालटी के लिये प्रस्थान किया। वहाँ पहुँच कर उन्होंने देखा कि माता उनसे मिलने की प्रतीक्षा में मृत्युशैया पर पड़ी हुई हैं। उन्होंने रुग्णा, वृद्धा एवं कमजोर माता को साष्टांग प्रणाम किया। माता अपने लाडले और इकलौते पुत्र को अपने सम्मुख देखकर अत्यधिक आह्लादित हुईं। आचार्य शंकर के देखने से उनके सारे मानसिक और शारीरिक संताप वैसे ही दूर हो गये, जैसे सूर्य के आतप से संतृप्त व्यक्ति का सारा ताप सघन बादल की छाया पाकर दूर हो जाता है। हालाँकि आचार्य शंकर अद्वैतज्ञान के साक्षात् विग्रह थे, पर माता की दैन्य अवस्था देखकर वे अत्यन्त भावप्रवण हो गये। उन्होंने अपनी माता से प्रार्थना की, ''हे माँ, तुम दुखी मत हो, मैं तुम्हारे पास हूँ। तुम अपनी आन्तरिक अभिलाषा बताओ, मैं उसे पूरी करने की पूरी चेष्टा करूँगा।''

आचार्य शंकर को पूर्ण स्वस्थ देखकर माता प्रसन्न होकर बोलीं, ''वत्स, तुम्हें सकुशल अपने पास आया देखकर मैं बहुत ही प्रसन्न हूँ। इससे बढ़कर मेरा भाग्य और क्या हो सकता? हे पुत्र, जरावस्था के कारण अब मेरे लिये शरीर धारण करना बड़े भारी बोझे के समान लग रहा है। अब ऐसा उपाय करो जिससे मेरी सद्गति हो। देहावसान के पश्चात् मेरे मृत शरीर का शास्त्रीय विधि से दाह-संस्कार कर देना।'' माता का अन्तिम समय निकट पहुँचा देखकर, उनकी सद्गति के लिये आचार्य ने उन्हें निर्गुण, निराकार, अखण्ड, अद्वैत, अनन्त, अनादि, शाश्वत, सत्, चित् आनन्दस्वरूप ब्रह्म का उपदेश दिया। उनकी गूढ़ और सूक्ष्म उक्तियों को सुनकर माता ने कहा, ''हे पुत्र, तुम्हारी बातें मेरी बुद्धि के लिये अत्यन्त गूढ़ और रहस्यमयी प्रतीत हो रही हैं। मैं निर्गुण, निराकार ब्रह्म को समझने में अपने को असमर्थ पा रही हूँ। मेरे लिये तुम किसी साकार देवता को आराधना द्वारा प्रकट करो। वही रूप मुझे सुखद और प्रिय है।'' माता की यह इच्छा जानकर आचार्य शंकर ने शिव की स्तुति की। तुरन्त ही शिव के दूत उन्हें लेने के लिये आ पहुँचे। वे त्रिशूल, पिनाक आदि विविध आयुध धारण किये हुए थे। उन्हें देखते ही माता अत्यन्त भयभीत होकर बोलीं, ''हे पुत्र, इन दूतों को देखते ही मुझे बहुत भय लग रहा है। मैं इनके साथ नहीं जाऊँगी।'' माता के इस कथन पर उन्होंने महाविष्णु की स्तुति की। उस स्तुति में क्षीरशायी विष्णु के स्वरूप का चित्रण है—वे शेष-शैया पर लेटे हैं। लक्ष्मी जी उनके चरण दाब रही हैं। 'भू' और 'नीला' बगल में खड़ी हैं। गरुड़ आज्ञापालन के लिये हाथ जोड़े खड़े हैं—। विष्णु-स्तुति समाप्त होते ही, माता को विष्णु की परम ज्योति के दर्शन हुए। उस चैतन्यमयी ज्योति को उन्होंने अपने हृदय में स्थापित कर लिया और उसी का ध्यान करती हुईं, उन्होंने अपने शरीर का परित्याग कर दिया। विष्णु के पार्षदों के दिव्य रूप को देखकर माता अत्यधिक प्रसन्न हुईं और उन्होंने पूर्ण सन्तोष प्रकट किया। उन्होंने अपने पुत्र शंकर की इस अलौकिक कृत्य के लिये बारम्बार सराहना की। वे सूक्ष्म शरीर से विष्णु के दिव्य विमान पर सवार होकर आगे बढ़ीं। इस प्रकार शंकर की पुण्यमयी जननी ने अग्नि, अह, शुक्लपक्ष, षड्मास,

उत्तरायण, संवत्सर, वायु, चन्द्र, सूर्य, विद्युत, वरुण, इन्द्र और ब्रह्मा के लोकों को क्रमश: पारकर परमपद वैकुण्ठ लोक को प्राप्त किया।

माता को सद्‌गति देने के पश्चात् आचार्य शंकर ने उनके शव का दाह-संस्कार करना चाहा। इस कार्य में उन्होंने सगे-सम्बन्धियों को बुलवा कर सहयोग देने को कहा, पर सहयोग देना कौन कहे, उन्होंने दाह-संस्कार करने के लिए अपने घर से अग्नि तक नहीं दी। उन्होंने आचार्य के इस कार्य की निन्दा करनी शुरू कर दी। उन्होंने आचार्य शंकर से घृणाभाव से प्रश्न किया, ''अरे संन्यासी, तुम तो संन्यासी हो, दाह-संस्कार करने का तुम्हें क्या अधिकार है?'' आचार्य ने बार-बार उनसे सहयोग देने की प्रार्थना की, पर वे द्रवीभूत नहीं हुए। तब शंकर ने अकेले ही आसपास से सूखी लकड़ियाँ एकत्र कर घर के दरवाजे पर चिता बनाई। अपनी दाहिनी भुजा से अग्नि उत्पन्न कर चिता प्रज्वलित कर माता के शव का शास्त्रीय ढंग से विधिवत दाह-संस्कार किया। सगे-सम्बन्धियों के इस जघन्य व्यवहार से अत्यन्त क्रुद्ध और क्षुब्ध होकर आचार्य ने उन्हें शाप दिया, ''तुम सब आज से वेदाध्ययन से वंचित हो जाओगे। तुम्हारे यहाँ कोई भी संन्यासी भिक्षा नहीं ग्रहण करेगा और तुम सब अपने घर के दरवाजे पर ही मृत शरीर का दाह-संस्कार करोगे।''

शंकर के शाप के पश्चात् उस क्षेत्र में वेदाध्ययन की परम्परा समाप्त भी हो गयी। उन घरों से कोई भी संन्यासी भिक्षा नहीं ग्रहण करता और वहाँ के लोग मृत शरीर का दाह-संस्कार घर के आँगन ही में करते हैं। भला महान् पुरुषों की अवज्ञा करने से कौन सुखी रह सकता है? महापुरुष स्वभावत: शान्त होते हैं, अत: उन्हें कभी पीड़ा नहीं पहुँचानी चाहिए। क्षुब्ध और विचलित होने पर कभी-कभी वे भी क्रोध कर बैठते हैं। चन्दन-वृक्ष शीतल और सुगंधित होने पर भी, अतिशय रगड़ से अग्नि-उत्पादक हो जाता है। तेजस्वी महापुरुषों का कोई कार्य शास्त्र और लोक विरुद्ध भी दिखलाई पड़े, तो भी उनकी अवज्ञा और तिरस्कार नहीं करना चाहिये। परशुराम ने अपने पिता की आज्ञा से माता और भाइयों का वध कर डाला; भृगुवंशीय एक ऋषि ने अपने कुछ पुत्रों को भेड़ियों का भोज्य बनने का शाप दिया। परन्तु तेजस्वी होने के कारण उनकी निन्दा नहीं की गयी।

पद्मपाद की तीर्थयात्रा का विवरण

माता को सद्‌गति देने के पश्चात् आचार्य शंकर भ्रमण में प्रवृत्त हो गये। उन्होंने कई स्थानों का पर्यटन किया। जहाँ-जहाँ वे पहुँचते थे, वेद विरोधी मतानुयायी उनसे शास्त्रार्थ करने अवश्य आ जाते थे। आचार्य सभी को परास्त करते हुए आगे बढ़े चले जा रहे थे। महाशूर नामक तीर्थ में पहुँच कर वे रुक गये और पद्मपाद के लौटने की प्रतीक्षा करने लगे।

इधर पद्मपाद के तीर्थ भ्रमण पर निकलने से उनके गुरुभाइयों को परम कष्ट हुआ। बात यह है कि वे आचार्य के प्रथम और प्रमुख शिष्य रहे। वे आचार्य के अंगरक्षक के रूप में उनके साथ बराबर छाया के समान रहते थे। पदमपाद उत्तर

भारत के प्रमुख तीर्थों के दर्शन के अनन्तर दक्षिण भारत के तीर्थों के दर्शन के लिये उद्यत हुए। अगस्त्य ऋषि ने अपनी उत्कट साधना और कठिन तपश्चर्या द्वारा दक्षिण भारत के तीर्थों का माहात्म्य और अधिक बढ़ा दिया। अगस्त्य ऋषि में अद्‌भुत आध्यात्मिक शक्ति थी। उन्होंने उसी शक्ति से लोक कल्याणार्थ विन्ध्याचल पर्वत को बढ़ने से रोक दिया था और समुद्र को अँजुली में रखकर पी लिया था। पद्‌मपाद ने अगस्त्य-क्षेत्र में 'काल हस्तीश्वर' नामक दिव्य शिवलिंग के दर्शन किये। कहते हैं कि देवराज इन्द्र ने उनकी आराधना और स्तुति की थी। पद्‌मपाद ने वहाँ सुवर्णमुखी नदी में स्नान कर पार्वती-सहित शिव का विधिवत पूजन किया। वहाँ से वे काँचीक्षेत्र में गये। स्नान करके एकामेश्वर (शिव) और उनकी शक्ति कामाक्षी (पार्वती) का दर्शन-पूजन किया। काँची में शिव को 'कामेश्वर' और पार्वती को 'कामाक्षी' नाम से सम्बोधित किया जाता है। काँची के समीप ही कलाल ग्राम में 'कल्लालेश्वर' नामक प्रसिद्ध मूर्ति के भी दर्शन किये।

इसके पश्चात् पद्‌मपाद पुण्डरीकपुर की ओर अग्रसर हुए। वहाँ आद्याशक्ति पार्वती का मन्दिर है। पार्वती जी प्रसन्नमुद्रा में शिव जी का ताण्डव-नर्तन देख रही हैं। पवित्रात्मा संत-महात्मा वहाँ ध्यान में शिव के ताण्डव-नृत्य का प्रत्यक्ष दर्शन करते हैं। वह नृत्य अत्यन्त प्रेरणास्पद और चित्ताकर्षक है। शिव को ताण्डव-नृत्य मुद्रा में देखकर पद्‌मपाद के हर्ष की सीमा नहीं रही। उस क्षेत्र में एक सरिता प्रवाहित होती है। पद्‌मपाद ने उस सरिता की उत्पत्ति और नाम के सम्बन्ध में वहाँ के शिवभक्तों से जिज्ञासा की। एक शिवभक्त ब्राह्मण ने पद्मपाद से बतलाया कि भक्तों की प्रार्थना पर शिव जी ने उस स्थल पर गंगा जी को प्रवाहित होने की आज्ञा दी। इसी कारण उस पुण्य-सलिला को 'शिवगंगा' कहा जाता है। जो व्यक्ति शिवगंगा में स्नान करते हैं, वे अन्तःकरण से निर्मल होकर शिव का ताण्डव नृत्य देखने में समर्थ होते हैं। कुछ धार्मिकों की धारणा है कि ताण्डव-नृत्य करते करते, जब शिव जी थक गये तो उनकी थकावट दूर करने के लिये शिवा (पार्वती) ने नदी का रूप धारण कर लिया और उसमें स्नान करके शिव जी ने अपनी थकावट दूर की। इस कारण भी इस नदी का नाम 'शिवगंगा' है। कुछ और धार्मिकों का यह मत है कि शिव जी के ताण्डव-नृत्य करते समय उनके सिर का जटाजूट अस्त-व्यस्त हो गया और उसके फलस्वरूप जटाजूट में स्थित गंगा जी की कुछ बूँदें उस स्थल पर गिर गयीं और उन्हीं बूँदों ने शिवगंगा का रूप धारण कर लिया। शिवगंगा में स्नान करने से जो पुण्य प्राप्त होते हैं, वे वर्णनातीत हैं। पद्‌मपाद ने अत्यन्त श्रद्धाभक्ति से शिवगंगा में स्नान किया और शिव-पार्वती का विधिवत पूजन किया।

तदनन्तर पद्‌मपाद प्रसिद्ध तीर्थ रामेश्वरम् की ओर अग्रसर हुए। उनके साथ उनकी शिष्य मंडली भी चल रही थी। रामेश्वरम् के दर्शन के लिये सबके मन में अपूर्व उत्साह और उत्कट लालसा थी। मार्ग में वे कावेरी तट पर पहुँचे। क्षीरशायी विष्णु भगवान् इस पुनीत नदी के निर्मल जल में सदैव निवास करते हैं। कावेरी सह्य

पर्वत से निकलती है और इसी के पवित्र जल से भगवान् विष्णु का अभिषेक होता है। पद्मपाद ने शिष्यों सहित कावेरी में स्नान किया और सभक्ति विष्णु का पूजन किया। फिर शिष्यों-सहित वे रामेश्वरम् के मार्ग की ओर दक्षिण की ओर बढ़े। धीरे-धीरे वे चोल प्रदेश में प्रविष्ट हुए। वहीं उनकी मातृभूमि थी। उसी के समीप उनके मामा का गाँव था।

इतने वर्षों के पश्चात् अपने भानजे पद्मपाद को देखकर उनके मामा अत्यधिक आह्लादित हुए। उनके मामा उद्भट विद्वान् थे। उन्होंने पद्मपाद का खूब सत्कार किया। पद्मपाद का आगमन सुनकर उनके सगे-सम्बन्धी नेत्रों में आनन्दाश्रु भरे हुए उनसे मिलने के लिये आये। कुछ लोग तो पद्मपाद को देख कर रोने लगे, कुछ प्रसन्नता से हँसने लगे। कुछ लोग उनके पूर्व जीवन का संस्मरण सुनाने लगे और कुछ लोग किंकर्तव्यविमूढ़ होकर उन्हें अपलक दृष्टि से निहारने लगे। कुछ लोगों ने भक्तिभाव से उन्हें साष्टाङ्ग प्रणाम किया और अपने उद्‌गार इस प्रकार अभिव्यक्त किये, ''सनन्दन, आपको देखे हुए बहुत वर्ष बीत गये। हम लोगों का परम सौभाग्य है कि आपका पावन दर्शन कर रहे हैं। विद्याध्ययन के लिये आप काशी गये, और वहाँ से संन्यासी होकर लौटे हैं। हम लोगों को एकदम भुला दिया। हम लोग तो आपको देखकर अत्यन्त आनन्दित हुए हैं, पर बड़े आश्चर्य की बात है कि उस आनन्द के प्रति आपमें किसी भी प्रकार की प्रतिक्रिया नहीं परिलक्षित हो रही है।''

''संन्यास-धर्म वास्तव में अत्यधिक स्पृहणीय है। यतित्व कृतार्थता का मूल है। संन्यासी के लिये न कोई मित्र है न और कोई शत्रु; न कोई बन्धु-बान्धव है और न पुत्र-कलत्र; न चोर से कोई भय है और न राजा से कोई कष्ट। वास्तव में संन्यासाश्रम पूर्ण शान्ति और संतोष का जीवन है। जिस प्रकार फलयुक्त वृक्षों के पास मनुष्य, पशु-पक्षी सभी जाते हैं, फलविहीन वृक्ष के पास नहीं, उसी प्रकार धनिकों के पास निर्धन पहुँच कर अपना दुखड़ा रोते हैं और कुछ पाने की आशा रखते हैं, पर निर्धनों के पास कोई फटकता तक नहीं।''

''गृहस्थाश्रम भयानक जंजाल है, कष्टों से भरा हुआ है। गृहस्थ बेचारा सांसारिक बोझ से इतना दबा रहता है कि रात में सुख की नींद नहीं सो सकता। कुटुम्बपालन की चिन्ता में ही उसकी सारी आयु बीत जाती है। उसके भाग्य में कहाँ देवाराधन, कहाँ तीर्थयात्रा और कहाँ सत्संग ? हम सब गृहस्थी के महापाश में जकड़े हुए हैं। उसी में रचपच कर मर रहे हैं।''

''दूर-प्रदेश के आये हुए एक ब्राह्मण के मुँह से यह बात सुनी कि आप सब कुछ परित्याग कर संन्यासी हो गये हैं। आपके पुनीत दर्शन से हम लोग कृतार्थ हो गये।''

''जिस प्रकार लोगों द्वारा लगाये वृक्षों पर पक्षीगण आकर अपने घोंसले बना कर रहने लगते हैं, और कुछ समय बाद उड़कर अन्यत्र किसी वृक्ष की शरण लेते हैं, उसी प्रकार संन्यासी भी लोगों के घरों या देवालयों में कुछ काल रह कर अन्यत्र चले

जाते हैं। जिस प्रकार मधुमक्खियाँ भिन्न-भिन्न प्रकार के फूलों से मधु एकत्र करती हैं, ठीक उसी प्रकार संन्यासी भी विविध घरों से भिक्षा माँग कर उदर पूर्ति कर लेता है। त्याग-भावना से अनुप्रेरित होकर संन्यासी कठोर तपश्चर्या करके आत्मसुख में प्रवृत होता है। इसी से वह आत्मनियंत्रण में पूर्ण सफल होता है। शिष्य ही उसके आज्ञाकारी पुत्र हैं; निरन्तर आत्मा में रमण करना उसकी सहधर्मिणी है, उसका शरीर उसका घर है। इस प्रकार संन्यासी के पास समस्त आवश्यक वस्तुएँ हैं, किसी भी वस्तु का उसे अभाव नहीं हैं। इसीलिये वह धन्य है, क्योंकि वह आप्तकाम, वासना-विहीन, निस्पृह और वीतरागी है।''

''मनोरथों की न कोई सीमा होती है और न अन्त। एक मनोरथ दूसरे मनोरथ को जन्म देता है। स्त्री-प्राप्ति के लिये मनुष्य रातदिन भागदौड़ मचाता है। उसके प्राप्त हो जाने पर वह पुत्रप्राप्ति की कामना करता है। इस प्रकार कामनाओं का चक्र निरन्तर चलता रहता है और उसी में पिसकर सांसारिक व्यक्ति दीन, दुखी और मलीन बना रहता है। अत: जिसका अन्त:करण कामनाओं, वासनाओं से परिपूर्ण रहता है, उसे दुख ही दुख मिलता रहता है। त्याग में ही मानव जीवन की पूर्ण सफलता है । त्याग से ही मनुष्य में पवित्रता आती है और यह त्याग संत-समागम से उत्पन्न होता है।''

''आप ऐसे सन्त महापुरुष लोक कल्याणार्थ जगत् में विचरण किया करते हैं। ऐसे महापुरुषों ने आत्मसाक्षात्कार करके समस्त पापों को दग्ध कर दिया है। तीर्थयात्रा के माध्यम से वे तीर्थस्थल की सरिताओं और सरोवरों को अपने पावन रजकण से पवित्र करते हैं। महापुरुषों के समागम से तीर्थभूमि की महिमा और गौरव बढ़ता है।''

''महात्मन्, कृपया यहाँ कुछ दिनों तक रुकिये। आपके दर्शन मात्र से हम सब कृतार्थ हो जाते हैं और हमारा हृदय आनन्द से ओतप्रोत हो जाता है। दूसरी ओर यह जान कर परम कष्ट भी होता है कि आप ऐसे पुण्यात्मा और वीतराग महापुरुष एक न एक दिन हमलोगों को छोड़ कर अन्यत्र प्रस्थान कर देंगे। हमारा गृहस्थ-जीवन दलदल भरा विस्तृत मैदान है, जिसको पार करना अत्यंत दुष्कर है।''

''हे विद्वन्, गृहस्थाश्रम क्लेश और मल का कोश है, महान् कठिनाइयों का घर है, पिशुनता का निकेतन है, उत्कट मिथ्या भाषण का विशेष आश्रय है। हिंसा से व्याप्त है, वर्जनीय दुर्जनों की संगति से युक्त है। धन की आशारूपी पिशाचिनी हमारे पीछे सदैव लगी रहती है। ऐसे नारकीय गृहस्थाश्रम में हम लिप्त हैं। हे यतिराज, आप कृपाकर हमें उपदेश दें, जिस पर चलकर हम कल्याणभागी बनें।''

गृहस्थाश्रम की प्रशंसा

ब्राह्मणों के इस कथन पर पद्मपाद ने उत्तर दिया, ''विद्वान् ब्राह्मणों, परमात्मा के विधान से संयोग और वियोग होता है। मनुष्य को इसमें समभाव रखना चाहिये। उसे दु:ख-सुख की प्राप्ति में एकरस होना चाहिये।''

''मध्याह्न समय में कोई भूख-प्यास से व्याकुल मनुष्य जब यह कहता हुआ गृहस्थ के घर में प्रवेश करता है, 'कौन पुण्यात्मा मेरी भूख-प्यास का निवारण करेगा?'' तो उस समय गृहस्थ ही उसकी भूख-प्यास को मिटा कर, उसे प्रसन्न और शान्त करता है। ऐसे पुण्यात्मा के महान् पुण्य का कौन वर्णन कर सकता है? प्रात: और सायं होम करनेवाला, दण्ड और कृष्णमृगचर्म धारण करनेवाला, नित्य वेदों का अध्ययन करनेवाला भूख से व्याकुल होने पर गृहस्थ की ही शरण ग्रहण करता है। उच्च स्वर से शास्त्रों की व्याख्या करने वाला, प्रणव मंत्रोपासक, संयमी संन्यासी की उदराग्नि मध्याह्न के समय जब धधकने लगती है, तब वह सदा गृहस्थ के ही घर पहुँचता है। जिस प्रकार ब्रह्मचारी और संन्यासी गृहस्थ के ऊपर अवलम्बित रहते हैं, उसी प्रकार वानप्रस्थी भी गृहस्थ की शरण में जाकर अपनी क्षुधा शान्त करता है। जिस गृहस्थ के अन्नदान से ब्रह्मचारी, वानप्रस्थी और संन्यासी अपना शरीर धारण कर तपश्चर्या, स्वाध्याय और ब्रह्मचिन्तन करते हैं, उनके तप का आधा फल गृहस्थ को अवश्य प्राप्त हो जाता है, यह स्मृति का आदरणीय वचन है। धनी और दानी गृहस्थ विशेष रूप से श्लाघनीय हैं, क्योंकि सभी उसके धन के सहारे जीते हैं। कुछ व्यक्ति धनी के धन का उपयोग, चोरी से करते हैं, कुछ प्रेम से, कुछ दान से और कुछ बल प्रयोग करके। जो वेदज्ञ ब्राह्मण को सन्तुष्ट कर लेता है, वह सब देवताओं को सन्तुष्ट करने में समर्थ होता है। श्रुति का कथन है कि वेदज्ञ ब्राह्मण में समस्त देवता निवास करते हैं। भले और विद्वान् पुरुष, तपस्वी, समाजसेवी, तीर्थयात्री सभी गृहस्थ की शरण ग्रहण करते हैं। गृहस्थ को सबके पुण्यों का अर्द्धांश स्वत: प्राप्त हो जाता है, अत: उसका घर तीर्थस्थल के रूप में परिणत हो जाता है। अत: धनी और दानी व्यक्ति को पुण्यार्जन के निमित्त घर से बाहर क्यों जाना चाहिये? इतना ही नहीं पशु-पक्षी, चूहों आदि जन्तुओं का जीवन-निर्वाह गृहस्थ पर ही निर्भर रहता है। गृहस्थ ही के आसपास वे भी रहना पसन्द करते हैं। अत: मेरी दृष्टि से ही गृहस्थाश्रम सभी आश्रमों का सिरताज है।''

''श्रुति से ज्ञात होता है कि मनुष्य के चारों पुरुषार्थों—अर्थ, धर्म, काम और मोक्ष—की सिद्धि शरीर पर ही निर्भर रहती है। स्वस्थ शरीर से ही पुरुषार्थों का अर्जन सम्भव है। शरीर अन्न के ऊपर आश्रित है। वह अन्न हमें गृहस्थों से ही प्राप्त होता है। अत: संसार के समस्त फल गृहस्थ रूपी वृक्ष के आश्रित हैं। इसलिये गृहस्थाश्रम कल्पवृक्ष के समान है, जो सबकी आवश्यकताओं की पूर्ति करता है।''

''मैं पुन: आप लोगों से परमतत्व की बात कह रहा हूँ, इसे आप लोग ध्यान देकर सुनने की कृपा करें। आपके घर में जो अतिथि दुखार्त होकर आये, उसका सत्कार अवश्य करें। सत्कार पानेवाला वह अतिथि आपके कुल का उद्धार कर सकता है। उसका तिरस्कार करने से जो महान् अनिष्ट हो सकता है, वह वर्णनातीत है।''

"हे ब्राह्मणों, वेद विहित कर्मों का अनुष्ठान निष्काम भाव से करो। इससे धीरे-धीरे अन्तःकरण की शुद्धि होती है। इससे विषयासक्त पुरुष भी निर्मल हो सकता है। यदि भगवान् शंकर में दृढ़ भक्ति हो जाये, तो सहज ही ब्रह्मस्वरूप की प्राप्ति हो जाती है।"

इस प्रकार यति पद्मपाद ने उन ब्राह्मणों के समक्ष गृहस्थाश्रम धर्म के अनुष्ठान पर जोर दिया। इसके बाद मामा के घर भिक्षा ग्रहण की। उनके भिक्षा करते समय मामा ने पूछा, "वत्स सनन्दन, उस शिष्य के पास कौन सी गोपनीय पुस्तक है?" पद्मपाद ने उत्तर दिया "मामा जी, यह ब्रह्मसूत्र शांकरभाष्य की टीका है।" मामा ने उस पुस्तक को लेकर अध्ययन किया। पद्मपाद की विद्वत्ता देखकर वह आश्चर्यचकित हो गये। उन्होंने पद्मपाद से अपनी प्रतिक्रिया अभिव्यक्त की, "वत्स, यह अत्युत्तम कृति है। इसमें तुमने वेदान्त-विरोधी मतों का अकाट्य तर्कों से खण्डन किया है। तुम्हारे उन तर्कों का कोई भी विद्वान् उत्तर नहीं दे सकता।"

मामा उस पुस्तक में प्रभाकर के मीमांसा सिद्धान्त के कर्मकांड का खंडन देखकर हतप्रभ हो गये, क्योंकि वे स्वयं प्रभाकर-मतानुयायी थे। वे प्रकाण्ड पंडित भी थे। उन्होंने सोचा कि इस पुस्तक में ऐसे अकाट्य तर्क और सशक्त युक्तियाँ दी गयी हैं कि उनका उत्तर मैं ही नहीं, कोई भी विद्वान् नहीं दे सकता। उनमें मात्सर्य-भाव बड़े जोर से प्रज्वलित हो उठा। अतः उन्होंने औपचारिकता के नाते ऊपरी मन से पुनः कहा, "वत्स सनन्दन, तुम्हारी यह रचना अद्वितीय बन पड़ी है। मैं तुम्हारे पांडित्य से अत्यधिक प्रभावित हूँ।"

पुस्तक के सम्बन्ध में मामा की प्रतिक्रिया जान कर पद्मपाद ने उनसे कहा, "मामा जी, अब मैं सेतुबन्ध रामेश्वरम् का दर्शन करने जा रहा हूँ। मेरे इस ग्रन्थ को आप सतर्कता से सुरक्षित रखें। इसे आप मेरा प्राण ही समझें। जैसे आपको अपना घर-बार और धन-सम्पत्ति प्यारी है, उसी प्रकार यह ग्रन्थ भी मुझे अत्यधिक प्रिय है।" इन शब्दों के साथ पद्मपाद शिष्यमंडली सहित रामेश्वरम् की ओर चल पड़े। चलते समय अनेक अपशकुन हुए। उनकी बाईं आँख, बाईं जाँघ और बाईं भुजा जोरों से फड़कने लगी। सामने से जोर से छींक हुई। परन्तु वे उन अपशकुनों पर कोई ध्यान न देकर यात्रापथ पर चल पड़े।

पद्मपाद के चले जाने पर मामा ने विचार करना प्रारम्भ किया, "यदि यह पुस्तक सर्वविदित हो जायेगी, तो मेरे आचार्य प्रभाकर के सिद्धान्तों पर भयानक आँच आयेगी, क्योंकि ग्रन्थ में जो तर्क रखे गये हैं, वे अकाट्य हैं। उनका खंडन कोई भी नहीं कर सकता। इसका रहना परम हानिप्रद है। अतः हमारे मत की सुरक्षा की दृष्टि से इसका नाश आवश्यक है। अपने मत के नाश की अपेक्षा घर का नाश हमारे लिए अधिक अच्छा है। पुस्तक को भस्मीभूत करने के लिये मैं अपने घर में ही आग लगा दूँगा।" ऐसा निश्चय करके मामा ने अपने घर में आग लगा दी और यह

घोषणा कर दी कि घर में अकस्मात् आग लग गयी, जिससे घर की सारी वस्तुएँ स्वाहा हो गयीं। मात्सर्य के वशीभूत होकर व्यक्ति कितने नीचे उतर कर जघन्य कृत्य कर सकता है।

सेतुबन्ध रामेश्वरम् का दर्शन

यात्रा करते हुए पद्मपाद फुल्ल मुनि के आश्रम में पहुँचे। कहा जाता है कि यह वही स्थान है जहाँ श्रीरामचन्द्र भगवान् एक पीपल के वृक्ष की छाया के नीचे बैठ कर सीता के अन्वेषण के लिए चिन्तित हुए थे। उन्होंने अपना धनुष नीचे रख कर कुशासन पर बैठ कर सोचना प्रारम्भ किया, ''इस विस्तृत समुद्र को कैसे पार किया जा सकता है? लंका में रावण द्वारा बनाई गयी बन्दिनी सीता का उद्धार किस उपाय से सम्भव हो सकता है? वानरों का सामर्थ्य तो पृथ्वी पर चलने में है, भला वे समुद्र किस प्रकार लाँघ सकते हैं?''

श्री रामचन्द्र इसी चिन्ता में निमग्न थे कि इतने में उन्हें कुछ दूर पर दिव्य ज्योति दिखलायी पड़ी। वह इतनी चित्ताकर्षक और आनन्दप्रदायिनी थी, कि उसके दर्शन के निमित्त देवगण भी लालायित हो सकते थे। धीरे-धीरे वह ज्योति निकट पहुँच गयी। राम ने देखा कि उस ज्योतिपुंज के बीच अगस्त्य ऋषि और उनकी स्त्री लोपामुद्रा अवस्थित हैं। अगस्त्य ऋषि का दर्शन करते ही राम का नैराश्य-भाव वैसे ही समाप्त हो गया, जैसे सूर्य के समक्ष अंधकार नष्ट हो जाता है। वास्तव में सच्ची पवित्रता में महान् शक्ति होती है। पत्नी सहित अगस्त्य ऋषि को देखकर राम भगवान् बहुत प्रसन्न हुए, क्योंकि संकटकाल में महापुरुषों के दर्शन से प्राणियों के संताप तुरन्त दूर हो जाते हैं। श्री रामचन्द्र ने अगस्त्य ऋषि और उनकी पत्नी को साष्टांग प्रणाम कर उनका विधिवत पूजन किया। भावावेश में श्री रामचन्द्र जी कुछ देर तक एकदम मौन रहे। तत्पश्चात् उन्होंने अगस्त्य ऋषि से अपना मनोभाव अभिव्यक्त किया, ''भगवन्, पितृतुल्य आपका दर्शन कर मैं बहुत आनंदित हुआ हूँ। शोकग्रस्त मुझे दर्शन देकर आपने परम कृपा की है। आज मेरे सारे मनोरथ सिद्ध हो गये और सूर्यवंश कृतकृत्य हो गया। सूर्यवंश में मेरे समान किसी को भी इतना कष्ट नहीं भोगना पड़ा है। पहले तो मैं राज्यपद से च्युत हुआ और अपनी पत्नी सीता तथा अनुज लक्ष्मण के साथ वन में आया। यहाँ भी कुशलपूर्वक नहीं रहने पाया। मारीच की माया ने मेरी बुद्धि भ्रष्ट कर दी, जिससे सीता को अकेली छोड़कर मायामृग मारीच के पीछे भाग चला। अवसर पाकर चुपके से रावण ने सीता का हरण कर लिया। इस समय वह अशोकवाटिका में मेरे विरह से व्याकुल होकर कंकालमात्र रह गयी है। आपसे बढ़कर मेरा कोई हितैषी नहीं है। अतः आप मुझे कुछ ऐसा उपाय बताइये जिससे वानरी सेना सहित मैं समुद्र पार कर दुष्ट रावण का संहार कर सीता का उद्धार कर सकूँ। आपसे बढ़कर न मेरा कोई हितैषी है और न पथ-प्रदर्शक।''

राम की बात सुनकर अगस्त्य ऋषि ने उन्हें समझाना प्रारम्भ किया, ''हे दाशरथे, तुम दुखी और हताश मत हो। सूर्यवंश में अनेक राजा ऐसे उत्पन्न हुए हैं, जिन्होंने

तुम्हारे ही समान कष्टों का सामना कर उन पर विजय प्राप्त की है। अन्त में उन्होंने पूर्ण शान्ति और सुख समृद्धि प्राप्त कर ली। हे राघवेन्द्र, तुम धनुषधारियों में अग्रगण्य हो। तुम्हारे भाई लक्ष्मण और मित्र सुग्रीव भी शौर्य और वीरता में अप्रतिम हैं। इसलिए दैन्य भाव का परित्याग कर दो। तुम्हारे मुख से दैन्य वाणी का उच्चारण शोभनीय नहीं प्रतीत होता। तुम्हारे बहुत से मित्र और सहायक हैं। उचित निर्देश देने के लिए मैं भी तुम्हारे पास उपस्थित हूँ। यह समुद्र तनिक भी अवरोधक नहीं हो सकता। यह विशाल समुद्र तो मेरे लिए गोखुर में स्थिल जल के समान अल्प है। पहले की भाँति मैं अपनी अँजुली में भर कर इसे पी सकता हूँ और तुम सहज में समुद्र के पार जा सकते हो। पर ऐसा करने से मेरी कीर्ति बढ़ेगी और तुम्हारे यश पर धब्बा लगेगा। तुम समुद्र पर सेतु का निर्माण कर वानरी सेना-सहित लंका पर आक्रमण करो। युद्ध में रावण का वध कर सीता को पुनः प्राप्त करो। इससे तुम्हारी यश-गाथा अनन्त काल तक अमर रहेगी।''

अगस्त्य ऋषि के वचनों से प्रेरित होकर श्री रामचन्द्र ने वानरों द्वारा पर्वतों के ऊँचे-ऊँचे शिखरों और विशाल चट्टानों से समुद्र पर सेतु निर्मित कराया। उसी पुल से राम ने अपनी सेना सहित लंका पर आक्रमण करके दुष्ट रावण का वध और सीता का उद्धार किया। सेतुबंध रामेश्वरम् का दर्शन कर पद्मपाद अत्यधिक आनन्दित हुए। उन्होंने शिष्यों-सहित वहाँ स्नान किया और भगवान् श्रीराम की विधिवत पूजा-अर्चना की।

पद्मपाद ने अपने शिष्यों को इस पुण्य तीर्थ के विशद् माहात्म्य की चर्चा की। उसे सुनकर शिष्यों में अद्भुत भक्ति भावना उमड़ पड़ी। उसी प्रसंग में किसी विद्वान् ने प्रश्न किया, ''स्वामिन्, 'रामेश्वरम्' शब्द के महत्व पर प्रकाश डालने की कृपा कीजिये।''

इस प्रश्न का उत्तर उन्होंने इस प्रकार दिया, 'रामेश्वरम्' शब्द में तीन समास हैं, अतः इसके तीन अर्थ निकलते हैं और तीनों अर्थ सार्थक हैं। राम शिव के भक्त थे, तदनुसार 'रामस्य ईश्वर:' (राम का ईश्वर) में तत्पुरुष समास है। शिव राम के भक्त थे, इसके अनुसार 'राम ईश्वरो यस्य' (राम हैं ईश्वर जिसके, अर्थात् शिव) में बहुब्रीहि समास है। देवताओं के मत से 'रामश्चासौ ईश्वर:' (सब प्राणियों में रमण करने वाला ईश्वर रामेश्वर है) में कर्मधारय समास है। रामेश्वरम् शब्द के इन तीन अर्थों को समझ कर समस्त विद्वन्मंडली बहुत प्रसन्न हुई और विद्वानों द्वारा पद्मपाद अति सम्मानित हुए।

पद्मपाद की निराशा

पद्मपाद शिष्यों-सहित रामेश्वरम् में कुछ दिनों तक रहे। उसके बाद उन्होंने वहाँ से प्रस्थान किया। अनेक ग्रामों में विचरण करते हुए वे अपने मामा के घर पहुँचे। मामा ने पद्मपाद को देखते ही कहा, ''सनन्दन, बड़ी दुखद घटना हो गयी। मेरे घर में आग लग गयी, सारी वस्तुएँ स्वाहा हो गईं। तुम्हारी पुस्तक भी जल कर

खाक हो गयी। मुझे बहुत दु:ख है। अब क्या करूँ?'' मामा की बात सुनकर पद्मपाद को काठ सा मार गया, वह बहुत ही विचलित और दुखी हुए। कुछ देर बाद उन्होंने विधि का विधान समझ कर धैर्य धारण किया।

धूर्त और प्रवंचक मामा ने पद्मपाद को झूठी सान्त्वना देते हुए कहा, ''वत्स सनन्दन, कितना दुर्भाग्य है! तुमने मेरा विश्वास करके मुझे अपनी पुस्तक सुरक्षित रखने के लिए सौंपी। पर आग में जल कर वह स्वाहा हो गयी। मुझे अपने घर जलने का तनिक भी कष्ट नहीं है, पर तुम्हारी अमूल्य और अतुलनीय पुस्तक जलने का परम क्षोभ और दु:ख है।''

मामा की बात सुनकर पद्मपाद ने कहा, ''ग्रन्थ जल गया, तो जल जाने दीजिये। मेरी प्रतिभा और मेधा ज्यों की त्यों हैं। श्री गुरुदेव की कृपा से मैं और भी युक्तियुक्त ग्रन्थ लिख लूँगा। अत: आप चिन्तित न हों।''

पद्मपाद का यह संकल्प देखकर मामा ने मन ही मन विचार किया, ''सनन्दन में अपूर्व प्रतिभा, मेधा और स्मरणशक्ति है। यह उससे भी अच्छा ग्रन्थ लिख लेगा। मेरे तो सारे किये-कराये पर पानी फिर जायेगा। इसकी पुस्तक प्रकाश में आ जाने पर तो मेरे मत की बधिया बैठ जायेगी। अत: मुझे कुछ दूसरा ही उपाय करना होगा।'' ऐसा सोचकर मामा ने पद्मपाद का सत्कार और विशेष रूप से करना प्रारम्भ किया, ताकि पद्मपाद मामा की कुटिल मंशा को भाँप न सके। मामा ने मन ही मन एक दुष्ट संकल्प किया—'विष का प्रयोग कर पद्मपाद की बुद्धि विकृत कर देनी चाहिए।' ऐसा सोचकर मामा ने पद्मपाद के भोजन में विष मिला दिया। फलस्वरूप पद्मपाद विक्षिप्त हो गये।

वैद्यों की चिकित्सा से पद्मपाद कुछ स्वस्थ तो अवश्य हुए; पर उनकी स्वाभाविक अवस्था नहीं लौट पाई। उनकी मानसिक स्थिति भी पूर्ववत् न हो सकी। अत: वे प्रयत्न करके भी पहले ग्रन्थ के समान बाद में ग्रन्थ न लिख सके।

पद्मपाद के कुछ कनिष्ठ शिष्य भी तीर्थयात्रा पर निकले थे। संयोगवश मामा के घर पर उन्होंने पद्मपाद का दर्शन किया। लम्बे विछोह के पश्चात् वे सब पद्मपाद के दर्शन कर अत्यधिक आह्लादित हुए। उन्होंने सभक्ति गुरु पद्मपाद के चरणकमलों में साष्टांग प्रणाम किया। उन शिष्यों ने एक अन्य तीर्थयात्री से यह सूचना पाई थी कि आचार्य शंकर सम्प्रति केरल प्रदेश में विचरण कर रहे हैं। इस समाचार को सुनकर सबका यही निश्चय हुआ कि अब शीघ्र चलकर आचार्य के चरणों की शरण लेनी चाहिये, उसी से हमारी विपत्ति कटेगी। तब सब लोग अति शीघ्र आचार्य शंकर के दर्शन करने वहाँ से केरल की ओर चल पड़े। केर (नारियल) के आधिक्य के कारण उस प्रदेश को केरल कहा जाता है।

शंकर माता का अन्तिम संस्कार करके धर्म के रक्षार्थ विचरण करते हुए 'महाशूर' नामक स्थान पर पहुँचे। वहाँ पहुँच कर उन्होंने वहाँ के अधिष्ठातृदेवता को प्रणाम कर उनकी स्तुति करने लगे, ''हे जगदीश, आपकी माया अनिर्वचनीय है,

वह न सत् कही जा सकती है और न असत्। इसी से आप जड़-चेतन की सृष्टि करते हैं, आप तो आप्तकाम हैं। हे विष्णु, आप अकेले होकर भी विविध रूप धारण कर सृष्टि-परम्परा का संचालन कर रहे हैं। अज (ब्रह्मा) के रूप में रजोगुण का आश्रय लेकर सृष्टि की रचना कर रहे हैं, विष्णु बनकर सत्वगुण के सहारे जगत् का पालन पोषण कर रहे हैं और हर का स्वरूप धारण कर तम गुण से सृष्टि के संहार में निरत हैं। हे प्रभु, आप एक होकर भी ब्रह्मा, विष्णु, शिव के नाना रूपों में बरत रहे हैं। जिस प्रकार एक ही सूर्य विविध घटों में प्रतिबिम्बित होकर प्रतीयमान हो रहा है, उसी प्रकार आप एक, अद्वितीय अखण्ड होकर विविध शरीरों में विविध रूप धारण कर प्रकाशित हो रहे हैं।''

ज्योंही आचार्य शंकर ने अपनी स्तुति समाप्त की, त्यों ही समस्त शिष्यगण आकर उनके चरणकमलों में श्रद्धाभक्ति पूर्वक नमित हो गये। आचार्य ने बड़े स्नेह भाव से सबका कुशल-क्षेम पूछा और अपनी दृष्टि एवं वाणी से सबको अनुप्रेरित किया। कुशलवार्ता की बात समाप्त होने के पश्चात् पद्मपाद ने लड़खड़ाती और दीन वाणी में अपना दुखड़ा रोना प्रारम्भ किया, ''भगवन् तीर्थयात्रा करते समय जब मैं भगवान् रंगनाथ का दर्शन कर लौट रहा था, तो मार्ग में मेरे पूर्वाश्रम के मामा मिल गये। वे आग्रह और स्नेहपूर्वक मुझे अपने घर ले गये। वे भेदवादी मीमांसक हैं। बड़े ही विद्वान् और मीमांसक सिद्धान्त के नेता माने जाते हैं। पूर्वाश्रम के मृदु सम्बन्ध का स्मरण कर मैं उनके आग्रह को स्वीकार कर उनके घर चला गया। उन्होंने मेरा आतिथ्य सत्कार किया। बातचीत के प्रसंग में आपके भाष्य की टीका का प्रसंग आया। मैंने आपके भाष्य की टीका उन्हें दिखलायी। उन्होंने मेरी कृति पर अनेक आशंकाएँ प्रकट कीं और अनेक स्थलों पर आक्षेप किया। मैंने आपके तर्कों और युक्तियों का सहारा लेकर उनकी सारी शंकाओं का समाधान करके उनके आक्षेपों का प्रमाण सहित मुँहतोड़ उत्तर दिया। वे चुप हो गये। पर भीतर से वे मेरी कृति पर अत्यधिक चिढ़ गये। उनका व्यवहार ज्यों का त्यों बना रहा। उन्होंने मेरी कृति, विद्वत्ता, और पांडित्य की भूरि-भूरि प्रशंसा की। मैं अदूरदर्शी व्यक्ति उनकी बातों में आ गया। अत: जब रामेश्वरम् की यात्रा पर जाने लगा, तो सुरक्षा के लिये अपनी कृति उन्हें सौंप दी। मेरी कृति के प्रति मामा के मन में बहुत दुर्भाव आ गया था। अत: उन्होंने अवसर पाकर अपने घर में स्वयं आग लगा दी। आग अत्यन्त प्रचंड थी। उसी अग्नि में मेरी अमूल्य रचना भी स्वाहा हो गयी। तीर्थयात्रा से लौट आने पर उन्होंने इसके लिए ऊपरी और बनावटी भाव से अत्यधिक खेद प्रकट किया। पर वहाँ के लोगों ने मुझे बतलाया कि आपके ग्रन्थ को नष्ट करने के लिये आपके मामा ने जानबूझ कर अपने ही हाथों से घर में आग लगाई थी।''

''मैंने उसे पुन: लिखने का प्रयत्न किया, पर मामा ने भोजन में मुझे विष खिलाकर, मेरी बुद्धि विकृत कर दी। उन्हें यह पूरा भय था कि यदि सनन्दन अपनी कृति पुन: लिख लेगा, तो मीमांसा के कर्मकाण्ड का अस्तित्व ही समाप्त हो

जायेगा। विष का प्रभाव अब तक मेरे ऊपर है, क्योंकि मेरा मस्तिष्क पहले की भाँति निर्मल और सशक्त नहीं रह गया है। आपकी आज्ञा का उल्लंघन करने का यह अभिशाप लगा है। हे गुरुवर, आपका यह कथन है कि गुरु के चरणकमलों की अनन्य भक्ति समस्त पापों-तापों को नष्ट कर देती है। क्या आपका यह आप्त वचन मेरे सम्बन्ध में झूठा सिद्ध होगा? यह परम दु:ख की बात है कि आपके सूत्र-भाष्य पर मेरी टीका का इस प्रकार दुखद अन्त हो जाये। हे श्रद्धेय, मैंने उस कृति के जल जाने पर लाख चेष्टा करके वैसी ही रचना करनी चाही, पर पुस्तक में वह गरिमा नहीं आने पाई। उसमें न उतने अकाट्य तर्क और न सशक्त युक्ति का ही समावेश हो सका। जो व्यक्ति आपके पावन चरणों की शरण ग्रहण कर लेता है, उसके समस्त पाप-ताप दग्ध हो जाते हैं और परमानन्द की अनुभूति करने में सक्षम होता है। परन्तु मेरी स्थिति परम दयनीय और शोचनीय है। आप कृपा कर बतावें कि इसका कारण क्या है? यदि किसी पाप के कारण यह दशा उत्पन्न हुई हो, तो उसे आप स्पष्ट रूप से बतलाने की कृपा कीजिये। आप ऐसे सर्वज्ञ गुरु, सब कुछ जानने में समर्थ हैं।''

आचार्य शंकर की अद्भुत स्मरणशक्ति

पद्मपाद की दीन और नैराश्ययुक्त वाणी सुनकर आचार्य शंकर ने उन्हें मृदु और प्रेरणास्पद शब्दों में समझाना प्रारम्भ किया, ''वत्स पद्मपाद, दुखी मत हो। कर्म का फल अवश्य भोगना पड़ता है। कोई भी व्यक्ति उसका अतिक्रमण नहीं कर सकता। मैंने इस घटना को पहले ही जान लिया था और इसका संकेत सुरेश्वर से कर दिया था। श्रृंगेरी के आवासकाल में तुमने मेरे भाष्य पर जो पंचपादिका मुझे सुनाई थी, वह अब तक मुझे भलीभाँति स्मरण है। मैं उसे तुम्हें बोल रहा हूँ, तुम उसे अक्षरश: लिख लो।'' आचार्य शंकर के इस कथन से पद्मपाद को अत्यधिक शान्ति मिली। आचार्य शंकर ने अपनी अद्भुत शक्ति से पंचपादिका के शब्दों की आवृत्ति कर दी और पद्मपाद ने उसे उसी प्रकार लिख लिया। कार्य पूरा हो जाने पर पद्मपाद भावावेश में रोने और नृत्य करने लगे। लोग इस घटना को सुनकर आश्चर्य में पड़ सकते हैं, पर सर्व्रज्ञ शिवावतार आचार्य शंकर के लिये यह अत्यन्त साधारण बात थी।

आचार्य शंकर के केरल में पदार्पण करने की बात सुनकर वहाँ के नरेश, राजशेखर दर्शन के निमित्त उनके पास उपस्थित हुए। आचार्य के बाल्यकाल में राजा ने उनका दर्शन किया था। आचार्य के त्याग, पांडित्य और ब्रह्मनिष्ठा का प्रभाव राजा के ऊपर बहुत अधिक प्रभाव पड़ा था। उस दिन से वे आचार्य के शिष्य हो गये थे। आचार्य शंकर के पास पहुँचकर राजा राजशेखर ने उन्हें साष्टांग प्रणाम किया। राजा उच्चकोटि के साहित्यमर्मज्ञ और भावुक कवि थे। आचार्य शंकर और राजशेखर की शास्त्रीय वार्ता होने लगी। आचार्य ने राजा से जिज्ञासा की, ''आजकल आपकी साहित्य-साधना कैसी चल रही है? इधर कोई नयी रचना की है?''

आचार्य का प्रश्न सुनकर लम्बी साँस छोड़ते हुए राजा ने उत्तर दिया, भगवन् आजकल उस कार्य से विरक्ति हो गयी है। यह परम दु:ख की बात है, मैं जीवन

पर्यन्त उसे विस्मृत नहीं कर सकता। अपने जिन तीन नाटकों को मैंने आपको पहले सुनाया था, वे दुर्भाग्य से अग्नि में भस्मीभूत हो गये। उस अप्रिय घटना से मेरा मन अत्यन्त उद्वेलित हो गया है। मेरे मन पर इतनी मार्मिक चोट पहुँची है कि अब और किसी पुस्तक के लिखने का उत्साह नहीं रह गया है। साहित्यिक अभिरुचि समाप्त सी हो चुकी है।''

राजा की तीव्र मनोव्यथा को आचार्य शंकर ने तुरन्त समझ लिया। उन्होंने सान्त्वनायुक्त शब्दों में राजा से कहा, ''राजन्, मैं यह भलीभाँति समझ गया कि आपके मन पर कितनी मार्मिक चोट पहुँची है। साहित्यकार को उसकी कृति सन्तान के समान प्यारी होती है। पुत्र-कन्या मैथुनी-सृष्टि के परिणाम हैं और ग्रन्थ मानस-सृष्टि का प्रतिफल। आपने पहले उन तीन नाटकों को मुझे पढ़कर सुनाया था। तीनों ही मुझे बहुत प्रिय लगे थे। मुझे आज तक तीनों आद्योपान्त स्मरण हैं। मैं उन्हें आदि से अन्त तक अक्षरशः बोल सकता हूँ; आप उन्हें लिपिबद्ध कर उनका पुनरुद्धार कर सकते हैं।''

आचार्य शंकर की बात सुनकर राजा महान् आश्चर्य में पड़ गये। उन्होंने प्रसन्नमुद्रा में पूछा, ''यतिराज, आपको सभी स्मरण है? आप महती अनुकम्पा करके उन्हें सुनाने का कष्ट करें। मैं लिपिक का प्रबन्ध कर उन्हें लिपिबद्ध करा लूँगा।''

आचार्य की सम्मति से सुयोग्य लेखक नियुक्त किया गया। वे ग्रन्थों को बोलते गये और लिपिक सब लिखता गया। इस प्रकार आचार्य शंकर की अद्‌भुत शक्ति से तीनों नाटकों का पुनरुद्धार हो गया। उन नाटकों को पढ़कर राजा ने अनुभव किया कि उन्होंने जैसी रचना की थी, ठीक वैसी ही आचार्य ने लिखा दी। आनन्द, विस्मय और कृतज्ञता से राजा का चित्त भर गया। उन्होंने आचार्य शंकर को बारंबार प्रणाम किया। उनकी अलौकिक स्मरणशक्ति की गाथा सुनकर केरल-निवासियों के आश्चर्य का ठिकाना नहीं रहा।

उपर्युक्त दोनों घटनाओं से आचार्य शंकर की अद्‌भुत स्मरणशक्ति का अश्रुतपूर्व दृष्टान्त पाकर शिष्यमण्डली कृतार्थ हो गयी।

■

सोलह

आचार्य शंकर की दिग्विजय-यात्रा

ब्रह्मसूत्र, उपनिषदों और श्रीमद्‌भगवद्‌गीता पर भाष्य लिखना, शृंगेरी मठ का संस्थापन तथा अपने शिष्यों द्वारा वेदान्त-ग्रन्थों की रचना कराना आचार्य शंकर के महत्वपूर्ण कार्य थे। उन्होंने यह विचार किया कि जनजागरण के लिए इतना ही पर्याप्त नहीं है। जब तक सम्पूर्ण भारत में अद्वैत-मत का प्रचार न कर दिया जाय, तब तक मेरा लक्ष्य अधूरा है। अब तक उनके अन्तेवासी ही उनके उपदेशामृत का पान करते थे। अब आचार्य ने चारों ओर जनता के समक्ष अपने उपदेशामृत की वर्षा करने का संकल्प किया। अपने शिष्यों के साथ उन्होंने भारत के प्रसिद्ध तीर्थों का पर्यटन किया। उन तीर्थों की पवित्र परम्परा में कालुष्य का समावेश हो चुका था। जिन तीर्थों में वैदिक धर्म की परम्परा का शुद्धता से निर्वाह किया जाता था, वे मद्य, मांस, मीन, मुद्रा और मैथुन के केन्द्र स्थल बन गये थे। सात्विकता के स्थान पर घोर तमोगुण व्याप्त हो गया था। आचार्य ने तीर्थों में जाकर तमोगुणी वृत्तियों का खण्डन कर वेदान्त-मत का पावन पथ प्रदर्शित किया। उन्होंने वेद-विरोधी मतों का खण्डन कर सर्वत्र अद्वैत-वेदान्त की वैजयन्ती फहराई।

उनकी इस प्रचार-यात्रा में उनके अनन्य भक्त शिष्यों का वृहत् समुदाय था। साथ ही साथ वैदिक धर्म के परम पोषक और हितैषी राजा सुधन्वा भी आकस्मिक आपत्तियों से बचाने के लिए इस मण्डली के साथ-साथ चलते थे। यह मण्डली भारत के प्रमुख तीर्थों और धार्मिक क्षेत्रों में पर्यटन करती; आवश्यकतानुसार कुछ समय वहाँ रहती, आचार्य वेद-विरोधी मतों के दिग्गजों से शास्त्रार्थ करने और अपने अकाट्य तर्कों और प्रबल युक्तियों से उन्हें पराजित कर वैदिक धर्म और वेदान्तमत को स्वीकार करने के लिए बाध्य कर देते थे। आचार्य का यह तीर्थभ्रमण 'दिग्विजय' के नाम से विख्यात है।

अपने दिग्विजय-अभियान में उन्होंने सर्वप्रथम सेतुबन्ध रामेश्वरम् की ओर कूच किया। मार्ग में उन्हें ब्राह्मणों का एक समुदाय मिला, जो अपने को शैव मतानुयायी कहता था, पर उसका आचरण शाक्तों का था। वे खुलकर मदिरा का प्रयोग अपनी साधना में करते थे। आचार्य शंकर उनके इस आचरण से परम दुखी और क्षुब्ध हुए। शंकर के मना करने पर वे ब्राह्मण उत्तेजनापूर्ण शास्त्रार्थ में प्रवृत्त हुए। पर शंकर के अकाट्य तर्कों के सम्मुख उन्हें मुँह की खानी पड़ी। उन्होंने शंकर के अद्वैत मत को स्वीकार किया।

मार्ग में मध्यार्जुन की पूजा-अर्चना कर आचार्य शंकर ने प्रार्थना की, ''हे भगवन्, मैं सबके सम्मुख आपसे प्रार्थना कर रहा हूँ कि वेदादि का लक्ष्य द्वैत भाव है अथवा अद्वैत भाव? मेरे इस संशय का निवारण कीजिये।'' शंकर की इस प्रार्थना पर भगवान् मध्यार्जुन शिवलिंग से प्रकट हो गये और उन्होंने अपना दाहिना हाथ उठाकर गंभीर वाणी में उत्तर दिया, ''सत्यमद्वैतं, सत्यमद्वैतं, सत्यमद्वैतं'' (अद्वैत सत्य है, अद्वैत सत्य है, अद्वैत सत्य है)। ऐसा उच्चारण कर वे अन्तर्धान हो गये। सभी दर्शकों को इससे आश्चर्य का ठिकाना न रहा। उनकी इस अद्‌भुत शक्ति को देखकर बहुत से लोग अद्वैत मत में दीक्षित हो गये। रामेश्वरम् में आचार्य शंकर ने 'रामनाथ' भगवान् की विधिवत पूजा की। इसके बाद उन्होंने पांड्य और चोल प्रदेशों में पदार्पण किया और वहाँ के विद्वानों को शास्त्रार्थ में पराजित कर अपने वशीभूत किया। बहुत से लोग शौर्य, गाणपत्य, शाक्त मत की आड़ में पाखण्ड और अधर्म को प्रोत्साहन दे रहे थे, उन सब को शास्त्रार्थ में पराजित कर वैदिक धर्म का अनुयायी बनाया। वहाँ से हस्तगिरि की मेखला पर अवस्थित काँची नगर में आचार्य ने प्रवेश किया। वहाँ उन्होंने देवी के मन्दिर का निर्माण करवाया और वैदिक विधान के अनुसार देवी की पूजा-पद्धति चलायी। उनके प्रभाव से तान्त्रिकों का प्रभुत्व समाप्त हो गया और वैदिक धर्म की पुनर्प्रतिष्ठा हुई। इसके बाद आन्ध्रवासियों को सदुपदेश और आशीर्वाद देकर उन्होंने, वेंकटनाथ का पूजन किया।

तदन्तर विदर्भ की राजधानी (बरार) में पहुँचे। विदर्भ के राजा ने यतिराज शंकर और उनके शिष्यों का भव्य स्वागत कर उनका विधिवत पूजन किया। वहाँ पर भैरव मतानुयायियों की संख्या बहुत अधिक थी। पद्‌मपाद आदि शिष्यों द्वारा शंकर ने उन्हें शास्त्रार्थ में पराजित करा कर वैदिक धर्मावलम्बी बनाया। अब आचार्य कर्णाटक जाने को उद्यत हुए। विदर्भ नरेश ने आचार्य के उस विचार का विरोध करते हुए उनसे प्रार्थना की, भगवन्, कर्णाटक कापालिकों का गढ़ है। वे बड़े भयंकर हैं। वे घनघोर वेद विरोधी हैं और अग्नि में मनुष्यों की आहुति देते हैं। उनकी वीभत्स और भयावह साधन-प्रणाली मानवता के लिए अभिशाप है। अत: हे प्रभो, आप वहाँ न जाइये।''

विदर्भ-नरेश की बात सुनकर राजा सुधन्वा ने उत्तेजित होकर कहा, ''विदर्भ-नरेश, आप चिन्तित न हों। मैं आचार्य के साथ-साथ चल रहा हूँ। जब तक मेरे हाथ में धनुष बाण हैं, तब तक नृशंस कापालिक आचार्य का बाल भी बाँका न कर सकेंगे। मेरे ऐसे वैदिक-धर्म के पोषक के रहते हुए, उन क्रूरों की एक भी न चल पायेगी। अत: आप आश्वस्त रहें, किसी प्रकार का भय न मानें।''

कर्णाटक में कापालिकों से मुकाबला

आचार्य शंकर ने कापालिकों के वीभत्स मत के खण्डन के निमित्त शिष्यों सहित कर्णाटक में प्रवेश किया। उस प्रदेश में कापालिकों के सरदार क्रकच का बोलबाला था। उसका आतंक सब जगह फैला हुआ था। वह आचार्य शंकर का विरोध करने के

लिए कटिबद्ध हो गया। शरीर में श्मशान-भस्म लपेटे, एक हाथ में मनुष्य की खोपड़ी लिए और दूसरे हाथ में त्रिशूल उठाये, अनाप-शनाप बड़बड़ाते, भयंकर रूप में आचार्य शंकर से मिलने के लिए चल पड़ा। उसी की वेशभूषा में उसके साथ उसके अगणित अनुयायी भी चल रहे थे। मदिरा की मस्ती में झूमता हुआ, लाल-लाल आँखें नचाता हुआ वह आचार्य के पास पहुँचा। उसने आचार्य से कहा, ''हे आचार्य, इस भस्म का धारण करना तो बिल्कुल ठीक है, परन्तु पवित्र नरमुण्ड को छोड़ कर, इस मिट्टी के गन्दे पात्र को क्यों रखा है? तुम कापाली (महाभैरव; शिव) की उपासना क्यों नहीं करते? रक्त से परिपूर्ण नरमुण्ड रूपी कमलों से और मदिरा से कापाली भगवान् की उपासना किये बिना तथा मृगनयनी सुन्दरी के आलिङ्गन किये बिना, भला कोई मनुष्य आनन्द पा सकता है?''

क्रकच की बातें सुनकर राजा सुधन्वा अत्यधिक क्रुद्ध होकर बोले, ''नराधम, कापुरुष यहाँ से बाहर निकलो।'' ऐसा कहकर राजा ने अपने कर्मचारियों से उसे जबर्दस्ती बाहर निकलवा दिया। क्रकच इस घोर अपमान को न सह सका। क्रोधावेश में उसकी भौंहें तन गईं, ओठ काँपने लगे। क्रकच अपनी कुल्हाड़ी नचाते हुए बड़े जोर से चिल्लाया, ''हे दुष्टो, यदि तुम्हारे सिरों को काटकर छिन्नभिन्न न कर दूँ, तो मेरा नाम क्रकच नहीं।'' इतना कहकर वह वहाँ से चला गया। थोड़ी ही देर बाद क्रकच ने यतिराज शंकर का विनाश करने के लिये एक विशाल वाहिनी भेजी। वे सब क्रोध में उन्मत्त थे, समुद्र की भाँति गर्जन-तर्जन कर रहे थे और विविध प्रकार के हथियारों से लैस थे। उनके भैरवाकार रूप को देखकर आचार्य शंकर के सभी शिष्य और भक्त भयभीत हो गये। राजा सुधन्वा कवच पहन कर रथ में सवार हुए। उन्होंने हाथ में धनुषबाण लेकर कापालिकों का संहार करना शुरू किया। यह संग्राम चल ही रहा था कि क्रकच ने एक विशाल वाहिनी पीछे की ओर से और भेजी। उनका मन्तव्य था कि पीछे की ओर से आचार्य शंकर के शिष्यों और भक्तों को घेरकर मार डाला जाय। शिष्य और भक्तगण अत्यधिक भयार्त्त होकर आचार्य शंकर की शरण में पहुँचे। कापालिक तलवार, तोमर, पट्टिश, त्रिशूल आदि से शंकर के भक्तों का संहार करने आये थे। वे बार-बार भीषण अट्टहास कर रहे थे। यह सब देखकर त्रयतापहारी यतिराज ने 'हुंकार' उच्चारण कर प्रचंड अग्नि उत्पन्न की। उस प्रचण्ड अग्नि में पड़कर समस्त कापालिक क्षण भर में भस्मीभूत हो गये। राजा सुधन्वा ने भी सुवर्णपंख वाले तीक्ष्ण बाणों से अगणित कापालिकों के सिर काटे। उन्होंने विपक्षियों के सहस्त्र-समुदाय मस्तक रूपी कमलों से रणभूमि को अलंकृत किया। फिर प्रसन्न मन से वे मुनीन्द्र शंकर के समक्ष उपस्थित हुए।

अपने अनुयायियों को मृत और आचार्य शंकर के शिष्यों और भक्तों को सुरक्षित देख कर क्रकच क्रोध से आगबबूला हो गया। उसी अवस्था में वह यतीन्द्र शंकर के समक्ष उपस्थित होकर कहने लगा, ''हे नास्तिक, अब मेरी शक्ति का प्रभाव देखो। तुमने जो दुष्कर्म किये हैं, उनका फल भोगो।'' इतना कह कर वह हाथ में मनुष्य की

खोपड़ी लेकर आँख मूँद कर ध्यानमुद्रा में खड़ा हो गया। वह भैरव-तंत्र का प्रकाण्ड पंडित था। उसकी इस क्रिया के प्रभाव से रिक्त खोपड़ी मदिरा से भर गई। उसने आधी पी ली और वह पुन: ध्यानमुद्रा में स्थित हुआ। इतने ही में क्रकच के सम्मुख नरमुण्डों की माला पहने, हाथ में त्रिशूल लिये, विकट अट्टहास और गर्जन करते हुए, आग की लपट के समान लाल लाल जटावाले महाकापाली भैरव प्रकट हो गये।

क्रकच ने अपने इष्टदेव को देखकर प्रसन्न भाव से प्रार्थना की, "हे भगवन् आपके भक्तों से द्रोह रखने वाले इस शंकर को अपनी दृष्टिमात्र से भस्म कर दीजिये।" क्रकच की प्रार्थना सुनकर महाकापाली भैरव ने उत्तर दिया, "अरे दुष्ट, शंकर तो मेरे अवतार हैं। इनका बध करके, क्या मैं अपना ही बध करूँ? क्या तुम मेरे शरीर से द्रोह करते हो?" ऐसा कहकर भैरव महाकापाली ने क्रोध से क्रकच का सिर अपने त्रिशूल से काट दिया।

आचार्य शंकर ने महाकापाली भैरव की स्तुति की । कापालिकों को कुकृत्यों की गाथा सुना कर भैरव भगवान् से सत्यासत्य-निर्णय के लिये आचार्य शंकर ने प्रार्थना की। भैरव बोले,"हे शंकर, आप सदैव पूजनीय हैं। वेदों के समस्त रहस्यों के ज्ञाता हैं। धर्मविहीन, वेदविरोधी ब्राह्मणों को दण्ड देने के लिये आप भूमण्डल पर अवतरित हुए हैं। जो आपका कार्य है, वही मेरा भी कार्य है। इन क्रूर कापालिकों को ब्राह्मण धर्म में निरत कीजिये। कलियुग के प्रभाव से इनकी वृत्ति धर्मविहीन हो गई है। मैं मन्त्रबद्ध होकर प्रकट हुआ हूँ, धर्म के आचरण से नहीं।" ऐसा कह कर महाकापाली भैरव अन्तर्धान हो गये।

भैरव भगवान् के वचन सुनकर शेष कापालिक अत्यन्त भयभीत हो गये और उन्होंने आचार्य शंकर की शरण लेकर वेदविरुद्ध कापालिक मत का परित्याग कर दिया। यति शंकर के आदेशानुसार वे ब्राह्मण धर्म में दीक्षित हो गये। इस प्रकार आचार्य शंकर ने कापालिकों के विशाल गढ़ को ध्वस्त कर, वैदिक धर्म की पुनर्प्रतिष्ठा की। विभिन्न स्थलों पर पर्यटन कर पाखण्डी ब्राह्मणों का संस्कार किया।

गोकर्ण तीर्थ में

अनेक स्थानों में परिभ्रमण करते हुए, अद्वैतमत की विजय-वैजयन्ती फहराते हुए, धार्मिक कुसंस्कारों का शुद्धिकरण करते हुए और अनेक लोगों को वैदिक धर्मानुयायी बनाते हुए आचार्य शंकर ने पश्चिमी सागर के प्रसिद्ध तीर्थ गोकर्ण में प्रवेश किया। सबसे पहले उन्होंने समुद्र में स्नान किया। इसके बाद शिव-पार्वती की भुजंगप्रयात छन्दों में स्तुति की।

अनेक जिज्ञासु आचार्य शंकर के पास अद्वैतज्ञान का तत्त्वोपदेश सुनने के लिये आने लगे। आचार्य बहुत मनोयोग से उन्हें उपदेश देते थे। हरदत्त नामक एक विद्वान् ने अपने गुरु नीलकण्ठ को बतलाया, "हे भगवन्, शंकराचार्य नामक एक संन्यासी अपने शिष्यों के साथ शिवमन्दिरों में ठहरे हैं। उन्होंने मंडन मिश्र ऐसे बहुत से प्रसिद्ध विद्वानों को शास्त्रार्थ में पराजित किया है। वे अब आपको भी शास्त्रार्थ में

पराजित कर अद्वैत मत की प्रतिष्ठा करना चाहते हैं।''

नीलकण्ठ प्रसिद्ध शैवाचार्य थे। प्रकाण्ड पंडित और अद्वैत सिद्धान्त के प्रबल विरोधी थे। हरदत्त की बात सुनकर नीलकण्ठ ने उत्तर दिया, ''वे शंकराचार्य समुद्र को भले ही पी लें; आकाशमण्डल से सूर्य को गिरा दें, आकाश को वस्त्र की भाँति भले ही लपेट लें; पर शास्त्रार्थ में मुझे पराजित करना असंभव है।'' नीलकण्ठ ने अनेक प्रसिद्ध ग्रंथों की रचना की थी। उन्होंने ब्रह्मसूत्र पर भी शैव सिद्धान्तों के आधार पर भाष्य लिखा था। विद्या के मद में उन्मत्त होकर वे आचार्य शंकर से शास्त्रार्थ करने अपने शिष्यों को लिए हुए निकल पड़े। उन्होंने अपने सभी अंगों में विभूति रमा रखी थी और रुद्राक्ष की अत्याकर्षक माला गले में पहनी थी। श्रोतागण भी पर्याप्त संख्या में उपस्थित हो गये, उनमें कुछ तो प्रकाण्ड पंडित थे।

नीलकण्ठ और आचार्य का शास्त्रार्थ

नीलकण्ठ ने यतिराज शंकर के पास आकर अपने पक्ष का इस प्रकार प्रतिपादन किया, जिस प्रकार वेदव्यास की ब्रह्मसूत्र-रचना के पूर्व कपिल ऋषि ने अपने मत की संस्थापना की थी। सुरेश्वराचार्य नीलकण्ठ के पक्ष का खण्डन करने के लिए उद्यत हुए, पर नीलकण्ठ ने उन्हें रोकते हुए कहा, ''हे विद्वन्, मैं आपके पांडित्य और बुद्धिकौशल से पहले से ही भलीभाँति विज्ञ हूँ। आपके गुरु, आचार्य शंकर ही मेरे प्रश्नों का उत्तर दें।''

नीलकण्ठ और आचार्य शंकर का शास्त्रार्थ प्रारम्भ हुआ। आचार्य शंकर ने नीलकण्ठ के मत का अपने तर्कों और युक्तियों द्वारा सहज में खंडन कर दिया। इस पर नीलकण्ठ ने रक्षात्मक दृष्टिकोण को छोड़ कर आक्रामक दृष्टिकोण अपनाया। उन्होंने वेदांतमार्ग के अद्वैत सिद्धान्त पर प्रहार करना प्रारम्भ किया। उन्होंने अद्वैततत्त्व के विरोध में अपना तर्क इस प्रकार उपस्थित किया, ''हे यतीश्वर, छान्दोग्योपनिषद् के 'तत्त्वमसि' वाक्य में आपने जीव और ईश्वर के बीच अभिन्नता प्रदर्शित की है, परन्तु यह उपयुक्त नहीं है। जीव और ईश्वर परस्पर विरोधी धर्म वाले हैं। जिस प्रकार परस्पर विरोधी प्रकाश और अंधकार में एकता स्थापित करना असंभव है, उसी प्रकार जीव और ईश्वर में एकता स्थापित करना हास्यास्पद है।''

''आपका यह सिद्धान्त है कि जिस प्रकार सूर्य और उसके प्रतिबिम्बों में अभिन्नता है, उसी प्रकार जीव और ईश्वर में भी अभिन्नता है। पर यह सिद्धान्त नितान्त भ्रामक है। व्योमशिवाचार्य (वैशेषिक दर्शन के प्रसिद्ध आचार्य) के अनुसार दर्पण में प्रतिबिंबित मुख मिथ्या है। दर्पण में प्रतिबिंबित मुख बिंबरूप मुख से सर्वथा भिन्न है। इसका कारण यह है कि समीप खड़े हुए लोग दर्पण में प्रतिबिंबित मुख को बिंबरूप मुख से भिन्न ही अनुभव करते हैं। अत: दोनों में अभिन्नता नहीं स्थापित की जा सकती। आपके अनुयायी भी प्रतिबिंब को मिथ्या मानते हैं और बिम्ब को सत्य। अतएव सत्य और असत्य के बीच एकता और अभिन्नता स्थापित करना कहाँ तक न्यायसंगत है? फिर जीव अल्पज्ञ है और ईश्वर सर्वज्ञ। अल्पज्ञता

और सर्वज्ञता परस्पर विरोधी धर्म हैं। ये दोनों गुण मायाजन्य हैं, अतः दोनों विरुद्ध धर्म से बाधित हैं। ईश्वर और जीव में चैतन्यस्वरूप ही अवशिष्ट रह जाता है, जो वस्तुतः एक है; इसलिये दोनों की एकता ही वास्तविक है। यह वेदान्त सिद्धान्त यथार्थ नहीं प्रतीत होता।''

''सैकड़ों प्रमाणों से सिद्ध वस्तु का बाध कदापि भी नहीं हो सकता। प्रत्यक्ष आदि अनेक प्रमाणों से यह बात भलीभाँति सिद्ध हो जाती है कि जीव और ईश्वर भिन्न हैं और विरोधधर्मी हैं। इनमें किसी भी प्रकार बाध नहीं किया जा सकता। इसमें वे मायिक भी नहीं कहे जा सकते। बाध स्वीकार कर लेने पर जगत् के भेद को सदैव के लिए मिटा देना होगा। उदाहरणार्थ गौ और अश्व भिन्न-भिन्न पशु हैं। इन दोनों पशुओं में भिन्न-भिन्न विरोधी भाव स्थित हैं; एक में 'गोत्व' है और दूसरे में 'अश्वत्व'। इन दोनों के विरोधी धर्मों के मिटा देने पर, अश्व और गौ के स्वरूप में अभिन्नता स्थापित हो जायेगी। प्रत्यक्ष प्रमाण से दोनों भिन्न-भिन्न हैं। इस प्रकार व्यावहारिक जगत् में नाना प्रकार के अनर्थ उत्पन्न हो जायेंगे। इसलिए अद्वैत दृष्टि नितांत अग्राह्य है। प्रत्यक्ष प्रमाण के अनुसार जगत में यह प्रत्येक मनुष्य की अनुभूति है कि मैं ईश्वर नहीं हूँ, जीव हूँ। अतः प्रत्यक्ष आदि प्रमाणों को ध्यान में रखकर जीव और ईश्वर के भेद का त्याग समीचीन नहीं प्रतीत होता। इस दृष्टि से जीव और ईश्वर की अभिन्नता सर्वथा असंगत है।''

नीलकण्ठ ने अपने तर्कों और युक्तियों द्वारा अद्वैत सिद्धान्त की मान्यताओं में वैसी ही हलचल मचा दी, जैसे कोई मदोन्मत्त गज कमल के तालाब को मथ कर विक्षुब्ध कर देता है। उनकी पूरी बात सुनकर आचार्य शंकर ने शांत भाव से मुस्कराते हुए उत्तर दिया, ''विद्वन्, अब मैं वेदान्त के मतानुसार श्रुति वाक्य 'तत्त्वमसि' की यथार्थ व्याख्या करने जा रहा हूँ, उसे आप ध्यानपूर्वक सुनने की कृपा करें। आपका यह कथन एकदम यथार्थ है कि 'तत्त्वमसि' वाक्य में 'तत्' और 'त्वम्' शब्द में एकता नहीं। इन दोनों का अर्थ पृथक्-पृथक् है। 'तत्' ब्रह्म का बोधक है और 'त्वम्' जीव का। एक (तत्) सर्वज्ञ है और दूसरा (त्वम्) अल्पज्ञ है। पर इन दोनों के अर्थों में मात्र वाचिक भेद है, जो औपचारिक है। परन्तु लक्षणा वृत्ति से देखा जाय, तो कोई भी भेद नहीं हैं। उदाहरणार्थ 'सोऽयं देवदत्तः' इस वाक्य में वाच्य अर्थ के विचार करने पर स्पष्ट विरोध प्रतीत होता है। पर भागत्याग लक्षणा की दृष्टि से 'स' (देवदत्त) और 'अयं' देवदत्त एक ही हैं। जो भूतकाल में देवदत्त विद्यमान था और जो वर्तमान काल में देवदत्त विद्यमान है, उसमें कोई भी अन्तर नहीं है। भूतकाल और वर्तमान काल के देवदत्त एक ही हैं। इसी प्रकार 'तत्त्वमसि' वाक्य में जहद-जहद् लक्षणा द्वारा विरोधी अंश जो 'सर्वज्ञत्व' और 'अल्पज्ञत्व' है, वह चेतन में माया से कल्पित है। अतः 'सर्वज्ञत्व' और 'अल्पज्ञत्व' का त्याग कर अविरोधी चेतन अंश एवं ज्ञत्व का ग्रहण करना समीचीन है। अतः लक्ष्यार्थ चेतन को लेकर ही 'तत्त्वमसि' वाक्य द्वारा एकता प्रतिपादित है।

''आपका दूसरा आपेक्ष है कि 'तत्त्वमसि' वाक्य के आधार पर 'गो' और 'अश्व' में अभिन्नता स्थापित की जा सकती है। पर इनकी अभिन्नता का प्रतिपादक कोई प्रमाण नहीं है, जिससे उन दोनों की लक्षणावृत्ति द्वारा अभेदानुभूति हो सके । पर जीव और ब्रह्म की एकता स्थापित करने में उपनिषद् वाक्य प्रमाण हैं। अत: उनकी एकता श्रुति प्रमाण सिद्ध है।''

आचार्य शंकर के इस उत्तर पर नीलकण्ठ ने फिर तर्क उपस्थित किया, ''यतिराज, जीव में अल्पज्ञत्व और ईश्वर में सर्वज्ञत्व भाव सदैव विद्यमान रहता है। इस स्वरूप को छोड़कर दोनों का अन्य स्वरूप कोई और नहीं है। इससे यहाँ वाच्यार्थ को छोड़कर भागत्याग लक्षणा को मानना सर्वथा अनुपयुक्त है।''

नीलकण्ठ के इस तर्क का खंडन आचार्य शंकर ने इस प्रकार किया, ''विद्वन् , आपका यह तर्क युक्तियुक्त नहीं, क्योंकि परम चैतन्य स्वरूप, जो सबका अधिष्ठान है, उसमें जीव का अल्पज्ञत्व और ईश्वर का सर्वज्ञत्व कल्पित है। फिर आप लोग भी अहंकार पर्यन्त दृश्य देह आदि को जड़ मानते हैं। यदि इस जड़ अंश को त्याग दिया जाय, तो शुद्ध चैतन्य स्वरूप ही अवशिष्ट रहता है। वही शुद्ध स्वरूप ब्रह्म और ईश्वर का भी है। आप यह भलीभाँति समझ लें कि देह, अन्न, प्राण, मन, बुद्धि, चित् और अहंकारादि जीव के वास्तविक स्वरूप नहीं हैं, ये सब तो उसके परिवेष्टन मात्र हैं। जिस प्रकार सीपी में रजत की, रस्सी में सर्प की भ्रान्ति भ्रम के कारण है, उसी प्रकार ब्रह्म और जीव में भेद की अनुभूति मिथ्या ज्ञान के कारण है। मिथ्या ज्ञान के मिट जाने पर जीव और ब्रह्म में कोई भेद नहीं रह जाता।''

''यह दृश्य जगत् उसी प्रकार कल्पित है, जिस प्रकार सीपी में चाँदी का भ्रम होना। इस जगत् का जो अधिष्ठान है, वही ईश्वर का सत्यस्वरूप है। अधिष्ठान में श्रुतिगम्य जीव और निरुपाधि ब्रह्म में अल्पज्ञत्व और सर्वज्ञत्व का सर्वथा अभाव है। जैसे स्फटिक जपाकुसुम के प्रतिबिम्ब पड़ने से लाल रंग का दिखलायी पड़ता है परन्तु स्फटिक जपाकुसुम के लाल रंग से सर्वथा असंपृक्त है। वह उसके रंग से रंच-मात्र भी लिप्त नहीं होता। पर अविवेकियों की दृष्टि में वह लाल रंग से अनुरंजित प्रतीत होता है।''

''हे विद्वन्, यदि आपके कथनानुसार भेद बुद्धि यथार्थ है, तो भेददर्शी पुरुष के लिये श्रुतियाँ बार-बार भय का प्रतिपादन क्यों करतीं? कठोपनिषद् में स्पष्ट कहा गया है—'मृत्यो: स मृत्युमाप्नोति य इह नानेव पश्यति' (अर्थात् वह मनुष्य मृत्यु से मृत्यु को प्राप्त होता है जो इस जगत् में उस परब्रह्म को अनेक की भाँति देखता है। कठोपनिषद्, अध्याय 2, बल्ली 1, श्रुति 10)। इसी प्रकार तैत्तिरीयोपनिषद् की भी उक्ति है—'यदा ह्येवैष एतस्मिन्नुदरमन्तरं कुरुते। अथ तस्य भयं भवति' (अर्थात् क्योंकि जब तक यह उस परब्रह्म से जरा सा भी अन्तर किये रहता है, तब तक उसको जन्ममृत्यु का भय प्राप्त होता रहता है। तैत्तिरीयोपनिषद्, वल्ली 2, अनुवाद 7)। अत: भेदबुद्धि ही विपरीत बुद्धि है। श्रुति प्रतिपादित अभेद भाव ही यथार्थ है।

तभी तो श्रुतिपादित ब्रह्मज्ञान (अद्वैत ज्ञान) मोक्ष का कारण माना गया है। 'ज्ञानादेव तु कैवल्यम्' (ब्रह्मज्ञान मात्र ही मोक्ष का कारण है)।''

''आपका यह कथन भी युक्तिसंगत नहीं है कि जीव और ईश्वर का भेद प्रत्यक्षादि प्रमाणों से सिद्ध है, क्योंकि मानव मात्र कहता है कि मैं ईश्वर नहीं हूँ। वास्तव में इस प्रकार भेदज्ञान तो भ्रमरूप है, यह यथार्थ ज्ञान थोड़े ही है। यथार्थ ज्ञान तो 'तत्त्वमसि', 'अहं ब्रह्मास्मि' आदि वाक्यों से उत्पन्न होता है। यह भेदज्ञान अद्वैतज्ञान से निवृत्त हो जाता है। 'एकमेवाद्वितीयं', 'ब्रह्मैवेदं सर्वम्' आदि श्रुति वाक्य एकत्व का ही प्रतिपादन करते हैं। श्रुति प्रतिपादित जीव ब्रह्मैक्य बुद्धि का प्रत्यक्षादि प्रमाणों द्वारा बाधित नहीं किया जा सकता। श्रुतिप्रमाण से प्रबल कोई अन्य प्रमाण है नहीं।''

आचार्य शंकर की इन प्रबल उक्तियों को सुनकर नीलकंठ ने शास्त्रार्थ की दिशा दूसरी ओर मोड़ दी। उन्होंने कहा, ''यतीन्द्र, कपिल, कणाद आदि ऋषियों ने ब्रह्म का निरूपण द्वैतभाव के ही दृष्टिकोण से किया है। इतने महान् ऋषियों के सिद्धान्तों के विरोधी होकर अपने अद्वैत-सिद्धान्त को क्यों ग्रहण किया है? महापुरुषों के मार्ग पर चलना न्याय संगत है।''

आचार्य शंकर ने उत्तर दिया, ''स्मृति वाक्य श्रुति विरोधी होने पर अमान्य है। यदि विरोध न हो तो श्रुतिमूलक स्मृति वचन भी ग्राह्य है। प्रबल श्रुतिप्रमाण वाक्य के विरुद्ध बलहीन स्मृति वाक्य स्वीकार नहीं किये जा सकते। अतः कपिल, कणाद आदि ऋषियों के वेद विरोधी वचन प्रमाण की कोटि में नहीं रखे जा सकते, क्योंकि श्रुतिप्रमाण सर्वोपरि है। इसी कारण मैंने कपिल, कणाद आदि ऋषियों के मार्ग का अनुसरण नहीं किया।''

आचार्य की उपर्युक्त उक्ति का विरोध करते हुए नीलकंठ ने कहा, ''महात्मन्, महर्षियों के युक्तियुक्त और तर्कपूर्ण कथन श्रुतिवाक्यों के समान ही ग्राह्य हैं। उनकी उपेक्षा नहीं की जा सकती। कपिल, कणाद आदि ऋषियों के सिद्धान्तानुसार प्रत्येक शरीर का आत्मा भिन्न-भिन्न है, उनमें एकता नहीं है। जगत् में प्रत्येक व्यक्ति के सुख-दुःख में विभिन्नता प्रत्यक्ष दिखलायी पड़ती है। राजा का सुख भिखारी के दुःख से सर्वथा भिन्न है। यदि आत्मा की एकरूपता होती; तो राजा का सुख भिखारी को प्राप्त हो जाता और भिखारी का दुःख राजा को भोगना पड़ता। सुखी और दुखी में अभेद-भावना होने के कारण अमुक व्यक्ति सुखी है, अमुक दुखी है इस प्रकार की अनुभूति जगत् में न हो पाती। परन्तु यह सबके अनुभव से सिद्ध है।''

''आप आत्मा को अकर्त्ता और अभोक्ता मानते हैं और अचेतन अन्तःकरण में कर्तृत्व की भावना आरोपित करते हैं, आपका यह मत भी न्याय संगत नहीं है। क्योंकि ज्ञान से युक्त होने के कारण यह चेतन आत्मा कर्ता की कोटि में आ जाता है, फिर वह अकर्त्ता कहाँ रहा? अचेतन में कर्तृत्व की भावना सम्भव नहीं है; अतएव भोग का भी कर्ता वही आत्मा है। इसलिये आपका आत्मा को अकर्त्ता और अभोक्ता

मानना किसी प्रकार ठीक नहीं है। यदि कर्त्ता से भिन्न भोक्ता मानें, तो यज्ञदत्त कर्त्ता का कर्मफल देवदत्त को भोगना पड़ेगा। अत: यह सिद्धान्त उपयुक्त नहीं है। कर्त्ता ही भोक्ता है, यह सिद्धान्त सर्वथा समीचीन है। सांख्य मत के अनुसार पुरुष को भोक्ता और प्रधान को कर्त्ता माना गया है। उनके सिद्धान्त के अनुसार पुरुष निष्क्रिय, चेतन और असंग है।''

''आपके वेदान्त-मतानुसार निरन्तर निरतिशय आनन्द की अनुभूति ही मोक्ष है। पर आप यह समझने की कृपा करें कि संसार के समस्त सुखों के पीछे दु:ख भी लगे हैं। इसलिये दु:खमिश्रित सुख भी उपादेय नहीं है। क्या विषमिश्रित भोजन खाने योग्य होता है? वास्तव में सिद्धान्त की बात तो यह कि दु:ख की आत्यन्तिक निवृत्ति मोक्ष है। अत: वेदान्त का यह सिद्धान्त समुचित नहीं है कि मोक्ष सुखरूप है।''

नीलकंठ द्वारा उपस्थित किये हुए तर्कों को आचार्य शंकर ने खण्डित करना प्रारम्भ किया, ''विद्वान्-शिरोमणि, आपका कथन युक्तियुक्त नहीं प्रतीत हो रहा है, क्योंकि सुख-दु:खादि की अनेकरूपता मन का धर्म है, आत्मा का नहीं। सुख-दु:ख की पृथक्-पृथक् अनुभूति आत्मा की अभिन्नता पर तनिक भी आँच नहीं पहुँचा सकती, प्रत्युत शरीर भेद से मन के भेद को सूचित करता है।''

''देह के जड़ होने पर भी चैतन्य के संयोग से उसमें क्रियाशीलता आ जाती है। चैतन्य का संयोग न होने से अचेतन तृणादि में कर्त्तृव्य भावना नहीं आती। चैतन्य प्रतिबिम्बित अन्त:करण ही कर्तृत्व और भोक्तृत्व से युक्त होता है, आत्मा में नहीं, क्योंकि वह कूटस्थ है। 'असंगी ह्ययं पुरुष' से श्रुति से आत्मा की असंगता सिद्ध होती है। तृणादि अचेतन पदार्थों में अन्त:करण का अभाव है, इसलिये उनमें चेतन प्रतिबिंम्बित नहीं होता, इसी कारण उनमें कर्त्तृत्व का अभाव पाया जाता है।''

''विषयजनित सुख में दु:ख का मिश्रण रहता है, इससे वह क्षणभंगुर है। किन्तु ब्रह्मानन्द में दु:खों का नितांत अभाव है। अत: यह शाश्वत सुख है। श्रुति भी ब्रह्मानन्द के शाश्वत भाव का अनुमोदन करती है—'आनन्दं ब्रह्मणो विद्वान्। नं विभेति कदाचनेति।' (अर्थात्, उस ब्रह्म के आनन्द को जाननेवाला पुरुष कभी भय नहीं करता। तैत्तिरीयोपनिषद्, 2/4/1)। अत: आपने मोक्ष को आनन्द रूप न मानकर, जो दु:खाभावरूप माना है, वह असंगत है। इस ब्रह्मसुख के सीकर मात्र से समस्त प्राणी आनन्द का अनुभव करते हैं। विषय सुख तो आत्मानन्द का लेश मात्र है। विषय सुख सातिशय होने के कारण दु:ख से युक्त है और ब्रह्मसुख निरतिशय होने के निरन्तर एकरस, अखण्ड और शाश्वत है। अत: विषय-सुख विषमिश्रित भोजन के समान त्याज्य है और ब्रह्मसुख अमृत होने के कारण स्पृहणीय है। श्रुति के अनेक वाक्यों से ब्रह्मसुख की अखण्डता एकरसता पूर्णतया प्रतिपादित है। अतएव, हे पंडितप्रवर, आपका मत श्रुति वचनों से बाधित है तथा अनुभव के भी विरुद्ध है।''

इस प्रकार आचार्य शंकर ने अपने अकाट्य तर्कों, प्रबल युक्तियों, सशक्त दृष्टांतों द्वारा शैवमत का खंडन करके, वेदान्त के अद्वैत सिद्धान्त की महिमा प्रतिष्ठापित कर दी। शास्त्रार्थ में पराजित होकर नीलकंठ ने दुराग्रह त्याग कर ब्रह्मसूत्रों पर लिखित अपना शैवभाष्य फेंक दिया। उन्होंने श्रद्धाभक्ति से आचार्य शंकर का शिष्यत्व स्वीकार कर लिया। उनके साथ ही हरदत्त आदि विद्वान् भी आचार्य के शिष्य बन गये।

आचार्य शंकर द्वारका और उज्जयिनी में

इसके पश्चात् आचार्य शंकर ने सौराष्ट्र प्रदेश में प्रवेश किया। साथ में शिष्यगण भी थे। सौराष्ट्र प्रदेश के अनेक स्थानों में उन्होंने अपने भाष्यों के आधार पर अद्वैत मत का प्रचार किया। बड़े-बड़े विद्वानों द्वारा प्रशंसित होकर उन्होंने वहाँ के प्रसिद्ध नगर द्वारका में प्रवेश किया। द्वारका वैष्णवों का गढ़ माना जाता था। वैष्णव अपनी भुजाओं पर शंख-चक्र की तप्त मुद्राओं का चिह्न धारण करते थे। उनके मस्तक पर खड़ा चंदन लगा रहता था और कानों पर तुलसी-पत्र सुशोभित रहते थे। वैष्णव इस सिद्धान्त का प्रतिपादन करते थे कि पाँच प्रकार के भेदों के जाननेवाले की मुक्ति होती है—(1) जीव और ईश्वर का भेद, (2) जीव और जीव का भेद, (3) जीव और जड़ का भेद, (4) ईश्वर और जड़ का भेद तथा (5) जड़ और जड़ का भेद। वैष्णव लोग सैकड़ों की संख्या में समुदाय बनाकर आचार्य शंकर से शास्त्रार्थ करने के लिये उपस्थित हुए, किन्तु आचार्य के शिष्यों ने उन्हें शास्त्रार्थ में पराजित कर उनका मानमर्दन कर दिया और अद्वैत मत की प्रतिष्ठा की।

इस प्रकार यतिवर शंकर ने वैष्णवों, शैवों, शाक्तों और सूर्योपासकों को शास्त्रार्थ में पराजित कर, उन्हें अपने अनुकूल बना कर वेदान्त सिद्धान्त में दीक्षित किया। मार्ग में और भी बहुत से भेदवादियों को पराजित करते हुए यति शंकर उज्जयिनी पहुँचे। यहाँ पहुँचते ही उन्होंने मृदंग की ध्वनि सुनी, जिसका अभिप्राय था कि मन्दिर में महाकाल भगवान् की आरती होने जा रही है। आचार्य शंकर अपने शिष्यों सहित बहुत प्रसन्न हुए। पुष्पों एवं हवन किये हुए चन्दन के धूप से युक्त शीतल सुगन्धित वायु बह रही थी। इससे तीर्थयात्रियों का शारीरिक श्रम दूर हो रहा था। आचार्य ने शिष्यों सहित महाकाल की पूजा-अर्चना करने के लिये मन्दिर में प्रवेश किया। पूजा-अर्चना समाप्त करने के पश्चात् आचार्य शिष्यमंडली सहित मन्दिर के द्वारमंडप में विराजमान हुए। आचार्य ने अपने प्रिय शिष्य को पास बुलाकर कहा, "इस जगह भट्टभास्कर नामक एक उद्भट विद्वान् रहते हैं। उनका पता लगा कर कह दो कि हम लोग यहाँ आये हैं।" भट्टभास्कर वहाँ के विद्वानों के शिरोमणि समझे जाते थे। वे अनेक ग्रन्थों के रचयिता थे और उन्होंने बहुत से विद्वानों को शास्त्रार्थ में पराजित किया था। उनसे मिलकर पद्मपाद ने कहा, "पंडितराज, यहाँ योगिराज आचार्य शंकर पधारे हुए हैं। वे जगत् विख्यात हैं। वे अपनी दिग्विजय यात्रा पर निकले हैं। अपने अद्वैत वेदान्त का प्रचार करते हुए अपने मत के विरोधी आचार्यों और विद्वानों

को शास्त्रार्थ में पराजित कर रहे हैं। उन्होंने वेदव्यास कृत ब्रह्मसूत्र पर प्रसिद्ध भाष्य-ग्रन्थ की रचना की है। उस ग्रन्थ में उन्होंने वेदान्त विरोधी सभी मतों का कुशलतापूर्वक खंडन किया है। मैं इसी बात की सूचना देने के लिये आपकी सेवा में उपस्थित हुआ हूँ। उस भाष्य-ग्रन्थ में उन्होंने आपके मत का भी खण्डन किया है। अतः आप अपने मत का मिथ्या दुराग्रह त्याग कर वेदांतमार्ग के अद्वैतज्ञान का अनुसरण करें।'' इस प्रकार के उत्तेजनापूर्ण और तिरस्कारपूर्ण वचन सुनकर भट्टभास्कर के क्रोध का पारा बहुत चढ़ गया। विख्यात विद्वान् भट्टभास्कर ने पद्मपाद से इस प्रकार उत्तर दिया, ''संन्यासिन्, आपको ज्ञात हो कि जिस प्रकार राजहंस सरोवर के कोमल कमलनाल का भक्षण कर आनन्द से नृत्य करता है, उसी प्रकार मैं भी विद्वानों की प्रसिद्धि का भक्षण कर विद्वत्ता के उच्च शिखर पर नृत्य करता हूँ। कदाचित् आपके गुरुदेव ने मेरा नाम नहीं सुना है। मैं, वही भट्टभास्कर हूँ जिसने अनेक मतों और सम्प्रदायों की धज्जियाँ उड़ा दी हैं। जिस प्रकार प्रखर सूर्य के सम्मुख चन्द्रमा की द्युति कान्तिहीन हो जाती है, उसी प्रकार कणाद के वैशेषिक मत की प्रसिद्धि मेरे सिद्धान्तों के सम्मुख श्रीविहीन हो गयी है। मेरे आक्रामक तर्कों की प्रबलता देखकर कपिल का सांख्यमत भी भागकर एकान्त में जा छिपा। जब मेरे सिद्धान्तों के सम्मुख बड़े-बड़े प्राचीन आचार्यों की यह दयनीय अवस्था हो गयी, तो आजकल के नगण्य विद्वान् मेरी विद्वत्ता के सम्मुख क्या कर सकते हैं?'' भट्टभास्कर की गर्वोक्ति सुनकर पद्मपाद ने उनसे कहा, ''ऐसी अर्थविहीन बातों से क्या अभिप्राय सिद्ध होगा? पत्थर काटने वाली छेनी से पत्थर काटना सम्भव हो सकता है, पर उससे हीरा नहीं काटा जा सकता। आप आचार्य शंकर से शास्त्रार्थ करने के लिये सादर आमंत्रित हैं।''

आचार्य शंकर और भट्टभास्कर का शास्त्रार्थ

भट्टभास्कर को आचार्य शंकर का सन्देश पहुँचा कर पद्मपाद ने वापस लौट कर अपने गुरु से सब समाचार बतलाया। तुरन्त ही भट्टभास्कर भी पहुँच गये। इस महत्वपूर्ण शास्त्रार्थ की बात सारे नगर में फैल गयी थी। देखते ही देखते अनेक विद्वान् और ब्राह्मण पंडित महाकाल के मंदिर में आकर एकत्र हो गये। शास्त्रार्थ प्रारम्भ हुआ। विवाद उत्तरोत्तर घोर वितण्डा और तर्क में परिणत हो गया। दोनों ही विशिष्ट पंडित, उत्तम वक्ता तथा शब्द-चातुर्य में निपुण थे। दोनों ही एक दूसरे के अकाट्य तर्कों का खण्डन करने लगे। श्रोतागण मंत्रविमुग्ध और आश्चर्यान्वित हो गये। जिस समय जो भी अपने तर्कों और युक्तियों को प्रस्तुत करता, उस समय श्रोताओं को वही अकाट्य प्रतीत होने लगता। परन्तु धीरे-धीरे शंकर की प्रत्युत्पन्न प्रतिभा और मेधा के सम्मुख भट्टभास्कर की प्रतिभा उसी प्रकार श्रीविहीन हो गयी, जिस प्रकार चाँदनी के प्रकाश में कमल कान्तिहीन हो जाता है। अन्त में भट्टभास्कर अपने मत के प्रतिपादन में किंकर्तव्यविमूढ़ से हो गये। अपने मत के प्रतिपादन में असफल होने पर भट्टभास्कर ने अद्वैत सिद्धान्त पर प्रहार करना प्रारम्भ किया। उन्होंने अद्वैत सिद्धान्त

की अपूर्णता सिद्ध करने के लिये अपना तर्क इस प्रकार प्रस्तुत किया, ''हे यति, आपके मतानुसार प्रकृति अथवा माया ईश्वर और जीव में भेद उत्पन्न करती है। पर यह माया न तो जीव का आश्रय लेकर भेद उत्पन्न करती है और न ईश्वर का। इसका कारण यह है कि जीवभाव और ईश्वरभाव माया के बाद उत्पन्न होते हैं। ऐसी स्थिति में माया के उत्पत्तिकाल में न जीव भाव रहता है और न ईश्वरभाव। फिर माया दोनों में किस प्रकार भेद उत्पन्न कर सकती है?''

आचार्य शंकर ने उत्तर देना प्रारम्भ किया, ''पंडित-शिरोमणि, आपका कथन युक्तिसंगत नहीं है। शुद्ध चैतन्य (ब्रह्म) का आश्रय लेकर प्रकृति अथवा माया ईश्वर जीव के बीच भेद उत्पन्न करने में समर्थ होती है, क्योंकि शुद्ध चैतन्य में किसी भी प्रकार का भेद नहीं है। आप दर्पण का दृष्टान्त लीजिये। दर्पण बिम्ब और प्रतिबिम्ब के बीच भेद उत्पन्न कर देता है। जब तक बिम्ब के हाथ में दर्पण नहीं होगा, तब तक प्रतिबिम्ब के अस्तित्व का कोई प्रश्न ही नहीं उठता। प्रकृति उपाधि होने पर ब्रह्म का स्पर्श नहीं कर सकती। यदि मुख मात्र (बिम्ब) का आश्रय लेकर दर्पण बिम्ब और प्रतिबिम्ब में भेद उत्पन्न कर सकता है, तो माया भी चैतन्य मात्र (ब्रह्म) का आश्रय लेकर जीव और ईश्वर में भेद उत्पन्न कर सकती है।''

आचार्य शंकर की बात सुनकर भट्टभास्कर ने फिर दूसरा आक्षेप किया, ''यति, प्रकृति जड़ है और ब्रह्म चैतन्य। ऐसी अवस्था में जड़ और चेतन का सम्मिश्रण किस प्रकार हो सकता है? फिर माया ब्रह्म में सुख-दुःखादि भावों को क्यों नहीं उत्पन्न करती, जीव ही में क्यों उत्पन्न करती है?''

शंकर ने उत्तर दिया, ''पंडित-प्रवर, आपका ऐसा निष्कर्ष निकालना असंगत। तथ्य कुछ दूसरा ही है। मुख (बिम्ब) के सामने रखे जाने पर भी दर्पण मुख में किसी प्रकार का विकार उत्पन्न नहीं करता, किन्तु प्रतिबिम्ब में ही मलिनता आदि विकारों को उत्पन्न करता है, उसी प्रकार यहाँ भी चैतन्यमात्र (ब्रह्म) के आश्रित मायारूपी उपाधि भी बिम्बरूप ब्रह्म में पक्षपात छोड़ देती है और प्रतिबिम्ब रूप जीव में ही सुख-दुःखादि भावों को प्रकट करती है। दर्पण के समान माया की यह क्रिया सर्वथा समीचीन है।''

शंकर के उपर्युक्त कथन को सुनकर भट्टभास्कर ने फिर अपना तर्क प्रस्तुत किया, ''संन्यासिन्, माया विकारी और अज्ञान रूप है और ब्रह्म अविकारी, असंग और ज्ञानस्वरूप है। इस स्थिति में माया का ब्रह्म के आश्रित रहना असंगत प्रतीत होता है। अतएव मेरे मतानुसार, यह माया अन्तःकरण विशिष्ट चैतन्य जीव के आश्रित रहती है।''

आचार्य शंकर ने भट्टभास्कर के तर्क का खण्डन करते हुए कहा, ''पंडितप्रवर, आपका यह कथन न्यायसंगत नहीं है, क्योंकि अनुभव-जन्य ज्ञान चैतन्य है, वह जड़ नहीं है। पर अन्तःकरण जड़ है। इससे अजड़ पदार्थ की स्थिति जड़ अन्तःकरण में नहीं हो सकती। इसी प्रकार प्रकृति भी अन्तःकरण विशिष्ट चैतन्य का आश्रय

ग्रहण कर जीव और ब्रह्म में भेद नहीं उत्पन्न कर सकती।''

भट्टभास्कर ने अपना तर्क उपस्थित किया, ''यति, जिस प्रकार अग्नि के सम्पर्क से लोहपिण्ड में दाहशक्ति आ जाती है, उसी प्रकार अनुभूतियुक्त आत्मा के संयोग से अन्त:करण में उस अनुभूति का समावेश हो जाता है।''

आचार्य शंकर ने उत्तर दिया, ''ऐसा कहना युक्तियुक्त नहीं है, क्योंकि 'मैं मूर्ख हूँ' इस अनुभव में माया के आश्रित चैतन्ययुक्त इस अन्त:करण में भी उसी प्रकार अज्ञान का उपचार हो सकता है। परन्तु चिन्मात्र (ब्रह्म) की उपाधि माया के संयोग से अन्त:करण में अज्ञान का उपचार नहीं हो सकता। अन्यथा दोनों की अवस्था एक सी है। अजड़ अनुभव का आश्रय जड़ अन्त:करण नहीं हो सकता। इस बाधक के विद्यमान होने से अनुभूति विशिष्ट आत्मा के संयोग से अन्त:करण में अनुभूति का आरोप होता है। प्रकृतपक्ष में अन्त:करण को माया का आश्रय होने में किसी प्रकार का बाध नहीं है। अत: माया को अन्त:करण विशिष्ट में न मानकर चैतन्यस्वरूप ब्रह्म में ही मानना सर्वथा संगत है।''

भट्टभास्कर ने अपनी शंका प्रकट की,''हे यति, सुषुप्तिकाल में जीव-ब्रह्म की एकता की प्रतिबन्धिका अविद्या (माया) नहीं है, इस कारण वह चैतन्य (ब्रह्म) के आश्रित है, यह बात तो दूर ही रही। सुषुप्ति-अवस्था में अज्ञान का अभाव है। श्रुति वाक्य से यह बात सिद्ध होती है। उदाहरणार्थ—'सोम्य तदा सम्पन्नो भवति स्वमपीतो भवति' (अर्थात्, हे सोम्य श्वेतकेतु सुषुप्ति अवस्था में सत् के साथ सम्पन्न होता है, स्व में लीन होता है, अर्थात् स्व स्वरूप को प्राप्त होता है—छान्दोग्योपनिषद् ६/८/१) यह श्रुतिवाक्य जीवब्रह्म की एकता-प्राप्ति में प्रमाण है।''

शंकर ने दूसरी श्रुति के माध्यम से भट्टभास्कर की शंका का निवारण किया, ''हे विद्वन्-शिरोमणि, उपर्युक्त श्रुति में सुषुप्ति अवस्था में ब्रह्म और जीव की एकता तो बता दी गयी है, परन्तु उसमें यह नहीं बताया गया कि जीव-ब्रह्म एक होकर भी सुषुप्ति अवस्था में जीव अविद्या से आच्छन्न रहता है। इस श्रुति से यह बात सिद्ध हो जाती है—'सोम्येमा: सर्वा: प्रजा: सति सम्पद्य न विदु: सति सम्पद्यामहं इति' (अर्थात्, हे सोम्य, सुषुप्ति में यह सारी प्रजा सद्ब्रह्म के साथ एकता को प्राप्त कर भी यह नहीं जानती हम सत् को प्राप्त हुए हैं—छान्दोग्योपनिषद् ६/९/२)। इस श्रुति वाक्य से यह स्पष्ट हो जाता है कि सुषुप्ति अवस्था में अज्ञान विद्यमान रहता है।''

आचार्य शंकर का तर्क सुनकर भट्टभास्कर ने फिर तर्क उपस्थित किया,''न विदु:'' इस श्रुति वाक्य में 'न' शब्द सुषुप्ति में ज्ञान का निषेध करता है, इसलिए यहाँ ज्ञान के अभाव की प्रतीति होती है। इस ज्ञान को आप नित्य मानते हैं अथवा अनित्य?—दोनों में प्रथम पक्ष तो ठीक नहीं जँचता, क्योंकि उसमें युक्ति का अभाव है। दूसरा विकल्प भी ठीक नहीं है, क्योंकि उसका निवर्त्तक पदार्थ नहीं है। अर्थात् अज्ञान का निवर्त्तक कोई अन्य पदार्थ हो तो उसके द्वारा निवृत्त होने पर वह अनित्य हो। फिर, इस अज्ञान का निवर्त्तक चित्प्रकाश है अथवा जड़ प्रकाश? चित्प्रकाश तो

अविरोधी अज्ञान को निवृत्त नहीं कर सकता। इसका कारण यह है कि चित्प्रकाश साक्षी रूप से सदा अवभासित रहता है, अत: उसका अज्ञान के साथ कोई विरोध नहीं हो सकता, क्योंकि साक्षी की दृष्टि में ज्ञान और अज्ञान समान हैं। आपके मतानुसार अज्ञान भाव रूप से स्वीकृत है। द्वितीय विकल्प के अनुसार जड़ प्रकाश भी अज्ञान का निवर्त्तक नहीं हो सकता, क्योंकि जड़ और जड़ समानधर्मा हैं। अत: उन दो जड़ों में विरोध का कोई प्रश्न ही नहीं उपस्थित होता, इसलिए इन तीनों अवस्थाओं में अज्ञान प्रतिबन्धक नहीं है। वेदान्त के मतानुसार अज्ञान तीनों अवस्थाओं में विद्यमान रहता है, यह बात सिद्ध नहीं हो पाती। किन्तु इन तीनों अवस्थाओं में प्रतिबन्धक भ्रम (मिथ्या ज्ञान) और अग्रह (अग्रहण) आदि (आदि पद से उनके संस्कार आदि का संग्रह है) हैं, जिनके कारण चैतन्य का अवभास नहीं होता है।''

आचार्य शंकर ने इस पर प्रश्न किया, ''यति ऐसी बात है, तो भ्रम किसे कहते हैं?''

भट्टभास्कर ने इस प्रश्न का उत्तर दिया, ''मैं मनुष्य हूँ, इस प्रकार अहंकारादि देह पर्यन्त अनात्मा में आत्मबुद्धि का नाम भ्रम है।''

आचार्य शंकर ने कहा, ''यह ठीक नहीं है, क्योंकि आपके मत में भेदाभेद है। आप अपने ही सिद्धान्त पर कुठाराघात क्यों कर रहे हैं? आपके मत में सब प्रत्यय यथार्थ हैं। अत: आपके मत में भेदाभेद सिद्ध नहीं हो सकता। आपके मत में यह भ्रम अन्त:करण का परिणाम है अथवा चिदात्मा का? प्रथम पक्ष स्वीकार करने में संगति ठीक नहीं बैठती, क्योंकि यदि भ्रम के अन्त:करण का परिणाम हो, तो भ्रम के आत्मगत अनुभव होने का भंग होगा। जिस प्रकार मृत्तिका से उत्पन्न घट का आश्रय मिट्‌टी है, तन्तु नहीं, उसी प्रकार अन्त:करण का परिणाम रूप भ्रम आत्मा में नहीं रह सकता।''

भट्‌टभास्कर ने अपने पक्ष की निर्बलता का समाधान करते हुए कहा, ''जैसे लाल फूल के संयोग से उज्ज्वल स्फटिक में लालिमा की प्रतीति होती है, वैसे ही भ्रमयुक्त चित्त के योग से इस भ्रम का आत्मा में अनुभव होता है।''

आचार्य शंकर ने भट्‌टभास्कर के इस तर्क का इस प्रकार खण्डन किया, ''अन्त: करण के आश्रित इस भ्रम का आत्मा के साथ सम्बन्ध सत् है अथवा असत्? प्रथम पक्ष तो युक्तियुक्त नहीं है, क्योंकि अन्यथाख्यातिवादी आपके मत में संसर्ग शून्यरूप है, अत: आत्मा और भ्रम का सम्बन्ध अयुक्त है। द्वितीय पक्ष भी उपयुक्त नहीं जँचता, क्योंकि अपरोक्ष भान की उपपत्ति नहीं होगी, अर्थात् जब भ्रम का सम्बन्ध ही नहीं है, तो उसका आत्मा में ज्ञान कैसे होगा? परन्तु होता है। इस प्रकार भ्रम अन्त:करण का परिणाम है, इस पक्ष का निराकरण किया गया। द्वितीय विकल्प यदि इस भ्रम की आत्मा का परिणाम विशेष मानें, तो यह भी समीचीन नहीं है, क्योंकि आत्मा का इतर पदार्थ के साथ सम्बन्ध का निषेध किया गया है। वह असंग और निरवमय है,

इसलिये उसमें परिणाम की क्षमता नहीं है। परिणामी द्रव्य तो अन्य के साथ संबद्ध तथा सावयव होता है। यदि आत्मा में परिणाम की क्षमता हो, तो भी वह भ्रम ज्ञान के रूप में परिणामी नहीं हो सकता। कारण यह है कि आत्मा नित्य ज्ञान का आश्रय है। जाग्रत तथा स्वप्न अवस्थाओं की तो बात ही क्या, सुषुप्ति अवस्था में भी वह ज्ञान बना रहता है। सुषुप्ति से उठने पर भी, मनुष्य को उसकी स्मृति रहती है। क्योंकि यदि स्मृति न रहती, तो मनुष्य सुषुप्ति अवस्था से जाग्रत अवस्था में आने पर यह नहीं कहता, ''मैं ऐसा सुख से सोया कि कुछ भी नहीं जान पाया।' अतः सुषुप्ति अवस्था में इन्द्रियों के समस्त व्यापारों के शान्त हो जाने पर भी ज्ञान बना रहता है और इस नित्य ज्ञान का आश्रय आत्मा है। ऐसी दशा में आत्मा में भ्रमज्ञान का परिणाम नहीं हो सकता।''

ज्ञान तथा भ्रम दोनों गुणतारूपी अवान्तर जाति के कारण समान जाति वाले हैं। इनके गुणों का उदय समकाल में नहीं हो सकता। जिस सुवर्ण का कटक (वलय) नामक आभूषण बनाया गया, उस सुवर्ण में कटक की अवस्था में 'रुचक' नामक आभूषण के आश्रय-धारण की क्षमता नहीं होती, वैसे ही जिस आत्मा में नित्य ज्ञान का आश्रयत्व है, उसमें पुनः इतर ज्ञान के आश्रय होने की संभावना नहीं रहती। अतः नित्यज्ञान से आश्रित आत्मा में भ्रमज्ञान कदापि नहीं हो सकता।''

आचार्य शंकर के कथन पर मनन करने के अनन्तर भट्टभास्कर ने कहा, ''दुःख जड़ तथा अनृतरूप अज्ञान की सत्ता यदि आत्मा में स्वीकार करें, तो इनका भंजक (निवर्तक) कोई भी नहीं दिखाई देता, इससे आत्मा का मुक्त होना संभव नहीं है।''

शंकराचार्य ने उत्तर दिया, ''ऐसी शंका की गुंजाइश नहीं है, क्योंकि 'तत्त्वमसि' आदि महावाक्य-जन्य अखण्ड वृत्ति में आरूढ़ परम ब्रह्म चैतन्य (ज्ञान) अज्ञान का निवर्त्तक हो सकता है। इस प्रकार अज्ञान के दूर होने से आत्मा मुक्त होता है। वास्तव में आत्मा तो मुक्तस्वरूप है ही। अज्ञान की निवृत्ति ही मोक्ष है। परन्तु आपके भेदाभेद-मतानुसार भेद और अभेद दोनों को स्वीकार करने पर गड़बड़झाला हो जायेगा। आपके मतानुसार सब व्यवहारों के संकीर्ण होने से ऐहिक और पारमार्थिक दोनों व्यापार अस्तव्यस्त हो जायेंगे। अतः आपका मत भेदाभेद सारे व्यवहारों का मूलोच्छेदक है। इसलिए यह मान्य नहीं हो सकता।''

आचार्य की युक्तियों और तर्कों के सामने मत की प्रतिष्ठा न कर सकने के कारण भास्कर पंडित निरुत्तर हो गये। सभा के विद्वान् पंडितों ने आचार्य की विजय की घोषणा कर दी। भट्टभास्कर सिर झुकाये सभा छोड़कर चले गये। भास्कर का मत खंडित होने पर आचार्य शंकर की वाणी रूपी सुधा चारों दिशाओं में इस प्रकार व्याप्त हो गयी, जैसे वर्षाकालीन घने मेघों के हट जाने पर शरत्कालीन चन्द्रमा की ज्योत्स्ना सुशोभित होती है। पंडित भास्कर भी अभिमान त्याग कर शंकर कृत भाष्यों को सुनने

के लिए उत्सुक हुए। अवन्ती के बाण, मयूर और दण्डी आदि प्रसिद्ध विद्वान अपने द्वैतमत विषयक आग्रह को छोड़ कर अद्वैत-विषयक सिद्धान्तों को जानने के लिए तैयार हो गये। इस प्रकार आचार्य शंकर ने सभी पंडितों के अभिमान को ध्वस्त कर अद्वैत मत की प्रतिष्ठा की।

जैन मतावलम्बियों का आचार्य शंकर से शास्त्रार्थ

भेदवादी विद्वानों को स्थान-स्थान पर पराजित करते हुए आचार्य शंकर ने वाह्लीक में पदार्पण किया। वाह्लीक में जैन मतावलम्बियों का असाधारण प्रभुत्व था। वहाँ पर आचार्य शंकर अपने शिष्यों को स्वरचित भाष्य का अध्ययन करा रहे थे। उसी समय जैन मतावलम्बी कुछ विद्वानों ने आचार्य शंकर के पास आकर उन्हें शास्त्रार्थ करने के लिए ललकारा। आचार्य शंकर तो पहले से ही इसके लिए तैयार थे। अत: उन्होंने उन लोगों की चुनौती सहर्ष स्वीकार कर ली।

जैनियों ने प्रश्न किया, ''जैन धर्म में जीव, अजीव, आस्रव, संवर, निर्जर, बन्ध और मोक्ष, ये सात पदार्थ माने जाते हैं। उन्हें सप्तभंगीनय कहा जाता है। क्या कारण है आप इन्हें नहीं मानते? हे यतिवर, आप इस सिद्धान्त को स्वीकार क्यों नहीं करते?''

जैनियों के इस कथन को सुनकर आचार्य ने उनसे प्रश्न किया, ''हे जैनमतावलम्बियो, आप इन उक्त पदार्थों में से जीव के स्वरूप का वर्णन कीजिये।''

जैनमतावलम्बियों ने उत्तर दिया, ''हे विद्वन्, जीव देह के आकार का परिमाण वाला है। जितना बड़ा या छोटा शरीर होगा, उतने ही आकार का जीव भी उसमें निवास करेगा। यह जीव आठ कर्मों से आबद्ध है। हमारे दर्शन के अनुसार जीव का यही स्वरूप है।''

जैनियों की बात सुनकर आचार्य शंकर ने उनके सिद्धान्त पर प्रहार करना प्रारम्भ कर दिया, ''हे धर्मज्ञो, तुम्हारे मतानुसार जीव का यह स्वरूप हास्यास्पद प्रतीत होता है। यदि जीव महत् परिमाण अथवा लघु परिमाण से भिन्न देह परिमाणवाला है, तो वह मध्यम परिमाण वाला होने से घट आदि के समान अनित्य और नश्वर होगा। दो ही पदार्थ नित्य होते हैं, एक महत् परिमाणवाला और दूसरा अणु परिमाणवाला। दोनों से भिन्न मध्यम परिमाणवाला पदार्थ कदापि नित्य नहीं हो सकता। अत: जीव की भी यही अवस्था होगी। कर्म के वशीभूत होकर जीव जब जन्म लेकर मनुष्य देह से हाथी के शरीर में प्रवेश करेगा, तो वह लघु परिमाणवाला होने के कारण हाथी के सम्पूर्ण शरीर में नहीं व्याप्त हो सकेगा, यदि वह कीट आदि लघु शरीरों में प्रवेश करेगा, तो उस शरीर की अपेक्षा बड़ा होने के कारण जीव को उसमें पूरा स्थान न मिल सकेगा। ऐसी स्थिति में जीव को उस लघु शरीर से बाहर निकलने की समस्या उत्पन्न हो जायेगी। फिर प्राप्त शरीर में बाल्य, यौवन और वृद्धावस्था आने पर भी यही समस्या उत्पन्न होगी।''

आचार्य के इस आक्षेप का जैनों ने इस प्रकार उत्तर दिया, ''यति, महत् परिमाणवाले शरीर के साथ सम्बन्ध होने पर जीव के कुछ अवयव आ जाते हैं और लघु शरीर से सम्बन्धित होने पर कुछ अवयव हट जाते हैं। इस प्रकार समान व्याप्ति होने के कारण जीव शरीर के समानुपात ही रहता है; जितने परिमाणवाला शरीर होगा, उतने ही परिमाणवाला उसमें उपस्थित जीव भी होगा।''

आचार्य शंकर ने इस पर उनसे कहा, ''आपके कथनानुसार यह सिद्ध होता है कि जीव अनन्त अवयवों से युक्त है और वे अवयव शरीर की आवश्यकता के अनुसार घटते-बढ़ते रहते हैं। बड़े शरीर से छोटे शरीर में प्रवेश होने पर शरीर के अनुसार आकार होने के लिये जीव के कुछ अवयव कम हो जाते हैं और कर्मवश छोटे शरीर से बड़े शरीर में जाने पर जीव के साथ कुछ और अवयव संयुक्त हो जाते हैं। इस प्रकार आगमापायी होने के कारण शरीर के समान ये जीव नहीं हो सकते। आत्मरहित होने के कारण ये जीव कैसे उत्पन्न होंगे और उस अनात्मा में वे किस प्रकार लीन होंगे? ऐसी दशा में उस जीव में अवयवों के उपचयापचय से चेतना कैसे आयेगी?''

जैन मतावलम्बियों ने आचार्य की उपर्युक्त शंका का इस प्रकार समाधान करने की चेष्टा की, ''हे आचार्य, हमारे मतानुसार जीव के अवयव अविनाशी हैं। वे उत्पत्ति और विनाश से रहित हैं। वे नित्य हैं, इसीलिये आवश्यकतानुसार कहीं आ मिलते हैं तथा कहीं से अपने को हटा लेते हैं। अतएव जीव कतिपय अवयवों से उपचित होकर बृहदाकार हाथी के शरीर को व्याप्त कर लेता है और कतिपय अवयबों से रहित होकर चींटी आदि क्षुद्र जन्तुओं के अल्प शरीर को भी व्याप्त कर लेता है।''

आचार्य शंकर ने प्रश्न किया, ''धर्मज्ञो, यह बतलाने की कृपा कीजिये कि ये जीवावयव चेतन हैं अथवा अचेतन? यदि वे सब के सब चेतन हैं तो एक ही शरीर में भिन्न-भिन्न अभिप्राय वाले बहुत से चेतन पदार्थ एकत्र हो जायेंगे, और वे आपस में संघर्षरत हो जायेंगे, इससे शरीर की दुर्दशा हो जायेगी और वह उनके संघर्ष के कारण असमय में ही नष्ट हो जायेगा, कारण यह है कि प्रत्येक अवयव में बल और चेतनता की समानता है। अत: प्रत्येक अवयव अपनी अभिरुचि के अनुसार शरीर का निर्माण करना चाहेगा। सम्भव है कि एक अवयव का कार्य दूसरे को रुचिकर न प्रतीत हो और वह दूसरे के विपरीत कार्य प्रारम्भ कर दे। अत: इस सिद्धान्त के अनुसार अनेक दोषों के उत्पन्न होने की सम्भावना है। यदि वे सब जीवायतन अचेतन हैं, तो शरीर में चेतना की उत्पत्ति असम्भव है। इससे सुख-दु:खादि की अनुभूति नहीं होनी चाहिये, पर उनकी अनुभूति होती है। इस कारण अचेतन भी नहीं कहे जा सकते।''

जैनियों ने आचार्य शंकर के उठाये गये आक्षेप का उत्तर दिया, ''हे पंडित शिरोमणि, जिस प्रकार बहुत से घोड़े एक मन से रथ को खींचते हैं, उसी प्रकार

चेतना-युक्त सभी अवयव मिलकर शरीर को सुन्दर रीति से यदि चलावें, तो इसमें आपको क्या आपत्ति होती है?''

शंकर ने उत्तर दिया, ''हे सुमते, आपका यह दृष्टान्त समीचीन नहीं है। घोड़ों के बहुत से होने पर भी उन सबका नियामक सारथी तो एक है। अत: नियामक के आदेशानुसार सब एकजुट होकर रथ खींचते हैं। परन्तु आपके मतानुसार कोई एक नियामक ही नहीं है, अत: शरीरस्थ इन अवयवों का मतैक्य कैसे होगा? यदि सबका कोई एक नियामक रहेगा, तो उसकी इच्छा से शरीर के रक्षण आदि होते रहेंगे और शेष अवयव उसके वशीभूत रहेंगे। अत: एक ही चेतन का स्वीकार करना युक्तिसंगत प्रतीत होता है, अनेक का नहीं। यदि उक्त दोष के परिहार के लिये प्रत्येक अवयव में चेतनता न मानकर अवयव समुदाय में चेतनता मानें, तो बड़े शरीर से छोटे शरीर में प्रविष्ट होने पर कुछ अवयवों के बाहर रह जाने के कारण अवयवों में चेतनता नहीं होगी, क्योंकि सामुदायिक चेतना का शरीर में प्रवेश नहीं हुआ है। यदि प्रवेश को स्वीकार भी कर लें, तो शरीर के किसी अंग के कट जाने पर बहुत अवयवों के नष्ट होने से शेष शरीरस्थ अवयवों में चेतनता नहीं आ सकेगी। इस प्रकार अनेक दोषों की प्रसक्ति होगी।''

जैनियों ने उत्तर दिया, ''हे यतिराज, जैसे जलौका (जोंक) अपने शरीर को घटा-बढ़ा लेती है, वैसे ही जीवों के ये अवयव बड़े शरीर में विकसित और छोटे शरीर में संकुचित हो जाते हैं। संकुचित और विकसित रूप धारण करने के कारण, अवयव शरीर के अनुसार अपना रूप धारण कर लेते हैं। जीव के अवयव अविनाशी हैं। वे उत्पन्न और विनष्ट नहीं होते, केवल संकुचित और विकसित होते हैं।''

जैनियों का यह कथन सुनकर आचार्य शंकर ने उन्हें अपने तर्क के महापाश से बाँध लिया। उन्होंने कहा, ''यदि ऐसी बात है, तब तो घटने-बढ़ने से घटादि पदार्थों के समान जीव भी विकारी और नश्वर सिद्ध हो जायेगा। जीव अपने आठ कर्मों के भार से इस संसार-सागर में तुंबी के समान डूबता-उतराता रहता है, तब उसे शाश्वत मोक्ष कैसे प्राप्त होगा? आपके कथनानुसार तो जीव अनित्य और नश्वर सिद्ध होता है? ऐसी दशा में आपके मत का मोक्ष भी काल्पनिक ही प्रतीत होता है। इन पदार्थों की सिद्धि के लिए आपके मत का 'सप्तभंगीनय' सिद्धान्त समीचीन नहीं है। इसमें विरोधी बातों का समावेश है। उदाहरणार्थ आप लोग 'सत्' और 'असत्' दोनों को स्वीकार करते हैं। परन्तु यह सम्भव नहीं है कि 'सत्' और 'असत्' एक साथ रह सकें। अत: आपका मत भ्रामक और शक्तिहीन है।''

आचार्य शंकर के तर्कों और युक्तियों के समक्ष जैन मतावलम्बी निरुत्तर हो गये। उनका सारा अभिमान चूर-चूर हो गया। आचार्य शंकर ने वहाँ वेदान्त मत की पुनर्प्रतिष्ठा की।

बौद्धों की पराजय

उन दिनों वाह्लीक प्रदेश में बौद्धों का भी प्रभुत्व कम नहीं था। अनेक माध्यमिक और विज्ञानवादी बौद्धाचार्य आचार्य से शास्त्रार्थ करने उनके पास उपस्थित हुए। आचार्य शंकर ने उनकी चुनौती स्वीकार कर उनके साथ दीर्घ शास्त्रार्थ किया। किन्तु आचार्य की युक्तियों और तर्कों के सम्मुख उनकी दाल न गल सकी। सब के सब बौद्धाचार्य आचार्य द्वारा बुरी तरह पराजित कर दिये गये। उत्तरोत्तर बौद्ध धर्म का प्रभुत्व वहाँ से समाप्त हो गया।

इतना ही नहीं आचार्य ने अपनी अलौकिक प्रतिभा से यह भी सिद्ध कर दिया कि भगवान् बुद्धदेव वैदिक मार्ग की पद्धति के अनुसार अपनी साधना में तत्पर हुए थे और वेदज्ञान का आश्रय लेकर उन्होंने निर्वाण प्राप्त किया था। गौतम बुद्ध ने आर्य सत्य और अष्टांग साधना का प्रचार भी किया। उन्होंने ये समस्त वस्तुएँ वेदों से ही ग्रहण की थीं। बुद्धदेव के जीवन और उपदेशों को यथार्थ रूप में न समझ सकने के कारण ही उनके मतावलम्बियों ने वेदविरोधी मत का प्रचार किया है।

जैनियों और बौद्धों की पराजय के फलस्वरूप समस्त वाह्लीक प्रदेश में वैदिक मत का प्रचार सम्भव हो सका। अनेक बौद्ध विद्वानों ने अद्वैत-वेदान्त मत स्वीकार कर लिया। बात यह है कि आचार्य शंकर का व्यवहार इतना सरल, स्निग्ध, उदार एवं निश्छल था कि उससे बौद्ध विद्वान् अत्यधिक प्रभावित हो गये थे। इसी से सब बौद्ध विद्वानों ने वेदान्त-सिद्धान्त को स्वीकार कर अपने जीवन को कृतकृत्य समझा। बौद्ध आचार्यों को ऐसा करते देखकर अन्य बौद्ध मतानुयायी भी अपने धर्म का परित्याग कर वैदिक धर्म में दीक्षित हुए। आचार्य की विजयसूचक शंखध्वनि जहाँ-जहाँ प्रतिध्वनित हुई, वहाँ-वहाँ के लोग वैदिक धर्म के अनुयायी हो गये। इस प्रकार आचार्य ने अनेक बौद्धों को वैदिक मार्ग का अनुयायी बनाया।

तक्षशिला बौद्धों का प्रबल गढ़ समझा जाता था। आचार्य शंकर ने उस भूमि में पदार्पण किया। वहाँ पहुँचकर उन्होंने सभी बौद्ध आचार्यों और विद्वानों को शास्त्रार्थ में पराजित कर विपुल यश अर्जित किया। बहुत बड़ी संख्या में बौद्ध लोग वैदिक धर्म के अनुयायी हो गये।

कुछ लोगों का कथन है प्रतिशोध की भावना से अनुप्रेरित होकर हिन्दू और हिन्दू राजाओं ने बौद्धों को सताया था; उसका प्रमुख कारण यह था कि शंकराचार्य ने उन्हें बौद्धों का दमन करने के लिये उत्तेजित किया था। परन्तु यह धारणा नितांत भ्रामक है। किसी भी भारतीय इतिहास लेखक ने इसका समर्थन नहीं किया है। आचार्य शंकर तो अद्वैत ज्ञान में एकनिष्ठ व्यक्ति थे। उनकी ऐक्य दृष्टि में न मोह था, न ईर्ष्या थी। वे परम दयालु, सहृदय, उदार और परदुःखकातर थे। उनकी विशेषता यह अवश्य थी कि धर्म के नाम पर किये गये अत्याचार, क्रूरता और हिंसा, पाखंड, द्वेष और द्रोह को अवश्य दूर करने की चेष्टा करते थे। बौद्धों की ही बुराइयों को उन्होंने दूर नहीं किया, बल्कि उन्होंने हिन्दू धर्म के विविध सम्प्रदायों (वैष्णव,

शाक्त, गाणपत्य, सूर्योपासक, कापालिक) में फैली हुई रूढ़ियों, बुराइयों, अंधविश्वासों को दूर करने का पूरा प्रयास किया। वे इतने दयालु और उदार थे कि उग्रभैरव कापालिक की प्रार्थना पर स्वयं अपने प्राणों की बलि देने को उद्यत हो गये थे। अतः उनके सम्बन्ध में ऐसी कुत्सित कल्पना नितांत असंगत और अनुचित है।

तदनन्तर आचार्य की दिग्विजय-यात्रा दरद, भरत, कुरु, पांचाल आदि प्रदेशों में हुई। आचार्य जहाँ भी गये सर्वत्र ही अनेक विपथगामियों ने उनकी उदार धर्मव्याख्या सुनकर वैदिक धर्म का माहात्म्य समझा। उनकी शिक्षा और कृपा से कोई भी वंचित नहीं रहा। वे अपनी अलौकिक आध्यात्मिक शक्ति से लोगों में आध्यात्मिक चेतना जाग्रत कर देते थे। उनका उपदेश सुनकर विरुद्ध मतावलम्बियों का भी हृदय परिवर्तित हो जाता था। उनके अन्तर में अपार क्षमा, दया, विज्ञता, परोपकारवृत्ति, भक्ति भाव, विनय, दृढ़ता, धैर्य, गुणग्राहिता और परकल्याण भावना का जो विकास हुआ था, उसके संस्पर्श से कोई भी वंचित नहीं रह सका। उनके जैसे उदारपंथी संस्कारक को पाकर सनातन वैदिक धर्म नवजीवन लाभ करके उज्जीवित हो उठा तथा वह शतशत वर्षों का स्थायित्व प्राप्त करके समग्र मानवजाति के कल्याण-साधन की क्षमता अर्जित कर सका।

पुरी धाम (जगन्नाथपुरी) में

कलिंग-वासियों के अनुरोध से वे उस प्रदेश के कुपथगामियों के संस्कार-साधन में प्रवृत्त हुए।[1] उस प्रदेश में जहाँ भी वे गये, वहाँ के लोगों ने उनकी शिक्षाओं को बड़े ध्यान से सुना और उन पर आचरण करने का प्रयास किया। फिर वे प्रसिद्ध तीर्थ जगन्नाथपुरी पहुँचे। मंत्रियों-सहित कलिंग-नरेश ने आचार्य का भव्य स्वागत किया। आचार्य ने शिष्यों के साथ मन्दिर में जाकर भगवान् की विधिवत् पूजा-अर्चना की। मन्दिर में भगवान् का कोई विग्रह नहीं था। शालग्राम शिला की ही पूजा की जाती थी।

आचार्य शंकर ने अपने प्रमुख शिष्यों के साथ मन्दिर के प्रांगण ही में निवास किया। उनके अन्य शिष्यों और भक्तों के ठहरने की व्यवस्था समुद्र-तट पर की गयी। श्री जगन्नाथ जी के मन्दिर में उनका कोई विग्रह न देखकर और शालग्राम की शिला पर ही पूजा-अर्चना की व्यवस्था से आचार्य बहुत ही चिन्तित हुए। उनकी इस चिन्तामुद्रा से पद्मपाद आदि शिष्य व्यग्र हो गये। इधर आचार्य गम्भीर ध्यान में निमग्न हो गये। ध्यानावस्था से उतर कर सामान्यावस्था में आने पर आचार्य शंकर ने वहाँ के पुजारियों से पूछा, ''सम्माननीय पुजारीगण, मन्दिर में भगवान का कोई

---

1 आचार्य के परिव्राजक-जीवन और दिग्विजय-यात्रा का कोई धारावाहिक क्रम नहीं मिलता। अनेक लेखकों के हाथ में पड़ने से उन घटनाओं की पूर्वापर संगति रक्षित नहीं हो सकी और उससे उनके जीवन की अनेक महत्वपूर्ण घटनाओं का इतिहास नष्ट भ्रष्ट हो गया है।

विग्रह क्यों नहीं प्रतिष्ठित है? भगवान की पूजा-अर्चना शालग्राम शिला पर क्यों होती है?''

उन पुजारियों ने आचार्य के प्रश्न का उत्तर बहुत खेद से दिया, ''पहले विधर्मियों के लुंठन के भय से श्री भगवान् का काष्ठमय विग्रह स्थानांतरित कर दिया गया था और जगन्नाथ भगवान् की रत्नपेटिका चिल्ला झील के तट पर किसी स्थान विशेष में गाड़ दी गयी थी। कुछ दिनों के बाद लाख चेष्टा करने पर भी उस स्थान का पता न लग सका। इससे रत्नपेटिका नहीं प्राप्त हो सकी। तभी से शालग्राम शिला पर ही पूजा-अर्चना की परम्परा चली आ रही है।''

कुछ देर तक फिर ध्यान में निमग्न रहकर आचार्य ने पुजारियों से प्रश्न किया, ''यदि रत्नपेटिका का पता लग जाय, तो क्या आप लोग श्री जगन्नाथदेव के श्रीविग्रह को पुनः प्रतिष्ठित करने की लिए तैयार हैं?''

आचार्य की बात सुनकर पुजारियों के हर्ष की सीमा न रही। उन लोगों ने हर्षातिरेक से कहा, ''भगवन्, हम लोग कृतार्थ हो जायेंगे, अपने को परम धन्य समझेंगे। श्री जगन्नाथ की महती अनुकम्पा से ही आपका यहाँ शुभागमन हुआ है। आपकी अलौकिक शक्ति की गाथा हम लोगों ने बहुत पहले से सुन रखी है। आप कृपया रत्नपेटिका का स्थान बता दें। हम उसकी पूजा-अर्चना करके अपने को धन्य मानेंगे।''

पुजारियों के इस भक्तिभाव से आचार्य शंकर अत्यधिक प्रसन्न होकर बोले, ''भगवान् की कृपा से आप लोगों का मनोरथ अवश्य पूरा होगा।''

इतना कहकर आचार्य शंकर फिर ध्यानमग्न हो गये। रत्नपेटिका के उद्धार की बात सुनकर पुरी के बहुत से लोग एकत्र हो गये। सब के सब आचार्य के ध्यानभंग की प्रतीक्षा करने लगे। ध्यान से व्युत्थित होने पर आचार्य ने गंभीर स्वर से कहा, ''चिल्ला झील के पूर्व तट पर सबसे बड़े बरगद के नीचे उत्तर की ओर रत्नपेटिका गड़ी हुई है। वहाँ खोदने से, वह प्राप्त हो जायेगी।''

आचार्य की वाणी सुनकर पुरी के निवासियों में हर्ष की लहर व्याप्त हो गयी। पंडे पुजारी, राज्यकर्मचारी एवं दर्शकगण उस निर्धारित स्थान पर यथा समय उपस्थित हो गये। वृहत् बरगद की मिट्टी खोदने से रत्नपेटिका प्राप्त हो गयी। बड़ी धूमधाम और विशाल शोभायात्रा के साथ रत्नपेटिका लायी गयी। काष्ठ की मूर्ति निर्मित करायी गयी। शुभ मुहूर्त में यथाविधि अभिषेक और पूजन सम्पन्न हुआ। तदनन्तर श्रीविग्रह की प्रतिष्ठा मन्दिर में की गयी। शिष्यों के साथ आचार्य शंकर उस देवविग्रह के प्रतिष्ठाकार्य में सहयोग देकर विशेष आनन्दित हुए।

यमस्थपुर में

पुरी से आचार्य ने तीर्थराज प्रयाग की ओर प्रस्थान किया। मगध के मार्ग से आते हुए मगधपुर, यमस्थपुर आदि अनेक नगरों में उन्होंने निवास किया। उन दिनों मगध

प्रदेश में बौद्ध धर्म की तूती बोलती थी। परन्तु आचार्य के प्रभाव से हतप्रभ होकर बौद्धगण छिप गये। आचार्य के सम्मुख उपस्थित होकर उनमें शास्त्रार्थ करने का साहस नहीं रह गया था।

हिन्दू धर्म में अनेक मत प्रचलित हो गये थे। मगध में उस समय कुबेर-उपासक, इन्द्रोपासक और यमोपासक आदि अनेक मत चलते थे। भ्रान्त धारणा के वशीभूत होने पर, वे सब अपने को वेदानुयायी मानते थे और हिन्दू कहते थे। आचार्य ने अपनी प्रतिभा से उन मतों का संशोधन कर, उनकी विकृतियों, रूढ़ियों और अन्धविश्वासों को दूर कर दिया।

यमस्थपुर में यमोपासकों की बहुलता थी। यमोपासकों की प्रचुरता के कारण उस स्थान का नाम ही यमस्थपुर पड़ गया था। यमोपासकों की भुजाओं में भैंसे का चिह्न तप्त लोहे से अंकित रहता था। यमराज के समान ही ये आकृति बनाये रखते थे। ये सदैव नृत्य में तन्मय रहते थे।

एक दिन यमोपासकों का एक नेता अपनी शिष्य-मंडली सहित नृत्य करते हुये आचार्य के समीप पहुँचा। उसने आचार्य से कहना प्रारंभ किया,"यतिवर, हम लोग यमोपासक हैं। हमारे आराध्य देव ही सृष्टि के रचयिता, पालक, और संहारक हैं। वही जीव के मुक्तिप्रदाता भी हैं। यज्ञों के भोक्ता भी यमराज भगवान् हैं। वेदों से यह बात पूर्णतया सिद्ध भी होती है—'यमाय सोमम्'। यही परब्रह्म हैं। यम के दो रूप हैं—शुक्ल वर्ण और कृष्ण वर्ण। उनका शुक्ल रूप ही परब्रह्म है। श्रुति से भी यह बात भलीभाँति प्रमाणित होती है—'यत शुक्ल तत् परं ब्रह्म'। वही निर्गुण ब्रह्म है। उसी ने महत्तत्व और अपने ऐश्वर्य के माध्यम से रुद्रावतार की भी सृष्टि की थी। इसी रुद्र से विष्णु नामक यम उत्पन्न हुए। इनके नाभिकमल से ब्रह्मा की उत्पत्ति हुई। ब्रह्मा के द्वारा समस्त सृष्टि की रचना हुई। लोककल्याण के निमित्त ही यमराज हाथ में दण्ड लेकर और भैंसे पर सवार होकर सारी सृष्टि में विचरण करते रहते हैं। यम सत्यस्वरूप, शुद्ध-बुद्ध, मुक्त हैं। सभी पदार्थों के मूलकारण यम ही हैं। शुक्लवर्ण अथवा निर्गुण ब्रह्म की उपासना करना असंभव है। इसी कारण हम लोग कृष्ण वर्ण वाले यम की उपासना करते हैं। इनकी उपासना से अनादि अज्ञान की निवृत्ति होती है। अनादि अज्ञान के निवृत्त होने पर यह अनुभूति होती हैं कि यम ही सर्वमय है। इस ज्ञान से शुक्ल यम (निर्गुण ब्रह्म) में स्थिति होती है। यही मोक्षप्राप्ति है। आप लोग भी मुमुक्षु हैं, अत: सब कुछ त्याग कर मोक्षप्राप्ति के लिये यमोपासना में निरत हो जाइये।"

आचार्य ने बड़े ध्यान से यमोपासकों की बात सुनी। तत्पश्चात् उन्होंने शान्त भाव से उन्हें समझाना प्रारंभ किया, "आप लोगों का यह सिद्धान्त श्रुति के प्रतिकूल है। कठोपनिषद् की श्रुति पर ध्यान दीजिये। उस श्रुति में यह बात बिल्कुल स्पष्ट है कि यम के ऊपर ब्रह्म का शासन है—

भयादस्यग्निस्तपति भयात् तपति सूर्यः।
भयादिन्द्रश्च वायुश्च मृत्युर्धावति पंचमः॥

—कठोपनिषद् 3/2/3

अर्थात्, 'इसी परब्रह्म के भय से अग्नि तपता है, इसी के भय से सूर्य तपता है, इसी के भय से इन्द्र, वायु और पाँचवें मृत्युदेवता (यम) अपने-अपने काम में प्रवृत्त हो रहे हैं।' मार्कण्डेय पुराण में यह प्रसंग है कि आशुतोष महादेव भगवान् ने यमराज को पीड़ित कर उनके हाथ से अपने एक भक्त की रक्षा की थी। चिह्न धारण करना बाह्याडम्बर मात्र है, इससे मोक्षप्राप्ति असंभव है। मुक्ति तो ब्राह्मज्ञान से होती है। आप लोग बाह्य चिह्नों का परित्याग कर, अद्वैतब्रह्म-परायण हो जाइये। यमराज को देवता विशेष की कोटि में स्थान दीजिये। उनकी उपासना निष्काम भाव से कीजिये। इससे अन्तःकरण की शुद्धि होगी और ब्रह्मज्ञान की प्राप्ति होगी। इस प्रकार आप लोग वेदोक्त धर्म का यथोचित रीति से पालन कीजिये।''

आचार्य के इस युक्तियुक्त कथन से यमोपासकों का हृदय परिवर्तित हो गया। उन्हें अपनी त्रुटि की अनुभूति हो गयी। उन्होंने आचार्य शंकर की शिक्षा स्वीकार कर पंच देवताओं की आराधना करनी प्रारम्भ कर दी। लगभग एक मास तक आचार्य ने वहाँ निवास किया। उस बीच में यमोपासकों की कायापलट हो गयी और वे सच्चे अर्थ में वेदानुयायी हो गये।

इस प्रकार आचार्य शंकर ने हिन्दू धर्म के सभी सम्प्रदायों का शुद्धीकरण करके उन्हें वेद मतानुयायी बनाया और हिन्दू-धर्म की विश्रृंखलित प्रवृत्तियों को समन्वित रूप प्रदान किया । वेद का प्रचार और प्रसार भी उनका महत्त्वपूर्ण योगदान है।

तीर्थराज प्रयाग में

उस स्थान को छोड़कर आचार्य शंकर ने प्रयाग की ओर प्रस्थान किया। वेदव्यास के आदेशानुसार कुमारिल भट्ट से मिलने और शास्त्रार्थ करने के लिये वे प्रयाग आ भी चुके थे। परन्तु थोड़े ही समय रहने के कारण प्रयाग की जनता उनकी अलौकिक प्रतिभा से परिचित न हो सकी थी। अबकी बार प्रयाग पहुँच कर त्रिवेणी-संगम के निकट ही उन्होंने अपना निवास-स्थान बनाया। प्रतिदिन संगम स्नान करके वह तीर्थादि-कृत्य विधिवत् सम्पन्न करते थे। अध्यात्म मार्ग के पथिकों को उपदेश भी देते थे।

आचार्य की इस दिग्विजय-यात्रा में तीन सहस्र से अधिक मनुष्य उनका अनुगमन कर रहे थे। उन व्यक्तियों में कुछ प्रतिष्ठित और प्रसिद्ध ब्राह्मण भी थे और कुछ ब्रह्मविद् संन्यासी। अपूर्व समारोह था। प्रयाग के माहात्म्य के कारण, उस समय उस पुण्यभूमि में अनेक सम्प्रदायों के धार्मिक साधक निवास करते थे। उनमें से वायु, वरुण, यम, भूमि, तीर्थ तथा मनुलोक के उपासक, आकाश और वराह मंत्रोपासक, गुणवादी, परमाणु कारणवादी तथा सांख्य मतावलम्बियों के नाम विशेषरूप से

उल्लेखनीय हैं। प्रत्येक मतावलम्बी अपने मत को वेदपरक मानता था। साथ ही उसका यह भी दावा था कि मेरे ही मत से मुक्ति प्राप्त हो सकती है, अन्य मत के सिद्धान्तों के अवलम्बन से नहीं।

आचार्य का आगमन सुनकर विविध मतों के विद्वान् पंडित उनसे शास्त्रार्थ करने के लिये समय-समय पर उपस्थित हुए। उन्होंने प्रत्येक मत की विशिष्टताओं को बड़े ध्यान और धैर्य से सुना। तत्पश्चात् आचार्य शंकर ने अपनी युक्तियों, तर्कों और अपूर्व पांडित्य से प्रत्येक मत की अपूर्णता सिद्ध कर दी। इससे उन पंडितों की विजय-भावना का स्वप्न नष्ट हो गया। आचार्य ने प्रत्येक मत को पूर्ण बनाने का भी विधान किया। उन्होंने यह सिद्ध किया कि मोक्षप्राप्ति का एक मात्र द्वार अद्वैत ज्ञान है। अन्य मतावलम्बियों ने आचार्य के उपदेशों का बड़ी तन्मयता और श्रद्धा से श्रवण किया। फलस्वरूप वे सब अद्वैतज्ञान के वेदान्त मत में दीक्षित हो गये।

आचार्य ने प्रत्येक मतावलम्बी के विद्वान् को समझाया, ''सगुण ब्रह्म की आराधना वेदोक्त रीति करने से कामनानुसार लोक विशेष की प्राप्ति होती है। परन्तु फल भोगने के अनन्तर फिर प्रत्यागमन होता है और मुक्ति नहीं प्राप्त होती। निष्काम भाव से आराधना करने पर चित्त-शुद्धि होती है। चित्त के शुद्ध होने पर सत्, चित् और आनन्द स्वरूप अद्वैत-ब्रह्म का परम प्रकाश अन्त:करण में होता है, जिससे शाश्वत मोक्ष की प्राप्ति होती है। अत: प्रत्येक मत की साधना अद्वैत ज्ञान में प्रतिष्ठित होने का सोपान रूप है।''

विभिन्न मतावलम्बियों के विद्वानों के साथ आचार्य शंकर का जो शास्त्रार्थ हुआ वह अत्यन्त महत्त्वपूर्ण और गंभीर है। सबका वर्णन करना कठिन है। किन्तु दृष्टान्त रूप में सांख्यमतावलम्बियों के साथ हुए शास्त्रार्थ का संक्षिप्त विवेचन किया जा रहा है—

एक दिन सांख्यमतानुयायी एक प्रसिद्ध धार्मिक विद्वान् यतिवर शंकर के समक्ष उपस्थित होकर विनय भाव से बोले, ''यतिराज, हम सांख्य मतानुयायी हैं। हमारे सिद्धान्त के अनुसार प्रधान अथवा प्रकृति जगत् का उपादान कारण है। गुणों की साम्यावस्था प्रधान अथवा प्रकृति है। उसी से महत्तत्व आदि की उत्पत्ति होती है। वह प्रकृति अव्यक्त होकर भी व्यक्त स्वरूप धारण कर लेती है। सारी सृष्टि उसकी अभिव्यक्ति मात्र है। उसकी प्रसन्नता से जीव को मोक्ष लाभ होता है। इसकी पुष्टि मनुसंहिता आदि स्मृति ग्रन्थों से भी होती है।''

आचार्य ने उन पंडित की बात अत्यन्त ध्यान से सुनी और शान्त भाव से उन्हें समझाना प्रारम्भ किया, ''पंडित-शिरोमणि, आपका कथन वेद-सम्मत नहीं है। स्मृति का वही अंश प्रामाणिक और ग्रहणीय है, जो वेदानुकूल हो। स्मृति का श्रुति विरोधी कथन प्रामाणिक नहीं समझा जा सकता। श्रुति के अनुसार प्रधान अथवा प्रकृति जगत् का कारण नहीं बन सकती। सृष्टि-उत्पत्ति के प्रसंग में श्रुति वाक्य में स्पष्ट उल्लेख किया गया है—

'स ईक्षत लोकान्नु सृजा इति।'

—ऐतरेयोपनिषद्, 1/1/1

अर्थात्, 'उस (परम ब्रह्म) ने, 'मैं निश्चय ही लोकों की रचना करूँ', इस प्रकार विचार किया।'

ईक्षण अथवा विचार करना चेतन ही में सम्भव है। जड़ प्रकृति में ईक्षण की क्रिया सम्भव ही नहीं है। सत्, चित्, आनन्दस्वरूप ब्रह्म ही चेतन पुरुष हैं। ब्रह्म ही जगत् की उत्पत्ति का मूल कारण है। जड़ होने के कारण प्रकृति जगत् की रचना का कारण कदापि नहीं हो सकती। अतएव अद्वैत ब्रह्मनिष्ठ होने पर ही मोक्ष-प्राप्ति सम्भव है। इसलिए आप अद्वैत मार्ग का अनुसरण कीजिये।''

आचार्य के उपर्युक्त कथन को सुनकर सांख्यमतानुयायी विद्वान् ने नवीन तर्क उपस्थित किया, ''यतिराज, श्रुति में भी प्रधान अथवा प्रकृति का अनुमोदन प्राप्त होता है। उदाहरणार्थ—

'अशब्दमस्पर्शमरूपमव्ययं'

—कठोपनिषद, 1/3/15

'अर्थात् जो शब्दरहित, स्पर्शरहित, अरूप और अविनाशी है'। यह अव्यय ही अव्यक्त अथवा प्रधान या प्रकृति है।''

आचार्य शंकर ने उत्तर दिया, ''विद्वन्-शिरोमणि, यहाँ अव्यक्त शब्द ब्रह्म का ही बोधक है, प्रकृति का नहीं। जड़ प्रकृति में ईक्षणादि की क्रिया उत्पन्न ही नहीं हो सकती और बिना ईक्षण क्रिया के सृष्टि-निर्माण नहीं हो सकता। चेतन ब्रह्म में ही यह सम्भव है। अत: यदि आप मोक्ष-प्राप्ति चाहते हैं, तो भ्रान्त मत छोड़कर अद्वैतमार्ग की शरण ग्रहण कीजिये। इसके अतिरिक्त मुक्ति का कोई दूसरा मार्ग नहीं है।''

आचार्य के तर्कों और युक्तियों के सम्मुख सांख्यमतावलम्बी विद्वान् पराजित हो गये और उन्होंने आदर भाव से आचार्य शंकर का शिष्यत्व स्वीकार किया। यही दशा अन्य मतानुयायी विद्वानों की भी हुई। आचार्य शंकर ने तीन मास तक प्रयाग भूमि में निवास किया। इस बीच अनेक जिज्ञासु, मुमुक्ष, साधक, यति, तपस्वी, ब्राह्मण तथा पंडित आचार्य के शिष्य बनकर अद्वैत साधना में निरत हुए। अद्वैतवाद की महिमा प्रतिष्ठित कर तथा विभिन्न मतवादों का परिष्कार कर आचार्य शंकर ने वाराणसी की ओर प्रस्थान किया।

वाराणसी में

बारह वर्ष पूर्व आचार्य शंकर परिव्राजक के रूप में वाराणसी आये थे। तब वे अज्ञात बालक संन्यासी मात्र थे। अब उनका दूसरा ही स्वरूप हो गया था। समस्त भारत में उनकी कीर्ति की धवल गाथा व्याप्त हो गयी थी। जन-जन के मुख पर उनका नाम था। यद्यपि वे अब भिन्न स्थिति में दिखलायी पड़ते थे, उनके साथ

सहस्रों शिष्यों और भक्तों की मण्डली थी, सनातन वैदिक धर्म की श्रेष्ठतम प्रतिष्ठापक और व्याख्याता के रूप में वह एक प्रदेश से दूसरे प्रदेश में परिभ्रमण कर रहे थे, चारों ओर उनकी कीर्ति फैल चुकी थी, फिर भी उनके जीवन की गति वही थी, जो पहले थी। वे अधिकांश समय ब्रह्मचिन्तन में ही व्यतीत करते थे। महान् कर्मसाधना में निरत होते हुए भी, उनकी स्थिति 'पद्मपत्रमिवाम्भसा' थी।

आचार्य शंकर प्रयाग से वाराणसी सात दिनों में पहुँचे। रास्ते पर दर्शनार्थियों का ताँता बँधा रहा। उन्होंने सभी को अपनी अमृत-वाणी की वर्षा से परितृप्त किया। जनता उनकी शिक्षाओं और उपदेशों से अत्यधिक अनुप्रेरित हुई। उनके महान् व्यक्तित्व का प्रभाव उसी के ऊपर गम्भीर रूप से पड़ता था।

काशी नगरी पहुँच कर आचार्य सर्वप्रथम विश्वनाथ महादेव के दर्शन करने गये। शिव भक्तों से मन्दिर भरा हुआ था। सभी अपने श्रद्धानुसार भाव रूपी पुष्प शिव जी को अर्पित कर रहे थे। अत्यन्त भावप्रवण हो आचार्य मन्दिर में प्रविष्ट हुए। वे गम्भीर ध्यान में निमग्न हो गये। प्रतीक का अवलम्बन लेकर वे सच्चिदानन्द के अपार समुद्र में निमज्जित हो गये। उनकी इस ध्यानमुद्रा का दर्शन कर सभी तीर्थयात्री सात्विक भाव में तन्मय हो गये। उस समय वे विश्वनाथ भगवान् के साक्षात् विग्रह प्रतीत हो रहे थे।

पूजा-अर्चना करने के पश्चात् आचार्य मणिकर्णिका के किसी उपयुक्त स्थान पर आ टिके। उनके शिष्यों के निवास की व्यवस्था गंगातट के विभिन्न स्थानों में की गयी। आचार्य के शुभागमन का समाचार सारी काशी नगरी में व्याप्त हो गया। देखते ही देखते योगी, यती, तपस्वी, संन्यासी, विभिन्न सम्प्रदायों के आचार्य एवं विद्वान् आचार्य के दर्शन के निमित्त एकत्र होने लगे। काशी नगरी में विविध मतावलम्बियों का निवास था। उनमें शैव, शाक्त, वैष्णव, कर्मवादी, चन्द्र, सूर्य, मंगल आदि ग्रहों के उपासक, अनन्तदेवोपासक, सिद्ध, गंधर्व, वेताल के उपासक थे। महालक्ष्मी, सरस्वती के आराधक, वामाचारी, पंचरात्र सम्प्रदाय, हिरण्यगर्भोपासक, वह्निमतावलम्बी, सूर्योपासक, महागणपति, हरिद्रागणपति, उच्छिष्टगणपति के उपासक, चार्वाकवादी, हठयोगी, राजयोगी, द्वैतवादी तथा और भी अनेक उपासक तथा सम्प्रदायवादी थे। ये सभी मत-मतान्तर पुराणादि शास्त्रों पर अवलम्बित हैं तथा इनके समर्थक और भी अनेक शास्त्र हैं। विभिन्न मतावलम्बियों में पारस्परिक स्पर्द्धा भी थी।

सभी मतावलम्बियों के साथ आचार्य शंकर को शास्त्रार्थ करना पड़ा। प्रत्येक मतावलम्बी ने अपने मत की श्रेष्ठता स्थापना करने की पूरी-पूरी चेष्टा की। किन्तु आचार्य की दैवी विलक्षण प्रतिभा के सम्मुख सारे विद्वानों की बुद्धि कुण्ठित हो गयी। उनकी अद्भुत आध्यात्मिक शक्ति से सब के सब पराभूत हो गये। फलस्वरूप काशी नगर में सर्वत्र अद्वैत वेदान्त की वैजयन्ती फहराने लगी। अद्वैतवाद की वरीयता और श्रेष्ठता सभी मतों पर स्थापित हो गयी। चारों दिशाएँ आचार्य शंकर की

विमल कीर्ति से धवलित हो गयीं। कुछ मतावलम्बियों की वार्ता का संक्षिप्त विवरण प्रस्तुत किया जा रहा है।

एक दिन आचार्य गंगास्नान कर विश्वेश्वर महादेव और अन्नपूर्णा के दर्शन कर अपनी शिष्यमण्डली सहित बैठे थे। उसी समय उनके समीप महालक्ष्मी के एक उपासक उपस्थित हुए। उन्होंने सभक्ति आचार्य को प्रणाम किया और अपना अभिप्राय आचार्य को सुनाना प्रारम्भ किया, ''भगवन्, हमलोगों ने आपके सम्बन्ध में पहले से ही बहुत कुछ सुन रखा है। आपका अगाध पांडित्य, तर्कशक्ति और दैवी प्रतिभा विश्वविश्रुत है। आप द्वारा रचित भाष्यों का अध्ययन भी कुछ न कुछ किया है। हम लोग परमात्मा की आद्याशक्ति लक्ष्मी के उपासक हैं। हमारे मतानुसार त्रिलोकजननी महालक्ष्मी ही परब्रह्म परमेश्वर की आद्याशक्ति हैं। समस्त सृष्टि की रचना, पालन और संहार वे ही करती हैं। उन्हीं की आराधना से मोक्ष प्राप्ति सम्भव है। वे ही जीवों को मोक्ष देने में समर्थ हैं। बिना उनकी आराधना किये मोक्ष-प्राप्ति दुर्लभ है।''

आचार्य ने उनकी बात बड़े ध्यान से सुनी। तत्पश्चात् शान्ति भाव से उसे समझाना प्रारम्भ किया, ''विद्वन्, बाह्य दृष्टि से आप लोगों का ही सिद्धान्त सही लगता है, पर तात्त्विक बात कुछ दूसरी है। सृष्टि के रचयिता, पालक और संहारक एक मात्र परब्रह्म, परमेश्वर सत्चिदानन्द स्वरूप परमात्मा ही हैं। वे सदैव और सर्वत्र विद्यमान हैं। महालक्ष्मी उनकी प्रकृति अथवा शक्ति या माया हैं। वह उन्हीं के अधीन हैं, उनका अस्तित्व उन्हीं परब्रह्म के कारण है। उसके पृथक् अस्तित्व की कल्पना करना अज्ञान है। प्रकृति स्वतन्त्र न होने के कारण मोक्षप्रदायिनी नहीं हो सकती। अद्वैतज्ञान अथवा ब्रह्मात्म बोध ही मुक्ति है। जो साधक प्रकृति अथवा विभिन्न देवी-देवताओं की आराधना परमात्मा से पृथक् भाव से करते हैं, वे विभिन्न लोकों को तो प्राप्त कर सकते हैं, पर मुक्ति नहीं प्राप्त कर सकते। निष्काम भाव की उपासना से अन्तःकरण की शुद्धि होती है। महालक्ष्मी की उपासना व्यर्थ नहीं कही जा सकती। साधक-भेद की दृष्टि से उसका भी महत्त्व है, क्योंकि सभी व्यक्ति अद्वैत-साधना के अधिकारी नहीं होते हैं। मुक्ति के अभिलाषी साधकों का यह मार्ग नहीं है। अतः यदि आपलोग संसार के आवागमन के चक्र से सदैव के लिये छुटकारा पाना चाहते हैं, तो अद्वैत भाव की साधना में निरत हो जाइये, क्योंकि इसके बिना मोक्ष की प्राप्ति असम्भव है।''

आचार्य के उपदेश से महालक्ष्मी के उपासकों का हृदय एकदम परिवर्तित हो गया। वे आचार्य का शिष्यत्व सहर्ष स्वीकार कर अद्वैत साधना में तत्पर हो गये।

एक बार सरस्वती के उपासक आचार्य के समीप उपस्थित हुए। उन्होंने आचार्य से विनम्र प्रार्थना की, ''यतिराज, हमलोग ज्ञानस्वरूपा और ज्ञानप्रदायिनी सरस्वती के उपासक हैं। शास्त्रों में लिखा है कि जैसे वेद नित्य हैं, वैसे ही सरस्वती भी हैं। वे ज्ञानप्रदायिनी हैं। लोक पितामह को भी उन्होंने ज्ञान दिया था। 'जगत्कर्त्री'

और 'नित्या वाक्' आदि श्रुति वाक्यों से यह स्पष्ट सिद्ध होता है कि वे ही नित्य आत्मा हैं। ब्रह्मा, विष्णु और महेश उन्हीं के विविध नाम हैं। वे त्रिगुणातीत और त्रिगुणमयी दोनों ही हैं। उन्हीं की आराधना से मुक्ति की प्राप्ति होती है। अतः आप भी उन्हीं सरस्वती की शरण लेकर मुक्ति प्राप्त करें।''

थोड़ी देर पश्चात् आचार्य शंकर ने उनके मत की त्रुटि की ओर संकेत किया, ''पंडित-प्रवर साधकगण, श्रुति का कथन है 'यस्य निःश्वसितं वेदाः' अर्थात् चारों वेद जिस परब्रह्म के निःश्वास रूप हैं। इससे यही सिद्ध होता कि जो कुछ व्यक्त रूप में अभिव्यक्त हुआ है, वह सभी नश्वर, विकारी और अनित्य है। इस दृष्टि से सरस्वती को भी नित्य कहना भ्रम और कल्पना मात्र है। आपके सिद्धान्तानुसार सरस्वती ही परमप्रकृति हैं और वही सृष्टि का मूल कारण हैं। पर यह कथन वेद-विरोधी है। वेद की श्रुति के अनुसार—परमात्मा ही सब कारणों के कारण तथा 'एकमेवाद्वितीयम्' हैं। परमात्मा सर्वव्यापी तथा मन, वाणी बुद्धि से परे हैं। उन्हीं परमात्मा के ज्ञान से मुक्ति प्राप्त होती है। निष्काम भाव की उपासना से अन्तःकरण की शुद्धि होती है, तब उससे आत्मसाक्षात्कार होता है। आत्मसाक्षात्कार ही मोक्षप्राप्ति है। अतः आपलोग अद्वैत साधन में तत्पर हो जाइये।''

आचार्य शंकर के इस शास्त्रसम्मत उपदेश से सरस्वती-उपासक अत्यधिक प्रसन्न और सन्तुष्ट हुए। उन्होंने अपने सिद्धान्त का परित्याग कर आचार्य से अद्वैत-तत्त्व ब्रह्मज्ञान की दीक्षा ग्रहण की।

एक दिन आचार्य के समीप कुछ कर्मवादी मीमांसक उपस्थित हुए। उन्होंने विनम्र भाव से निवेदन किया, ''योगिराज, आप दिग्विजयी महान् पंडित हैं। आपकी रचनाओं का हमलोगों ने अध्ययन किया है। आपकी अलौकिक कीर्ति का गुणगान सुनकर हमलोग आपकी सेवा में उपस्थित हुए हैं। हमलोग कर्मवादी हैं, हमारे सिद्धान्त के अनुसार जगत् की सृष्टि, स्थिति और संहार का कारण कर्म ही है। शुभ कर्मों के सम्पादन से शुभ और अशुभ कर्मों के करने से अशुभ फल की प्राप्ति होती है। उत्तम कर्मों के सम्पादन से उच्च लोकों और उच्च योनि की प्राप्ति होती है, इसके विपरीत पाप कर्मों के करने से नरक लोकों और निम्न योनि मिलती है। जनक आदि ने कर्मों के अनुष्ठान द्वारा ही सिद्धि प्राप्त की थी। शास्त्र का यही विधान है। अतः मुमुक्षु को कर्मों के ही सम्पादन में तत्पर होना चाहिये। शारीरिक तथा मानसिक कर्म करने से कोई भी वंचित नहीं रह सकता, यह प्रकृति का शाश्वत नियम है। अतः आपलोग भी सब कुछ छोड़ कर कर्मों के अनुष्ठान में तत्पर हो जाइये। इसी से मोक्ष-प्राप्ति हो सकेगी।''

आचार्य ने उन कर्मवादी पंडितों को मधुर शब्दों में शान्त भाव से समझाना प्रारम्भ किया, ''हे कर्मवादी विद्वानों, मेरी बात ध्यान से सुनने की कृपा करें। आपलोगों का सिद्धान्त सुनने में युक्तियुक्त अवश्य प्रतीत होता है, परन्तु है वह वेद-विरुद्ध। यह समस्त प्रपंच ब्रह्म का ही कार्य है। 'यस्य एतत् कर्म' श्रुति वाक्य से यह बात पूर्णतया

सिद्ध भी हो जाती है। वेद में ऐसा उपदेश भी है कि इस जगत्-कारण ब्रह्म की आराधना करनी चाहिये। वह स्वयंभू, सत्यस्वरूप, सर्वज्ञ परमात्मा ही इस जगत् का आदि कारण है। कर्म किसी भी दशा में जगत् का कारण नहीं हो सकता। जो कुछ भी उत्पन्न होता है वह मरणधर्मा और अनित्य है। कर्म की उत्पत्ति होती है, अत: वह भी अनित्य और नश्वर है। कर्म से प्राप्त स्वर्गादि लोक भी अनित्य और नश्वर हैं। इसलिये आप लोगों का यह पावन कर्त्तव्य है कि अजर, अमर, अनादि, अखंड, अद्वैत परब्रह्म के चिन्तन में तत्पर हो जाइये।''

''कर्म दो प्रकार के होते हैं—सकाम और निष्काम। शुभ सकाम कर्मों के सम्पादन से अच्छे लोकों की प्राप्ति होती है, मुक्ति नहीं मिलती। आवागमन का चक्र निरन्तर चलता रहता है। निष्काम कर्मों के आचरण से अन्त:करण की शुद्धि होती है। फलस्वरूप चित्त में आत्मज्ञान का प्रकाश उद्भासित होता है। उस अजर, अमर, अखंड, अद्वैत ब्रह्म के आत्मसाक्षात्कार से शोक, मोह की निवृत्ति हो जाती है और जीव अपने 'स्व' स्वरूप में प्रतिष्ठित होकर मुक्त हो जाता है। अत: आप लोग भ्रम का परित्याग कर ब्रह्मैक्य ज्ञान की प्राप्ति के लिए कटिबद्ध हो जाइये, यही परम पुरुषार्थ है।''

आचार्य शंकर के गम्भीर और तात्त्विक उपदेशों से कर्मवादियों की वृत्ति में एकदम परिवर्तन हो गया। वे अद्वैत-ब्रह्मतत्व की प्राप्ति के लिये तत्पर हो गये।

एक बार गन्धर्वोपासकों ने आचार्य के पास आकर भक्ति भाव से निवेदन किया, ''हे यतिश्रेष्ठ, हम 'विश्वावसु' नामक गंधर्व की आराधना करते हैं। उनकी महती अनुकम्पा से हमें नादविज्ञान और विन्दुकला का ज्ञान प्राप्त हुआ है। उसकी उपलब्धि से हम कृतकृत्य हुए हैं। विश्वावसु की कृपा से ही जीवों की मुक्ति सम्भव है। आप भी हमारे मार्ग का अनुसरण कीजिये।''

उन गन्धर्वोपासकों की बात सुनकर आचार्य ने गम्भीर भाव से उत्तर दिया, ''हे गन्धर्वोपासको, आप लोगों का सिद्धान्त वेद-विरुद्ध है। विश्वावसु की आराधना से नाद और विन्दुकला की अनुभूति भले ही प्राप्त हो जाये, पर मोक्ष की प्राप्ति असम्भव है। श्रुति में ब्रह्म को 'अशब्दं अस्पर्शं अरूप अव्ययम्' कहा गया है। अत: ब्रह्म शब्दातीत है। वह नाद की सीमा में आबद्ध नहीं है। जो साधक परब्रह्म को नाद और विन्दुकला से परे जानते हैं, वे ही वेद-मर्मज्ञ हैं, परम तत्वज्ञ, ब्रह्मपरायण और आत्मविद् हैं। इसलिये आप लोग परब्रह्म की आराधना में तत्पर हो जाइये और उसी के अज्ञान-बन्धन से विमुक्त हो सकेंगे। इसके अतिरिक्त मोक्ष प्राप्ति का कोई अन्य मार्ग नहीं है।''

गन्धर्वोपासकों ने आचार्य के उपदेश को शिरोधार्य किया और उनका शिष्यत्व ग्रहण किया। काशी के दिग्गज विद्वानों (भास्वर, गुप्तमिश्र, विद्येन्दु आदि) ने भी आचार्य से शास्त्रार्थ किया। पर सब के सब पराजित हो गये। आचार्य शंकर ने काशी में तीन मास तक निवास किया। इस बीच में उन्होंने अनेक भ्रान्त मतावलम्बियों को

वैदिक धर्म का अनुयायी बनाया और असंख्य नर-नारियों को अद्वैतज्ञान का उपदेश देकर कृतकृत्य किया। साथ ही पद्मपाद, सुरेश्वर, हस्तामलक आदि उनके प्रमुख शिष्यों ने भी अनेक विद्वानों, पंडितों और भ्रान्त मतावलम्बियों को शास्त्रार्थ में पराजित कर, वेदान्त के अद्वैतज्ञान की महिमा प्रतिष्ठापित की।

आचार्य शंकर की अलौकिक प्रतिभा से समस्त काशी-निवासी आश्चर्यान्वित हो गये। वेदान्त धर्म का यह सारतत्व—'ब्रह्म ही संसार का उपादान और निमित्त कारण है, वही ईश्वर, जीव और माया सब कुछ है।'—सर्वत्र प्रचारित हो गया। शून्यवादी बौद्धों, देहात्मवादी बौद्धों और चार्वाकों ने आत्मा का वध कर दिया था। आचार्य शंकर ने अपने अनवरत प्रयास और साधन से उसे पुनर्जीवन प्रदान किया। उन्होंने नास्तिकता और अन्धविश्वास का विनाश कर दिया। अनेक नैयायिक पंडितों ने आचार्य रचित ब्रह्मसूत्र-भाष्य का खण्डन करने की लाख चेष्टा की, और इस सम्बन्ध में उन्होंने आचार्य से खुलकर खूब शास्त्रार्थ भी किया, पर सब के सब बुरी तरह पराजित हुए। इससे ब्रह्मसूत्र-भाष्य की महिमा वैसी ही अधिक उद्दीप्त हुई, जिस प्रकार सुवर्ण की दीप्ति जलाने-तपाने से और भी अधिक बढ़ती है। काशी-नगरी में अद्वैत-ब्रह्मविद्या का माहात्म्य पूर्ण रूप से प्रतिष्ठित हो गया। काशीकेन्द्र से उसकी महिमा सभी स्थानों में फैलने लगी।

आचार्य शंकर अत्यन्त उदार धर्मसुधारक थे। उनमें संकीर्णता का लेश मात्र भी नहीं था। उन्होंने किसी भी धर्मावलम्बी से अपने मत का परित्याग करने को नहीं कहा, बल्कि उस मत विशेष की भ्रान्तियों, रूढ़ियों और अंधपरम्पराओं को दूर करने का प्रयास किया। इस प्रकार उन्होंने प्रत्येक सम्प्रदाय, मत का शुद्धीकरण किया। अधिकारी-भेद से उन्होंने सकाम और निष्काम दोनों प्रकार की उपासनाओं की सार्थकता सिद्ध की। वे महान् अद्वैतवादी होते हुए भी अधिकारी-भेद को भलीभाँति समझ कर मूर्तिपूजा, तीर्थयात्रा, देवाराधन, व्रत-तपस्या के अनुष्ठान, पंच देवताओं की उपासना, पंच महायज्ञों के अनुष्ठान पर पूरा जोर देते थे। उनके प्रयास से पवित्र काशी नगरी हिन्दू धर्म और हिन्दू-संस्कृति का प्रसिद्ध गढ़ बन गयी। पंडित और दार्शनिक गण वेदान्त अध्ययन में तन्मयता-पूर्वक प्रवृत्त होने लगे। स्थान-स्थान पर संस्कृत पाठशालाओं की संस्थापना हुई और उनमें वेदान्त शास्त्र पृथक् रूप से पढ़ाया जाने लगा। आचार्य-रचित ग्रन्थ तेजी से लिपिबद्ध किये गये और उनका खूब प्रचार-प्रसार हो गया। इस प्रकार वेदान्तिक दृष्टि से काशी नगरी की कायापलट हो गयी। सारे भारत में ही नहीं, बल्कि समस्त विश्व में काशी की ख्याति फैल गयी।

आचार्य शंकर शैव को वैष्णव और वैष्णव को शैव बनाने के पक्षधर नहीं थे। वे प्रत्येक मतानुयायी को अपने इष्ट देवता की ब्रह्म प्रतीक के रूप में उपासना करने के लिये प्रोत्साहित करते थे। आचार्य के प्रचार कार्य में अद्वैत-वेदान्त की प्रमुखता और प्रधानता थी, पर उन्होंने किसी देवी-देवता की उपासना के प्रति अनास्था नहीं प्रदर्शित की। उन्होंने अपने स्तोत्रों में उनके प्रति अपार श्रद्धा अभिव्यक्त की है।

लोककल्याणार्थ व्यावहारिक क्षेत्र में उन्होंने सभी देवी-देवों के प्रति अगाध भक्ति प्रदर्शित की है।

नैमिषारण्य, अयोध्या और गयाधाम में

पुराणादि में नैमिषारण्य तीर्थ का उल्लेख बराबर पाया जाता है। प्राचीन काल में यह पुण्यस्थल वैदिक संस्कृति का महत्त्वपूर्ण केन्द्र था। यहाँ कर्मकाण्ड की प्रधानता थी। वहाँ पहुँचने पर आचार्य को प्राचीन संस्कृति के कोई लक्षण नहीं दिखलायी पड़े। इससे वे बहुत दुखी हुए। वहाँ बौद्ध तांत्रिकों की प्रधानता थी। आचार्य ने वहाँ कुछ दिनों तक निवास कर वेदान्त-सिद्धान्त का प्रचार किया। उन्होंने इस बात को सप्रमाण सिद्ध किया कि गौतम बुद्ध के सारे सिद्धान्त अद्वैत-सिद्धान्त पर ही आश्रित हैं। इसका परिणाम यह हुआ कि वहाँ के लोग वेदोक्त रीति से धर्म-कर्म में प्रवृत्त होकर उपासना में अनुरक्त हुए।

नैमिषारण्य से चलकर आचार्य श्रीरामचन्द्र की जन्मभूमि अयोध्या में प्रविष्ट हुए। वहाँ भी बौद्धों के प्रभुत्व के कारण देवी-देवताओं की पूजा-अर्चना प्राय: समाप्त हो गयी थी। आचार्य ने श्रीरामचन्द्र के मन्दिर का संस्कार किया और वहाँ यथोचित पूजा-अर्चना की व्यवस्था करायी। उन्होंने वेदान्त-मत का विधिवत् प्रचार किया। इसका परिणाम यह हुआ कि वहाँ के लोग वैदिक धर्म को स्वीकार कर पंच देवताओं की उपासना में परायण हुए। अयोध्या से मिथिला,मगध राज्य, नालन्दा, राजगृह होते हुए वह गया पधारे।

गयाधाम पितृतीर्थों में अग्रगण्य माना जाता है। भारत के विभिन्न प्रान्तों के हिन्दू पितरों के श्राद्धकर्म के निमित्त गयाधाम पहुँच भगवान् गदाधर विष्णु के चरणकमलों में पिण्डदान करते आये हैं। परन्तु बौद्ध धर्म के प्रभाव और प्रभुत्व के कारण यहाँ के माहात्म्य में कमी आ गयी थी। बुद्ध देव ने इसी स्थान पर कठिन तपस्या द्वारा बुद्धत्व प्राप्त किया था। प्रियदर्शिन अशोक ने उनकी स्मृति को अक्षुण्ण रखने के लिये विशाल मन्दिर का निर्माण करवा कर उसमें बुद्धदेव की मूर्ति स्थापित करायी थी। अत: वह स्थान बौद्धमतानुयायियों का महत्त्वपूर्ण तीर्थ बन गया। देश-विदेश के अनेक बौद्ध तीर्थयात्री उसका दर्शन करने के लिये बराबर आते रहते हैं। मन्दिर के निर्माण से और राज्यशक्ति का संरक्षण प्राप्त कर बौद्ध धर्म की नींव गया धाम में अच्छी तरह जम गयी।

आचार्य शंकर ने अपने एक स्तोत्र में विष्णु के दस अवतारों का वर्णन किया था। उस स्तोत्र में उन्होंने बुद्धदेव को विष्णु का नवम् अवतार माना है—

धराबद्धपद्मासनस्थांघ्रियष्टि—
नियम्यानिलन्यस्तनासग्रदृष्टि:।
य आस्ते कलौ योगिनां चक्रवर्ती
स बुद्ध: प्रबुद्धोऽस्तु निश्चिन्तवर्ती॥

अर्थात्, "जो बुद्ध रूप से अवतीर्ण होकर भूमण्डल में पद्मासन पर बैठकर प्राणसंयमपूर्वक नासाग्र में दृष्टि स्थित करके बैठे थे तथा योगियों के चक्रवर्ती होकर कलियुग में प्रादुर्भूत हुए थे वे बुद्धरूपी भगवान् हमारे चित्त में अधिष्ठित रहें।" उपर्युक्त श्लोक में आचार्य शंकर ने बुद्धदेव के प्रति अगाध भक्ति प्रदर्शित की है।

भगवान् बुद्ध ने वेदोक्त साधन का आश्रय लेकर निर्वाणपद प्राप्त किया था। निर्वाणपद और मोक्षपद एक ही हैं। उन दोनों में नाममात्र का अन्तर है। निर्वाण मात्र शून्यपद नहीं है। वह पूर्ण आनन्दमय है। सम्बोधिलाभ के पश्चात् बुद्ध ने आर्यशास्त्रों की सत्यता का ही प्रचार किया था। बाद के बौद्ध मतानुयायियों ने उनके सिद्धान्तों के भिन्न-भिन्न अर्थ किये और पृथक् मत की सृष्टि कर डाली, जो वैदिक धर्म के महान् विरोधी सिद्ध हुए।

आचार्य शंकर के, बुद्ध को विष्णु का अवतार स्वीकार करने और उसका विधिवत् प्रचार करने पर बौद्ध धर्म की नींव डगमगा गयी। गया के ब्राह्मणों और पंडों ने बुद्ध भगवान् को विष्णु रूप में पूजने की परिपाटी चलायी। उसका भी विशेष परिणाम निकला। अनेक बौद्ध मतानुयायी गृहस्थ बुद्धदेव को विष्णु रूप में पूजने लगे। इस प्रकार आचार्य शंकर के आगमन और उनके प्रचार के फलस्वरूप बौद्ध मतावलम्बी बुद्धदेव को अपना आराध्यदेव स्वीकार करते हुए भी अपने को हिन्दू कहने लगे। बुद्धदेव भी विभिन्न स्थानों में विभिन्न नामों से हिन्दू देवी-देवताओं के साथ पूजे जाने लगे। गया धाम में आचार्य शंकर ने कुछ दिनों तक निवास किया और वेदान्तमत का जोरों से प्रचार किया। उनके सुयोग्य शिष्यों ने भी इस कार्य में आचार्य को पूर्ण सहयोग प्रदान किया। इसका परिणाम यह हुआ कि बौद्धों का समुदाय वैदिक धर्म में दीक्षित हो गया।

बंग प्रदेश में

गया धाम से आचार्य शंकर ने बंग देश की ओर प्रस्थान किया। स्थान-स्थान पर रुककर वैदिक धर्म की व्याख्या और प्रचार करते जाते थे। उन दिनों सारे बंग प्रदेश में बौद्ध तांत्रिकों का बोलबाला था। वेदों के नाम से भी लोग अपरिचित थे। आचार्य के आगमन और प्रचार से बंग प्रदेश में नयी चेतना आ गयी। उनके उपदेश, भाषण और अलौकिक व्यक्तित्व से सभी लोग प्रभावित हो गये। परिणाम यह हुआ कि हिन्दू शास्त्रों और वेदों के अध्ययन के प्रति उनकी अभिरुचि उत्पन्न हुई। पंडितगण आचार्य के श्रीमुख से शास्त्रादि की अपूर्व व्याख्या सुनकर विमुग्ध हो गये। आचार्य के देवतुल्य चरित्र, ब्रह्मानन्द की कान्ति से उद्भासित शान्त, गम्भीर मुखमण्डल ने सभी लोगों का मन मोह लिया। लोग उन्हें साक्षात् शंकर का अवतार समझने लगे। उनकी उपस्थिति से बौद्ध तांत्रिकों का प्रभाव जाता रहा। थोड़े ही समय में समस्त बंग प्रदेश में पंच देवताओं की पूजा-अर्चना चलने लगी। लोग वेदों के माहात्म्य से परिचित होकर वैदिक धर्म में दीक्षित होकर अपने को कृतकृत्य समझने लगे। सर्वत्र वैदिक धर्म की तूती बोलने लगी।

कामरूप (असम) में अभिनवगुप्त द्वारा आचार्य शंकर पर मारण अभिचार

बंग प्रदेश में अपना प्रचार कार्य समाप्त कर आचार्य शंकर शिष्य-मण्डली सहित प्राग्ज्योतिषपुर (कामरूप) की ओर अग्रसर हुए। मार्ग में स्थान-स्थान पर रुककर अपने वेदान्त मत और वैदिक धर्म का प्रचार करते जाते थे। कामरूप बौद्ध तांत्रिकों का मुख्य केन्द्र था। तांत्रिकों में मारण, मोहन, वशीकरण और उच्चाटन अभिचारों का विशेष प्रचलन था। वे तांत्रिक मंत्रसिद्ध थे। समस्त भारत में इस विद्या में उनकी धाक थी। भारत के अनेक प्रदेशों से लोग आकर उनसे यह विद्या सीखकर अपने यहाँ जाकर इसका प्रचार करते थे। उनका मुख्य उद्देश्य धनार्जन और प्रतिष्ठा-प्राप्ति था। सामान्य लोग तांत्रिकों की इस क्रिया से संत्रस्त और आतंकित रहते थे। तांत्रिक किसी भी व्यक्ति पर अपने अभिचार का सफलतापूर्वक प्रयोग कर सकते थे।

आचार्य के शुभागमन का समाचार पाकर प्राग्ज्योतिषपुर के तत्कालीन राजा ने अपने कर्मचारियों सहित उनका भव्य स्वागत किया। उन्होंने राजा को आशीर्वाद दिया। तत्पश्चात् विराट् दिग्विजय वाहिनी के साथ कामरूप के प्रसिद्ध देवीपीठ कामाख्या पर्वत के नीचे वह उपस्थित हुए। उनके साथ प्राग्ज्योतिषपुर के राजा भी आये थे। उनके आगमन से वहाँ की जनता में आनन्द की लहर व्याप्त हो गयी। आचार्य के दर्शन के निमित्त लोगों का दल उमड़ पड़ा। लोग आचार्य के दर्शन और उनके उपदेश-श्रवण से अत्यधिक प्रभावित हुए। उनकी अलौकिक आध्यात्मिक शक्ति से सबका हृदय परिवर्तित हो गया।

आचार्य शंकर ने शिष्यमण्डली-सहित पर्वत पर चढ़कर शक्तिपीठ में विधिवत् पूजा-अर्चना की। वह ध्यानमग्न होकर समाधिस्थ हो गये। उनकी ध्यानमग्न गम्भीर मुद्रा का दर्शन कर सभी दर्शकगण मंत्रमुग्ध हो गये। उनके महान् व्यक्तित्व के समक्ष सभी नतमस्तक हो गये। वेदान्त का प्रचार-प्रसार जोरों पर चलने लगा। वैदिक धर्म के प्रति लोगों की असाधारण श्रद्धा उत्पन्न होने लगी। बहुतों ने आकर आचार्य का शिष्यत्व ग्रहण कर अपने जीवन को धन्य माना। वैदिक धर्म की प्रतिष्ठा अल्पकाल में ही पूर्ण रूप से प्रतिष्ठापित हो गयी।

आचार्य के व्यक्तित्व के प्रभाव से तांत्रिकों का प्रभुत्व कमजोर होने लगा। अपने व्यवसाय पर आँच आते देखकर उन्होंने अभिनवगुप्त को अपना नेता बना कर आचार्य को शास्त्रार्थ करने के लिये बुलाया। अभिनवगुप्त ने आचार्य के साथ जमकर शास्त्रार्थ किया। उसने अपनी समस्त शक्ति लगा कर अपने पक्ष की सार्थकता सिद्ध करने की चेष्टा की, किन्तु आचार्य की असामान्य प्रतिभा के सामने उसकी एक भी न चल पाई। अन्त में तांत्रिकों को बाध्य होकर अपनी पराजय स्वीकार करनी पड़ी। अभिनवगुप्त के अन्य सहयोगी भी आचार्य के शिष्यों द्वारा बुरी तरह पराजित हुए। तांत्रिकों की इस पराजय के फल-स्वरूप जनसाधारण की श्रद्धा वैदिक धर्म के प्रति

अत्यधिक बढ़ गयी। लोगों ने मनु, याज्ञवल्क्य आदि ऋषियों द्वारा प्रतिष्ठापित आचारों का आश्रय लिया और वे सब पंचदेवता की उपासना में तत्पर हुए।

अभिनवगुप्त परम शक्तिशाली तांत्रिक था। साथ ही साथ शास्त्रों का अच्छा मर्मज्ञ भी था। उसने व्यासरचित ब्रह्मसूत्र पर शक्तिभाष्य की रचना भी की थी, जिसमें अपने मत का प्रतिपादन और वेदान्त के सिद्धान्तों का खण्डन किया था। अपनी पराजय से वह बहुत ही अपमानित हुआ। वह दुरभिमानी, प्रतिक्रियावादी, ईर्ष्यालु स्वभाव का था। उसने आचार्य के सम्बन्ध में इस प्रकार सोचना प्रारम्भ किया, "वेद रूपी कमल के लिये यह सूर्य के समान है। इसकी प्रभा से वेद रूपी कमल निरन्तर प्रस्फुटित होते रहेंगे। इसके जीते जी हमारा तन्त्र धर्म रसातल को चला जायेगा। समस्त संसार में इससे बढ़कर न तो कोई प्रतिभाशाली है और न विद्वान् ही। अत: येन केन प्रकारेण इस व्यक्ति का विनाश करना आवश्यक है। मैं अपने मारण अभिचार की शक्ति से इसे जीवित न छोड़ूँगा, क्योंकि इसके जीते जी हम तांत्रिकों को कोई भी न पूछेगा।"

ऐसा सोचकर उसने अपने शिष्यों से दुरभिसन्धि करके, शिष्यों सहित आचार्य शंकर का शिष्य बन गया। कपट भाव से तन-मन से उनकी सेवा में तत्पर हो गया। लोकापवाद के भय से उसने ब्रह्मसूत्र पर लिखित अपना शक्तिभाष्य फेंक दिया, कपटभाव से गुरु शंकर की सेवा भी तन्मयतापूर्वक करने लगा, पर उसके भीतर द्वेषाग्नि की प्रचण्ड ज्वाला और भयंकर रूप में धधकने लगी। आचार्य का विश्वासपात्र बनकर उसने गुप्त रूप से मारण अभिचार का प्रयोग उन पर करना प्रारम्भ कर दिया। अभिचार की शक्ति से कुछ दिनों में आचार्य के शरीर में असाध्य भगंदर रोग उत्पन्न हो गया। रोग में उत्तरोत्तर वृद्धि होने लगी। भयानक पीड़ा होने लगी, पीब और रक्त का स्राव भी होने लगा। ऐसी अवस्था में भी आचार्य अचल और अडिग बने रहे। तोटकाचार्य बड़ी निष्ठा से गुरु की सेवा, परिचर्या करते थे। पर रोग और अधिक बढ़ता गया। उनका शरीर एकदम क्षीण हो गया और वे शैया-ग्रस्त हो गये। किन्तु उस अवस्था में भी उनकी मानसिक दशा पूर्ववत् बनी रही। वे अपने शरीर से एकदम उदासीन होकर निर्विकार भाव से अपने आत्मज्ञान में प्रतिष्ठित थे। देहातीत होकर ब्रह्म स्थिति से पूर्ण रूप से प्रतिष्ठित हो गये थे। इस अवस्था में भी लोककल्याणार्थ सर्वसाधारण को अपने उपदेशामृत का निरन्तर पान कराते रहे।

आचार्य की यह अवस्था देखकर शिष्यगण अत्यधिक दुखी हुए। उन लोगों ने आचार्य के पूर्ण स्वस्थ शरीर में इस प्रकार के रोग का चिह्न पहले कभी नहीं देखा था। वे व्याकुल और अधीर होकर आचार्य के समक्ष उपस्थित हुए और उनसे अपनी प्रार्थना सुनायी, "हे स्वामिन्, इस भयंकर रोग के प्रति उपेक्षा दिखाना उचित नहीं प्रतीत होता है। शरीर के प्रति आपकी आसक्ति रंचमात्र भी नहीं है। बिना उपचार के इसकी वृद्धि वैसी ही होती जायेगी, जिस प्रकार बिना निवारण किये शत्रु की प्रबलता बढ़ती जाती है। आप तो देहातीत हैं, शरीर के दु:ख-सुख से परे हैं, अत:

आप इस रोग की ओर कभी भी ध्यान नहीं देंगे। परन्तु हम लोगों से इस व्याधि का कष्ट किसी भी प्रकार नहीं देखा जा रहा है। आप आज्ञा प्रदान कीजिये, हम लोग किसी सुयोग्य वैद्य को लाकर इसकी चिकित्सा करवायें। सुयोग्य वैद्यों का अभाव नहीं है। शास्त्रों का कथन है कि यदि देहभाव से अनासक्त होने के कारण गुरु अपने शरीर की आवश्यकताओं की ओर उदासीन है और उनकी ओर ध्यान नहीं देता, तो उसके कर्तव्यनिष्ठ शिष्यों का यह धर्म है कि उसकी प्रत्येक आवश्यकता की तनमन से पूर्ति करें। आपकी प्रसन्नता और सुख हम लोगों की प्रसन्नता और सुख है, और आपका दुःख हम लोगों का दुःख है। हम सब को आपके ही चरण-कमलों का आश्रय है। अतः हम आपकी रोग-मुक्ति के लिये अत्यन्त आतुर और व्यग्र हैं।''

शिष्यों की यह प्रार्थना सुनकर आचार्य ने उन्हें उत्तर दिया, ''प्रिय शिष्यो, पूर्व जन्म के पापों के परिणाम स्वरूप रोगों की उत्पत्ति होती है। उन रोगों के भोग लेने से ही पापों का क्षय होता है, ऐसा शास्त्रों का कथन है। बुद्धिमान् पुरुषों का कथन है कि रोग दो प्रकार के होते हैं, एक तो पूर्व जन्म के कर्मों के फल के रूप में और दूसरे केवल शारीरिक गड़बड़ी के कारण। पहले प्रकार के रोग, तो भोग भोगने से ही समाप्त होते हैं और दूसरे प्रकार के रोगों का शमन दवा और चिकित्सा से होता है। मैं अपनी चिकित्सा कराने के पक्ष में नहीं हूँ। भोग के द्वारा इसकी स्वतः निवृत्ति हो जायेगी। यदि इस बीच शरीर का नाश हो जाता है, तो इसे नष्ट हो जाने दो। आखिर शरीर, नाशवान तो है ही। मैं इसकी तनिक भी चिन्ता नहीं करता।''

आचार्य की तत्वयुक्त बात सुनकर शिष्यों ने आतुर भाव से कहा, ''भगवन्, यह अक्षरशः सत्य है कि आपकी आसक्ति शरीर में तनिक भी नहीं है और आप इसे रखना भी नहीं चाहते। किन्तु हम सब शिष्यों की प्रबल आकांक्षा है कि आप लोगों के मध्य अधिक से अधिक समय तक विराजमान रहें। हम लोगों का समस्त जीवन आप ही पर अवलम्बित है, जलचर जीवों के लिये जल की भाँति आप ही हमारे जीवन के संचालक हैं। महात्मा लोग स्वयं आप्तकाम होते हुए भी जगत् के प्राणियों के कल्याणार्थ अपना शरीर धारण करते हैं। हे प्रभो, आप दूसरों के कल्याण के निमित्त अपने शरीर की रक्षा कीजिये।''

शिष्यों की इस आर्त्त प्रार्थना पर करुणावत्सल आचार्य द्रवीभूत हो गये। उन्होंने चिकित्सा कराने के लिये अपनी स्वीकृति दे दी। शिष्यगण चारों ओर सुयोग्य वैद्य की तलाश में दौड़ पड़े। अच्छे वैद्य अधिकांशतः राजभवनों से संबंधित रहते हैं; क्योंकि उन्हें वहाँ अच्छी आय होती है। शिष्यों ने समीप के राजा के राजभवन में जाकर सुयोग्य वैद्यों का पता लगाया। वैद्यों ने पहले चिकित्सा-शुल्क की माँग की। शुल्क पा जाने पर वे आचार्य की चिकित्सा करने के लिये प्रसन्न मन से चल पड़े। उन वैद्यों ने आश्वासन दिया, हम अपने सामर्थ्यानुसार आचार्य को स्वस्थ करने की पूरी-पूरी चेष्टा करेंगे। आचार्य ने उनसे कहा, ''सुयोग्य चिकित्सको, यह प्राणघातक भगंदर रोग

मेरे समस्त शरीर में व्याप्त हो गया है। जिस प्रकार सूर्य अन्धकार को भगा देता है, उसी प्रकार सुयोग्य चिकित्सक भयंकर रोग का शमन कर देता है। आप जिस ढंग से चाहें, उस ढंग से मेरी चिकित्सा करें। अब तक मैंने इसीलिये चिकित्सा नहीं करवायी कि मैं शारीरिक रोग और व्याधि को पूर्वजन्म कृत पापों का प्रतिफल समझता रहा। किन्तु इन शिष्यों के अति आग्रह के फलस्वरूप मैं चिकित्सा कराने के लिए तैयार हुआ। अब आप लोग जैसे चाहिए, वैसे मेरी चिकित्सा कीजिये।''

उत्तमोत्तम औषधियों द्वारा राजवैद्यों ने आचार्य की चिकित्सा प्रारंभ कर दी, पर परिणाम अनुकूल नहीं रहा। घटने के बजाय रोग बढ़ता गया। अपनी असफलता पर राजवैद्यों को बड़ी निराशा हुई। अन्त में एक दिन आचार्य ने वैद्यों से कहा, ''आप लोगों ने तन-मन से मेरी पूरी-पूरी चिकित्सा की और उसमें बहुत दिन भी लगाये। अब अच्छा यही होगा कि आप लोग अपने-अपने घर जायें। आप लोगों के बाल-बच्चे और सगे-संबंधी आप लोगों के लौटने की उत्कट प्रतीक्षा कर रहे होंगे। इसके अतिरिक्त राजा भी यह जानकर क्रुद्ध होंगे कि आप लोग अन्यत्र चिकित्सा करने गये हैं। यदि राजा अप्रसन्न हो जायेंगे, तो आप लोगों को सेवा से मुक्त कर दूसरे वैद्यों को नियुक्त कर लेंगे। राजाओं और चंचल घोड़ों का स्वभाव एक समान होता है। राजा की आज्ञा का उल्लंघन करना अपनी नौकरी से हाथ धोना है। अच्छे वैद्यों की बहुत कमी है, पर रोगियों की भरमार है। आप लोगों की अनुपस्थिति में बहुत से रोगी आ आकर निराश भाव से वापस लौट जाते होंगे। मनुष्य के जन्म के कारण तो माता-पिता होते हैं, पर रोगों से त्राणहर्ता वैद्य ही होता है। यदि यथोचित समय पर सुयोग्य वैद्य न मिले, तो जीवन का अन्त समझ लीजिये। वैद्यों को महाविष्णु, नारायण ही समझना चाहिए।''

आचार्य शंकर की बात सुनकर राजवैद्यों ने उत्तर दिया, ''भगवन्, आपका कहना एकदम सही है। किन्तु हमें आपको इस अवस्था में छोड़ने में परम कष्ट हो रहा है। क्या कोई बुद्धिमान व्यक्ति स्वर्गलोक को त्याग कर, तुच्छ लोक में जाना पसंद करेगा?''

राजवैद्यों ने आचार्य शंकर से विदा ली। उन्हें इस बात से अत्यधिक खेद रहा कि उत्तमोत्तम औषधियों के प्रयोग और सुचारु चिकित्सा से भी वे आचार्य को रोग से मुक्त न कर सके। शिष्यों की उद्विग्नता चरम सीमा पर पहुँच गयी। अभिनवगुप्त आचार्य के समीप ही रहता था। अपनी मंत्रशक्ति का प्रभाव देखकर वह मन ही मन अत्यधिक प्रसन्न हो रहा था। वह गुरु की अंतिम घड़ियों की प्रतीक्षा बड़ी व्यग्रता से कर रहा था। आचार्य शंकर तीव्र रोगयंत्रणा को बड़े संयत मन से, बहुत शान्त भाव से सहन कर रहे थे। महाप्रयाण की तैयारी कर वह शिष्यों को अन्तिम उपदेश भी देने लगे।

रोग मुक्ति की सारी आशाओं पर पानी फिर गया। आचार्य का अन्तिम समय अब निश्चित सा प्रतीत होने लगा। उसी समय की एक विलक्षण घटना ने सभी को

आश्चर्य में डाल दिया। महादेव शिव के आदेशानुसार देववैद्य दोनों अश्विनीकुमार ब्राह्मण बालकों के वेश में वहाँ विराजमान हुए। उन दोनों बालकों का शरीर अलौकिक तेज से देदीप्यमान था। दोनों के नेत्र नीलकमल के समान और अंजन-लिप्त थे। हाथ में पुस्तक लिये आचार्य के समक्ष उपस्थित होकर उन्होंने वैद्य रूप में अपना परिचय दिया। आचार्य के रोग के संबंध में उन दोनों ने अपना निर्णय सुनाया, "हे यतिराज, आपके इस रोग की चिकित्सा असंभव है। किसी व्यक्ति की मंत्रशक्ति के प्रभाव से इस रोग की उत्पत्ति हुई है। रोग के शमन में कोई भी चिकित्सा सफल न हो सकेगी। दैवी-साधन का आश्रय लेने पर रोग का जड़ोन्मूलन होगा।" इतना कहकर दोनों अश्विनीकुमार वहाँ से चले गये। शिष्य मंडली शोकार्त्त होकर किंकर्तव्यविमूढ़ हो गयी। आचार्य शंकर आत्मस्वरूप के ध्यान में निमग्न हो गये।

यह जानकर शिष्यों में बहुत खलबली मच गयी कि कोई पामर व्यक्ति आचार्य का प्राण हरने के लिये मंत्रशक्ति का प्रयोग कर रहा है। पद्मपाद की व्याकुलता पराकाष्ठा पर पहुँच गयी। अन्य कोई आश्रय न देखकर उन्होंने अपने इष्टदेवता नृसिंह भगवान की शरण ग्रहण की। अत्यन्त कातर भाव से आचार्य की रोग-मुक्ति के लिये वे नृसिंह भगवान् से प्रार्थना करने लगे। अन्त में उनकी व्याकुल प्रार्थना से द्रवीभूत होकर नृसिंह भगवान् ने पद्मपाद को स्वप्न में दर्शन देकर यह कहा, "वत्स पद्मपाद, स्वर्गीय वैद्य अश्विनीकुमारों ने जो कुछ कहा है, वह सत्य है। तुम्हारे गुरु, आचार्य शंकर के शरीर में किसी रोग की उत्पत्ति नहीं हुई है। यह जो भगन्दर प्रत्यक्ष सा दिखाई दे रहा है, वह किसी तांत्रिक अभिचार का फल है। यदि तुम ओंकार मंत्र से प्रत्यभिचार कर सको, तो तुम्हारे गुरु रोगमुक्त हो जायेंगे। अन्यथा इसी भगंदर रोग से उनका प्राणान्त होगा।" इतना कहकर पद्मपाद को आशीर्वाद देकर नृसिंह भगवान् अदृश्य हो गये।

निद्राभंग होते ही पद्मपाद आचार्य शंकर के समीप उपस्थित हुए। उन्होंने प्रणाम करके स्वप्न का वृत्तान्त बताना प्रारंभ किया, "भगवन्, नृसिंह भगवान् ने अभी स्वप्न में दर्शन देकर कहा है कि आपका यह भगंदर रोग तान्त्रिक अभिचार का फल है। यह किसी भी प्रकार की चिकित्सा से अच्छा होने वाला नहीं है। यदि तुम ओंकार मंत्र से प्रत्यभिचार कर सकते, तो तुम्हारे गुरु रोग मुक्त हो जायेंगे। अन्यथा इसी रोग से उनका शरीरान्त होगा। अत: हे गुरुदेव, अब आप मुझे आज्ञा प्रदान करें, ताकि उपदिष्ट मंत्र द्वारा प्रत्यभिचार करके आपको रोगमुक्त करने में समर्थ हो सकूँ।"

पद्मपाद की बात सुनकर आचार्य कुछ देर तक मौन रहे। इसके पश्चात् हँसते हुए उन्होंने कहा, "वत्स पद्मपाद तुम व्यर्थ में चिन्तित और उद्विग्न मत हो। तुम शान्त हो जाओ। प्रत्यभिचार ऐसे कुकृत्य में प्रवृत्त होना तुम्हारे लिये शोभनीय नहीं है। यदि इस नश्वर शरीर से किसी व्यक्ति का अभीष्ट सिद्ध होता है, तो उसमें हानि क्या है? प्रत्यभिचार करने से तुम्हें नरहत्या का पाप

लगेगा। मेरी आज्ञा है तुम इस कुकृत्य को सोचो तक नहीं।''

आचार्य की इस आज्ञा को सुनकर पद्मपाद और दृढ़ हो गये। उन्होंने आचार्य की आज्ञा का उल्लंघन करते हुए अपना तर्क इस भाँति प्रस्तुत किया, ''प्रभु, यदि आप समाधियोग में स्वयं स्थित होकर शरीर का परित्याग कर दें, तो हम शिष्यों को कोई भी कष्ट नहीं होगा। परन्तु एक दुष्ट के अभिचार के फलस्वरूप आपके शरीर का नाश हो, इसे हम लोग किसी भी दशा में सहन नहीं कर सकते। यह हम सब के लिये परम कलंक की बात होगी और आपके महान् व्यक्तित्व पर भी आँच आयेगी। आपके सारे किये-कराये वेदान्त के प्रचार-प्रसार का सत्यानाश हो जायेगा। दुष्ट जनों की बन आयेगी। आपने मुझे जो नरहत्या के पाप का भय दिखलाया है, यह भी मेरी दृष्टि में नगण्य है। आपकी जीवन रक्षा के लिये यदि मुझे अनन्तकाल तक नरक में रहना पड़े, तो उसके लिये मैं सर्वथा कटिबद्ध हूँ। आप यदि स्वयं चाहें, तो अपनी प्रबल इच्छा शक्ति से इस प्रकार के अगणित रोगों से मुक्त हो सकते हैं, पर अपने लिये ऐसा करना उचित नहीं समझेंगे। जब वैसा आप करेंगे ही नहीं, तो मुझे आज्ञा प्रदान करें कि जो कुछ भी मेरी क्षुद्र शक्ति से संभव हो, उसे संपादित करूँ। ऐसा मेरा आग्रह है। अतः इसमें आप बाधक न बनें।''

पद्मपाद की ऐसी दृढ़ता और आग्रह देखकर आचार्य भवितव्य सोचकर मौन हो गये। पद्मपाद गुरु को प्रणाम कर वहाँ से चले गये और उसी क्षण दैवी-शक्ति से प्रेरित होकर उन्होंने अभिनवगुप्त के अनिष्ट हेतु प्रत्यभिचार करना प्रारंभ कर दिया। अभिनवगुप्त सब कुछ देख-सुन रहा था। वह भीतर ही भीतर बहुत घबड़ाया। वह अत्यधिक चिन्तित होकर अपनी रक्षा के लिये मंत्रशक्ति का आश्रय लेकर अनुष्ठान करने लगा। आसुरी और दैवी मंत्र-शक्तियों का भीषण संग्राम प्रारंभ हो गया। किन्तु दैवी शक्ति के समक्ष आसुरी शक्ति क्षीण होने लगी। परिणाम यह हुआ कि आचार्य शंकर का भगंदर रोग अभिनवगुप्त के शरीर में प्रविष्ट हो गया। रोग का लक्षण देखकर अभिनवगुप्त लोकलज्जा के भय से वहाँ से चुपके से नौ दो ग्यारह हो गया। अभिनवगुप्त का रोग बढ़ने लगा और आचार्य का कम होने लगा। अन्त में आचार्य शंकर एकदम रोग विमुक्त होकर पूर्ण स्वस्थ हो गये और अभिनवगुप्त की मृत्यु हो गयी। संसार में ईर्ष्या और द्वेषवश जो सात्विक महान् पुरुष का अनिष्ट करना चाहते हैं, तो दैवविधान से उन्हीं का अनिष्ट हो जाता है। अभिनवगुप्त का जीवन इसका प्रत्यक्ष प्रमाण है।

गुरुदेव के रोग विमुक्त होने से समस्त शिष्य अत्यधिक आनन्दित हुए। परन्तु अभिनवगुप्त की मृत्यु के समाचार को सुनकर आचार्य को परम कष्ट हुआ। इस घटना से कामाख्या के सभी तांत्रिक अत्यधिक भयभीत हो गये। उन्होंने यह भलीभाँति अनुभव कर लिया कि तांत्रिक साधना का लक्ष्य क्षुद्र सिद्धिलाभ पाना नहीं, बल्कि इसका प्रमुख उद्देश्य परमात्म-प्राप्ति है। उन्होंने अपने लक्ष्य में आमूल-चूल परिवर्तन कर दिया। निष्काम भाव की तांत्रिक-साधना से साधक के अन्तःकरण

की शुद्धि होती है और उसके पश्चात् भगवती आद्याशक्ति की कृपा से तत्व ज्ञान प्राप्त होता है।

गौड़ प्रदेश में मुरारि मिश्र से शास्त्रार्थ

स्वस्थ होने पर आचार्य शंकर अपनी दिग्विजयवाहिनी के साथ गौड़ प्रदेश की ओर रवाना हुए। उन दिनों गौड़ में वैदिक धर्म का ह्रास हो गया था। वहाँ का तत्कालीन राजा आचार्य के श्रीमुख से सनातन वैदिक धर्म की व्याख्या सुनकर अत्यधिक प्रभावित हुआ। उसने अपने राज्य में वैदिक धर्म की पुनर्प्रतिष्ठा करने का पूर्ण व्रत लिया। उसे अपने कार्य में पूरी सफलता प्राप्त हुई। फलतः गौड़ प्रदेश में सनातन वैदिक धर्म का प्रभुत्व स्थापित हो गया।

गौड़ प्रदेश में मुरारि मिश्र और धर्मगुप्त प्रसिद्ध मीमांसक थे। उनकी विद्वत्ता और पांडित्य की ख्याति दूर-दूर तक फैली हुई थी। मुरारि मिश्र की उत्कट अभिलाषा थी कि वे आचार्य से शास्त्रार्थ करें। परन्तु यह जानकर उनका उत्साह ठंडा पड़ गया कि आचार्य के साथ प्रसिद्ध मीमांसक मंडन मिश्र (सुरेश्वराचार्य) भी हैं। अतएव उन्होंने शास्त्रार्थ की आशा त्याग दी।

एक दिन मुरारि मिश्र आचार्य शंकर के समीप उपस्थित हुए। उन्होंने सभक्ति आचार्य को प्रणाम करके विनीत भाव से प्रश्न किया, ''यतिराज, मैंने आपकी कृतियों का अध्ययन किया है। मैं आपके श्रीमुख से यह सुनने का इच्छुक हूँ कि मीमांसा-सिद्धान्त और वेदान्त-सिद्धान्त में विरोध कहाँ है?''

मुरारि मिश्र का प्रश्न सुनकर आचार्य ने कहा, ''पंडितप्रवर, आपका प्रश्न बहुत ही सुन्दर है। इस सम्बन्ध में मेरे सिद्धान्त के अनुसार, कर्मकाण्ड अनित्य हैं। इसी कारण वेदान्त की आवश्यकता अनिवार्य है। वेदान्त में अद्वैत ज्ञान के उपदेश से अज्ञान की निवृत्ति होती है। तदनन्तर साधक को ब्रह्मज्ञान की प्राप्ति होती है। वह आत्मज्ञान स्वयंप्रकाश और मोक्ष स्वरूप है। वह त्रिकालबाधित एकरस, अखण्ड और शाश्वत है। साधक उसी मोक्षस्वरूप ज्ञान में प्रतिष्ठित होकर कृतकृत्य हो जाता है। अज्ञाननाशरूप मोक्ष किसी कर्म का फल नहीं है। मोक्ष स्वयंप्रकाश है, नित्य है, उत्पत्ति-विनाश से परे है। मोक्ष कोई अवस्था विशेष भी नहीं है।''

''सकाम व्यक्तियों के लिए कर्म का प्रयोजन आवश्यक है। सकाम कर्म करने से इच्छित लोकों और भोगों की प्राप्ति होती है। पुण्यों के क्षीण होने पर फिर उन लोकों से लौट आना पड़ता है। इस प्रकार आवागमन का चक्र निरन्तर चलता रहता है। ज्ञान-प्राप्ति के बिना मोक्ष-प्राप्ति नहीं होती। निष्काम कर्म करने से अन्तःकरण की शुद्धि होती है; साधक तब साधन-संपन्न होकर ज्ञानमार्ग में प्रवृत्त होकर आत्मज्ञान प्राप्त करता है। आत्मज्ञान की प्राप्ति ही मोक्ष-प्राप्ति है। शरीरादि अनात्म और अनित्य वस्तुओं में 'अहंभाव' का होना भ्रमज्ञान अथवा अज्ञान है और 'मैं असंग, शुद्ध, बुद्ध, मुक्त, सत्, चित् आनन्दस्वरूप और सर्वप्रकाशक हूँ।' यह अनुभूति ब्रह्मज्ञान अथवा आत्मज्ञान है। यही जीवभाव का मोक्ष है। मेरे लिखे हुए भाष्यों तथा सुरेश्वराचार्य

द्वारा लिखित उपनिषदों की वार्तिक-रचना में इसका विशद विवेचन है। उन ग्रंथों के मननपूर्वक अध्ययन करने से समस्त संशयों की निवृत्त हो जायेगी।''

इसके पश्चात् मुरारि मिश्र ने पुन: प्रश्न किया, भगवन्, पूर्वमीमांसा (कर्मकाण्ड) और उत्तरमीमांसा (वेदान्त) एक ही शास्त्र हैं। फिर उन्हें एक साथ ग्रहण करने में आपको आपत्ति कहाँ है?''

आचार्य शंकर ने मधुर वाणी में उत्तर दिया, ''पंडितराज, वेदार्थ की मीमांसा रूप से दोनों मतों को एक ही शास्त्र माना जा सकता है। परन्तु दोनों मतों के सिद्धान्त प्रतिपादन में बहुत अन्तर है। आपको भलीभाँति विदित है कि वेद तीन काण्डों में विभाजित किया जा सकता है—कर्मकाण्ड, उपासनाकाण्ड और ज्ञानकाण्ड। कर्मकाण्ड अंश में कर्म के प्रतिपादन पर ही विशेष बल दिया गया है। उपासनाकाण्ड में परमात्मा की भक्ति का विवेचन किया गया है और ज्ञानकाण्ड में विशुद्ध अद्वैतज्ञान का ही निरूपण मिलता है। इसीलिए ज्ञानकाण्ड को वेदों का सिरमौर माना जाता है। उपासना ज्ञान का ही अंग माना जाता है। पूर्वमीमांसा में कर्मकाण्ड की ही प्रमुखता है और उत्तरमीमांसा में उपासना और ज्ञान दोनों का समन्वय है। यदि सच पूछा जाय तो कर्म और उपासना कर्मपरक हैं और प्रवृत्तिमार्ग के साधन हैं। ज्ञान निवृत्तिपरायण है। जहाँ यह कहा गया है कि कर्म और उपासना किये बिना ज्ञान का अधिकार नहीं होता उस अंश पर मैंने आपत्ति की है। कर्मकाण्ड का अनुष्ठान न करने के कारण क्या शुकदेव आदि ज्ञान के अधिकारी नहीं हो सकेंगे? क्या यह सम्भव है? ऐसी युक्ति में कोई बल नहीं है।''

मुरारि मिश्र आचार्य के तर्कों से पूर्ण सहमत हो गये और उन्होंने प्रसन्नता पूर्वक आचार्य का शिष्यत्व ग्रहण किया। मुरारि मिश्र के शिष्य होने पर उस प्रदेश के सभी निवासियों ने वैदिक धर्म को सहर्ष स्वीकार कर लिया। इस प्रकार समस्त गौड़ प्रदेश में पंचदेवताओं की उपासना चल पड़ी और सभी लोग पंच महायज्ञ के सम्पादन में तत्पर हुए। उस प्रदेश में वैदिक धर्म की मर्यादा सर्वत्र प्रतिष्ठापित हो गयी।

गौड़पाद का दर्शन

आचार्य शंकर ने गौड़ प्रदेश के विभिन्न स्थानों में भ्रमण करके वेदान्त मत का प्रचार किया। एक दिन वे भ्रमण करते हुए गंगातट पर गये। शिष्यों का समुदाय भी साथ ही था। प्राकृतिक सौन्दर्य और गंगा के पावन तट ने उनका मन आकर्षित कर लिया। उन्होंने वहाँ कुछ दिनों तक निवास करने का विचार किया। एक दिन सायंकाल एकान्त में गंगातट पर बैठकर वह ब्रह्मचिंतन में निमग्न थे। इतने में अकस्मात् उन्हें योगिराज गौड़पाद का स्वरूप दिखलायी पड़ा। वे अलौकिक ज्योति के साग्रह विग्रह प्रतीत हो रहे थे। उनकी ज्योति से सारी दिशाएँ प्रकाशमान हो रही थीं। वे एक हाथ में कमण्डलु लिए हुए थे, और दूसरे हाथ में रुद्राक्ष की ज्योतिर्मयी माला विराजमान थी। अपने समक्ष उन्हें उपस्थित देखकर आचार्य शंकर भावविह्वल हो गये। उन्होंने उठकर यतिराज गौड़पाद को सभक्ति साष्टांग प्रणाम किया।

तत्पश्चात् भक्तिभाव से परिपूरित दोनों हाथ जोड़कर उनके समक्ष खड़े हो गये और आसन ग्रहण करने की प्रार्थना की।

गौड़पादाचार्य ने अलौकिक तेजोमयी दृष्टि से आचार्य शंकर की ओर देखा। फिर उन्होंने दिव्य मुस्कान से कहा, "वत्स शंकर, संसार से उद्धार कराने वाली, हृदय को अत्यन्त प्रिय लगने वाली जिस ब्रह्मविद्या की शिक्षा तुम्हें मेरे प्रिय गोविन्दपाद ने दी है, उसमें तुम सम्यक रूप से प्रतिष्ठित हुए हो न? सत् शास्त्र प्रसिद्ध नित्य सत् चिद् आनन्दस्वरूप निर्मल वेद तत्त्व की अनुभूति में तन्मय हो न? क्या तुम्हारे शिष्यगण भक्ति-सेवा-युक्त, तुममें एवं अपने आत्मस्वरूप में अनुरक्त, विषयों से विरक्त, शान्त-दान्त, निरन्तर श्रद्धालु, तत्त्वजिज्ञासु, विनीत हैं न? ऐसे शिष्यगण क्या तुम सद् गुरु की सेवा में भलीभाँति परायण हैं न? क्या तुमने काम, क्रोधादि नित्य शत्रुओं पर पूर्ण रूप से विजय प्राप्त कर ली है? क्या तुमने शान्ति के साथ समस्त सद्‌गुणों का अर्जन कर लिया है? क्या तुमने यम, नियम, आसन, प्राणायाम, प्रत्याहार, धारणा, ध्यान और समाधि इन आठों अंगों से युक्त योग सिद्ध कर लिया है? क्या तुम्हारा चित्त चैतन्यरूप ब्रह्म के चिंतन में सदैव निमग्न रहता है? मेरी समझ में उपर्युक्त सभी गुण तुममें पहले ही से विराजमान हैं।"

गौड़पाद के इन प्रश्नों को सुनकर आचार्य शंकर ने भावविह्वल होकर अत्यन्त विनीत भाव से उत्तर दिया, "भगवन्, आपकी महती अनुकम्पा से उपर्युक्त कथित गुणों का मुझमें समावेश पूर्णरूप से हो सकता है। जिस पर आप अपनी कृपादृष्टि कर दें, क्या वह इन गुणों से रिक्त रह सकता है? आपकी कृपादृष्टि से गूँगा क्षणमात्र में वाचाल, मूढ़ पंडितशिरोमणि, पापी अग्रगण्य पुण्यात्मा और कामासक्त पवित्रता की साकार प्रतिमा बन सकता है। संसार में भला कौन सा ऐसा पुरुष है जो आपकी महान् और असीम महत्ता का कण मात्र समझने में समर्थ हो? आपके उत्कृष्ट सद्‌गुणों पर प्रसन्न होकर व्यासपुत्र शुकदेव ने आपको ब्रह्मविद्या का उपदेश दिया था। आपकी महिमा असीम और वर्णनातीत है। आपके गुरु शुकदेव की महिमा भी अपार है। जन्म से ही उन्हें ब्रह्मज्ञान प्राप्त था। तभी तो उनके सम्बन्ध में श्रीमद्‌भागवत् में यह कहा गया है—'शुकदेव जन्म से ही त्यागी थे, जब उनका यज्ञोपवीत संस्कार भी नहीं हुआ था, लौकिक एवं वैदिक कर्मानुष्ठान का अवसर भी नहीं उपस्थित हुआ था, तभी उन्हें आश्रम से संन्यास लेने की इच्छा से जाते देखकर उनके विरहजन्य मानसिक पीड़ा से संतप्त व्यास मुनि 'हे पुत्र, हे पुत्र!' ऐसा कहकर पुकारने लगे, तब आत्मभाव में निमग्न होने के कारण, देहाभिमान से सर्वथा मुक्त होने से उनके स्थान पर वृक्षों ने उत्तर दिया था। 'ऐसे मुनियों के गुरु शुकदेव को मैं प्राप्त करा हूँ'। ऐसे परम ब्रह्मनिष्ठ, ब्रह्मपरायण महामुनि शुकदेव द्वारा आप ब्रह्मविद्या प्राप्त कर उसमें पूर्णरूप से स्थित हैं। मुझ ऐसे भक्त का परम सौभाग्य है कि आपका प्रत्यक्ष दर्शन कर रहा हूँ। ऐसे ज्ञानसमुद्र आपके चरणकमलों का दर्शन हो जाये तो यह भक्त का परम सौभाग्य है।"

आचार्य शंकर के ऐसे विनीत वचनों को सुनकर गौड़पादाचार्य ने उनसे मृदु वचनों में इस प्रकार कहा, "प्रिय वत्स शंकर तुम्हारे उत्कृष्ट गुणों को सुनकर बहुत दिनों से तुम्हें देखने की उत्कट आकांक्षा थी। मैंने अपने शिष्य गोविंद से यह सुन रखा था कि तुमने मेरी कारिकाओं रूपी कमलों को विकसित करने के लिए सूर्य रूपी भाष्यादि की रचना की है। इससे मैं बहुत ही प्रसन्न होकर तुम्हें देखने आया हूँ।"

गौड़पाद के वचनों को सुनकर विनीत शंकर ने उन्हें अपना सम्पूर्ण भाष्य पढ़कर सुनाया। विशेषकर माण्डूक्य उपनिषद् और अपनी कृति माण्डूक्यकारिका के ऊपर किये गये दोनों भाष्यों को सुनकर गौड़पाद विशेषरूप से आह्लादित होकर शंकर से बोले, "विद्वान्-शिरोमणि शंकर, अपनी माण्डूक्यकारिका पर ऐसे सुन्दर और स्पष्ट भाष्य-रचना सुनकर आज मेरे आनन्द की सीमा नहीं है। मैं तुम्हारे ऊपर अत्यधिक प्रसन्न और सन्तुष्ट हूँ। तुम्हें वर देने के लिये मैं अत्यधिक उत्साहित हो रहा हूँ। अत: शीघ्रातिशीघ्र कोई अभीष्ट वर माँगो।"

गौड़पाद की बात सुनकर आचार्य शंकर ने उत्साहित होकर प्रसन्नता से कहा, "भगवन्, आप में शुकदेव ऋषि द्वारा प्रदत्त ब्रह्मज्ञान पूर्णरूप से प्रतिष्ठित है। आप ऐसे महापुरुष का दर्शन करके मैंने साक्षात् महाविष्णु का दर्शन कर लिया है। आप साक्षात् महाविष्णु नारायण हैं। आपके साक्षात् दर्शन से भी बढ़कर कोई और उत्कृष्ट वर मेरे लिये हो सकता है? आपके दर्शन से मुझे सब कुछ प्राप्त हो गया। मैं आप्तकाम हो गया। तथापि, हे गुरुवर्य, यदि आप कोई वर देना ही चाहते हैं, तो मुझे यही वर दीजिये कि मेरा मन निरन्तर आत्मचिन्तन में निमग्न रहे।"

"तथास्तु" कहकर और शंकर को बारम्बार आशीर्वाद देकर गौड़पाद अन्तर्धान हो गये। आचार्य शंकर रातभर अपने शिष्यों को यह आनन्दमयी वार्ता सुनाते रहे।

नेपाल में

इस घटना के कुछ दिनों बाद आचार्य शंकर ने सुना कि नेपाल राज्य में पशुपतिनाथ महादेव की पूजा-अर्चना समाप्त हो गयी है। बौद्धों के असाधारण प्रभाव के कारण हिन्दू देवी-देवताओं का तिरस्कार किया जा रहा है। मन्दिर की पवित्रता भी नष्ट-भ्रष्ट की जा रही है। विरोधी धर्मावलम्बियों ने मन्दिर के भीतर अपवित्र वस्तु फेंककर मन्दिर को भ्रष्ट कर दिया है। वर्णाश्रम धर्म अपनी अन्तिम साँसें गिन रहा है। ब्राह्मणों की दशा अत्यन्त दीन-हीन और असहाय हो गयी है। नेपाल के राजा भी शक्तिहीन, निष्क्रिय हैं। उनमें यह सामर्थ्य नहीं है कि वेदविरोधी मतावलम्बियों का सामना कर सकें। इस समाचार को सुनकर आचार्य के शिष्यगण बहुत व्यग्र, चिन्तित और उद्विग्न हुए। उन लोगों ने आचार्य से नेपाल चलने की प्रार्थना की।

शिष्यों के आग्रह और दैवीशक्ति से अनुप्रेरित होकर आचार्य नेपाल के लिये चले। हिमालय की तराई में पहुँचकर, प्राकृतिक सौन्दर्य देखकर सब का मन आनन्द से परिपूर्ण हो गया। पशुपतिनाथ का मार्ग हिंसक जानवरों से व्याप्त था, मार्ग में भयंकर

उतराई-चढ़ाई थी, पर इन सभी कठिनाइयों का सामना करते हुए आचार्य अपने शिष्यों-सहित पशुपतिनाथ की पुण्य भूमि में उपस्थित हुए। स्थान अत्यन्त निर्जन तथा रमणीय था। वातावरण गम्भीर और शान्त था। ऐसे अनुकूल वातावरण को पाकर आचार्य आत्मचिन्तन में निमग्न हो गये।

नेपाल के सूर्यवंशी राजा शिवदेव ने आचार्य शंकर का भव्य स्वागत किया। आचार्य ने राजा को आशीर्वाद दिया। उनके आशीर्वाद से राजा शिवदेव को पुत्र-रत्न की प्राप्ति हुई, जिसका नाम उन्होंने आचार्य शंकर की स्मृति में शंकर देव रखा। तदनन्तर आचार्य पशुपतिनाथ के मन्दिर की ओर अग्रसर हुए। उनके शुभागमन का समाचार सुनकर सनातनधर्मी हिन्दू अत्यधिक आह्लादित हुए। उनका हृदय धार्मिक उत्साह से परिपूर्ण हो गया। लोगों का समुदाय का समुदाय आचार्य के दर्शन के लिये उमड़ पड़ा। मन्दिर में पूजा-अर्चना की कोई व्यवस्था न देखकर आचार्य परम दुखी हुए। उन्होंने अपने शिष्यों को आदेश दिया कि तुम लोग तत्काल मन्दिर का मार्जन कर पशुपतिनाथ की पूजा-अर्चना में तत्पर हो जाओ। शिष्यों ने उनकी आज्ञा का तत्क्षण पालन करके पूजा-अर्चना का कार्य विधिवत् सम्पन्न करना प्रारम्भ कर दिया। आचार्य ने तुरन्त स्तोत्र-रचना कर पशुपतिनाथ महादेव की भावपूर्ण स्तुति की। इसके बाद ध्यानमग्न होकर आत्मरूप में स्थित हो गये। शिष्यगण भी पूजा-अर्चना करके ध्यानस्थ हो गये। 'पशुपतिनाथ महादेव की जय, पशुपतिनाथ महादेव की जय' की तुमुल ध्वनि से दसों दिशाएँ प्रतिध्वनित होने लगीं।

आचार्य शंकर के प्रताप से उपेक्षित पशुपतिनाथ के मन्दिर में पुनः पूजा-अर्चना की व्यवस्था हो गयी है, इस समाचार का सर्वत्र प्रचार हो गया। सारी जनता में अपूर्व उत्साह व्याप्त हो गया। सभी ओर से दर्शनार्थियों का ताँता बँध गया। लोक आ आकर पशुपतिनाथ की आराधना कर अपने को कृतकृत्य समझने लगे।

आचार्य शंकर उस मन्दिर के प्रांगण में ही ठहरे थे। उन्होंने वहाँ से सभी आगन्तुकों को उपदेश देना प्रारम्भ किया। उनके अलौकिक उपदेश से सभी में आशा, बल और पौरुष का अद्भुत संचार हुआ। सनातन वैदिक धर्म के प्रति सभी की आस्था प्रगाढ़ हो गयी। स्थानीय राजा शिवदेव को परम आश्चर्य हुआ कि जिस कार्य को प्रयास करके भी वे पूरा नहीं कर सके थे, उस कठिन कार्य को आचार्य शंकर ने अपने विचार मात्र से क्षण भर में पूरा कर दिया। आचार्य शंकर का शिष्यत्व ग्रहण कर और उनसे अनुप्रेरित होकर राजा ने भी धार्मिक प्रचार में पूर्ण अभिरुचि प्रदर्शित की।

आचार्य के आगमन से बौद्ध भिक्षुओं में खलबली मच गयी। वे अत्यधिक विचलित और उद्विग्न हो गये। उनकी अलौकिक प्रतिभा और तर्कशक्ति के बारे में बौद्धों ने बहुत पहले से सुन रखा था। अतः उनका यह साहस नहीं हुआ कि वे आचार्य के सामने आकर उनसे शास्त्रार्थ करते। परिणामस्वरूप वे छिप-छिप कर नेपाल राज्य से बाहर भाग गये। देखते-देखते समस्त नेपाल वैदिक धर्म का सुदृढ़ गढ़ बन गया। सर्वत्र सनातन धर्म का प्रचार हो गया। आचार्य के सुयोग्य शिष्यों ने इस

प्रचार-प्रसार कार्य में पूर्ण सहयोग प्रदान किया। स्थान-स्थान पर जाकर उन्होंने शास्त्रचर्चा और उपदेश देना प्रारम्भ किया। आचार्य के शिष्य ब्राह्मण भी वहाँ के ब्राह्मणों को अग्निहोत्र, पंच महायज्ञ, पंच देवताओं का महत्त्व समझाने लगे। सामान्य जनता के अनुरोध से वेदपारंगत ब्राह्मण वर्णाश्रम धर्म का प्रचार नेपाल के विभिन्न प्रान्तों में जा-जाकर करने लगे। राजा भी ऐसे कामों के सम्पादन में विशेष प्रयत्नशील हुए। राजव्यय से अनेक स्थानों पर मन्दिरों का निर्माण हुआ और उनमें देवी-देवताओं की मूर्तियाँ स्थापित की गईं। आचार्य की प्रेरणा से पशुपतिनाथ के मन्दिर का जीर्णोद्धार कराया गया। मन्दिर में पूजा अर्चना करने के लिये विद्वान् ब्राह्मणों की नियुक्ति की गई। इस प्रकार अल्पकाल में ही नेपाल में महान् धार्मिक परिवर्तन हो गया। स्थान-स्थान पर विविध शास्त्रों के अध्ययन-अध्यापन के निमित्त संस्कृत पाठशालाएँ खोली गयीं। बहुत से आचार्य के गृहस्थ ब्राह्मण शिष्यों ने उन पाठशालाओं में अध्यापन कार्य प्रारम्भ कर दिया।

जनश्रुति के अनुसार वामाचारी बौद्ध श्रमणों ने अभिचार और मंत्रशक्ति से आचार्य के प्राण लेने की चेष्टा की थी तथा दैव उत्पात की सृष्टि करके आचार्य के यातायात में बाधा भी डाली थी, परन्तु आचार्य की अद्‌भुत आध्यात्मिक शक्ति के समक्ष उनकी एक भी न चल पाई। समस्त नेपाल में आचार्य की महिमा और वेदान्त मत की प्रतिष्ठा पूर्ण रूप से स्थापित हो गई।

आचार्य शंकर का सर्वज्ञपीठ पर आरोहण

नेपाल में आचार्य शंकर अपना कार्य भलीभाँति पूरा कर वहाँ से चल पड़े। मार्ग में उन्हें यह समाचार सुनने को मिला, ''इस भूमण्डल पर जम्बूद्वीप सबसे श्रेष्ठ है और उसमें भी भारत भूमि सर्वोत्तम है और भारत में कश्मीर प्रदेश सबसे प्रशस्त है। वहाँ वाणी की अधिष्ठातृ-देवी शारदा निवास करती हैं। उस क्षेत्र में माता शारदा का चार दरवाजों वाला एक मन्दिर है। प्रत्येक दिशा—पूर्व, उत्तर, पश्चिम और दक्षिण में एक-एक दरवाजा लगा हुआ है। उन दरवाजों के भीतर शारदा देवी का सर्वज्ञपीठ अवस्थित है। उस पर आरोहण करने से वह पंडितों का शिरोमणि माना जाता है और वह 'सर्वज्ञ' की उपाधि से विभूषित किया जाता है। सर्वज्ञ को छोड़कर कोई अन्य पुरुष उन दरवाजों के भीतर नहीं प्रवेश कर सकता है। भूतकाल में पूर्व क्षेत्राधिवासी पूर्वीद्वार को पश्चिम के अधिवासी पश्चिमी द्वार को और उत्तर क्षेत्र के अधिवासी उत्तरी द्वार से प्रविष्ट होकर अपनी सर्वज्ञता का प्रमाण देकर सर्वज्ञपीठ पर आसीन हो चुके हैं। पर अभी तक दक्षिणी द्वार ज्यों का त्यों बन्द ही है, क्योंकि दक्षिण प्रदेश का कोई ऐसा सर्वज्ञ पुरुष नहीं मिला, जो अपनी सर्वज्ञता सिद्ध करके सर्वज्ञपीठ पर आसीन हो सका हो।''

इस समाचार को सुनकर आचार्य के शिष्यों के मन में विशेष उत्कंठा जाग्रत हुई कि हमारे गुरु, आचार्य शंकर दक्षिणी द्वार को खोल कर उस सर्वज्ञपीठ पर आसीन हों। उन शिष्यों ने सामूहिक रूप से निवेदन किया, ''भगवन्, हम लोगों की

आन्तरिक इच्छा है कि आप कश्मीर के सर्वज्ञपीठ का दक्षिणी द्वार खोलकर सर्वज्ञपीठ पर आरोहण करें। हम सब की अभिलाषा आप अवश्य पूरी करने की अनुकम्पा करें।'' शिष्यों की प्रार्थना सुनकर आचार्य शारदादेवी के सर्वज्ञपीठ की ओर अग्रसर हुए। यह स्थान कश्मीर श्रीनगर से सौ मील की दूरी पर उड़की और कृष्णगंगा के तट पर अभी भी अवस्थित है। सीमा क्षेत्र पर स्थित होने के कारण वहाँ के आवागमन पर रोक लगी है।

आचार्य कश्मीर के अन्तर्गत शारदापीठ में उपस्थित हुए। उन दिनों वह स्थान भारतीय संस्कृति का एक प्रधान केन्द्र था। समस्त भारत के शीर्षस्थ विद्वान् तथा विभिन्न मतों के साधक उस पुण्यभूमि में निवास करते थे। उनके रहने के कारण उस पुण्यभूमि की महिमा और गौरव में अभिवृद्धि हुई थी। आचार्य के आगमन से वहाँ के पंडितों में खलबली मच गयी। भारत के विभिन्न स्थानों से आये हुए मूर्धन्य विद्वान् उस पवित्र पीठ के गौरव की रक्षा करते थे।

ज्योंही आचार्य शंकर शारदापीठ के मन्दिर में पहुँचे, त्योंही उनके स्थानीय भक्तों ने उच्च स्वर से कहना प्रारम्भ किया, ''वेदविरोधी मतावलम्बियो, कान खोलकर भली भाँति सुन लो, अद्वैतवेदान्त रूपी कानन के विहारी आचार्य शंकर रूपी केशरी का यहाँ पदार्पण हो चुका है, हाथियों के समान तुम लोग अपने द्वैत सिद्धान्त रूपी वन को छोड़कर शीघ्रातिशीघ्र भाग जाओ। ऐ द्वैतमतावलम्बियो, आचार्य शंकर रूपी केशरी अपने अद्वैत सिद्धान्त रूपी तीक्ष्ण दाँतों से तुम्हारे गजरूपी द्वैतसिद्धान्त के गण्डस्थल को विदीर्ण कर देंगे। उनकी दृष्टिमात्र के तुम सब पूँछ दबाकर भाग जाओगे।''

आचार्य शंकर के प्रशंसकगण जब इस प्रकार की घोषणा कर रहे थे, उसी समय शंकर पीठ के दक्षिणी द्वार पर उपस्थित हो गये। आचार्य ने दक्षिणी द्वार खोलना चाहा, उसी क्षण शास्त्रार्थियों के एक दल ने उन्हें रोककर कहा, ''अरे संन्यासी, इतनी शीघ्रता से आप कहाँ बढ़े जा रहे हैं। पहले आप यह बताइये कि आप चाहते क्या हैं? ऐसी अविवेकपूर्ण जल्दबाजी से आपको कुछ भी नहीं प्राप्त हो सकेगा। जो व्यक्ति सर्वप्रथम सर्वज्ञता की परीक्षा में उत्तीर्ण होगा, वही मन्दिर के भीतर प्रवेश पा सकेगा। अत: हे प्रसिद्धि-प्राप्ति के आकांक्षी, पहले शास्त्रार्थ में अपनी सर्वज्ञता की परीक्षा दीजिये। परीक्षा के उत्तीर्ण करने के पश्चात् ही, मन्दिर में प्रविष्ट होकर सर्वज्ञपीठ पर आसीन होने की अनुमति दी जायेगी।''

दार्शनिकों से आचार्य शंकर का शास्त्रार्थ

कणाद ऋषि के वैशेषिक शास्त्र के एक श्रेष्ठ पंडित ने अभिमान-पूर्वक आचार्य से प्रश्न किया, ''यतिवर, यदि आप सर्वशास्त्रज्ञ हैं, तो बताइये कि वैशेषिक मत में पदार्थ तत्त्व क्या है? दो अणु समन्वित होकर द्वयणुक बनते हैं। उसका कारण क्या है? द्वयणुत्व कहाँ से उत्पन्न होता है? यदि आप इन प्रश्नों का उत्तर यथोचित रूप से देने में असमर्थ हैं, तो इस मन्दिर में प्रविष्ट होने की चेष्टा मत कीजिये।''

प्रश्न सुनते ही आचार्य ने स्मित भाव से उत्तर देना प्रारम्भ किया, ''विद्वन्, वैशेषिक मतानुसार द्रव्य, गुण, कर्म, सामान्य, विशेष और समवाय छः पदार्थ माने जाते हैं। दो परमाणुओं में वर्तमान द्वित्व संख्या द्वयणुकगत अणुत्व का कारण है। वैशेषिक मत में भाव और अभाव भेद से सात पदार्थ माने जाते हैं। इस मत में सृष्टि का प्रारम्भ परमाणुओं से होता है। एक परमाणु से दूसरे परमाणु के मिलने पर द्वयणुक की और तीन यणुक के मिलने पर त्रसरेणु की उत्पत्ति होती है, इस प्रकार क्रमशः सृष्टि होती है। अतः ये आरम्भवादी कहे जाते हैं। परमाणुओं में जो अणु परमाणु है, उससे द्वयणुक परमाणु उत्पन्न नहीं होता, क्योंकि परमाणु का यह नियम है कि वह समानजातीय उत्कृष्ट परमाणु को उत्पन्न करे। महत् परमाणु से महत्तर परमाणु और अणु परमाणु से अणुतर परमाणु की उत्पत्ति होती है।'' आचार्य का सिद्धान्त वाक्य सुनकर कणाद मतावलम्बी पंडित उनके प्रति सम्मान प्रदर्शित कर विवाद से निवृत्त हो गये।

इसके पश्चात् गौतम मतावलम्बी एक नैयायिक विद्वान् आचार्य के समक्ष शास्त्रार्थ करने को उपस्थित हुए। उन्होंने अभिमान पूर्वक आचार्य से प्रश्न किया, ''संन्यासिन्, यदि आप सर्वज्ञ हैं, तो बताइये कि मुक्ति के सम्बन्ध में कणाद और गौतम के मतों में क्या अन्तर है?''

प्रश्न सुनकर आचार्य ने धीर और संयत भाव से उत्तर दिया, ''विद्वन्-शिरोमणि, ज्ञान, इच्छा आदि गुणों के साथ आत्मा का सम्बन्ध नष्ट हो जाने पर आत्मा की आकाश के समान स्थिति मुक्ति है, ऐसी मुक्ति कणाद के वैशेषिक मत के अनुसार मानी जाती है। गौतम ऋषि के न्यायमतानुसार आनंदानुभूति से युक्त आत्मा की स्थिति मुक्ति मानी जाती है। वैशेषिक मतानुसार मुक्तावस्था में आत्मा जड़ रहती है। प्राचीन नैयायिकों का एक ऐसा सम्प्रदाय था जो मुक्तावस्था में आत्मा में आनन्द की उपलब्धि को स्वीकार करता है। पदार्थ भेद के सम्बन्ध में स्पष्ट ही दिखलाई पड़ता है कि कणाद के वैशेषिक मत में पदार्थ सात हैं (भाव पदार्थ छः द्रव्य, गुण, कर्म, सामान्य विशेष और समवाय और सातवाँ अभाव पदार्थ)। गौतम मत के न्याय मत में सोलह पदार्थ हैं—नौ प्रमाणादि, प्रमाण, प्रमेय, संशय, प्रयोजन, दृष्टान्त, सिद्धान्त, अवयव, तर्क और निर्णय एवं वादादि सात हैं, वाद, जल्प, वितण्डा, हेत्वाभास, छल, जाति और निग्रहस्थान। पदार्थों के सम्बन्ध में दोनों के मत का कोई विरोध नहीं है। तत्त्वज्ञान से मुक्ति दोनों मतों में समान है। सर्वनियन्ता विश्वविधाता ईश्वर के सम्बन्ध में भी वैशेषिक और न्याय शास्त्र के मत समान हैं। अधिकारी भेद से उनकी प्रकृति के अनुसार मार्ग भिन्न-भिन्न हैं। उद्देश्य दोनों का एक ही है।''

आचार्य शंकर का उत्तर सुनकर ईश्वरवादी नैयायिक परम प्रसन्न और सन्तुष्ट हुए। उनके प्रति विशेष सम्मान प्रदर्शित करते हुए, नैयायिक महोदय ने अपने को शास्त्रार्थ से पृथक कर लिया।

इतने ही में एक सांख्यवादी विद्वान् आचार्य के सम्मुख उपस्थित हुए। उन्होंने आचार्य का मार्ग अवरुद्ध करते हुए प्रश्न किया, ''यतीश, यदि आप अपने को सर्वशास्त्र-मर्मज्ञ समझते हैं, तो यह बताने की कृपा कीजिए कि सांख्य में मूलप्रकृति में जो विश्वप्रपंच का कारणत्व है, क्या वह स्वतंत्र है अथवा चिदात्मा पुरुष के अधीन?''

आचार्य ने सहज भाव से उत्तर दिया, ''विद्वन्-शिरोमणि, कपिल के सांख्य-सिद्धान्त के अनुसार त्रिगुणात्मिका नामरूप से युक्त मूल प्रकृति सर्वथा स्वतंत्र है और इसी से सृष्टि-रचना होती है। स्वाधीन मूल प्रकृति अखिल विश्व का आदि कारण है। परन्तु वेदान्त के मतानुसार मूलप्रकृति (माया) चैतन्यमय ब्रह्म के अधीन है।'' इसके पश्चात् दोनों पक्षों में अनेक विषयों पर गम्भीर विचार विमर्श हुआ। शंकर के युक्तियुक्त और तर्कसंगत उत्तरों से सांख्यवादी आचार्य विशेष सन्तुष्ट होकर शास्त्रार्थ से निवृत्त हो गये।

तत्पश्चात् बौद्ध आचार्यों की पारी आयी। विज्ञानवादी, शून्यवादी सौत्रांतिक एवं वैभाषिक चारों प्रकार के बौद्ध आचार्य उपस्थित थे। उन लोगों ने आचार्य से प्रश्न किया, ''महात्मन्, आप यह बताने की कृपा कीजिए कि हमारे चार सम्प्रदायों में क्या भेद है? दो प्रकार के बाह्यार्थ में पार्थक्य कहाँ है? वेदान्त मत के साथ इन चार मतों की भिन्नता क्या है?''

प्रश्न सुनकर आचार्य शंकर ने तत्क्षण उत्तर दिया, ''सुधीवृंद, सौत्रांतिकों के मतानुसार समस्त वेद्य पदार्थ अनुमानगम्य हैं। क्षणिक होने के कारण इंद्रियों से असम्बद्ध होने से प्रत्यक्षगम्य है। परन्तु बाह्यार्थ की उपलब्धि बाह्यार्थ का अनुमान कराती है। वैभाषिक के सिद्धांतानुसार समस्त बाह्य पदार्थ प्रत्यक्षगम्य हैं। ये दोनों मत सर्वास्तिवादी कहे जाते हैं। दोनों मतों में पदार्थों की क्षणिकता समान है। विज्ञानवादी के मत में बाह्यार्थ की सत्ता नहीं है, अर्थात् बाह्यार्थ क्षणिक और अनेक हैं। अविद्या आदि दोषों से अनेकाकार से बाह्य प्रतीत होता है। शून्यवादी के मत में सारे पदार्थ स्वरूपत: शून्य हैं। शून्य के अतिरिक्त और किसी वस्तु का अस्तित्व है ही नहीं। सविषय क्षणिक विज्ञान-प्रवाह के कारण जगत् का ज्ञान होता है। निर्वाण-प्राप्ति में उस ज्ञान और प्रतीति का भी नाश हो जाता है। उस अवस्था में सभी शून्य रूप से प्रतीत होता है। परन्तु वेदान्तवादी ज्ञान को स्थिर, एकरस, एकरूप और अखण्ड मानते हैं। वेदान्त मत में शुद्ध, बुद्ध, मुक्तस्वभाव एक, नित्य ब्रह्म ही सत्य है। शेष सब कुछ मिथ्या माया है। शून्यवादी यदि शून्य को सत् रूप से स्वीकार करें और विज्ञानवादी विज्ञान को स्थिर अर्थात् अपरिवर्त्तनशील कहें, तो वेदान्त के साथ उस मत का कोई अन्तर नहीं रह जायेगा।''

आचार्य के युक्तिसंगत उत्तर से सारे बौद्ध विद्वान् अत्यधिक सन्तुष्ट और प्रसन्न हुए। सब के सब एक स्वर से कहने लगे, ''आचार्य, आप सर्वशास्त्रज्ञ हैं, सर्वज्ञ हैं और मन्दिर में प्रवेश करने के लिए योग्यतम अधिकारी हैं।''

तदनन्तर जैन धर्म के एक दिगम्बर मतावलम्बी आचार्य ने पूछा, ''यतिवर, यदि आप अपने को सर्वज्ञ समझते हैं तो यह बताइये कि 'अस्तिकाय' शब्द का प्रकृत अर्थ क्या है? और इस शब्द से कौन-सी वस्तु लक्षित होती है?''

आचार्य ने मुस्कराते हुए उत्तर दिया, ''धर्मज्ञ, आप अपने प्रश्न का उत्तर सुनने की कृपा कीजिये। आपके मत में ये पाँच अस्तिकाय हैं—जीवास्तिकाय, पुद्गलास्तिकाय, धर्मास्तिकाय, अधर्मास्तिकाय और आकाशास्तिकाय। इन पाँच शब्दों के द्वारा क्रमशः जीव, देह (पुद्गल), धर्म, अधर्म और आकाश इन पाँच वस्तुओं को लक्षित किया गया है। सत्ता धारण अथवा 'अस्ति' शब्द के प्रयोग से वे 'अस्ति' हैं और विस्तारयुक्त होने से 'काय' हैं। इस प्रकार सत्ता और विस्तारयुक्त होने के कारण ये पाँच अस्तिकाय कहे जाते हैं। आप लोगों की यदि और कुछ जिज्ञासा हो तो उसे भी प्रकट कीजिये।''

आचार्य का उत्तर सुनकर जैनाचार्यों ने आदरपूर्वक निवेदन किया, ''आचार्य-प्रवर, आपकी परीक्षा लेने की चेष्टा करना, चपलता मात्र है। आप ज्ञानविद्या के समुद्र हैं, सर्वशास्त्रज्ञ और सर्वज्ञ हैं। आपके समक्ष पराजित होकर भी, हम अपने को गौरवान्वित और सम्मानित समझते हैं। आप मन्दिर में प्रविष्ट होने की कृपा कीजिये।''

इतने में जैमिनि मतानुयायी एक प्रसिद्ध विद्वान् ने आचार्य के सम्मुख आकर प्रश्न किया, ''यतीन्द्र, मीमांसा शास्त्र में शब्द का क्या स्वरूप है। वह द्रव्य है अथवा गुण?''

आचार्य ने मृदु वाणी में उत्तर दिया, ''हे सुधी, शब्द वर्णात्मक है। वर्ण नित्य और व्यापक है। श्रवणेन्द्रिय के सन्निकर्ष से जब यह अनुभूत होता है, तभी उसकी उत्पत्ति मानी जाती है। इस कारण शब्द एक द्रव्य है, गुण नहीं।''

आचार्य के उत्तर से मीमांसक मतानुयायी बहुत ही चमत्कृत हो गये। उन्होंने विनम्रता पूर्वक निवेदन किया, ''हे आचार्य-शिरोमणि, हम लोगों ने आपकी परीक्षा लेने के लिए ऐसे प्रश्न नहीं पूछे हैं। चिरन्तन प्रणाली के अनुसार प्रश्न पूछना अनिवार्य था, इसलिये प्रश्न पूछे गये हैं। आप सर्वशास्त्रज्ञ और सर्वज्ञ हैं। आप मन्दिर में प्रविष्ट होकर सर्वज्ञपीठ पर आसन ग्रहण करने की अनुकम्पा कीजिए।''

इस प्रकार सभी सम्प्रदायों और मतों के समस्त विद्वान् आचार्य शंकर से पराजित होकर मार्ग से हट गये। पद्मपाद के कंधे पर हाथ रखकर आचार्य सरस्वती के सर्वज्ञपीठ पर बैठने के लिये मन्द गति से आगे बढ़े। इतने ही में शरीररहित वाणी से सरस्वती बोलीं, ''भद्र, आपकी सर्वज्ञता तो पहले ही प्रमाणित हो चुकी है, इसमें संशय के लिये कोई स्थान नहीं है। यदि आप सर्वज्ञ और सर्वशास्त्रज्ञ न होते, तो ब्रह्मा के अवतार, पंडिताग्रणी विश्वरूप (मंडन मिश्र) आपके शिष्य कैसे बन पाते? किन्तु इस पवित्र पीठ पर आसीन होने के लिए मात्र सर्वज्ञता ही अपेक्षित नहीं है, अपितु उसके लिए पूर्ण परिशुद्धता भी वांछनीय है। सर्वज्ञपीठ पर बैठने के लिए परिशुद्धता

अनिवार्य अर्हता है। अतएव इस सम्बन्ध में मुझे भलीभाँति विचार करना है कि वह आप में है, अथवा नहीं? अत: यहीं खड़े रहिये, आगे बढ़ने का साहस मत कीजिये। यति धर्म का व्रत लेकर आपने कामकला की शिक्षा प्राप्त की है। संन्यासी के लिए परस्त्री का स्पर्श मात्र अत्यन्त निन्दनीय और गर्हित है। ऐसी अवस्था में आप सर्वज्ञपीठ पर बैठने के अधिकारी नहीं हैं। पीठ पर आरूढ़ होने के लिये सर्वज्ञता के समान ही परिशुद्धता भी आवश्यक है।''

सरस्वती की फटकार सुनकर, आचार्य शंकर तनित भी विचलित नहीं हुए। उन्होंने निर्भयतापूर्वक अपने ऊपर आरोपित कलंक का परिहार करते हुए कहा, ''हे अम्ब, मैंने इस शरीर से जन्म से लेकर अब तक कोई भी पातक नहीं किया है। इस सम्बन्ध में मुझे तनिक भी शंका नहीं है। कामकला का रहस्य मैंने परकाय प्रवेश द्वारा सीखा है। यह कर्म अन्य शरीर के द्वारा सम्पादित हुआ। इसलिये उस शरीर का कर्म इस शरीर से लिप्त नहीं हो सकता। यह बात लोक और शास्त्र दोनों के द्वारा भलीभाँति सिद्ध है। अत: माँ, मैं निष्पाप और निष्कलंक हूँ। मेरी पवित्रता अक्षुण्ण है।''

आचार्य शंकर की आख्या सुनकर सरस्वती की वाणी शान्त हो गयी। आचार्य शंकर सर्वपीठ पर आसीन होकर अत्यधिक सुशोभित हुए। पंडितों और सरस्वती द्वारा यति शंकर ऐसे सम्मानित हुए, जैसे गार्गी और कहोल आदि प्रमुख ऋषियों द्वारा महर्षि याज्ञवल्क्य सम्मानित हुए थे। आचार्य ने उस मणिमुक्ताखचित पीठ पर उपविष्ट होकर भगवती के स्वरूप और माहात्म्य के कीर्तन द्वारा सभी को आनन्दित कर दिया।

आचार्य के सर्वज्ञपीठावरोहण का समाचार शीघ्र ही सर्वत्र प्रचारित हो गया। उनका कीर्ति-सौरभ सर्वत्र व्याप्त हो गया। परिणामस्वरूप अद्वैत सिद्धान्त की महिमा देश के कोने-कोने में प्रतिष्ठापित हो गयी। उन्होंने उस पीठ स्थान में कुछ दिनों तक निवास किया। सर्वसाधारण में अद्वैत-ब्रह्मात्मतत्त्व की व्याख्या की और अनेक सुयोग्य व्यक्तियों को अद्वैत मार्ग में दीक्षित किया।

इस प्रकार आचार्य के ज्ञान और सम्मान का यश अपनी पराकाष्ठा पर पहुँच गया। उनकी उपस्थिति से शारदापीठ का आध्यात्मिक वातावरण एकदम परिवर्तित हो गया। भारत के सभी धर्मावलम्बी उनके महान् व्यक्तित्व, अलौकिक पांडित्य और दैवी प्रतिभा के सम्मुख नतमस्तक हो गये। शारदापीठ पर आसीन होने पर उनकी दिग्विजय सम्पूर्ण हुई। आचार्य की इस दिग्विजय का प्रभाव धार्मिक क्षेत्र में अत्यधिक पड़ा। अद्वैत-सिद्धान्त सभी धार्मिक सम्प्रदायों का सम्राट् बन गया। साथ ही अन्य धार्मिक सम्प्रदायों में समन्वय की भावना जागी। समन्वयात्मक भावना के संस्थापन में आचार्य शंकर और अद्वैत वेदान्त का महत्त्वपूर्ण योगदान रहा। सनातन वैदिक धर्म विशेष शक्तिशाली हो गया। उसका प्रचार सर्वत्र हो गया। बौद्ध और जैन धर्म निष्प्रभ होकर लुप्तप्राय हो गये। आचार्य शंकर की इस अलौकिक धार्मिक और

आध्यात्मिक दिग्विजय से हिन्दू धर्म में अद्‌भुत जीवनशक्ति आ गयी। इसी कारण उसे सहस्त्रों वर्ष का स्थायित्व प्राप्त हुआ। वर्तमान युग में समस्त विश्व में वैदिक धर्म को जो श्रेष्ठ स्थान प्राप्त है, उसका मुख्य कारण शंकर का ही योगदान है।

शारदापीठ से चलकर आचार्य ने कश्मीर के अन्य स्थानों में परिभ्रमण किया। अन्त में उन्होंने श्रीनगर में प्रवेश किया। एक पर्वत पर शिव जी का मन्दिर स्थित था। शिव जी का दर्शन करने वे अपने शिष्यों सहित उस पर्वत पर गये। उसी पर्वत के नीचे देवी जी का प्रसिद्ध स्थान था। आचार्य देवी जी का दर्शन करने गये। उन्होंने अलौकिक भक्तिभाव से आराधना की। देवी के प्रतीक के माध्यम से वे ब्रह्म की आद्याशक्ति के अप्रतीक, अचिन्त्य, अनिर्वचनीय स्वरूप में स्थित हो गये। बड़ी देर बाद वे व्यवहार दशा में आये। अब वे सामान्य मानसिक धरातल पर उतर आये थे, जहाँ से उनकी वाणी देवी के माहात्म्य के वर्णन में प्रस्फुटित हुई। वाराणसी में भी उन्हें इसी प्रकार की अनुभूति हुई थी। उन्हीं आद्याशक्ति की प्रेरणा और अनुकम्पा से वे अलौकिक कार्यों के सम्पादन में समर्थ हुए थे। उन्हीं की शक्ति के स्फुरण से आचार्य ने विविध भाष्यों की रचना की थी, उन्हीं के कृपाकटाक्ष से उन्होंने बड़े-बड़े दिग्गज विद्वानों को शास्त्रार्थ में पराजित किया था। एक-एक करके सारी घटनाएँ उनके भावजगत् में समाविष्ट हो गयी। उनकी वाणी फूट पड़ी। फलस्वरूप 104 श्लोकों की 'सौन्दर्य लहरी' या 'आनन्द लहरी' कृति का प्रादुर्भाव हुआ। आचार्य शंकर की यह कृति भाव, भाषा, छन्द, विचार, दर्शन और गाम्भीर्य की दृष्टि से अद्वितीय कृति मानी जाती है।

'सौन्दर्य लहरी' में आचार्य ने ब्रह्म की अभिन्न, अचिन्त्य और अनिर्वचनीय शक्ति का हृदयग्राही वर्णन किया है। एक-एक श्लोक में भाव पक्ष और विचार-पक्ष का विलक्षण समन्वय है। इन श्लोकों पर मनन करने से यह अनुभूति होती है कि यह कृति शक्ति के किसी अनन्य उपासक की है, अद्वैत-सिद्धान्त के मर्मज्ञ की नहीं है। बात यह है कि आचार्य शुष्क अद्वैतवादी नहीं थे, अपितु व्यावहारिक जगत् में लोकसंग्रहार्थ उनका यह द्वैतभावविलास परम माधुर्यमय है। सौन्दर्य-लहरी में आचार्य की असीम भक्ति-भावना और दैन्यभाव परिलक्षित होता है। प्रथम श्लोक में ही आचार्य की भक्ति-भावना का प्रखर रूप दिखलायी पड़ता है—"शिव यदि शक्ति युक्त होते हैं, तभी वे सृष्टि, स्थित और संहार करने में समर्थ होते हैं। अन्यथा वे परम देवता स्पन्दित भी नहीं हो सकते। इस कारण संसार में सृष्टि-स्थिति-संहार के लिये ब्रह्मा, विष्णु, शिव आदि देवता आपकी ही आराधना करते हैं। अत: मेरे जैसा पुण्यहीन व्यक्ति कैसे आपको प्रणाम या आपकी स्तुति कर सकेगा?" इसी प्रकार सभी श्लोकों में भगवती आद्याशक्ति के प्रति आचार्य ने अनन्य भक्ति प्रदर्शित की है।

आचार्य ने श्रीनगर में कुछ समय तक निवास किया और लोगों को अद्वैत तत्त्व का अमृत पान कराया। सभी व्यक्ति आचार्य का सान्निध्य पाकर अत्यधिक प्रसन्न

और सन्तुष्ट हुए। उनकी पुण्यस्मृति को चिरस्मरणीय रखने के लिये वहाँ के लोगों ने उस पर्वत का नाम 'शंकराचार्य शैल' रख दिया, जो अब तक उसी नाम से प्रसिद्ध है।

लक्ष्य की पूर्ति और महानिर्वाण की तैयारी

कुछ शिष्यों के आग्रह से आचार्य शंकर बदरिकाश्रम की ओर अग्रसर हुए। शेष शिष्यों को शृंगेरी मठ भेज दिया। उन दिनों आचार्य शंकर अधिकतर समाधि-मग्न रहा करते थे। शिष्यगण बहुत यत्न से उनके शरीर की रक्षा कर रहे थे। कुछ समय के बाद वे ज्योतिर्धाम पहुँच गये। वहाँ के राजा ने आचार्य का बहुत स्वागत-सत्कार किया। वे राजा के आग्रह से कुछ दिनों तक ज्योतिर्धाम (जोशीमठ) में रुके। आचार्य के रुकने से ज्योतिर्धाम का वातावरण एकदम आध्यात्मिक हो गया। उत्तराखण्ड के विभिन्न क्षेत्रों से ब्राह्मण-पंडित आ-आकर आचार्य का दर्शन कर उनसे उपदेश ग्रहण करने लगे। बहुत से लोगों ने आचार्य से वेदान्त-सिद्धान्त की दीक्षा ग्रहण कर उनका शिष्यत्व ग्रहण कर अपने जीवन को कृतकृत्य समझा। ज्योतिर्धाम में धर्मचर्चा, धर्माचरण और धर्मानुष्ठान का ही उत्सव होने लगा। अनुभवी व्यक्तियों को यह प्रत्यक्ष प्रतीत होने लगा कि आचार्य शंकर समस्त ज्ञान, ऐश्वर्य, बल, वीर्य, यश और श्री से परिपूर्ण हैं और वे वास्तव में शंकर के साक्षात् अवतार हैं। सामान्य व्यक्ति में इस प्रकार की परिपूर्णता का समावेश होना असम्भव है, तभी तो इतनी अल्प आयु में वे इस तरह की धार्मिक और आध्यात्मिक क्रान्ति करने में सफल हो सके।

आचार्य शंकर गौड़पाद के दर्शनलाभ से नितान्त अन्तर्मुख होने लगे। शरीर की ओर उनका ध्यान बहुत कम रहने लगा। निरन्तर ध्यानमग्न रहने लगे। उनकी इस अन्तर्मुखता को देखकर शिष्यगण बहुत ही चिन्तित हुए। उन्हें यह समझने में देर न लगी कि अब गुरुदेव अपने इस शरीर का परित्याग कर आत्म-स्वरूप में लीन होने की तैयारी कर रहे हैं। आयु भी बत्तीस वर्ष के लगभग हो चुकी थी। उन लोगों ने आचार्य के चित्त को सांसारिक कर्मभूमि के धरातल पर उतारने की अनेक प्रकार चेष्टाएँ कीं, पर वे अपने प्रयास में सफल न हो सके। अन्त में गुरुदेव की देहातीत भावावस्था को देखकर निराश हो गये। गुरु के भावी वियोग से वे अत्यन्त व्यग्र रहने लगे।

एक दिन आचार्य ने सभी शिष्यों को बुलाकर समझाने की चेष्टा की, ''प्रिय शिष्यो, मेरे देहधारण करने का जो प्रमुख लक्ष्य था, वह समाप्तप्राय है। अब यह शरीर तुम लोगों के साथ कुछ ही दिनों तक रहेगा। अतः तुम लोग अपने कर्त्तव्यपालन में तन-मन से प्रयत्नशील हो जाओ। शेष कार्यों को तुम्हीं लोगों को पूरा करना होगा। वेदान्तमय जीवनयापन करने का पूर्ण प्रयास करो। साथ ही वेदान्त की महिमा के प्रचारार्थ कटिबद्ध हो जाओ। 'अहं ब्रह्मास्मि' और 'तत्त्वमसि' आदि महावाक्यों के ज्ञान में पूर्णरूपेण स्थित हो जाओ। तभी ठीक-ठीक प्रचार कार्य सम्भव हो सकेगा। तुम्हें कुछ और पूछना हो, तो निस्संकोच भाव से पूछो।''

आचार्य शंकर की बात सुनकर पद्मपाद रोने लगे। उन्होंने हाथ जोड़कर आचार्य से निवेदन किया, ''गुरुदेव, आपने हम लोगों को आत्मस्वरूप में पूर्णरूप से प्रतिष्ठित कर दिया है। इस सम्बन्ध में हम लोग आप्तकाम हो गये हैं। आपने अपनी अलौकिक प्रतिभा और शक्ति से जिस मार्ग को प्रशस्त किया है, आपके महान् और अमोघ आशीर्वाद से हम लोग उसी का अनुसरण करने का भरसक प्रयास करेंगे। आप ही हमारे जीवन के प्रकाश-स्तम्भ हैं। आप आशीर्वाद दें कि हम सब आपके सच्चे अनुयायी बनकर आपके पदचिह्नों का अनुसरण कर सकें।''

पद्मपाद की बात सुनकर आचार्य कुछ देर मौन रहे, तत्पश्चात् उन्होंने कहा, ''जिसकी इच्छा से इस शरीर का अवतरण हुआ है, उसी की प्रेरणा से तुम लोग भी अपने कर्म में परिचालित होगे। इसमें रंचमात्र संशय नहीं है। धैर्य रखो, सारे कार्य समय पर पूरे होते जायेंगे।''

''सम्प्रदाय स्थापित किये बिना कोई भी विद्या, साधना और लक्ष्य चिरस्थायी नहीं रह सकता। अतः अद्वैत वेदान्त मार्ग को परिपुष्ट और चिरस्थायी करने के लिये संन्यासी-संघ की स्थापना आवश्यक है। इससे त्रिताप-संतप्त मानवता का परम कल्याण होगा। वेदान्त के ही आदर्शों पर चलने से जगत् का परम कल्याण सम्भव है। भारत की चारों दिशाओं में मठों की संस्थापना होगी। पद्मपाद, सुरेश्वर, हस्तामलक और तोटक मेरे ये चार प्रमुख शिष्य ही उन मठों के प्रथम महाधीश होंगे। शेष अन्य शिष्य उनके सहायक होंगे। तुम्हारे शिष्य लोग भी अपने-अपने गुरु का आश्रय लेकर रहेंगे।''

''दक्षिण दिशा में रामेश्वर धाम के अन्तर्गत शृंगेरी में एक मठ की संस्थापना हुई है वहाँ के आचार्य सुरेश्वर (विश्वरूप; मण्डन मिश्र) होंगे।[1] पश्चिम दिशा के द्वारकाधाम के मठ में हस्तामलक (पृथ्वीधर) प्रथम आचार्य होंगे। पूर्व दिशा के पुरीधाम में जिस मठ की संस्थापना होगी, वहाँ के प्रथम आचार्य का पद पद्मपाद को दिया जायेगा। ज्योतिर्धाम में जो मठ स्थापित करोगे, उसके प्रथम आचार्य तोटक बनेंगे। इस प्रकार भारत की चारों दिशाओं में एक-एक मठ स्थापित करके तुम लोग धर्मप्रचार कार्य में तत्पर हो जाओ।''

''द्वारकाधाम, पुरीधाम, ज्योतिर्धाम और रामेश्वरधाम इन चार मठों के नाम क्रमशः शारदामठ, गोबर्द्धन मठ, ज्योतिर्मठ और शृंगेरी मठ होंगे। शारदा मठ के अन्तर्गत तीर्थ और आश्रम सम्प्रदाय; गोबर्द्धन मठ के अन्तर्गत वन और अरण्य सम्प्रदाय, ज्योतिर्मठ के अधीन, गिरि, पर्वत और सागर सम्प्रदाय तथा शृंगेरी मठ के अधीन सरस्वती, भारती और पुरी सम्प्रदाय रहेंगे। संन्यासियों के उपर्युक्त दस सम्प्रदाय उन चार मठों के अधीन रहकर अपने-अपने मठ के नियम और आदेश के अनुसार धर्मानुष्ठान तथा प्रचार कार्य करेंगे।

---

1. मतान्तर में सुरेश्वर (विश्वरूप), द्वारकाधाम में शारदा मठ के और हस्तामलक शृंगेरीमठ के प्रथम आचार्य नियुक्त हुए थे।

"इन चार मठों के अवलम्बन से चार वेदों के विभाग की ओर निर्देश दे रहा हूँ। शारदा मठ में सामवेद का, गोबर्द्धन मठ में ऋग्वेद का, ज्योतिर्मठ में अथर्ववेद का और श्रृंगेरी मठ में यजुर्वेद की प्रमुखता रहेगी। उसी के अनुसार इन चारों मठों के क्रमशः 'तत्त्वमसि', 'प्रज्ञानं ब्रह्म', 'अयमात्मा ब्रह्म' और 'अहं ब्रह्मास्मि' वेद के ये चार महावाक्य प्रधान साधन और अवलम्बन होंगे।"

आचार्य शंकर ने उपर्युक्त चार मठों के अन्तर्गत और भी अनेक मठ स्थापित करने का निर्देश दिया। इस प्रकार ज्योतिर्धाम में आचार्य ने संन्यासी-संघ की सुदृढ़ स्थापना की। धर्म के प्रचार और प्रसार का सारा भार संन्यासियों पर रखा। इतना ही नहीं, उन्होंने मठाधीशों के अनुशासन के लिये सुदृढ़ नियम भी बनाये, उन्हें 'मठाम्नाय' या 'महानुशासन' कहा जाता है। 'आम्नाय' शब्द का अर्थ है वेद। जिस प्रकार धर्म का अनुशासन वेद करते हैं, उसी प्रकार मठों के अनुशासन में 'मठाम्नाय' सर्वप्रधान हाथ होगा। 'मठाम्नाय' के सुदृढ़ नियमों के माध्यम से आचार्य ने धर्मप्रचार का उत्तरदायित्व संन्यासियों पर सौंपा। मठ के आचार्य को सद्‌गुणों से युक्त हो आदर्श त्यागयुक्त संन्यास-जीवन व्यतीत करना होगा। मठाधीश को पवित्र, जितेन्द्रिय, वेदवेदांगपरायण, योगी और सर्वशास्त्रज्ञ होना आवश्यक है। आचार्य ने जिन अनुशासनों का गठन किया, उसी के अनुरूप उन्होंने अपना जीवनयापन भी किया था। उनका समस्त जीवन संन्यास जीवन का प्रत्यक्ष दृष्टान्त और आदर्श है। संन्यासी के लिये आत्मज्ञान ही पर्याप्त नहीं है, अपितु लोककल्याणार्थ वर्णाश्रम धर्म के संस्थापन और संरक्षण का उत्तरदायित्व भी उन्हें सँभालना होगा। धर्मप्रचार करने के लिये आचार्य ने विशेष बल दिया। उनका यह स्पष्ट आदेश था कि मठाधीश एक स्थान पर स्थायी रूप से न रहें, धर्मप्रचार के निमित्त वे विभिन्न स्थानों में परिभ्रमण करते रहें। इस प्रकार ज्योतिर्धाम में उन्होंने अपने पवित्र जीवन के समस्त कर्तव्यों की परिसमाप्ति कर दी। अब वे महाप्रयाण की पूरी तैयारी कर चुके थे।

आचार्य शंकर ज्योतिर्धाम बदरिकाश्रम की ओर अग्रसर हुए। राजा सुधन्वा और अनेक गृहस्थ शिष्य भी उनके साथ-साथ चलने लगे। बदरिकाक्षेत्र में पदार्पण करते ही, उनकी प्रसन्नता बहुत अधिक बढ़ गयी। उस पुण्य भूमि के पवित्र सात्विक वातावरण ने आचार्य की अन्तर्मुखता और भावप्रवणता में अत्यधिक वृद्धि कर दी। बदरी विशाल भगवान् की पूजा-अर्चना की सुन्दर व्यवस्था देखकर आचार्य अत्यधिक आह्लादित हुए। वे अद्वितीय भावलोक में विचरण करने लगे। भावलोक से नीचे उतर कर उन्होंने सुललित स्तोत्र द्वारा बदरी विशाल भगवान् की स्तुति की। वह स्तोत्र 'हरिमीडे' स्तोत्र के नाम से विख्यात है। संभवतः आचार्य रचित यह अंतिम स्तोत्र है।

बदरिकाश्रम में आचार्य की अन्तर्मुखता चरम सीमा पर पहुँच गयी। बहुत से जिज्ञासु और मुमुक्षु उनके समक्ष उनकी अमृतवाणी का पान करने के लिये आते थे। ऐसी स्थिति में आचार्य के संकेत से उनके सुधी शिष्य उनकी आध्यात्मिक

ज्ञानपिपासा की निवृत्ति करते थे। आचार्य के सुयोग्य शिष्य भी धर्म, अध्यात्म, ब्रह्मज्ञान के साक्षात् प्रतीक थे। ऐसे शिष्यों को धर्मप्रचार में नियुक्त जानकर धर्मपिपासु व्यक्ति पूर्ण रूप से आश्वस्त हो गये। उनके मन में पूर्ण विश्वास और विपुल उत्साह का संचार हुआ।

बदरिकाश्रम में कुछ दिन निवास करने के पश्चात् आचार्य शंकर ने केदारधाम की ओर प्रयाण किया। अधिकांश समय वे समाधि में निमग्न रहते थे। अति शीत से शिष्यों को पीड़ित देखकर करुणासागर यतीश्वर ने चन्द्रमौलि महादेव से गर्म जल के लिये प्रार्थना की। सदाशिव ने तत्काल अपने चरणकमलों से उष्ण जल की धारा प्रकट कर दी। शिष्यों को परम प्रसन्नता हुई। वे आनन्दपूर्वक उस पुण्यस्थली में निवास करने लगे।

एक दिन आचार्य जगत्-कल्याण के हेतु अपनी अन्तर्दशा से बाह्य दशा में आये। उन्होंने सभी गृहस्थ और संन्यासी शिष्यों को समीप बैठा कर उपदेश देना प्रारंभ किया, ''नित्य वेदों का अध्ययन करो। वेदों में प्रतिपादित याग, दान, होम, जप, तप आदि शुभ कर्मों का श्रद्धापूर्वक सम्पादन करो। इन शुभ कर्मों के ब्रह्मार्पण द्वारा एकमात्र सर्वान्तर्यामी व्यापक परमेश्वर की निष्काम भक्तिपूर्वक आराधना करो। इस असार संसार की तुच्छ कामनाओं में अथवा सकाम कर्मों में अपना चित्त मत लगाओ। वासनारूप पाप-समुदाय का सदाचरण एवं सद् विचार से नाश करो। संसार के दुःख बहुल क्षणिक विषय सुखों में बार-बार दोषों का अनुसंधान करो। तत्वजिज्ञासा के लिये विवेक आदि द्वारा प्रबल प्रयत्न करो। अधिकार परिपक्व होने पर ममतास्पद अपने घर का शीघ्र ही त्याग कर दो; अर्थात् संन्यास ग्रहण करो।

''पवित्र महात्माओं का सदा संग करो। जगन्नियन्ता आनन्दमय भगवान् विश्वनाथ में अनन्य निष्काम प्रेममयी दृढ़ भक्ति धारण करो। रागद्वेषादि कर्मों का शीघ्र परित्याग करो। शान्ति, दान्ति आदि दैवी गुणों का निरन्तर संचय करो। श्रोत्रिय ब्रह्मनिष्ठ महात्माओं के समक्ष सदैव उपस्थित हो और उनकी पादुकाओं का सेवन करो, अर्थात् भक्तिभाव से उनकी परिचर्या करो। उनके सदुपदेश रूप आज्ञा का पालन कर उनके कृपापात्र बनो। ॐ रूप एकाक्षर ब्रह्म का अर्थानुसन्धानपूर्वक निरन्तर चिन्तन करो। वेदों के शिरोभाग उपनिषदों के अर्थसहित महावाक्यों का उन तत्ववित् महात्माओं से श्रवण करो।

'''अयमात्मा ब्रह्म', अहं ब्रह्मास्मि', 'तत्त्वमसि', 'प्रज्ञानं ब्रह्म' इन चार महावाक्यों के अर्थ का सदैव विचार करो। वेद शिरोमणि उपनिषदों द्वारा प्रतिपादित अद्वैत सिद्धान्तरूप पक्ष का सादर आश्रय ग्रहण करो। बहिर्मुख, दुराग्रहपूर्ण, मनुष्य-परिकल्पित, प्रमाणशून्य झूठे तर्कवितर्कों से सदैव उपराम रहो। श्रुति-सम्मत तर्कों का अनुसन्धान करो। मैं सच्चिदानन्द, परिपूर्ण, नित्य शुद्धबुद्ध, मुक्तस्वरूप ब्रह्म हूँ, इस प्रकार निरन्तर दृढ़ भावना करो। जाति, कुल, विद्या, बल आदि मायिक पदार्थों का अभिमान छोड़ दो। क्षणभंगुर, मलिन देह आदि में अहंबुद्धि (मैं देह हूँ) का शीघ्र

ही परित्याग कर दो। श्रद्धेय ब्रह्मनिष्ठ महात्माओं के साथ मिथ्या वाद विवाद मत करो, अर्थात् उनसे उपदिष्ट शास्त्र-सम्मत सत्पथ का श्रद्धा से अवलम्बन करो।

''क्षुधारूपी रोग की निवृत्ति के लिये प्रतिदिन भिक्षारूप औषधि का सेवन करो। स्वादिष्ट भोजन की कदापि कामना न करो। प्रारब्धवश प्राप्त भिक्षा से संतुष्ट रहो। शीतोष्ण, मानापमान, सुख-दुःख आदि द्वन्द्वों को प्रसन्नतापूर्वक सहन करो। कभी भी व्यर्थ बातों का उच्चारण मत करो। उदासीन भाव—असंग, निर्विकार और शान्त अवस्था निरन्तर धारण करो। मनुष्यों की कृपा की आकांक्षा को त्याग दो। निष्ठुरता का परित्याग करो।

''एकान्त, पवित्र तथा शान्त स्थान में अति प्रसन्नता के साथ बैठो। अपने चंचल चित्त को सच्चिदानन्द परब्रह्म में समाहित करो। एकमात्र परिपूर्ण आत्मा-ब्रह्म का ही अनुसंधान करो। नाम रूपात्मक समस्त जगत् को मिथ्याकल्पित समझ कर इसका अधिष्ठान भूत ब्रह्मतत्त्व में बाध कर दो। जिस प्रकार कल्पित सर्प का बाध अधिष्ठानभूत रज्जु में किया जाता है, उसी प्रकार मिथ्या कल्पित जगत् का बाध अधिष्ठानस्वरूप ब्रह्म में कर दो। निर्मल तत्त्वज्ञान के प्रभाव से संचित कर्मों को नाश कर दो। साथ ही क्रियमाण कर्मों में आसक्त न हो। जीते जी जीवनकाल में ही प्रारब्ध कर्मों का भोग कर उनका भी नाश कर दो। सर्वदा, सर्वत्र और सर्वथा ब्राह्मी स्थिति में स्थित रहने का पूर्ण प्रयास करो।''

आचार्य के इन सारगर्भित उपदेशों को सुनकर शिष्यगण अत्यधिक आह्लादित हुए। उन्होंने आचार्य की विविध भाँति की पूजा-अर्चना की और उनका आशीर्वाद प्राप्त किया।

समाधिभूमि से आचार्य का मन नीचे उतरना ही नहीं चाहता था। भोजन आदि के सम्बन्ध में वे पूर्ण उदासीन हो चुके थे। उनकी ऐसी अवस्था देखकर शिष्यगण भी हताश हो गये। उन्होंने भी बाहरी चेष्टाओं का परित्याग कर गुरुदेव के समीप बैठने में अपना कल्याण समझा। शिष्य लोग भी आचार्य के समीप बैठ कर ध्यान में निमग्न होने लगे। आचार्य और उनके शिष्यों की ध्यानमग्नता के कारण ऐसा प्रतीत होने लगा मानो समस्त केदार क्षेत्र ही ध्यानमग्न हो गया है। कुछ समय बीत जाने पर एक दिन अपराह्न में आचार्य ने कोमल स्वर में अपने शिष्यों से कहा, ''वत्स, अब मुझे स्पष्ट अनुभव हो रहा है कि इस शरीर के समस्त कार्य समाप्त हो गये हैं। अब स्वरूप में लीन होने का समय उपस्थित हो चुका है। तुम लोगों को कुछ पूछना हो, तो निस्संकोच भाव से पूछ लो।''

आचार्य की बात सुनकर शिष्यों पर वज्रपात हो गया। सब के सब किंकर्त्तव्यविमूढ़ हो गये और सबकी वाणी मूक हो गयी। बहुत देर बाद हिम्मत बाँध कर अश्रुविगलित नेत्रों से पद्मपाद ने कहा, ''गुरुदेव, आपकी महती अनुकम्पा से हम लोगों के जीवन का परम लक्ष्य पूर्ण हो गया है। हम लोग कृतकृत्य तथा आप्तकाम हो गये हैं। आपकी कृपा से हम सब आत्मस्वरूप में स्थित हैं और अब

हमें कुछ ज्ञातव्य शेष नहीं है। श्री गुरुदेव का आदेश पालन ही हम लोग जीवन का एकमात्र कर्तव्य और व्रत समझते हैं।''

अन्य शिष्यगण विनीत भाव से सिर झुकाये बैठे रहे। क्षण भर मौन रहने के पश्चात् आचार्य शंकर ने कहा, ''मैं हार्दिक आशीर्वाद देता हूँ कि तुम सब अपने मनोरथ में सफल होगे। जीवनपर्यन्त पूर्व निर्देशानुसार सनातन वैदिक धर्म का प्रचार करते रहना। जिस ब्रह्मात्म विज्ञान का मैंने उपदेश दिया है, वह गुरु परम्परा से प्राप्त है (नारायण, ब्रह्मा, वशिष्ठ, शक्तृ, पराशर, व्यास, शुकदेव, गौड़पाद, गोविन्दपाद और शंकराचार्य-इसी गुरुपरम्परा से प्राप्त अद्वैतवाद संसार में प्रचारित हुआ है। तुम लोग ब्रह्मस्वरूप में प्रतिष्ठित रहो।''

तदनन्तर आचार्य शंकर मौन हो गये। वे गंभीर ध्यान में निमग्न हो गये। इस अवस्था में कुछ काल रहकर अन्त में वह समाधियोग का अवलम्बन ग्रहण करके आत्मस्वरूप में लीन हो गये। जनश्रुति के अनुसार उनका पंचभौतिक शरीर भी केदारनाथ के अंग में विलीन हो गया।

माधवाचार्य ने अपने 'शंकरदिग्विजय' ग्रंथ में आचार्य के महाप्रयाण का रोचक पौराणिक शैली में वर्णन किया है—''शंकराचार्य शिव के अवतार थे। उन्हें स्वधाम ले जाने के लिये इन्द्र, चन्द्र, विष्णु, वायु, अग्नि आदि देवता, ऋषि और सिद्धगण उपस्थित हुए थे। उस समय अगणित विद्युद्वर्ण विमानों से आकाशमण्डल परिपूर्ण हो गया था। देवगण यतिवेशधारी शंकर के सिर पर स्वर्गीय मन्दार-कुसुमों का वर्षण कर उनकी स्तुति करने लगे, आप संसार के एकमात्र कारण हैं। अनन्त कोटि ब्रह्माण्डों की उत्पत्ति, स्थिति और प्रलय के आप ही कर्ता हैं। संसार के कल्याणार्थ आपने कालकूट विष का पान किया था। आपने अपने तृतीय नेत्र से कामदेव को भस्म कर दिया था। जिस लक्ष्य से आपने भूमण्डल में अवतार ग्रहण किया था, उस लक्ष्य की सिद्धि हो चुकी है। हे गिरीश, शीघ्र ही अपने लोक में पधार कर हमारा आनन्दवर्द्धन कीजिये।' देवताओं की विनीत प्रार्थना सुनकर शंकर ने निजधाम में प्रतिगमन की इच्छा की। उस समय प्रथमगण दुग्ध और हंस की अपेक्षा शुभ्रतर वृष नन्दी को सुसज्जित कर ले आये। शंकर मस्तक पर जटाजूट और ललाट पर शशिकला से सुशोभित होकर ब्रह्मा के कन्धे का सहारा लेते हुए नन्दी की पीठ पर सवार हुए। उनके ऊपर पारिजात पुष्पों की वर्षा होने लगी। इन्द्र और विष्णु आदि देवता उनका स्तुतिगान करते हुए शंकर को अपने धाम में ले गये।''[1]

1. आचार्य शंकर के देहत्याग के काल और स्थान के विषय में मतभेद है। श्रृंगेरी पीठ के ग्रन्थादि के अनुसार, बदरीनारायण से आचार्य शंकर ने दत्तात्रेय गुफा का दर्शन कर कैलाश में जाकर शरीर का परित्याग किया। कामकोटि मठ के ग्रंथों के अनुसार, जीवन के अन्तिम समय शंकर कांची में पहुँच चुके थे। वहाँ शिवकांची और विष्णुकांची की प्रतिष्ठा करके शिवकांची में शिव की पूजा करते समय शिव के शरीर में लीन हो गये। किसी मत के

इस प्रकार शंकरावतार, परम ज्ञानी यतिराज शंकर के जीवन का बत्तीसवाँ वर्ष समाप्त हुआ और वे निर्विकल्प समाधि का आश्रय लेकर इस धराधाम से चले गये। परब्रह्म से विकीर्ण होने वाली वह परम ज्योति जगत् को अपनी अलौकिक आध्यात्मिक ज्योति से प्रकाशित कर फिर उसी परब्रह्म में निमज्जित हो गयी।

शिष्यगण अपने निर्दिष्ट लक्ष्य से निर्दिष्ट स्थानों की ओर अग्रसर हुए।

■

अनुसार, उन्होंने शृंगेरी में शारदा देवी के सामने देहत्याग किया था और उनका शरीर वहीं समाधिस्थ कर दिया गया था। एक दूसरे मत के अनुसार, मालाबार प्रदेश के अन्तर्गत त्रिचूर नगर में परशुराम मन्दिर के भीतर देवशरीर में विलीन हो गये थे। किसी ग्रंथ में ऐसा भी वर्णन मिलता है कि उन्होंने कांची की कामाक्षी देवी के सामने शरीर छोड़ा था और उस मन्दिर के पास उनके पवित्र शरीर को समाधिस्थ किया गया था। कहीं ऐसा भी लिखा गया है कि बम्बई के पास निर्मला नामक द्वीप में आचार्य शंकर ने देहत्याग किया था।

देहत्याग के समय उनकी अवस्था विभिन्न मतों के अनुसार 32, 34, 36 वर्ष थी। देहत्याग की तिथि के संबंध में भी मतभेद है—वैशाख शुक्ला दशमी, वैशाखी पूर्णिमा तथा कार्तिक शुक्ला एकादशी।

आचार्य शंकर के शरीर त्याग के अनन्तर चारों मठाधीशों में शंकराचार्य उपाधिधारी अनेक आचार्य दिग्विजय करने निकला करते थे। कोई आचार्य कश्मीर के शारदापीठ पर आरोहण करने में समर्थ हुए थे। किसी शंकराचार्य ने कैलाश में जाकर शरीर छोड़ा था। उन आचार्यों के जीवन की घटनाओं का आदि शंकराचार्य के जीवन की घटनाओं से मिल जाना भी संभव है।

सत्रह

मठ और मठाम्नाय अथवा महानुशासन

आचार्य शंकर जिस प्रकार अध्यात्म विद्या, अद्वैत सिद्धान्त और शास्त्रों के प्रकाण्ड पंडित थे, उसी प्रकार जगत् के व्यवहार पक्ष के सम्पादन में भी पूर्ण निष्णात थे। उन्होंने अपनी पैनी दृष्टि से यह भलीभाँति देख लिया था कि जो व्यक्ति सांसारिक उत्तरदायित्व के सम्पादन में निरत हैं, उनके ऊपर धर्म-प्रचार का कार्य नहीं सौंपा जा सकता। इसीलिये उन्होंने संसारत्यागी, विरक्त, निस्पृह, विद्वान, सुयोग्य, ब्रह्मपरायण संन्यासियों के ऊपर धर्मप्रचार का कार्य सौंपा। उन्होंने यह भी जान लिया था कि एक स्थान से इतना महान कार्य संपादित करना दु:साध्य होगा, अत: उन्होंने प्रचार की सुविधा की दृष्टि से भारत की चारों दिशाओं में चार मठों की संस्थापना की और उनके अन्तर्गत उपपीठों की भी व्यवस्था की। चारों मठों के प्रचार-केन्द्र भी निर्धारित कर दिये, ताकि भविष्य में इन मठाधीशों में कोई संघर्ष न उत्पन्न हो। विशाल सुदूर प्रसारित सनातन वैदिक धर्म को पंकिल से मुक्त रखकर अनेक मतों और शाखाओं में विभक्त वैदिक धर्म का अपसिद्धान्तों से उद्धार कर, हिन्दू धर्म का मंगलरूप देश, काल और पात्र के अनुरूप तथा उपयोगी एवं वर्णाश्रम धर्म के अनुगामी रूप से किस प्रकार अक्षुण्ण रखा जा सकता है, इस विषय के गम्भीर चिन्तन ने आचार्य के जीवन के महत्व को और भी अधिक उज्ज्वल कर दिया है। उन्होंने चार वेदों को चार मठों में विभक्त कर दिया। इस कारण प्रत्येक मठ का कार्य क्षेत्र, साधन और प्रचार की धारा और प्रवृत्ति स्वतंत्र थी। दिग्विजय के समय आचार्य को अनेक मतावलम्बियों के आचार्यों से वाक्युद्ध और विचार-संग्राम करना पड़ा। तभी उन्होंने आचार्य को धर्म-चक्रवर्ती सम्राट् के रूप में प्रतिष्ठा प्रदान की। उन मतावलम्बियों में कुछ अपसिद्धान्ती थे और कुछ अर्द्धवैदिक थे। आचार्य ने उनके सिद्धान्तों का परिमार्जन कर उन्हें विशुद्ध वैदिक रूप प्रदान किया। उन्होंने उन मतों के पूर्ण संरक्षण की भी व्यवस्था की थी। उन चार मठों के मठाधीशों का अपने-अपने निर्दिष्ट क्षेत्र के विभिन्न मतावलम्बियों की रक्षा करना प्रधान कर्तव्य था। इससे आचार्य की दूरदर्शिता, उदारता, प्रजातांत्रिक-भावना, संघटन-शक्ति, राष्ट्रीयता का अपूर्व परिचय प्राप्त होता है।

उन्होंने प्रत्यक मठ के लिये पृथक् 'आम्नाय' अथवा 'महानुशासन' का निर्माण किया। प्रत्येक का संक्षिप्त विवरण प्रस्तुत किया जा रहा है।

शारदा मठाम्नाय

शारदा मठ के महानुशासन का नाम 'पश्चिमाम्नाय' है। सम्प्रदाय का नाम कीटवार, क्षेत्र का नाम द्वारका, अधिदेवता का नाम सिद्धेश्वर है। इस मठ की देवी—भद्रकाली, आचार्य— हस्तामलक, तीर्थ—गोमती तीर्थ, ब्रह्मचारी स्वरूप, वेद सामवेद, महावाक्य—तत्वमसि (छान्दोग्य), गोत्र अधिगत, पदवी तीर्थ और आश्रम है।

इसके प्रचारक्षेत्र सिन्धु, सौवीर, महाराष्ट्र, सौराष्ट्र आदि प्रदेश हैं। पश्चिमी भारत के सभी स्थान शारदामठ के अधीन समझे जाते हैं।

'तत्वमसि' महावाक्य त्रिवेणी-संगम की तरह पवित्र है और तीर्थतुल्य है। जो साधक उस महान् तीर्थ में स्नान करता है, अर्थात् उस पवित्र महावाक्य का जिसने यथार्थ मर्म सम्यक् रूप से समझ लिया है, उसी संन्यासी को 'तीर्थ' की संज्ञा दी जाती है। जो संन्यासी संन्यास आश्रम में पूर्ण रूप से स्थित है तथा जन्म-मृत्यु के प्रभाव से मुक्त है वही 'आश्रम' नाम से कथित होने के योग्य है।

सम्प्रदाय का नाम 'कीटवार' इसलिये रखा गया है कि कीट से लेकर समस्त जीवजन्तुओं के प्रति यहाँ के संन्यासियों का दयाभाव रहे।

निज आनन्दस्वरूप को जिसने जान लिया है, ऐसे ब्रह्मचारी को 'स्वरूप' की संज्ञा देनी चाहिये।

गोबर्द्धन मठाम्नाय

गोबर्द्धन मठ के महानुशासन का नाम 'पूर्वाम्नाय' है। सम्प्रदाय का नाम 'भोगवार', क्षेत्र का नाम पुरुषोत्तम, देवता का नाम जगन्नाथ, देवी का नाम विमला, आचार्य का नाम पद्मपाद, तीर्थ का नाम महोदधि, पदवियों के नाम 'वन' और 'अरण्य', ब्रह्मचारी का नाम प्रकाश, महावाक्य का नाम 'प्रज्ञानं ब्रह्म', वेद का नाम ऋग्वेद और गोत्र का नाम काश्यप है।

इसका प्रचार क्षेत्र अंग (भागलपुर), बंग, कलिंग, मगध उत्कल आदि हैं। इस प्रकार पूर्वी भारत के सभी क्षेत्र इस मठ के प्रचार क्षेत्र के अन्तर्गत आ जाते हैं।

जो संन्यासी सुन्दर, एकान्त और निर्जन वन में निवास करते हैं और आशारूपी बंधन से मुक्त हैं तथा संसार-बंधन को पूर्ण रूप से काट चुके हैं, उनकी पदवी 'वन' और 'अरण्य' है।

जो सम्प्रदाय मनुष्य मात्र को विषय भोग से 'वारण' (निवारण) करने में समर्थ है, उसे 'भोगवार' कहते हैं। जो स्वप्रकाश आत्मज्योति को स्वरूपत: जानते हैं और योगसाधन से पूर्णत: अवगत होकर तत्वज्ञान में दृढ़ रूप से प्रतिष्ठित हैं, ऐसे ब्रह्मचारियों को 'प्रकाश' कहा जाना चाहिये।

ज्योतिर्मठाम्नाय

ज्योतिर्मठ के महानुशासन का नाम 'उत्तराम्नाय' है। इसका दूसरा नाम 'श्रीमठाम्नाय' भी है। इसके सम्प्रदाय का नाम 'आनन्दवार' है। आनन्दवार का तात्पर्य आनन्द-प्रदान करानेवाला, अर्थात् 'सिद्धिदाता' है। इसके संन्यासियों की पदवी 'गिरि', 'पर्वत' और 'सागर' है और इसका क्षेत्र बदरिकाश्रम है। इसके देवता नारायण, देवी पूर्णागिरि, आचार्य तोटक माने जाते हैं। इसके तीर्थ का नाम अलकनन्दा और ब्रह्मचारी का नाम 'आनन्द' है। इसका महावाक्य 'अयमात्मा ब्रह्म' है। इसका वेद अथर्व और गोत्र भृगु है। इसके प्रचार क्षेत्र कुरु, कश्मीर, कम्बोज और पांचाल आदि हैं। अर्थात्, भारत के उत्तरी भाग के प्रदेश ज्योतिर्मठ के अन्तर्गत हैं।

जो सदा पार्वत्य प्रदेश में निवास करते हैं और गीताध्ययन में रत हैं तथा जिनकी बुद्धि गिरि के समान निश्चल और गम्भीर है, ऐसे संन्यासी की पदवी 'गिरि' है। पर्वत के मूल देश में निवास करके जो संसार की अनित्यता की अनुभूति करते हुए अद्वैत आत्मज्ञान में पूर्णतया स्थित है, उस संन्यासी की उपाधि 'पर्वत' है। तत्वज्ञान के समुद्र में गोताखोर की तरह डूबकर जो ब्रह्मज्ञान रूपी रत्न को निकालने में पटु हैं और जो अपने आश्रम की मर्यादा सदा अक्षुण्ण रखते हैं, ऐसे संन्यासियों की उपाधि 'सागर' है।

संसार के क्षणिक विषयों का परित्याग कर भूमानन्द की प्राप्ति के लिये जिन्होंने आत्मोत्सर्ग किया है, संन्यासियों के इस संप्रदाय का नाम 'आनन्दवार' है। जो सत्य, ज्ञान अनन्तरूप ब्रह्म का ध्यान करते हैं और आत्मानन्द में अहर्निश प्रतिष्ठित रहते हैं, उस ब्रह्मचारी को 'आनन्द' कहते हैं।

शृंगेरी महाम्नाय

शृंगेरी मठ के महानुशासन का नाम 'शृंगेरी मठाम्नाय' है। सम्प्रदाय का नाम 'भूरिवार', गोत्र का नाम 'भूर्भुवः' है। इनकी उपाधि सरस्वती, भारती और पुरी है। इनका क्षेत्र रामेश्वर, देवता आदि-वराह, देवी कामाक्षी हैं। इसके आचार्य सुरेश्वर, तीर्थ तुंगभद्रा, ब्रह्मचारी चैतन्य, वेद यजुर्वेद, महावाक्य 'अहं ब्रह्मास्मि' कहा जाता है।

इसका प्रचार क्षेत्र आंध्र प्रदेश, द्राविड़, कर्नाटक, केरल आदि दक्षिण भारत के सभी प्रदेश हैं।

सरस्वती शब्द का अभिप्राय स्वर अर्थात् ज्ञान में नित्य निरत, स्वरवादी कवि श्रेष्ठ, संसार रूप सागर की असारता हृदयंगम करके सारभूत ब्रह्म का जिन्होंने साक्षात्कार किया है, ऐसे संन्यासियों की पदवी 'सरस्वती' है। जो संसार के सब प्रकार के दायित्वों और सभी बंधनों से मुक्त होकर पराविद्या में परिपूर्ण हैं और दुःखानुभूति से ऊपर जिनका मन सदा आनन्द में विचरण किया करता है, इस प्रकार के संन्यासी 'भारती' पदवी के योग्य हैं। जो ज्ञानतत्व में परिपूर्ण, जो ब्रह्मपद में स्थित

और सदा परमब्रह्म में क्रीड़ा करते हैं, वे ही 'पुरी' की उपाधि के योग्य हैं।

प्रचुर धनधान्य और संसार के विपुल वैभव का परित्याग कर वैराग्य का अवलम्बन ग्रहण कर आत्मचिन्तन में निमग्न रहते हैं, ऐसे संन्यासी-सम्प्रदाय को 'भूरिवार' कहते हैं। ब्रह्म चिन्मात्र, निर्विषय, अनन्त, अजर और शिवस्वरूप है, इस प्रकार ब्रह्मज्ञान जिसे हुआ है, उस ब्रह्मचारी को 'चैतन्य' कहते हैं।

शेषाम्नाय

पूर्व वर्णित चतुराम्नाय के अतिरिक्त पंचाम्नाय का नाम शेषाम्नाय या ऊर्ध्वाम्नाय है। विज्ञान ही उसका शरीर है, मठ सुमेरु और सम्प्रदाय काशी है। सत्य और ज्ञान उसके दो पद हैं। क्षेत्र का नाम कैलाश और देवता का नाम निरंजन है। इसकी देवी माया और आचार्य ईश्वर हैं। इसका तीर्थ मानसतीर्थ है। इसी मानसतीर्थ में स्नान करने से साधक संन्यास का अधिकारी होता है। यह शेषाम्नाय ही सूक्ष्मवेद का वक्ता है। यह धर्म समाचरणीय है।

षष्ठाम्नाय

षष्ठाम्नाय का नाम 'आत्माम्नाय' भी है। इसका मठ महान् परमात्मा, सम्प्रदाय सत्वतोष और पद योग है। इसका क्षेत्र नभःसरोवर, देवता परमहंस और देवी मानसमाया हैं। इसके आचार्य चेतन और उत्कृष्ट तीर्थ त्रिपुटी है। संसारपाश विनाश के लिये उस तीर्थ में मन को डुबो कर संन्यास ग्रहण करके वेदान्त वाक्यों का वक्ता होकर धर्माचरण करना कर्तव्य है।

सप्तमाम्नाय

इसका नाम 'निष्कल आम्नाय' भी है। इसके मठ का नाम सहस्रार्क-द्युति है। सम्प्रदाय का नाम 'सत् शिष्य' है। श्री गुरु की चरणपादुका द्वय ही पद है। अनुभूति ही इसका क्षेत्र है। इसके देवता विश्वरूप हैं और चित्शक्ति इसकी देवी हैं। इसके आचार्य स्वयं सद्गुरु और तीर्थ जरामृत्युविनाशक शत् शास्त्र-श्रवण है। पूर्णानन्द की प्रशान्ति के बीच इस तीर्थ में संन्यास-आश्रम-ग्रहण विधेय है।

महानुशासन

संन्यासियों के संघ जीवन को पवित्र और मर्यादित रखने के लिये आचार्य शंकर ने उनके लिये एक संक्षिप्त आचार-संहिता तैयार की। उसी को महानुशासन कहा जाता है। उन्होंने इस महानुशासन में ये निर्देश दिये हैं—

''मठ के सभी आचार्यों का कर्तव्य है कि वे अपने धर्म का विधिवत् पालन करें। मठ के अधीश्वर लोग राष्ट्र की प्रतिष्ठा के लिये तथा धर्म के प्रचारार्थ अपने निर्दिष्ट प्रदेशों में सदा परिभ्रमण किया करें। उन्हें अपने मठ में नियमित रूप से निवास नहीं करना चाहिये। उन्हें अपने-अपने निर्दिष्ट प्रदेशों में वर्णाश्रम धर्म तथा सदाचार की रक्षा विधिपूर्वक करनी चाहिये। आलस्य करने से धर्म नष्ट हो जाने का भय सदैव बना रहता है। इसलिये उत्साहित होकर धर्म की रक्षा में तत्पर होना

प्रत्येक मठाधीश का पवित्र कर्तव्य है। एक मठ के अध्यक्ष को दूसरे मठ के अध्यक्ष के विभाग में धर्मप्रचार के लिये प्रविष्ट न होना चाहिये। सब आचार्यों को मिलकर भारत में महती धार्मिक सुव्यवस्था बनाये रखनी चाहिये। इससे वैदिक धर्म अक्षुण्ण रूप से प्रगतिशील बना रहेगा। पवित्र, जितेन्द्रिय, वेद-वेदांग में विशारद, योग का ज्ञाता, सकल शास्त्रों में निष्णात संन्यासी ही आचार्य के पद पर आसीन होने योग्य है। एक आचार्य का अवसान होने पर उस स्थान पर उपर्युक्त लक्षण सम्पन्न दूसरे संन्यासी का अभिषिक्त करना समीचीन है, यही धर्म की पद्धति है। इसका पालन करना प्रत्येक आचार्य का कर्तव्य है। यदि मठाध्यक्ष इन लक्षणों और सद्गुणों से युक्त न हों, तो विद्वानों को चाहिये कि उसका निग्रह करें, चाहे वह अपने पद पर भले ही आरूढ़ हो गया हो।''

अनुशासनों के लिपिबद्ध होने के अनन्तर राजा सुधन्वा की विशेष प्रार्थना से अन्तिम श्लोक यह भी जोड़ दिया गया—

कृते विश्वगुरुर्ब्रह्मा त्रेतायामृषिसत्तमः।
द्वापर व्यास एव स्यात् कलावत्र भवाम्यहम्॥

अर्थात्, ''सत्ययुग में ब्रह्मा विश्वगुरु, त्रेतायुग में महर्षि वशिष्ठ विश्वगुरु, द्वापर युग में वेदव्यास विश्वगुरु हैं और इस कलियुग में मैं विश्वगुरु हूँ।''

आचार्य शंकर के आदेशानुसार उपर्युक्त चारों मठों की परम्परा अब तक चली आ रही है। यह बात अवश्य है कि किसी मठ की आचार्य-परम्परा शताब्दियों के लिये रिक्त हो गयी थी और कभी-कभी राज्य शक्ति के हस्तक्षेप का भी सामना करना पड़ा था। उदाहरणार्थ शारदापीठ के मठाध्यक्ष के सम्बन्ध में बदौड़ा-नरेश ने हस्तक्षेप किया था। चारों मठ अब तक धर्मप्रचार में अपने-अपने ढंग से निरत हैं। यह बात दूसरी है कि गुणवान् और शक्तिशाली व्यक्ति के मठाधीश होने पर उस मठ की गरिमा और प्रतिष्ठा बढ़ जाती है और सामान्य कोटि के मठाधीश के होने पर मठ की गति-विधि में शिथिलता आ जाती है। धार्मिक जगत् में चारों मठों के मठाध्यक्षों का अब भी पर्याप्त सम्मान और प्रतिष्ठा है।

उपर्युक्त चार मठों के अतिरिक्त भारत में आचार्य शंकर के सिद्धान्तों से सम्बन्धित और भी अनेक उपपीठ हैं। काशी में भी आचार्य ने एक मठ स्थापित किया था, जिसका नाम सुमेरु मठ है। मठाम्नाय में इसका भी नाम आता है। आजकल गणेश मुहल्ला में यह स्थित है। इस मठ की स्थिति डाँवाडोल सी रही है। किसी विशिष्ट प्रभावशाली व्यक्ति के अध्यक्ष होने पर इसका भाग्य जाग जाता है, अन्यथा इसकी स्थिति साधारण सी ही बनी रहती है। काशी में हनुमान घाट में शुकदेव मठ के नाम से एक मठ स्थापित है। यह मठ कांची के काम-कोटिपीठाधीश के अधीन है। इसके अतिरिक्त हनुमान घाट में ब्रह्मेन्द्र मठ के नाम से भी और एक मठ है।

इन पीठों के अतिरिक्त कांची का कामकोटि पीठ भी बहुत प्रसिद्ध है। यहाँ के अध्यक्ष शंकराचार्य की यह दृढ़ धारणा है कि आचार्य शंकर का सर्वप्रधान पीठ यही कामकोटि पीठ है। उनका कथन है कि शंकर ने चारों मठों पर अपने शिष्यों को नियुक्त किया और अपने जीवन के अन्तिम समय में उन्होंने कांची के इसी पीठ को अपने लिये पसन्द किया और अन्त में अपने पंचभौतिक शरीर को भी यहीं छोड़ा। परन्तु इसकी पुष्टि के लिये कोई अकाट्य प्रमाण नहीं उपलब्ध है।

इन प्रधान मठों से सम्बद्ध अनेक उपपीठ भी विद्यमान हैं, जिनकी संख्या पर्याप्त है। ऐसे प्रधान उपपीठों के नाम हैं—कूडली मठ, संकेश्वर मठ, पुष्पगिरि मठ, विरुपाक्ष मठ, रामचन्द्रपुर मठ, शिवगंगा मठ, कोप्पाल मठ, श्रीशैल मठ, रामेश्वर मठ आदि।

दशनामी सम्प्रदाय

दशनामी संन्यासी सम्प्रदाय भी आचार्य शंकर के साथ सम्बद्ध है। शंकराचार्य के प्रभुत्व की छाप से कोई भी धार्मिक सम्प्रदाय बच न सका। इस सम्प्रदाय के महन्तों के पास अतुल सम्पत्ति है। लोकोपकार में भी उस सम्पत्ति का कुछ अंश व्यय होता है।

दशनामी का शाब्दिक अर्थ है, दश नाम को धारण करने वाला। ये दश नाम इस प्रकार हैं—तीर्थ, आश्रम, वन, अरण्य, गिरि, पर्वत, सागर, सरस्वती, भारती और पुरी। इन उपाधियों (पदवियों) की कल्पना नितान्त आध्यात्मिक है। इसकी व्याख्या आचार्य शंकर ने अपने मठाम्नाय में भलीभाँति की है।

दशनामी सम्प्रदाय के अखाड़ों में 52 मढ़ी बताई जाती है और मुख्यत: पाँच या छ: अखाड़े हैं। प्रसिद्ध अखाड़ों के नाम इस प्रकार हैं—(1) पंचायती अखाड़ा महानिर्वाणी (प्रयाग), (2) पंचायती अखाड़ा निरंजनी (प्रयाग), (3) अखाड़ा अटल, (4) जूना अथवा भैरव अखाड़ा, (5) अखाड़ा आनन्द, (6) अखाड़ा अग्नि, (7) अखाड़ा अमान (इस अखाड़े में बड़े शूरवीर हो गये हैं, जिन्होंने समय-समय पर हिन्दू धर्म की रक्षा विधर्मियों से की है।) दशनामियों के मण्डलेश्वर बड़े विद्वान्, सदाचारी, नैष्ठिक तथा आत्मवेत्ता होते आए हैं। आज भी उनकी विद्वत्ता की धाक मानी जाती है।

संन्यासियों की ये व्यापक संस्थाएँ आचार्य शंकर की दूरदर्शिता को भलीभाँति सिद्ध करती हैं।

■

अठारह

शंकराचार्य के ग्रन्थ

शंकराचार्य की कृतियों के रूप में दो सौ से अधिक ग्रन्थ उपलब्ध होते हैं। परन्तु क्या इन सभी कृतियों की रचना गोविन्दपाद के शिष्य आदि शंकराचार्य ने ही की? बात यह है कि परवर्ती शंकराचार्यों ने भी अनेक रचनाएँ कीं, और उन्होंने ग्रन्थों की पुष्पिका में अपने को आदि शंकराचार्य के समान गोविन्दपाद का ही शिष्य स्वीकार किया, अपने वास्तविक गुरु के नाम का निर्देश नहीं किया है। इससे आदि शंकराचार्य के ग्रन्थों का निर्णय करना टेढ़ी खीर है।

ग्रन्थों की अन्तरंग परीक्षा से भी यह निर्णय किया जा सकता है कि कौन-सी रचनाएँ आदि शंकराचार्य की हैं, क्योंकि उनकी शैली नितान्त प्रौढ़, प्रसादमयी और सुबोध है। पर जब तक समस्त ग्रन्थों का प्रकाशन नहीं हो जाता, यह भी निर्णय करना बहुत कठिन है।

आदि शंकराचार्य द्वारा लिखित ग्रन्थों को हम चार भागों में बाँट सकते हैं—(क) भाष्य ग्रन्थ, (ख) स्तोत्र ग्रन्थ, (ग) प्रकरण ग्रन्थ और (घ) तंत्र ग्रन्थ।

भाष्य ग्रन्थों को दो श्रेणियों में बाँटा जा सकता है—(अ) प्रस्थानत्रयी का भाष्य और (ब) इतर ग्रन्थों के भाष्य।

प्रस्थान का साधारण अर्थ है 'गमन' परन्तु 'प्रस्थान-त्रय' में इस स्थान पर 'प्रस्थान' का विशिष्ट अर्थ है 'मार्ग', जिसके द्वारा गमन किया जाये। वेदान्त के तीन प्रस्थान या मार्ग हैं—(1) सूत्र अथवा ब्रह्मसूत्र, (2) स्मृति अथवा श्रीमद्भगवद्गीता और (3) श्रुति अर्थात् उपनिषद्। इन तीनों मार्गों से यात्रा करने पर साधक (अध्यात्म मार्ग का पथिक) अपने लक्ष्य ब्रह्म तक पहुँच सकता है।

शंकराचार्य ने प्रस्थानत्रयी पर प्राचीन तथा आदि टीकाएँ लिखीं। उनके पहले भी कतिपय वेदांताचार्यों ने इन ग्रन्थों पर टीकाएँ लिखी थीं। उदाहरणार्थ भतृप्रपंच ने कठोपनिषद् तथा बृहदारण्यकोपनिषद् पर भाष्य-रचना की थी और आचार्य उपवर्ष ने ब्रह्मसूत्र तथा मीमांसा सूत्रों पर वृत्तियों की रचना की थी। परन्तु ये भाष्य ग्रन्थ और वृत्ति ग्रन्थ काल-कवलित हो गये। इस कारण उनके रचयिताओं के पूर्ण तथा मौलिक सिद्धान्तों का पता हमें नहीं चल पाता। दूसरी बात यह भी हो सकती है कि आचार्य शंकर के भाष्य इतने पूर्ण, प्रौढ़, मौलिक और पांडित्यपूर्ण थे कि विद्वान् अध्येता की वृत्ति आचार्य शंकर के भाष्यों के अध्ययन तक ही सीमित रह गयी।

(क) भाष्य-ग्रन्थ

आचार्य शंकर द्वारा लिखित भाष्य-ग्रन्थों को दो कोटियों में विभाजित किया जा सकता है—(अ) प्रस्थानत्रयी भाष्य और (ब) इतर ग्रन्थों पर भाष्य। प्रस्थानत्रयी भाष्य के अन्तर्गत—(1) ब्रह्मसूत्र भाष्य, (2) गीता भाष्य और (3) उपनिषद् भाष्य आते हैं। अब प्रत्येक का विवरण पृथक्-पृथक् दिया जा रहा है—

(अ) प्रस्थानत्रयी भाष्य—(1) ब्रह्मसूत्र भाष्य—यह आचार्य की अद्वितीय कृति मानी जाती है। व्यासकृत ब्रह्मसूत्र परम लघु और संक्षिप्त हैं। बिना भाष्य का अवलम्बन ग्रहण किये, इनके वास्तविक रहस्य को समझना अत्यन्त कठिन है। आचार्य शंकर ने बड़ी सरल, सुबोध, मधुर, कोमल तथा प्रसन्न शैली में ब्रह्मसूत्र का भाष्य किया है। भाषा बड़ी प्रौढ़ साथ ही प्रसादगुण युक्त है। इतने कठिन दार्शनिक विषय को इस सुन्दरता और सरलता से समझाया है कि पढ़कर सुधी पाठक का मन बरबस मुग्ध हो जाता है। वाचस्पति मिश्र जैसे उद्भट विद्वान् और प्रौढ़ दार्शनिक ने आचार्य शंकर के इस भाष्य को केवल 'प्रसन्न-गम्भीर' ही भर नहीं कहा, बल्कि इसे गंगाजल के समान पवित्र बतलाया है।

इस भाष्य को 'शारीरक' भाष्य भी कहा जाता है। 'शारीरक' शब्द का अभिप्राय है शरीर में निवास करने वाला 'आत्मा'। इन सूत्रों में आत्मा के स्वरूप की मीमांसा की गयी है। इसीलिये इन सूत्रों को 'शारीरक सूत्र' और इस भाष्य को 'शारीरक भाष्य' कहा जाता है।

2. श्रीमद्भगवद्गीता-भाष्य—इस भाष्य में आचार्य शंकर ने गीता की निवृत्तिमूलक और ज्ञानपरक व्याख्या की है। उन्होंने इस भाष्य में यह सिद्ध करने की चेष्टा की है कि ब्रह्मज्ञान की प्राप्ति केवल 'तत्वज्ञान' से ही होती है, ज्ञान और कर्म के समुच्चय से नहीं। इस भाष्य में उन्होंने कर्म के सिद्धान्तों का खण्डन किया है।

3. उपनिषद् भाष्य—ईश, केन, कठ, प्रश्न, मुण्डक, माण्डूक्य, तैत्तिरीय, ऐतरेय, छान्दोग्य, बृहदारण्यक, श्वेताश्वतर और नृसिंहतापिनी, इन बारह उपनिषदों का शंकर ने भाष्य किया। परन्तु केन, श्वेताश्वतर, माण्डूक्य और नृसिंहतापिनी उपनिषदों पर लिखे गये भाष्यों पर विद्वानों को पूर्ण सन्देह हैं। वे इन चारों को आदि शंकराचार्य की कृति न मानकर किसी अन्य शंकराचार्य की कृति मानते हैं। इसका कारण यह है कि केनोपनिषद् पर एक—एक पद वाक्य भाष्य है और दूसरा वाक्य भाष्य। वाक्य भाष्य में आचार्य शंकर के प्रसिद्ध मत भी कभी भिन्न रूप में तथा कभी विरुद्ध रूप में वर्णित हैं। दोनों भाष्यों की व्याख्या में पर्याप्त भिन्नता है।

श्वेताश्वतर उपनिषद् के भाष्य में विष्णुपुराण, लिंग पुराण, वायुपुराण आदि के लम्बे-लम्बे उद्धरण मिलते हैं। लम्बे-लम्बे उद्धरण देना शंकराचार्य की भाष्य शैली नहीं है। माण्डूक्योपनिषद् के भाष्य के प्रारम्भ में मंगलाचरण मिलता है, यह भी आचार्य की शैली के अनुरूप नहीं है। मंगलाचरण के द्वितीय श्लोक में छन्ददोष भी

है। इसी प्रकार नृसिंहतापिनी उपनिषद् के भाष्य में तान्त्रिक सिद्धान्तों की प्रमुखता है।

उपनिषद् के भाष्यों की शैली बड़ी उदात्त, गम्भीर, सरल, सुबोध और आकर्षक है। अपने मत की पुष्टि के लिए आचार्य ने प्राचीन वेदान्ताचार्यों के सिद्धान्तों का उद्धरण दिया है। इस दृष्टि से बृहदारण्यकोपनिषद् का भाष्य सबसे अधिक विद्वत्तापूर्ण, व्यापक और प्रांजल है। ब्रह्मप्राप्ति के साधनों में उन्होंने कर्मकाण्ड की उपादेयता का बड़ी युक्ति और तर्क से खण्डन किया है। आचार्य शंकर के प्रस्थानत्रयी के ये भाष्य प्रौढ़ शास्त्रीय गद्य के उत्कट उदाहरण हैं। आचार्य के सिद्धान्तों को हृदयंगम करने के लिए प्रस्थानत्रयी के भाष्यों का अध्ययन करना नितान्त आवश्यक है।

(ब) इतर ग्रन्थों पर भाष्य—वैसे तो आचार्य शंकर रचित इतरग्रन्थों की भाष्य-रचना पचासों के लगभग बताई जाती है। पर वे भाष्य ग्रन्थ किसी अन्य शंकराचार्य की रचना हैं, आदि शंकराचार्य की नहीं। जो निःसंदिग्ध रचनाएँ हैं, वे इस प्रकार हैं—

1. विष्णु सहस्त्रनाम भाष्य—इस भाष्य में परमात्मा के प्रत्येक नाम की युक्तियुक्त व्याख्या की गई है और उसकी पुष्टि में उपनिषद्, पुराण आदि ग्रन्थों का प्रमाण उद्धृत किया गया है।

2. सनत्सुजातीय भाष्य— धृतराष्ट्र के मोह को दूर करने के लिए सनत् सुजात ऋषि ने जो आध्यात्मिक उपदेश दिया था, वह महाभारत के उद्योग पर्व (अध्याय 42 से अध्याय 46 तक) में वर्णित है। इसे 'सनत्सुजातीय पर्व' कहते हैं। इसी का यह भाष्य है।

3. ललितात्रिशती भाष्य— ललितात्रिशती में भगवती ललिता के तीन सौ नाम हैं। आचार्य ललिता के अनन्य उपासक थे। इस ग्रन्थ पर उन्होंने पांडित्यपूर्ण भाष्य लिखा है। उपनिषदों तथा तंत्रों से प्रचुर प्रमाण दिये गये हैं। इसकी व्याख्या अत्यन्त सुन्दर एवं चित्ताकर्षक है।

4. माण्डूक्यकारिका भाष्य—गौड़पादाचार्य ने माण्डूक्य उपनिषद् पर कारिकाएँ लिखीं। अद्वैत सिद्धान्त में उनकी कारिकाओं का महत्वपूर्ण स्थान है। उन्हीं के ऊपर आचार्य ने भाष्य-रचना की।

(ख) स्तोत्र-ग्रन्थ

अद्वैतानुभूति आध्यात्मिक जीवन का परम और अन्तिम लक्ष्य है किन्तु इसमें प्रतिष्ठित होने के लिये जिस सोपानावलि के द्वारा उत्क्रमण करना पड़ता है, आचार्य शंकर ने उसके प्रति पूर्ण श्रद्धा और भक्ति प्रदर्शित की है। इसी कारण हम आचार्य को उपासना, भक्ति और पूजार्चना आदि के उत्साही प्रवर्तक के रूप में देखते हैं। अतः वे परमार्थतः अद्वैतवादी होने पर भी व्यवहार-क्षेत्र में देवी-देवताओं, तीर्थों,

पवित्र नदियों की उपासना और आराधना की सार्थकता को भलीभाँति समझते थे। सगुण ब्रह्म की उपासना से ही निर्गुण ब्रह्म के क्षेत्र में प्रवेश होता है। अत: सगुण ब्रह्म की उपासना का विशेष महत्त्व है। लोकसंग्रह के निमित्त आचार्य स्वयं सगुण ब्रह्म की उपासना करते थे। वे परम उदारमना थे। साम्प्रदायिक क्षुद्रता उन्हें छू तक नहीं गयी थी। उन्होंने शिव, विष्णु, गणेश, शक्ति आदि देवी-देवताओं की भावपूर्ण स्तुतियों की रचना की है। ये स्तुतियाँ ललित, कोमल, रसभाव से परिपूर्ण हैं। साथ ही इनमें भाषा और अलंकारों की सुन्दर छटा दिखायी पड़ती है। शंकर के नाम से सम्बन्धित मुख्य स्तोत्रों की नामावली इस प्रकार है—

1. **गणेश स्तोत्र**—इससे सम्बन्धित 4 स्तोत्र हैं।
2. **शिव स्तोत्र**— इससे सम्बन्धित 18 स्तोत्र हैं।
3. **देवी स्तोत्र**— इससे सम्बन्धित 19 स्तोत्र हैं।
4. **विष्णु स्तोत्र**—इससे सम्बन्धित 10 स्तोत्र हैं।
5. **युगल देवता स्तोत्र**— इससे सम्बन्धित 4 स्तोत्र हैं।
6. **नदीतीर्थ विषयक स्तोत्र**— इससे सम्बन्धित 5 स्तोत्र हैं।
7. **साधारण स्तोत्र**—इससे सम्बन्धित 4 स्तोत्र हैं।

इस प्रकार शंकराचार्य के 64 स्तोत्रों का उल्लेख किया गया है। उन्हें शृंगेरीमठ के शंकराचार्य की अध्यक्षता में श्री वाणीविलास से प्रकाशित 'शंकरग्रंथावली' में स्थान दिया गया है। शंकराचार्य के नाम से कम से कम 240 स्तोत्र छपे अथवा हस्तलिखित रूप में उपलब्ध होते हैं। परन्तु उनका परिशीलन करने से इस निष्कर्ष पर पहुँचना पड़ता है कि अधिकांश स्तोत्रों में कृत्रिमता की भरमार है। अत: उन्हें आदि शंकराचार्य द्वारा रचित मानने में पूर्ण सन्देह है।

निम्नलिखित स्तोत्र आदि शंकराचार्य की प्रामाणिक रचनाएँ मानी जाती हैं—

(1) आनन्दलहरी— इसमें शिखरणी छन्द में 20 श्लोक हैं। यह भगवती देवी की अनुपम स्तुति है। इस स्तोत्र के सभी श्लोक बड़े ही सरस, चमत्कारपूर्ण, भावपूर्ण और हृदयस्पर्शी हैं। इसकी इतनी अधिक ख्याति है कि इस पर विद्वानों ने 30 टीकाएँ लिखी हैं। एक टीका स्वयं आचार्यरचित मानी जाती है।

(2) गोविंदाष्टक— इस पर आनन्दतीर्थ की व्याख्या मिलती है। वाणीविलास की शंकरग्रन्थावली में यह प्रकाशित है।

(3) दक्षिणामूर्ति स्तोत्र— इस स्तोत्र में दस शार्दूलविक्रीडित छन्द हैं। इसके ऊपर वेदान्त के आचार्यों ने कई टीकाएँ लिखी हैं। सुरेश्वराचार्य की 'मानसोल्लास' नामक टीका अधिक प्रसिद्ध है। इस स्तोत्र में वेदान्त और तंत्रशास्त्र का अद्‌भुत सम्मिश्रण है। तन्त्र के अनेक पारिभाषिक शब्द भी इस स्तोत्र में पाये जाते हैं।

(4) दशश्लोकी—इसके कई अन्य नाम भी हैं—चिदानन्द दशश्लोकी, चिदानंद स्तवराज, निर्वाणदशक आदि। प्रत्येक श्लोक का अन्तिम चरण है, 'तदेकोऽवशिष्टः शिवः केवलोऽहम्'। मधुसूदन सरस्वती ने 'सिद्धान्त बिन्दु' नाम से इन श्लोकों की पांडित्यपूर्ण व्याख्या की है।

(5) चर्पट पंजरिका—इसके अन्य नाम भी हैं—मोहमुग्दर, द्वादश मंजरी और द्वादश पंजरिका। इसके पद नितान्त सरस, सुबोध तथा गीतिमय हैं। प्रत्येक श्लोक का टेक पद है, 'भज गोविन्दं भज गोविन्दं गोविन्दं भज मूढ़मते'।

(6) द्वादश पंजरिका—इसमें बारह पद हैं। प्रत्येक पद सुन्दर और श्लाघनीय है। प्रथम पद का आरम्भ 'मूढ़ जहीहि धनागमतृष्णां'।

(7) षट्पदी— इसका अन्य नाम 'विष्णु षद्पदी' है। इसकी लगभग छः टीकाएँ उपलब्ध हैं। एक टीका स्वयं शंकराचार्य की है और दूसरी टीका रामानुजाचार्य के मतानुसार की गयी है। इस स्तोत्र का निम्नलिखित श्लोक बहुत प्रसिद्ध है—

सत्यपि भेदापगमे नाथ, तवहं न मामकीनस्त्वम्।
सामुद्रो हि तरंगः क्वचन समुद्रो न तारंगः॥

(8) हरिमीडे स्तोत्र—इस स्तोत्र के ऊपर विद्यारण्य, स्वयंप्रकाश, आनन्दगिरि तथा आदि शंकराचार्य के द्वारा लिखित टीकाएँ उपलब्ध हैं। स्वयंप्रकाश की टीका मैसूर से प्रकाशित हुई है।

(9) मनीषा पंचक—पूरे स्तोत्र में 9 श्लोक हैं। किन्तु अंतिम पाँच श्लोकों के अंत में 'मनीषा' शब्द का प्रयोग होने के कारण, इस स्तोत्र का नाम 'मनीषा पंचक' पड़ गया। काशी में चाण्डालवेशधारी विश्वनाथ के पूछने पर आचार्य शंकर ने इन श्लोकों में आत्मस्वरूप का बहुत सुन्दर निरूपण किया है। इसकी टीका सदाशिवेन्द्र ने की है। गोपालबाल यति रचित 'मधुमंजरी' नामक व्याख्या भी मिलती है।

(10) सोपान पंचक— इसका दूसरा नाम 'उपदेश पंचक' भी है। इन श्लोकों में वेदान्त के आचरण का विधिवत् उपदेश प्राप्त होता है।

(11) शिवभुजंगप्रयात स्तोत्र—इसमें चौदह श्लोक हैं। माधवाचार्य ने अपने 'शंकर दिग्विजय' नामक ग्रंथ में बतलाया है कि इसी स्तोत्र के द्वारा आचार्य शंकर ने अपनी माता के अन्तिम समय में भगवान् शंकर की स्तुति की थी, जिससे प्रसन्न होकर उन्होंने अपने दूतों को भेजा था—

महादेव देवेश देवादिदेव,
स्मरारे पुरारे यमारे हरेति।
ब्रुवाणः स्मरिष्यामि भक्त्या भवन्तं
ततो मे दयाशील देव प्रसीद॥

(ग) प्रकरण ग्रंथ

आचार्य शंकर ने वेदान्त-सम्बन्धी अनेक छोटे-छोटे ग्रंथों की रचना की है। इन ग्रंथों में वेदान्त-तत्त्व का संक्षिप्त निरूपण सुन्दर ढंग से किया गया है। वेदान्त-तत्त्व प्रतिपादक होने के कारण ये ग्रंथ 'प्रकरण ग्रंथ' कहे जाते हैं। इन ग्रंथों में वेदान्त के साधनभूत विवेक, वैराग्य, त्याग, शम, दम, श्रद्धा, उपरति, तितिक्षा आदि का सुन्दर विवेचन किया गया है। साथ ही अद्वैत के मूल सिद्धान्तों की भी संक्षेप में स्पष्ट व्याख्या भी की गयी है। बात यह है कि आचार्य अद्वैत-विद्या का पावन सन्देश सर्वसाधारण तक पहुँचा देना चाहते थे और इसी उद्देश्य की पूर्ति के लिए उन्होंने प्रकरण ग्रंथों की रचना की। इसमें सन्देह नहीं कि उन्होंने अपने भाष्य ग्रंथों में अद्वैत सिद्धान्तों की विशद व्याख्या की। भाष्यों की भाषा अत्यन्त सुष्ठु और प्रांजल है, पर उनकी युक्तियाँ और तर्क बहुत गंभीर और पांडित्यपूर्ण हैं। अत: सामान्य लोगों को उन्हें समझने में कठिनाई पड़ सकती है, इसीलिये अनेक छोटे-छोटे प्रकरण ग्रंथों की रचना करके वेदान्तशास्त्र को सर्वसुलभ बनाने की उन्होंने चेष्टा की।

ऐसे प्रकरण ग्रंथों की संख्या पर्याप्त है। इनमें से कुछ ग्रंथों की शैली आचार्य के प्रामाणिक और नि:संदिग्ध ग्रंथों की शैली से नितान्त भिन्न है। किसी-किसी ग्रंथ में वेदान्त के सर्वमान्य सिद्धान्तों—आत्मा, अद्वैत, विवेक, वैराग्य, विषयनिन्दा का विशद विवेचन है, परन्तु कतिपय ग्रंथों में अद्वैतविरोधी सिद्धान्त भी उपलब्ध होते हैं, और किसी ग्रंथ में व्याकरण सम्बन्धी त्रुटियाँ भी मिलती हैं। अत: उन ग्रंथों को आचार्य की कृति मानना, उनके साथ अन्याय करना होगा। इन ग्रंथों के कर्तृत्व का निर्धारण करते समय आचार्य की लेखनशैली, सिद्धान्त तथा पदविन्यास आदि पर ध्यान देने की बड़ी आवश्यकता है।

आचार्य-रचित प्रकरण-ग्रंथों की संख्या लगभग 40 मानी जाती है। पर इनमें से अधिकांश संदिग्ध हैं। जो असंदिग्ध और प्रामाणिक कृतियाँ हैं, उनका संक्षिप्त विवरण दिया जा रहा है—

(1) अपरोक्षानुभूति— इसमें 144 श्लोक हैं। इसमें आत्मसाक्षात्कार के साधनों का उत्कृष्ट चित्रण किया गया है साथ ही आत्मस्वरूप का हृदयग्राही वर्णन भी है। सुन्दर-सुन्दर दृष्टान्तों और उक्तियों के माध्यम से अद्वैत-सिद्धान्त का सम्यक् निरूपण किया गया है।

(2) आत्मबोध—इसमें 68 श्लोक हैं। नाना उदाहरण देकर आत्मा को शरीर, इन्द्रियादिकों, मन, बुद्धि आदि से पृथक् सिद्ध किया गया है। बोधेन्द्र ने इस ग्रन्थ के ऊपर 'भावप्रकाशिका' नामक टीका लिखी है। इस पर मधुसूदन सरस्वती की टीका का भी उल्लेख मिलता है। इसका तेरहवाँ श्लोक 'वेदान्त परिभाषा' में उद्धृत किया गया है।

(3) उपदेश साहस्त्री—इस ग्रंथ का पूरा नाम है—'सकल वेदोपनिषत् सारोपदेश साहस्त्री'। इस नाम की दो पुस्तकें हैं—(1) गद्य प्रबंध—जिसमें गुरु-शिष्य

के संवाद रूप में वेदान्त सिद्धान्त का गद्य में वर्णन किया गया है। (2) पद्य प्रबन्ध—जिसमें वेदान्त के विविध विषयों पर 19 प्रकरण हैं। सुरेश्वराचार्य ने इसके अनेक श्लोकों को अपने नैष्कर्म्यसिद्धि में उद्धृत किया है। आनन्दतीर्थ तथा बोधनिधि की टीकाएँ भी इस ग्रन्थ पर उपलब्ध हैं।

(4) पंचीकरण प्रकरण—यह ग्रन्थ गद्य में लिखित है। सुरेश्वराचार्य ने इसके ऊपर वार्तिक भी लिखा है, जिस पर शिवराम तीर्थ का विवरण मिलता है। 'विवरण' पर 'आभरण' नामक एक और भी टीका मिलती है। गोपाल योगीन्द्र के शिष्य स्वयंप्रकाश और आनन्दगिरि ने भी इस पर पृथक्-पृथक् 'विवरण' नामक टीका लिखी है। इस पर कृष्णतीर्थ के किसी शिष्य ने 'तत्वचन्द्रिका' नामक व्याख्या लिखी है।

(5) प्रबोध सुधाकर—इसमें वेदान्त के तत्वों का अत्यन्त सुन्दर विवेचन है। इसमें 257 आर्या छन्द हैं, जिसमें सांसारिक विषयों की निन्दा और वैराग्य की प्रशंसा की गयी है। साथ ही ध्यान का मनोरम प्रतिपादन किया गया है। इस ग्रन्थ की भाषा बहुत सुबोध तथा प्रांजल है। शैली भी आचार्य के ग्रन्थों की शैली के समान है।

(6) लघुवाक्यवृत्ति—इसमें 18 अनुष्टुप् छंद हैं जिनमें जीव और ब्रह्म की एकता का प्रतिपादन किया गया है। इस पर अनेक टीकाएँ भी मिलती हैं। एक टीका तो स्वयं आचार्य ने ही की है और दूसरी टीका रामानन्द सरस्वती की है। विद्यारण्य स्वामी ने इस पर 'पुष्पांजलि' नामक टीका लिखी है।

(7) वाक्यवृत्ति—इसमें 53 श्लोक हैं। इसमें 'तत्वमसि' नाम के पदार्थ और वाक्यार्थ का विशद विवेचन है। 'तत्' और 'त्वं' पदों के अर्थ—वाक्यार्थ और लक्ष्यार्थ—का निरूपण भलीभाँति किया गया है। इसके ऊपर महायोगी माधवप्राज्ञ के शिष्य विश्वेश्वर पंडित की 'प्रकाशिका' टीका है।

(8) विवेक चूड़ामणि—इस ग्रन्थ में 581 श्लोक हैं। यह वेदान्तशास्त्र का परम उत्कृष्ट ग्रन्थ है। इसमें गुरु-शिष्य के लक्षण, विवेक, वैराग्य, शम, दम, श्रद्धा, समाधान, उपरति, तितिक्षा, मुमुक्षुत्व, समाधि (सविकल्प समाधि, निर्विकल्प समाधि) जीवनमुक्त के लक्षणों आदि का विशद और आकर्षक वर्णन किया गया है। आचार्य का यह ग्रन्थ संन्यासियों और गृहस्थों दोनों में खूब प्रचलित है। इसकी हिन्दी, बंगला और भारत की अन्य भाषाओं एवं अंग्रेजी में अनेक टीकाएँ मिलती हैं। यह व्यापक और प्रौढ़ ग्रन्थ है। गीता प्रेस, गोरखपुर की टीका से इस ग्रन्थ का प्रचार सर्वसाधारण में बहुत अधिक हो गया है।

(9) शतश्लोकी—इसमें सौ श्लोक हैं। इसमें वेदान्त-सिद्धान्त का विशद विवेचन किया गया है। विज्ञानात्मा, आनन्द कोश, जगन्मिथ्यात्व और कर्म-मीमांसा, इन चार प्रकरणों में यह ग्रन्थ विभाजित है। वेदान्त के समर्थन में

उपनिषदों के प्रमाण बड़ी सुन्दरता से प्रस्तुत किये गये हैं। आनन्दगिरि की टीका मैसूर से प्रकाशित ग्रन्थावली में प्रकाशित है। शंकराचार्य के नाम से इसकी एक टीका भी उपलब्ध है।

उपर्युक्त इन 9 रचनाओं के अतिरिक्त निम्नलिखित रचनाएँ भी शंकराचार्य कृत मानी जाती हैं—

अद्वैतपंचरत्न, अद्वैतानुभूति, अनात्मश्रीविगर्हण प्रकरण, उपदेशपंचक, एकश्लोकी, कोपीन पंचक, जीवनमुक्तानन्द लहरी, तत्वबोध, तत्वोपदेश, धन्याष्टक, निर्गुण मानस पूजा, निर्वाणमंजरी, निर्वाण षटक्, परापूजा, प्रश्नोत्तर रत्नमालिका, प्रौढ़ानुभूति, ब्रह्मज्ञानावली माला, ब्रह्मानुचिन्तन, मणिरत्नमाला, मायापंचक, मुमुक्षुपंचक, योगतारावली, वाक्य सुधा, विज्ञान नौका, वैराग्यपंचक, सदाचारानुसन्धान, सर्ववेदान्तसिद्धान्तसारसंग्रह, सर्वसिद्धान्तसारसंग्रह, स्वात्मनिरूपण, स्वात्मप्रकाशिका।

उपर्युक्त 30 ग्रन्थों के विषय में सन्देहहीन निर्णय अभी तक नहीं हो पाया है। अत: ये आचार्य शंकर की संदिग्ध रचनाएँ हैं।

(घ) तन्त्र-ग्रन्थ

आचार्य शंकर ने दो तन्त्र ग्रन्थों की रचना भी की है।

(1) सौन्दर्य लहरी— कतिपय विद्वान् इसे आचार्य की रचना होने में शंका प्रकट करते हैं। परन्तु निश्चय ही यह आचार्य शंकर की नि:सन्दिग्ध और उत्कृष्ट रचना है। काव्य की दृष्टि से यह ग्रन्थ अत्यन्त अभिराम और सरस है। पाण्डित्य की दृष्टि से भी यह उतना ही प्रौढ़ तथा रहस्यपूर्ण है।

संस्कृत के स्तोत्र-साहित्य में इसका शीर्षस्थ स्थान है। इस ग्रन्थ में तन्त्र के रहस्यमय सिद्धान्तों का विवेचन बड़ी कुशलता से किया गया है। इस महत्वपूर्ण कृति पर 35 विद्वानों ने टीकाएँ लिखी हैं, जिनमें लक्ष्मीधर, कैवल्याश्रम, भास्कर राय, कामेश्वर सूरि तथा अच्युतानन्द की व्याख्याएँ प्रमुख हैं। इस ग्रन्थ में सौ श्लोक शिखरिणी छन्द में हैं। इन श्लोकों में काव्य तथा तांत्रिकता का अपूर्व सामंजस्य दिखलायी पड़ता है। प्रारम्भ के 41 श्लोकों में तान्त्रिक सिद्धान्त के रहस्य का सुन्दर विवेचन किया गया है। अन्तिम 59 श्लोकों में भगवती त्रिपुर सुन्दरी के अंग-प्रत्यंग का अत्यन्त सरस तथा हृदयग्राही वर्णन है। षट्चक्रों में विराजमान भगवती की नाना मूर्तियों का वर्णन आचार्य ने बड़े पांडित्य से किया है। इस लहरी के पचहत्तरवें श्लोक में किसी द्रविड़ शिशु का उल्लेख है, जिसे भगवती ने अपने स्तन का दुग्धपान स्वयं कराया था और वह देवी की अहेतुकी कृपा से कमनीय कवि बन गया। अधिकांश टीकाकारों के मतानुसार यह द्रविड़ शिशु तमिल प्रदेश के प्रसिद्ध शैव सन्त 'श्रीज्ञानसम्बन्ध' थे। तमिल प्रदेश के जिन चार शैव सन्तों ने शैवमत का विपुल प्रचार

किया उनमें इनका स्थान महत्वपूर्ण है। 'ज्ञानसम्बन्ध' का समय विक्रम की छठी या सातवीं शताब्दी है। इस उल्लेख से स्पष्ट प्रतीत होता है कि आचार्य शंकर का समय इसके पूर्व नहीं हो सकता।

(2) प्रपंचसार— यह तान्त्रिक परम्परा के अनुसार आदि शंकराचार्य की ही रचना मानी जाती है। पद्मपाद ने इसकी 'विवरण' नामक टीका भी लिखी है। इससे यह सिद्ध होता है कि यह आचार्य शंकर की ही कृति है। अद्वैत वेदान्त के पंडितों ने भी इसे आदि शंकराचार्य की ही कृति माना है। यह ग्रन्थ शंकर का मौलिक ग्रन्थ नहीं है। 'प्रपंचागम' नामक एक प्राचीन ग्रन्थ का सार इस ग्रन्थ में बड़ी कुशलता से रचा गया है। इसमें तन्त्र के सिद्धान्तों का विशद विवरण मिलता है। कहते हैं कि इसकी रचना कश्मीर में हुई थी। शंकर ने मंगलाचरण में देवी की प्रार्थना भी की है।

■

उन्नीस

आचार्य शंकर के दार्शनिक सिद्धान्त

दर्शन जीवन और जगत् के चरम और शाश्वत सत्य का परमोत्कृष्ट अन्वेषण है। भारतीय दर्शन का प्रारम्भ मानवीय सभ्यता के आदिकाल में प्राचीन आर्यावर्त में हुआ। ऋग्वेद के संगीतमय उद्गारों का पर्यवसान उपनिषदों के चिन्तनमय विचारों में हुआ। वेदान्त को वेद का अन्त समझा गया। यह वेदान्त भारतीय अध्यात्मविद्या का मुकुटमणि माना जाता है। भारतीय हिन्दू जनता का यही सर्वमान्य सिद्धान्त है। वेदान्त का मूल स्वयं उपनिषद् है। वेदान्त का अर्थ होता है—'वेद का अन्त'। 'अन्त' शब्द का अर्थ है 'रहस्य', 'सिद्धान्त' अथवा 'समाप्ति'। अतएव वेद का अर्थ हुआ, वेद का अभिप्राय अथवा वेद का प्रतिपाद्य सिद्धान्त अथवा वेद का पर्यवसान। वेदान्त शब्द का प्रयोग सबसे पहले उपनिषदों में ही पाया जाता है। मुण्डक, श्वेताश्वतर तथा महानारायण उपनिषद् में 'वेदान्त' शब्द का प्रयोग मिलता है।

इस प्रकार वेदान्त का मूल अभिप्राय उपनिषदों से ही है। परन्तु उपनिषदों के आधार पर विकसित सम्पूर्ण धार्मिक और दार्शनिक परम्परा वेदान्त के नाम से ही विख्यात है। वेदान्त के विकास के तीन प्रस्थान माने जाते हैं—

(1) उपनिषद् (श्रुतिप्रधान)

(2) भगवद्गीता (स्मृति प्रधान)

(3) वेदान्त सूत्र (तर्क प्रधान)

इन तीनों प्रस्थानों के क्रमिक विकास में सुनिश्चित परम्परा दिखलायी पड़ती है। इन तीनों को 'प्रस्थानत्रयी' कहा जाता है। इन तीनों पर आचार्य शंकर के पूर्ववर्ती और परवर्ती विद्वानों ने भाष्य रचनाएँ की हैं।

शंकराचार्य ने उपनिषद्, गीता तथा ब्रह्मसूत्र (वेदान्त-सूत्र)-इस प्रस्थानत्रयी पर अपना विद्वत्तापूर्ण भाष्य लिखा है। उन्होंने अपने वेदान्त-सिद्धान्त अद्वैतवाद का प्रतिपादन इन्हीं भाष्यों के माध्यम से किया है। वेदान्त में और भी अनेक मत हैं, इनमें से कुछ शंकर से प्राचीन भी हैं। परन्तु आचार्य शंकर के परवर्ती आचार्यों ने इनका विशेष रूप से प्रतिपादन उनके पश्चात् किया है। इन मतों में रामानुजाचार्य का विशिष्टाद्वैत मत, मध्वाचार्य का द्वैतवाद, निम्बार्काचार्य का द्वैताद्वैतवाद एवं वल्लभाचार्य का शुद्धद्वैतवाद बहुत प्रसिद्ध हैं। इन आचार्यों ने अपने मत की पुष्टि के

लिये गीता तथा ब्रह्मसूत्र पर भाष्यों की रचना की है। इनके मतानुसार उपनिषदों पर भी टीकाएँ लिखी गयीं। आचार्य शंकर के भाष्य इतने विशद, इतने पांडित्यपूर्ण, और इतने सुबोध सिद्ध हुए कि इनके सामने विद्वानों ने प्राचीन आचार्यों के भाष्यों को विस्मृत कर दिया। शंकर के परवर्ती आचार्यों ने उन्हीं के भाष्यों से अनुप्रेरित होकर अपने-अपने भाष्यों की रचना की। इस प्रकार वेदान्त-जगत् में आचार्य शंकर की कृतियों का महत्वपूर्ण योगदान है।

शंकर के अद्वैतवाद के मूल सिद्धान्त इस सुप्रसिद्ध श्लोक से परिलक्षित होते हैं—

'ब्रह्म सत्यं जगन्मिथ्या जीवो ब्रह्मैव नाऽपर:'।

अर्थात्, (1) ब्रह्म ही सत्य है, (2) जगत् मिथ्या है, (3) जीव ब्रह्म ही है और(4) जीव और ब्रह्म में कोई भेद नहीं है। इन्हीं चार सिद्धान्तों की दृढ़ भित्ति पर अद्वैतवाद के भव्य भवन का निर्माण हुआ है।

आत्मा का स्वरूप

अद्वैत वेदान्त का मूल मंत्र है परमार्थ सत्ता रूप ब्रह्म की एकता तथा अनेक रूपात्मक जगत् की मायिकता। शंकर अद्वैत वेदान्त के अनुसार अखण्डैकरूप आत्मा अखिल अन्तर्बाह्य सत्ता के समवायरूप के समानार्थक माना जाता है। इसका कारण यह है कि आत्मा ब्रह्म के अन्तर्गत एक अंश नहीं, बल्कि उसका मूल स्वरूप तथा अन्तर्तम सत्य है। आत्मप्रत्यय स्वयंसिद्ध है। वास्तव में प्रत्येक सत्तावान् वस्तु आत्मा से अभिन्न-तादात्म्य भाव से ही वर्तमान है। आत्मा से पृथक् किसी वस्तु की सत्ता अकल्पनीय है। परन्तु इसका अभिप्राय यह नहीं है कि जिस वस्तु की आत्मा से पृथक् सत्ता की कल्पना की जायेगी, वह असत् है, बल्कि यह कि प्रत्येक वस्तु जिसकी सत्ता की कल्पना की जा सकती है वह आत्मा के साथ अपृथक्-तादात्म्य भाव से ही स्थित है और आत्मा से पृथक् सत्ता रखनेवाली प्रत्येक वस्तु 'असत्' है, क्योंकि वह एक कल्पना मात्र है।

जगत् अनुभूति पर निर्भर है। अनुभव के आधार पर जगत् के समस्त व्यापार अवलम्बित रहते हैं। इस अनुभूति स्तर में आत्मा की सत्ता स्वत:सिद्ध रूपेण अवलम्बित रहती है। विषयी ही विषयों का अनुभव करता है। आत्मा के सन्निकर्ष से सभी पदार्थों की अनुभूति होती है। विषय के अनुभव के अन्तर्गत चेतन विषयी की सत्ता स्वयं सिद्ध है, क्योंकि आत्मा की ज्ञातरूपेण उपलब्धि के बिना विषय का ज्ञान असम्भव है। प्रत्येक अनुभव की प्रक्रिया में अनुभवकर्ता की अपनी सत्ता की अनुभूति निश्चित रूप से होती है। इस सिद्धान्त का प्रतिपादन आचार्य शंकर ने बड़ी निपुणता से किया है।[1]

---

1. शंकराचार्य कृत ब्रह्मसूत्र भाष्य 2/3/7

इसका अभिप्राय है कि आत्मा प्रमाण आदि सभी व्यवहारों का आश्रय और साक्षी है। अतएव समस्त व्यवहारों के पहले ही आत्मा की स्वयंसिद्धता सिद्ध है। आत्मा का निराकरण किसी भी अवस्था में कोई भी नहीं कर सकता। बाह्य विषयों का निराकरण किया जा सकता है, अन्तर्तम आत्मा का निराकरण किस प्रकार किया जा सकता है? वह तो सभी विषयों का आश्रय और द्रष्टा है। क्या उष्णता अग्नि के द्वारा निराकृत की जा सकती है? ज्ञातव्य में अन्यथा भाव सम्भव है, ज्ञाता में नहीं। 'अतीत वस्तु को मैं जानता हूँ', 'अतीत वस्तु को मैंने जाना', 'वर्तमान को अभी जानता हूँ', 'भविष्य की वस्तुओं को मैं जानूँगा'—इस अनुभव की शृंखला में ज्ञातव्य वस्तु (विषय) की ही परिवर्तनशीलता दिखलायी पड़ती है, ज्ञाता तो ज्यों का त्यों अपरिवर्तनशील है, वह तो त्रिकाल में अपने स्वरूप में स्थित रहता है। आचार्य शंकर ने इसी तत्व का प्रतिपादन किया है कि प्रत्येक प्राणी को आत्मा के अस्तित्व का पूर्ण विश्वास है। ऐसा कोई भी व्यक्ति नहीं है जो यह विश्वास करे कि मैं नहीं हूँ। ऐसा न होने से आत्मा की स्वत: सिद्धि प्रमाणित होती है।[1]

अत: आत्मा के अस्तित्व के विषय में शंका करने की तनिक भी गुंजाइश नहीं है। यह उपनिषदों का ही तत्व है। याज्ञवल्क्य ने बृहदारण्यकोपनिषद् में इसकी बहुत पहले घोषणा की थी कि जो सब किसी को जानने वाला है, उसे हम किस प्रकार जान सकते हैं? [2] सूर्य के प्रकाश से सारा जगत् प्रकाशित होता है, पर सूर्य को क्योंकर प्रकाशित किया जा सकता है? इसी कारण प्रमाणों की सिद्धि का कारणभूत आत्मा किस प्रमाण के बल पर सिद्ध किया जाये? अत: आत्मा की सत्ता स्वयं सिद्ध होती है, उसे किसी अन्य प्रमाण से सिद्ध करने की कोई आवश्यकता नहीं है।[3]

आत्मा ज्ञान और ज्ञाता दोनों ही है। अर्थात् आत्मा ज्ञानरूप भी है और ज्ञाता भी है। ज्ञेय पदार्थ का आविर्भाव होने पर ज्ञान ही ज्ञातारूप में प्रकट हो जाता है। जगत् की ज्ञेयरूपेण जब उपस्थिति रहती है, तभी ज्ञातारूप आत्मा का उदय होता है। ज्ञेय पदार्थ के न रहने पर भी, आत्मा की ज्ञानरूपेण सर्वदा स्थिति रहती है। एक ही अखण्ड और शाश्वत ज्ञान कर्ता एवं कर्म से सम्बद्ध होने पर भिन्न सा प्रतीत होता है। परन्तु वास्तव में वह अभिन्न पदार्थ है। ज्ञान भी नित्यानित्य भेद से दो प्रकार का होता है। अनित्य ज्ञान अन्त:करणावच्छिन्न वृत्तिमात्र है और यह विषयसान्निध्य होने पर उत्पन्न होता है। दूसरा है नित्य ज्ञान (शुद्ध ज्ञान), जो अनित्य ज्ञान से सर्वथा भिन्न है। यह देशकालातीत है, भूत, भविष्य, वर्तमान, तीनों कालों एवं जाग्रत, स्वप्न, सुषुप्ति तीनों अवस्थाओं में सर्वथा और सर्वदा विद्यमान रहता है।[4]

---

1. ब्रह्मसूत्र, शांकरभाष्य 1/1/1
2. विज्ञातारमरे केन विजानीयात् बृ० उ० 2/4/14
3. यतो राद्धि: प्रमाणानां स कं तै: प्रसिध्यति। सुरेश्वराचार्य।
4. ऐतरेय उपनिषद् 2/1, शांकरभाष्य।

दृष्टि भी दो प्रकार की होती है—(1) नेत्र दृष्टि (अनित्य दृष्टि) और (2) आत्म दृष्टि (नित्य दृष्टि)। नेत्र की दृष्टि अनित्य है, क्योंकि नेत्र में रोग होने से वह नष्ट हो जाती है, पर रोग का उपचार करने पर वह पुनः प्राप्त हो जाती है। इस प्रकार वह अनित्य है। परन्तु आत्मदृष्टि नित्य होती है। इसीलिये श्रुति आत्मा की दृष्टि को द्रष्टा बतलाती है। लोक में आत्मदृष्टि का प्रत्यक्ष प्रमाण पाया जाता है, क्योंकि जिस व्यक्ति की दोनों आँखें निकाल ली गयी हों, वह भी कहता है कि मैंने आज स्वप्न में अमुक व्यक्ति को देखा। इसी प्रकार बहरा आदमी भी स्वप्न में सुनने की बात को कहते हुए पाया जाता है। अतः आत्मा की दृष्टि तथा ज्ञान नित्यभूत हैं। अतः नित्य आत्मा ज्ञानस्वरूप है, इसमें रंचमात्र भी संशय नहीं है।[1]

प्रत्येक विषय के अनुभव में दो अंश अंतर्हित रहते हैं—एक तो होता है अनुभव करनेवाला आत्मा और दूसरा होता है अनुभव का विषय बाह्य पदार्थ। सामान्य व्यक्ति की दृष्टि में जीव और जगत् दो पृथक् स्वतंत्र सत्ताएँ हैं, पर परमार्थी की सूक्ष्म दृष्टि में आत्मा ही एकमात्र सत्ता है। व्यावहारिक दृष्टि से ही जगत् की पृथक् सत्ता की प्रतीति होती है। पारमार्थिक दृष्टि से जगत् की सत्ता त्रिकालबाधित है। आचार्य शंकर जगत् की व्यावहारिकता सिद्ध करने के अवसर पर कहते हैं—ज्ञप्ति (ज्ञान) आत्मा का स्वरूप है तथा नित्य है।[2] ज्ञानेन्द्रियों आदि के द्वारों से परिणत होनेवाली बुद्धि, शब्द, स्पर्श, रूप, रस और गन्ध आदि विषयों को ग्रहण करती है। ये समस्त प्रतीतियाँ और अनुभूतियाँ आत्मविज्ञान का विषय हो कर उत्पन्न होती हैं। अतएव आत्मज्ञान सर्वत्र और सदैव व्याप्त रहता है। जगत् की कोई भी वस्तु ऐसी नहीं है जो आत्मज्ञान के द्वारा व्याप्त न होकर उत्पन्न होती हो। जगत् के समस्त पदार्थ नामरूपात्मक हैं। नामरूप परिवर्तनशील और क्षणभंगुर हैं। नामरूप की जिन-जिन अवस्थाओं में विकृति होती है, उन सब अवस्थाओं में यह विकृति आत्मस्वरूप का परित्याग नहीं कर सकती, क्योंकि कारण सत्ता में ही कार्यसत्ताएँ अवस्थित रहती हैं। इस प्रकार कारण सत्ता कार्यसत्ताओं में सर्वदा और सर्वथा अनुस्यूत रहती है। कोई भी कार्य अपने कारण छोड़कर एक क्षण के लिये भी अवस्थित नहीं हो सकता। घट कार्य है, मृत्तिका उसका कारण है। क्या घड़ा मिट्टी को छोड़कर एक क्षण के लिये भी टिक सकता है? इस विषय में आचार्य का कथन अत्यन्त स्पष्ट है। वे कहते हैं, "जगत् के समस्त पदार्थ केवल सन्मूलक नहीं हैं, अपितु स्थितिकाल में भी वे सत्रूप ब्रह्म के ऊपर आश्रित रहते हैं।[3] इनका अभिप्राय यह है कि जगत् के पदार्थ कार्यरूप हैं, जिनका कारण स्वयं ब्रह्म हैं। वे अपनी किसी भी अवस्था में अपने अधिष्ठानस्वरूप ब्रह्म को छोड़कर टिक नहीं सकते। ब्रह्म की ही सत्ता से जगत् के सभी नामरूपात्मक पदार्थों की सत्ता है। जगत् की कलायें

---

1. ऐतरेय उपनिषद् 2/1, शांकरभाष्य।
2. तैत्तिरीय उपनिषद् 2/1, शांकरभाष्य।
3. छान्दोग्योपनिषद् 6/4, शांकरभाष्य।

उत्पत्ति, स्थिति तथा लय की दशाओं में चैतन्य (ब्रह्म) से पृथक् नहीं रह सकतीं।[1]

अद्वैत वेदान्त का यह पक्का और दृढ़ सिद्धान्त है कि इस विशाल विश्व के अन्तर्गत देश और काल से विभक्त, भूत, वर्तमान और भविष्य में होनेवाली कोई भी वस्तु ऐसी नहीं है, जो आत्मा से पृथक् रह सके—आत्मा से भिन्न हो।[2] अत: संसार में कोई भी ऐसा पदार्थ नहीं जो आत्मा से व्याप्त न हो। प्रत्येक अनुभव में हमें आत्मा की ही अनुभूति होती है। आत्मा विषयरूप है और वही विषयी रूप भी है। वह भीतर भी है और बाहर भी है, कर्ता भी है, कर्म भी है। आचार्य शंकर के सिद्धान्तानुसार इस विश्व में एक ही सत्ता सर्वत्र परिलक्षित हो रही है। वह अखंड और सबका अधिष्ठान है। ज़गत् से सभी बाह्य पदार्थों का अधिष्ठान आत्मा ही है। विषयी-विषय का यह पार्थक्य वास्तविक नहीं है, बल्कि व्यवहार के निमित्त ही कल्पित किया गया है। शंकर के अद्वैत मत का यही रहस्य है।

ब्रह्म

इस निर्विकल्प, निरुपाधि तथा निर्विकार सत्ता का नाम ब्रह्म है। उपनिषदों में निर्गुण और सगुण ब्रह्म दोनों का निरूपण किया गया है। परन्तु आचार्य के मतानुसार निर्गुण ब्रह्म ही उपनिषदों का प्रतिपाद्य विषय है। श्रुति का पर्यवसान निर्गुण ब्रह्म के प्रतिपादन में ही है। मायाविशिष्ट होने के कारण सगुण ब्रह्म जगत् के समान ही मायिक सत्ता से युक्त है। पारमार्थिक सत्ता के अन्तर्गत निर्गुण ब्रह्म ही आता है, सगुण ब्रह्म नहीं।

आचार्य शंकर ने निर्गुण ब्रह्म के यथार्थ स्वरूप का निर्णय करने के लिए उसके दो प्रकार के लक्षणों को स्वीकार किया है—(1) स्वरूप लक्षण तथा (2) तटस्थ लक्षण। 'स्वरूप लक्षण' से निर्गुण के सत्य तात्विक रूप का बोध होता है। परन्तु तटस्थ लक्षण से कतिपय कालावस्थायी आगन्तुक गुणों का ही बोध होता है। एक लौकिक दृष्टांत से इसका स्पष्टीकरण किया जा सकता है। कोई ब्राह्मण रंगमंच पर किसी क्षत्रिय नरेश का अभिनय कर रहा है। वह शत्रुओं को हरा कर अपनी विजयपताका फहराता है और अनेक शोभन कृत्यों का सम्पादन कर प्रजा को आनन्दित करता है। परन्तु उस ब्राह्मण के सत्य स्वरूप के निर्णय करने के लिए उसे राजा बनाना क्या उचित है। राजा है वह अवश्य पर कब तक? जब तक वह रंगमंच पर अभिनय कर रहा है। नाटक की समाप्ति के बाद वह अपने विशुद्ध रूप ब्राह्मण में आ जाता है। अत: उस ब्राह्मण को क्षत्रिय नरेश मानना उसका 'तटस्थ लक्षण' है तथा ब्राह्मण बताना उसका 'स्वरूप' लक्षण है। ब्रह्म जगत् की उत्पत्ति, स्थिति और लय कारण है। ये ब्रह्म के आगन्तुक गुण हैं। ब्रह्म के इन लक्षणों से उसका संकेत करना उसका 'तटस्थ' लक्षण सूचित करना है। 'सत्यं ज्ञानमनन्तं ब्रह्म' (तैत्तिरीय

---

1. प्रश्नोपनिषद् 6/2, शांकरभाष्य।
2. ब्रह्मसूत्र 2/1/6, शांकरभाष्य।

उपनिषद्, 2। 1। 1 तथा 'विज्ञानमानन्दं ब्रह्म' (बृहदारण्यकोपनिषद्, 3। 9। 28) ब्रह्म के 'स्वरूप' लक्षण हैं। आचार्य ने 'सत्य', 'ज्ञान' और 'अनन्त' शब्दों की विशद मीमांसा की है। ब्रह्म के एक होने के कारण, सत्यं ज्ञानं ब्रह्म के लक्षण हैं, विशेषण नहीं और ये 'स्वरूप' लक्षण हैं। 'सत्य' का अर्थ है—अपने निश्चित रूप से कथमपि व्यभिचरित न होने वाले पदार्थ (यद्रूपेण यन्निश्चितं यद्रूपं न व्यभिचरति तत् सत्यं) 'ज्ञान' का अर्थ है अवबोध। जो वस्तु किसी से प्रविभक्त न हो सके, वही 'अनन्त' है (यद्धि न कुतश्चित् प्रविभज्यते तद् अनन्तम्)।

यदि ब्रह्म को ज्ञान का कर्ता माना जायेगा, तो उसे ज्ञेय तथा ज्ञान से पृथक् करना पड़ेगा। ज्ञानप्रक्रिया में ज्ञाता, ज्ञेय तथा ज्ञान सदैव विद्यमान रहते हैं। इन तीनों के सम्मिश्रण अथवा योग को 'त्रिपुटी' की संज्ञा दी गयी है। ब्रह्म अनन्त होने के कारण ज्ञान ही है। ज्ञान का कर्ता नहीं है। अतः ब्रह्म जगत् का कारण, ज्ञानस्वरूप और पदार्थान्तर से सदैव और सर्वथा अविभाज्य है। वह सत् (सत्ता), चित् (ज्ञान) और आनन्द (सच्चिदानन्द) है। यही ब्रह्म का 'स्वरूप' लक्षण है। यही ब्रह्म मायावच्छिन्न होने पर सगुण ब्रह्म का स्वरूप धारण कर 'अपर ब्रह्म' अथवा 'ईश्वर' कहलाता है, जो जगत् की स्थिति, उत्पत्ति तथा लय का कारण होता है। शंकर के अनुसार ब्रह्म सजातीय, विजातीय तथा स्वगत विभेदों से रहित, एकरूप, अखण्ड, अद्वैत, एकरस और सच्चिदानन्द है।

माया

निर्विशेष, निर्लक्षण ब्रह्म से सविशेष और सलक्षण जगत् की उत्पत्ति कैसे हुई? एक ब्रह्म से विविध नामरूपात्मक जगत् की सृष्टि किस प्रकार हुई? इस प्रश्न के वास्तविक उत्तर के लिए 'माया' के स्वरूप को जानना नितांत आवश्यक है। शंकराचार्य ने माया तथा अविद्या शब्दों का प्रयोग समान अर्थ में किया है।

(ब्रह्मसूत्र, शांकरभाष्य, 1/4/3)।

उपनिषदों में अस्फुट रूप में मायावाद का सिद्धान्त विद्यमान है। प्रोफेसर रानाडे ने उपनिषदों में मायावाद के समर्थक पन्द्रह उद्धरण देकर यह मत प्रकट किया है, "यद्यपि माया शब्द का प्रयोग उपनिषदों में बहुत बार नहीं हुआ है, फिर भी 'माया' शब्द का अन्तर्गत भाव उनमें विद्यमान है और यद्यपि हम उपनिषदों में गौड़पाद तथा परवर्ती आचार्यों के इतने विकसित रूप में मायावाद का सिद्धान्त नहीं देखते, फिर भी उनमें वह सब सामग्री मिल जाती है, जिसके आधार पर शंकराचार्य ने मायावाद का विकास किया होगा।"[1] और अन्त में वह इस निष्कर्ष पर पहुँचे हैं कि शंकराचार्य ने केवल उन भावों का विस्तार किया, जो उन्हें उपनिषदों में मिले। उन्हें अपने अद्वैत वेदान्त के रूप में उन्होंने गुम्फित कर दिया।[2] अस्तु, सामान्यतः स्वीकृत

1. रानाडे, कंस्ट्रक्टिव सर्वे, पृष्ठ 227
2. वही, पृष्ठ 224

मत यही है कि उपनिषदों में मायावाद का सिद्धान्त वर्तमान है और आचार्य शंकर ने अपने अद्वैत सिद्धान्त में उसका पूर्ण विस्तार किया है। मायावाद के विषय में आचार्य का मौलिक मत यह है कि माया अविद्या अथवा अज्ञान है जो हमारी प्रकृति में ही निहित है और परम सत्य को हमसे छिपा देती है तथा हमें अहंकार और संसार के कर्तृत्व के द्वारा संसार-चक्र में आबद्ध कर देती है, जिससे मुक्त होकर हम आत्मज्ञान प्राप्त कर सकते हैं, जो हमारी सत्ता का चरम सत्य है और हमारे जीवन का परम नि:श्रेयस् है।

माया ही जगत् की प्रकृति है। 'माया', 'अविद्या', 'अव्यक्त' तथा 'अव्याकृत' सब समानार्थक शब्द हैं। शंकराचार्य ने माया का स्वरूप दिखाते समय लिखा है कि माया भगवान् की अव्यक्त शक्ति है, जिसके आदि का पता नहीं चलता। वह गुणत्रय से युक्त होकर अविद्यारूपिणी है। उसका पता उसके कार्य से चलता है। वही इस जगत् को उत्पन्न करती है। माया सत् भी नहीं है, असत् भी नहीं है और उभयरूप भी नहीं है। वह न भिन्न है, न अभिन्न है और न भिन्नाभिन्न उभयरूप है। न अंगसहित है और न अंगरहित है और न उभयात्मिका ही है, किन्तु वह अत्यन्त अद्‌भुत और अनिर्वचनीय है, वह ऐसी है जो कही न जा सके।[1]

अग्नि की अभिन्न दाहिकाशक्ति के समान ही माया ब्रह्म की अभिन्न शक्ति है। माया न तो 'सत्' है और न 'असत्'। इन दोनों से विलक्षण होने के कारण ही उसे अनिर्वचनीय कहा जाता है। जो पदार्थ सद्रूप से या असद्रूप से वर्णित न किया जा सके, उसे 'अनिर्वचनीय' कहते हैं। माया को सत् इसलिये नहीं कह सकते, क्योंकि ब्रह्मज्ञान (आत्मज्ञान) से उसकी निवृत्ति हो जाती है। सत् तो त्रिकाल-बाधित होता है। अत: यदि वह सत् होती, तो कभी बाधित नहीं होती। माया की प्रतीति होने के कारण, उसे असत् कहना भी न्यायसंगत नहीं जँचता, क्योंकि असत् वस्तु कभी प्रतीयमान नहीं होती। इस प्रकार माया में 'बाध' तथा 'प्रतीति' उभयविध विरुद्ध गुणों का सद्‌भाव रहने से इसे अनिर्वचनीय ही कहना युक्तियुक्त प्रतीत होता है। तर्क की सहायता से माया का ज्ञान प्राप्त करना अन्धकार की सहायता से अन्धकार का ज्ञान प्राप्त करना है। सूर्योदय काल में अन्धकार की निवृत्ति स्वत: हो जाती है, इसी प्रकार ज्ञानोदय काल में माया का बाध अपने आप हो जाता है।

माया केवल एक ऐन्द्रिजालिक शक्ति की भाँति विविध प्रकार की नामरूपात्मक सृष्टि रचती है। परन्तु उसके इस कार्य से ब्रह्म को, जो नित्य, शुद्ध, बुद्ध और पूर्ण है कुछ क्षति नहीं पहुँचती। जिस प्रकार कोई बाजीगर अपनी बाजीगरी के कार्यों से किसी काल में प्रभावित नहीं होता, उसी प्रकार ब्रह्म भी मायाकृत प्रपंच से सदैव विमुक्त रहता है। माया असत्य होते हुए भी भावरूप है, अभावरूप नहीं है, क्योंकि उसकी व्यावहारिक सत्ता तो अवश्य ही है। मायाकृत प्रपंच का सत्य वस्तु के साथ

1. शंकराचार्य कृत, विवेक चूड़ामणि श्लोक 110, 111

वही सम्बन्ध है, जो 'प्रातिभासिक' सत्ता का 'व्यावहारिक' सत्ता के साथ है। सीपी में चाँदी का भ्रम तभी तक रहता है, जब तक सीपी का यथार्थ ज्ञान नहीं होता। सीपी का यथार्थ ज्ञान होते ही चाँदी की सत्ता नष्ट हो जाती है। ठीक इसी प्रकार जगत् व्यवहार रूप से तभी तक भासता है, जब तक ब्रह्म के सत्य होने की अनुभूति नहीं होती। जिस प्रकार स्वप्न के पदार्थ उसी समय तक सत्य प्रतीत होते हैं, जब तक जाग्रतावस्था का अनुभव नहीं होता। बाजीगर द्वारा कल्पित पदार्थों की सत्ता जिस प्रकार स्वाधीन अथवा सत्य नहीं है, उसी प्रकार अनादि अविद्याकृत प्रपंच की सत्ता ब्रह्म से स्वाधीन तथा सत्य नहीं है। जैसे मरुस्थल में जल का सर्वथा अभाव है, जल का चिह्न मात्र भी वहाँ नहीं है, तथापि मृगतृष्णा-जल भासता है, और बहुत से प्राणी उसके ढूँढ़ने में व्यग्र रहते हैं, ठीक उसी प्रकार मायाकृत यह प्रपंच मिथ्या और असत्य होते हुए भी ब्रह्म में ही भासता है और अज्ञानी जीव इसके बंन्धन में पड़कर कष्ट पाते हैं।

माया की शक्ति से विविध भूतों और जीवों के शरीरों का विकास होता है। यद्यपि समस्त शरीरों में वही सच्चिदानन्द ब्रह्म अखण्ड रूप से विद्यमान है, तथापि मायाकृत नाना उपाधि-भेदों के कारण, वह अनेक शरीरों में भिन्न-भिन्न रूप से वर्तमान प्रतीत होता है। प्रत्येक जीव में जो सत्य और अविकारी तत्त्व है, वह शुद्ध परम ब्रह्म है। समस्त स्थूल और सूक्ष्म शरीर, जो एक जीव को दूसरे से भिन्न करते हैं, माया के ही कार्य हैं। अतएव जो अनादि, अनिर्वचनीय, अघट-घटना पटीयसी माया है, वही जगत् का उपादान कारण है अथवा माया उपाधि ब्रह्म ही जगत् का उपादान और निमित्त कारण है। मायोपहित ब्रह्म ईश्वर कहलाता है और इसी ईश्वर से प्रेरित होकर माया उत्तरोत्तर सृष्टिविकासक्रम में नाना प्रकार के भिन्न रूपों में परिणत होती है।

माया की दो शक्तियाँ हैं—आवरण तथा विक्षेप।[1] इन्हीं की सहायता से वस्तुभूत ब्रह्म के यथार्थ रूप को आवृत्त कर उसमें अवस्तुरूप जगत् की प्रतीति का उदय होता है। आवरणशक्ति ब्रह्म के शुद्ध स्वरूप को मानो ढक लेती है और विक्षेप शक्ति उस ब्रह्म में आकाश आदि प्रपंच को उत्पन्न कर देती है। जिस प्रकार एक छोटी-सी मेज दर्शकों के नेत्र को ढक देने के कारण अनेक योजन विस्तृत आदित्यमण्डन को आच्छादित सी कर लेती है, उसी प्रकार परिचित अज्ञान अनुभवकर्ताओं की बुद्धि को ढक देने के कारण अपविच्छिन्न असंसारी आत्मा को आच्छादित सा कर देता है, इसी शक्ति को 'आवरण शक्ति' कहा जाता है, जो शरीर के भीतर द्रष्टा और दृश्य तथा शरीर के बाहर ब्रह्म और सृष्टि के भेद को आवृत कर देती है। जिस प्रकार रज्जु का अज्ञानावृत्त भाव रज्जु में अपनी शक्ति से सर्पादि की उद्भावना करता है, ठीक उसी भाँति माया भी अज्ञानाच्छादित आत्मा में उस शक्ति

1. दृगदृश्यविवेक, 13/15

के बल पर आकाश आदि जगत् प्रपंच की उत्पत्ति करती है। माया की यही शक्ति विक्षेपशक्ति कहलाती है।

मायोपाधिक ब्रह्म ही जगत् का निर्माता है। चैतन्य पक्ष के अवलम्बन करने पर ब्रह्म जगत् का निमित्त कारण है और उपाधि पक्ष की दृष्टि में वही ब्रह्म उपादान कारण है। अत: ब्रह्म की जगत्-रचना में माया को ही सर्व प्रधान कारण मानना समीचीन है।

ईश्वर

निर्विशेष ब्रह्म माया के द्वारा अविच्छिन्न होने पर जब सविशेष या सगुण भाव को धारण करता है, तब उसे 'ईश्वर' की संज्ञा दी जाती है। ईश्वर ही समस्त विश्व की सृष्टि, स्थिति और लय का कारण है। सृष्टि-रचना का यह व्यापार परमेश्वर की लीला मात्र है। जैसे लोक में सब मनोरथ की सिद्धि होने वाले पुरुष के व्यापार बिना किसी प्रयोजन के लीला के लिये होते हैं, उसी प्रकार सर्वकाम तथा सर्वज्ञ ईश्वर का यह सृष्टि-व्यापार लीला-विलास है।

न्याय के मतानुसार सृष्टि रचना में ईश्वर को केवल निमित्त कारण माना गया है। परन्तु वेदान्त मत के अनुसार ईश्वर ही सृष्टिरचना का निमित्त और उपादान दोनों कारण है। उपनिषदों में ब्रह्म के उपादान कारण होने के स्थान-स्थान पर संकेत मिलते हैं। उदाहरणार्थ, "जिस प्रकार एक मृतपिंड के जानने से समस्त मिट्टी के बने पदार्थों का ज्ञान हो जाता है, क्योंकि मृत्तिका ही सत्य है, मिट्टी के बने हुए पदार्थ केवल नामरूपात्मक हैं, उस प्रकार एक ब्रह्म के जानने पर समस्त पदार्थ जान लिये जाते हैं।"[1] ब्रह्म का मृत्तिका के साथ दृष्टान्त उपस्थित किये जाने से ब्रह्म का उपादानत्व नितान्त स्पष्ट है।[2]

कुछ लोग यह आक्षेप करते हैं कि सुख, दु:ख, मोहात्मक तथा अचेतन जगत् की उत्पत्ति तद्विलक्षण ब्रह्म से कैसे हो सकती है? आचार्य शंकर उनके संशय का इस प्रकार निराकरण करते हैं, "अचेतन गोमय (गोबर) से चेतन वृश्चिक (बिच्छू) का जन्म होता है और चेतन पुरुष से अचेतन नख-केश उत्पन्न होते हैं। अत: विलक्षणत्व हेतु से ब्रह्म की जगत्-कारणता का परिहार नहीं किया जा सकता।[3] इससे ब्रह्म अद्वितीय सिद्ध होता है।

इस सम्बन्ध में विद्वानों का दूसरा आक्षेप यह है कि जगत् भोग्य है और आत्मा भोक्ता है। परन्तु उपादान कारण से दोनों की एकता सिद्ध है। ऐसी स्थिति में भोक्ता-योग्य का विधान न्यायसंगत कैसे प्रतीत होगा? आचार्य ने इस शंका की निवृत्ति इस प्रकार की है, "समुद्र तथा उसकी लहरों में, मिट्टी तथा घड़ों में वास्तविक एकता

1. छान्दोग्योपनिषद्, 6/1/2
2. ब्रह्मसूत्र, 1/4/23, शांकरभाष्य।
3. वही, 2/1/3 शांकरभाष्य।

होने पर भी, व्यावहारिक भेद अवश्य है। ठीक उसी भाँति ब्रह्म और जगत् में अभिन्नता होते हुए भी व्यावहारिक भेद अवश्यमेव विद्यमान है।[1]

उपासना की दृष्टि से विचार करने पर यह निष्कर्ष निकलता है कि निर्विशेष निर्गुण ब्रह्म की उपासना अशक्य और असम्भव है। ब्रह्म वस्तुत: प्रदेशहीन, मन, वाणी, बुद्धि से परे है। अत: वह उपासना का विषय नहीं हो सकता। जब निर्विशेष ब्रह्म सविशेष ईश्वर का रूप धारण करता है, तभी वह उपासना की परिधि में आता है। मायोपाधिक ब्रह्म उपाधि विशेष सम्बन्धित होने से, भिन्न-भिन्न रूपों में अभिव्यक्त होता है। इसीलिये उपनिषदों में, सूर्य में, नेत्र में, हृदय में सविशेष सगुण ब्रह्म की उपासना का विधान बताया गया है। हाँ, यह बात अवश्य है कि निर्गुण निर्विशेष ब्रह्म के ज्ञान से अविद्या, अज्ञान की निवृत्ति हो जाती है और आत्मज्ञान (ब्रह्मज्ञान) की प्राप्ति होती है। ब्रह्मज्ञान का फल मोक्षप्राप्ति है। सगुण सविशेष ब्रह्म की उपासना का अथवा प्रतीकोपासना (सूर्य, आकाशादि) का फल उपास्य और उपासक के भेद से भिन्न-भिन्न होता है।[2] वास्तव में यह फल भी कल्पित ही है। अत: ईश्वर और जीव की कल्पना व्यावहारिक होने से दोनों मायिक हैं। इसीलिये विद्यारण्य स्वामी ने अपने प्रसिद्ध ग्रन्थ 'पंचदशी' में स्पष्ट कहा है—''जीव और ईश्वर माया रूपी कामधेनु (गाय) के दो बछड़े हैं। वे अपनी इच्छा के अनुसार द्वैतरूपी दूध को पियें। वास्तव में तत्व तो अद्वैत ही है।''[3]

जीव

अविद्या अथवा अन्त:करणोपाधिक चेतन 'जीव' कहलाता है। आचार्य शंकर ने शरीरेन्द्रिय संघात का शासक एवं कर्मफलभोक्ता आत्मा को जीव कहा है। आत्मा की उत्पत्ति प्रतिपादक—

'तथाक्षराद् विविधा सोम्य: भावा:,
प्रजायन्ते तत्र चैवापियन्ति॥'

—मुण्डकोपनिषद्, 2।1।1

(अर्थात् उसी प्रकार अविनाशी ब्रह्म से नाना प्रकार के भाव (जीव) उत्पन्न होते हैं और उसी में विलीन हो जाते हैं) श्रुति वाक्यों का तात्पर्य उपाधि की उत्पत्ति से है, आत्मा से नहीं। यह कथन नित्य आत्मा में केवल उसका उपचार मात्र है। स्वाभाविक प्रश्न उठता है कि जो नित्य, शाश्वत आत्मा है, उसकी उत्पत्ति किस प्रकार स्वीकार की जानी चाहिये? इस प्रश्न का उत्तर आचार्य शंकर ने इस प्रकार दिया है कि शारीरिक उपाधियाँ ही उत्पन्न होती हैं; आत्मा नित्य होने से कभी

1. ब्रह्मसूत्र, 2/1/14 शांकरभाष्य।
2. वही, 1/9/24 शांकरभाष्य।
3. पंचदशी, 6.236

उत्पन्न नहीं होता।[1] आचार्य ने यह भी बतलाया है कि वेदांतशास्त्र में सृष्टि की किसी अवस्था में जीव की उत्पत्ति का प्रसंग नहीं आया है। उसे अनादि सत्वावान् माना गया है, जिसका अभिप्राय यह है कि जीव आगन्तुक नहीं है, किन्तु एक सनातन सत्ता है, जिसकी व्याख्या उद्‌भव के रूप में नहीं की जा सकती।[2]

आचार्य परम ब्रह्म और जीव में नितांत एकता स्वीकार करते हैं। इसलिये जीव भी शुद्ध, चैतन्य, अकर्ता, विभु, पूर्ण और सर्वशक्तिमान है। किन्तु मायाकृत उपाधियों के सम्बन्ध से वह अपने को अमित से मित, सर्वव्यापी से परिच्छिन्न समझकर अपने आप को कर्ता, भोक्ता तथा अपूर्ण एवं अशक्त समझने लगता है। इसका परिणाम यह होता है कि वह कर्म के चक्र में फँसकर नाना प्रकार के शुभाशुभ कर्म के संपादन में जुटा रहता है। जीवों को कर्मफल-देनेवाला ईश्वर भी व्यवहार दशा में सत्य है। ईश्वर जीवों के कर्मानुसार उन्हें शुभाशुभ कर्मों का भोग प्रदान करता है।

जीव में आत्मचैतन्य के प्रकट होने की तीन अवस्थाएँ हैं—जाग्रत, स्वप्न, सुषुप्ति। जाग्रतावस्था में हम संसार के विविध कार्यों में लगे रहते हैं। हम उठते-बैठते, खाते-पीते, लिखते-पढ़ते, आते-जाते तथा अन्य प्रकार के व्यवहार करते हैं। स्वप्नावस्था में हमारी इन्द्रियाँ बाहरी जगत् से हटकर निश्चेष्ट हो जाती हैं। उस समय हम निद्रित रहते हैं। उस समय भी चैतन्य विद्यमान रहता है; तभी तो हम स्वप्न में देखे हुए को और न देखे हुए को, सुने हुए और न सुने हुए को अनुभव करते हैं, नाना देशों में परिभ्रमण करते हैं, अघटित घटनाओं को घटित होते हुए देखते हैं। तात्पर्य यह है कि स्वप्न में इसी चेतन-सत्ता की शक्ति से स्वप्नमयी सृष्टि का निर्माण हो जाता है और उस स्वप्नमयी सृष्टि में जीव सुख-दुःख का अनुभव करता है। सुषुप्ति अवस्था का अर्थ है ऐसी प्रगाढ़ निद्रा, जिस अवस्था में सोया हुआ पुरुष किसी भोग की कामना नहीं करता और न कोई स्वप्न ही देखता है। परन्तु अखण्ड, अद्वितीय और अद्वैत चैतन्य उस अवस्था में साक्षी और द्रष्टा के रूप में विद्यमान रहता है। तभी तो हम सुषुप्ति अवस्था से जाग्रतावस्था में आने पर यह कहते हैं कि आज तो ऐसा सोया कि कुछ भी न जान सका। यदि चेतनतत्व न विद्यमान रहता, तो यह अनुभूति किस प्रकार होती? परन्तु यह चैतन्य जीवोपाधि के कारण परिच्छिन्न सा प्रतीत होता है। परन्तु शुद्ध और अखण्ड चैतन्य इन तीन अवस्थाओं के चैतन्य से तथा अन्नमय, प्राणमय, मनोमय, विज्ञानमय और आनन्दमय इन पंचकोशों के चैतन्य से सर्वथा भिन्न है। वह इन सबका प्रकाशक होने पर भी इनसे सर्वथा असंपृक्त है। अतएव आत्मा ब्रह्म के समान ही सच्चिदानन्द रूप है। ब्रह्म जब शरीर ग्रहण कर अन्तःकरण से अवच्छिन्न हो जाता है, तब वह 'जीव' की संज्ञा धारण कर लेता है।

---

1. ब्रह्मसूत्र, 2/3/17 शांकरभाष्य।
2. वही, शांकरभाष्य, 2/4/1।

जीव की अन्तर्मुखी और बहिर्मुखी दो वृत्तियाँ होती हैं। जब वे वृत्तियाँ बहिर्मुखी होती हैं, तब विषयों को प्रकाशित करती हैं और जब वे अन्तर्मुखी होती हैं तब अहंकर्ता को अभिव्यक्त करती हैं। विद्यारण्य स्वामी ने जीव में विद्यमान चैतन्य सत्ता की उपमा नृत्यशाला में रखे हुए प्रज्वलित दीपक से दी है—''नृत्यशाला में रखा हुआ दीपक प्रभु (नृत्यशाला के मालिक) को, सभासदों को तथा नर्तकी को समान रूप से प्रकाशित किया करता है। वह किसी के प्रकाश के लिये घटता बढ़ता नहीं है और जब नृत्यशाला में से सब लोग चले जाते हैं, जब वहाँ कोई भी नहीं रहता, तब भी वह वहाँ स्वयं प्रकाशित रहता है। उसी प्रकार जीव में स्थित वह चैतन्य साक्षी तत्व अहंकार को, बुद्धि को और विषयों को (सुषुप्ति के समय) जब अहंकार आदि कोई भी नहीं रहता, तब भी वह साक्षी पहले की भाँति स्वयं प्रकाशित रहता है।'' [1] बुद्धि की चंचलता के कारण, जीव चंचल के समान प्रतीत होता है। वस्तुतः वह नित्य और शान्त है।

आचार्य शंकर के वेदान्त मतानुसार व्यष्टि और समष्टि में कोई अन्तर नहीं है। 'व्यष्टि' का अभिप्राय है व्यक्ति विशेष का शरीर और 'समष्टि' का आशय है समूहात्मक जगत्। वेदान्त तीन प्रकार का शरीर मानता है—स्थूल, सूक्ष्म और कारण। इसके अभिमानी जीव के तीन नाम हैं। स्थूल शरीर का अभिमानी जीव 'विश्व', सूक्ष्म का अभिमानी 'तैजस्' तथा कारण का अभिमानी 'प्राज्ञ' कहा जाता है। इसी प्रकार समष्टि के स्थूल शरीर के अभिमानी को विराट् (वैश्वानर), सूक्ष्म के अभिमानी को सूत्रात्मा (हिरण्यगर्भ) और समष्टि के कारण शरीर के अभिमानी को ईश्वर कहा जाता है। अद्वैत वेदान्त के अनुसार 'व्यष्टि' और 'समष्टि' के अभिमानी पुरुष सर्वथा अभिन्न हैं। आत्मा इन तीनों से स्वतंत्र सत्ता है।

वेदान्त का परम लक्ष्य हमारी मित (सीमित) जीवसत्ता के अन्तर्भूत चरम सत्य के रूप में इस अमित (असीम) और चिरातन अध्यात्म तत्व की प्रतिष्ठा और इसके साक्षात्कार का जीवन के परम निःश्रेयस् के रूप में प्रतिपादन है। यह मित जीवतत्व, जिसका हमें अपरोक्ष ज्ञान है, इस अखिल व्यापक अध्यात्मतत्व से भिन्न नहीं है। वह उसका अन्तर्निहित सत्य है और एक तीव्र अनुभव की अवस्था में इसका साक्षात्कार अवश्यम्भावी है। जीव के व्यावहारिक स्वरूप को और अमित (अनन्त) ब्रह्म के स्वरूप का भेद व्यवहार और अनुभव का एक साधारण तथ्य है।[2] किन्तु यह भेद आत्यन्तिक भेद नहीं माना जा सकता।[3] आचार्य शंकर ने उनके चैतन्यस्वरूप की समानता पर जोर दिया है।[4] दो चेतन तत्वों की सम्भावना का उन्होंने स्पष्ट निषेध

1. विद्यारण्य, पंचदशी, नाटकदीप, श्लोक 11 और 12।
2. ब्रह्मसूत्र, 2/3/48 शांकरभाष्य।
3. वही, 1/1/32 शांकरभाष्य।
4. वही, 1/1/31 शांकरभाष्य।

किया है।[1] अन्त में केवल एक ही परम चैतन्य तत्व है, जो अनन्त और व्यापक है और जो सभी पदार्थों को अपने में गुम्फित किये हुए है। अत: हमारी भौतिक सत्ता की मितता का हमारी आध्यात्मिक सत्ता की अमितता से कोई असामंजस्य नहीं है। आत्मा का स्वरूप स्वतंत्र है और स्वतंत्रता का अर्थ है अनन्तता। चेतना के अन्तर्गत एक ऐसा तत्व है जो समस्त चेतना के विषय से अतीत है। व्यक्तित्व और मितता की चेतना में एक अनन्त और व्यापक अध्यात्मतत्व निहित है, जो उससे सीमित नहीं हो सकता।

आचार्य शंकर के मोक्ष के स्वरूप की कल्पना के विश्लेषण से उक्त कथन का समर्थन हो सकता है। उनके अनुकूल ब्रह्मात्वभाव का साक्षात्कार ही मोक्ष है। यह साक्षात्कार अद्वैतज्ञान स्वरूप है और एक मनोवृत्ति मात्र है।[2] यह मोक्ष कोई अवस्था विशेष नहीं है।[3] यह यहीं इस जीवन और जगत् में ही साध्य है।[4] वेदान्त की समस्त साधन-प्रक्रिया से यह स्पष्ट लक्षित होता है कि मोक्ष व्यक्तिगत साध्य है। किसी ने अभी तक मोक्ष प्राप्त नहीं किया है यह मान्य नहीं।[5] वेदान्त शास्त्रों में गुरु को प्राय: ब्रह्मिष्ठ अथवा ब्रह्मनिष्ठ कहा गया है, जिसका अभिप्राय उस व्यक्ति से है, जो ब्रह्म में पूर्णरूपेण संस्थित है। उसकी 'अपृथक्दर्शी'[6] संज्ञा से यह सिद्ध है कि मोक्ष जीवन और जगत् के प्रति एक आध्यात्मिक दृष्टिकोण है, जिसका शारीरिक सत्ता की मितता और जीवन की क्रियाओं से कोई असामंजस्य नहीं है। लोकसंग्रह के लिये निष्काम कर्म का करना भी आचार्य ने चरम आध्यात्मिक सिद्धि के लिये संगत ही नहीं, बल्कि मुक्तों के लिये वांच्छनीय माना है।[7] इन सबसे यह सिद्ध होता है न तो उस अनन्त आध्यात्मिक तत्व की परमार्थता का और न हमारी सत्ता के चरम सत्य के रूप में उसके साक्षात्कार का हमारी व्यक्तिमत्ता अथवा शरीर की मितता के साथ कोई असामंजस्य है। यदि मोक्ष ऐसा अनुभव है जो यहाँ और इस जीवन में अपनी सीमित शारीरिक सत्ता का त्याग किये बिना भी प्राप्त किया जा सकता है और आत्मचैतन्य के रूप में जिसकी अभिव्यक्ति होती है, तो यह कहना असंगत होगा कि मोक्ष एक अतल शून्य गर्त में हमारी सत्ता का विलय है। मोक्ष हमारी व्यक्तिगत सत्ता का एक अवैयक्तिक सत्ता में विलय नहीं है, वरन् एक आध्यात्मिक अनन्तता में इसका विकास है और वही अन्तर्तम सत्य है। अत: हमारी सत्ता का चरम सत्य है आत्मसाक्षात्कार अथवा मोक्षप्राप्ति और वही मानवजीवन का परम पुरुषार्थ है।

1. ब्रह्मसूत्र, शांकरभाष्य, 2/3/30।
2. छान्दोग्योपनिषद्, 1/1/1, शांकरभाष्य।
3. ब्रह्मसूत्र, 1/1/4, शांकरभाष्य।
4. कठोपनिषद् 3/2/1, शांकरभाष्य।
5. वेदान्त सिद्धान्त मुक्तावली।
6. मुण्डकोपनिषद्, 1/2/12 तथा कठोपनिषद्, 1/2/8, शांकरभाष्य।
7. गीता, 3/36, शांकरभाष्य।

आचार्य के अद्वैत मतानुसार जीव का दु:ख का अनुभव करना मिथ्याभिमान जनित भ्रम के कारण होता है। जीव अविद्या के वश में होकर अपने को देह से, मन से, बुद्धि से अभिन्न समझ लेता है। परिणाम स्वरूप शरीर आदि के दु:खों को वह अपना ही दु:ख मान कर दुखी बन जाता है[1]। अविद्याजनित क्लेश से दुखी होने वाले जीव के क्लेशों से ईश्वर उसी प्रकार तनिक भी प्रभावित नहीं होता, जिस प्रकार जल से भरे हुए घट में सूर्य के हिलते-डुलते हुए प्रतिबिम्ब से सूर्य नहीं प्रभावित होता है। जीव न तो साक्षात् ईश्वर ही है और न वह वस्त्वन्तर ही है। वह ईश्वर का आभास उसी प्रकार है, जिस प्रकार जल में सूर्य का प्रतिबिम्ब। एक जलराशि में जब सूर्य का प्रतिबिम्ब कंपित होता है, तो दूसरी जलराशि में पड़ने वाला सूर्य का प्रतिबिम्ब कंपित नहीं होता। इसी प्रकार जब एक जीव कर्म और कर्मफल के साथ सम्बद्ध है, तब दूसरा जीव उसके साथ सम्बद्ध नहीं हो सकता। इसी कारण जो जीव जैसा कर्म करता है, वही उसका फल भोगता है, अन्य जीव नहीं। सामान्य रूप से सभी जीव ईश्वर के आभास हैं। पर इसका आशय यह नहीं कि एक जीव के द्वारा किया गया कार्य दूसरे जीव को फल देगा। आचार्य ने सूर्य प्रतिबिम्ब के दृष्टान्त द्वारा इसे भलीभाँति स्पष्ट किया है, ''जल में पड़ने वाला सूर्य का प्रतिबिम्ब जल के बढ़ने से बढ़ता है और जब जल घटता है, तो वह संकुचित हो जाता है। जब जल हिलता है, तो वह भी हिलता है। इस प्रकार प्रतिबिम्ब जलधर्म का अनुयायी होता है। पर बिंबस्थानीय सूर्य स्वतंत्र रहता है, उसमें किसी प्रकार का परिवर्तन नहीं होता है। इसी प्रकार ब्रह्म वस्तुत: विकारहीन है, एक रूप है, परन्तु वह जिन देह, इन्द्रिय और उपाधियों को धारण करता है उनके धर्मों को ग्रहण करता सा प्रतीत होता है। वस्तुत: यह बात है नहीं।[2]

अत: जीव ईश्वर के अंश के समान है। वह परमेश्वर का आभास है, प्रतिबिम्ब है। अविद्या के कारण ही जीव शरीर, इन्द्रियों, मन, बुद्धि आदि के साथ सम्बद्ध हो जाता है और उसी के फलस्वरूप अनेक प्रकार के कष्टों को भोगता है। परन्तु ईश्वर का इससे कोई सम्पर्क नहीं रहता। जीव जगत् की सृष्टि-रचना करने में असमर्थ है, क्योंकि अविद्या के कारण वह शक्ति तिरोहित हो गयी है।

जगत्

जगत् की उत्पत्ति के सम्बन्ध में दार्शनिकों में पर्याप्त मतभेद हैं। न्याय और वैशेषिक मतों के अनुसार, यह जगत् अचेतन परमाणुओं के संघात का परिणाम है। सांख्य के सिद्धान्त के अनुसार, त्रिगुणात्मिका (सत्व, रज, तम गुणों से युक्त) जड़ प्रकृति के द्वारा जगत्-रचना होती है। पाशुपत मत के दार्शनिकों ने यह माना है कि जगत् की रचना ईश्वर और प्रकृति के साहचर्य से होती है, जिनमें से प्रकृति उपादान

1. ब्रह्मसूत्र, 2/3/46 शांकरभाष्य।
2. वही, 3/2/20।

कारण है और ईश्वर निमित्त कारण। परन्तु आचार्य शंकर इन सिद्धान्तों में विश्वास नहीं रखते। उनके मतानुसार इस जगत् की उत्पत्ति किसी चेतन पदार्थ से हुई है और वह चेतन तत्त्व ब्रह्म है। मायाविशिष्ट ब्रह्म ईश्वर कहलाता है, वही इस जगत् की उत्पत्ति में उपादान और निमित्त कारण दोनों ही है। जिस प्रकार ऐन्द्रजालिक अपनी मायाशक्ति से विचित्र सृष्टि की रचना करता है, उसी प्रकार ईश्वर भी अपनी मायाशक्ति से विचित्र सृष्टि की रचना करता है। उसकी इच्छा होती है, तो सृष्टि रच देता है और इच्छा हुई तो उसे समेट लेता है। इस प्रकार जगत् की उत्पत्ति, स्थिति और लय ब्रह्म पर अवलम्बित है।

ब्रह्मज्ञानी की दृष्टि में जगत् मिथ्या है, पर व्यावहारिक दृष्टि से आचार्य शंकर जगत् की सत्ता स्वीकार करते हैं। अत: आचार्य की दृष्टि में जगत् की पारमार्थिकी सत्ता न होने पर भी व्यावहारिक सत्ता तो है ही।

सत्ता

अद्वैतसिद्धान्त के प्रतिपादन के लिए आचार्य शंकर तीन सत्ताएँ स्वीकार करते हैं—(1) प्रातिभासिक सत्ता, (2) व्यावहारिक सत्ता और (3) पारमार्थिक सत्ता।

(1) प्रातिभासिक सत्ता— प्रातिभासिक सत्ता से अभिप्राय है, जो पूर्वकाल में भ्रम के कारण सत्य सी प्रतीत हो, परन्तु आगे चलकर, उत्तरकाल में सत्यज्ञान के द्वारा बाधित होकर यथार्थ अर्थात् मिथ्या प्रतीत होने लगे। भ्रम के कारण पहले रज्जु में सर्प की प्रतीति होना और सीपी में चाँदी की भावना का हो जाना प्रातिभासिक सत्ता के दृष्टान्त हैं। रात्रि के अंधकार में मार्ग में पड़ी हुई रस्सी को देखकर उसमें सर्प का भ्रम हो जाता है, परन्तु बाद में दीपक के प्रकाश में उसका यथार्थ ज्ञान हो जाने के कारण वह रज्जु के रूप में प्रतीत होने लगता है और सर्प-बुद्धि नष्ट हो जाती है। इस दृष्टान्त में सर्पज्ञान पूर्वकालीन है और रज्जुज्ञान उत्तरकालीन है।[1] किन्तु जब तक सर्पज्ञान बना रहता है, तब तक हम भय और त्रास से संत्रस्त रहते हैं। रज्जु के यथार्थ ज्ञान हो जाने पर सर्पभाव के नष्ट हो जाने पर भय और त्रास की भी निवृत्ति हो जाती है। इस दृष्टि से स्वप्न-जगत् की अनुभूति और ज्ञान प्रातिभासिक सत्ता के अन्तर्गत आ जाता है।

(2) व्यावहारिक सत्ता— जगत् के जाग्रतकालीन समस्त व्यवहारों की प्रतीति और अनुभूति व्यावहारिक सत्ता के अन्तर्गत आ जाती है। पदार्थों में पाँच धर्म दृष्टिगोचर होते हैं।[2] वे हैं—अस्ति, भाति, प्रिय, नाम और रूप। 'अस्ति' का अभिप्राय है कि पदार्थ विद्यमान रहते हैं। 'भाति' का आशय है, वे पदार्थ प्रकाशित होते हैं और 'प्रिय' का अर्थ है कि वे हमें आनन्दित करते हैं। इन पदार्थों का कोई न कोई 'नाम' होता है और आकारवान होने के कारण कोई न कोई 'रूप' भी होता है।

---

1 माण्डूक्यकारिका, 3/37, शांकरभाष्य।

2. दृग्दृश्यविवेक, श्लोक 10

इन पाँचों धर्मों में से पहले तीन, अर्थात् 'अस्ति' (सत्), 'भाति' (चित्) और 'प्रिय' (आनन्द) तो 'सच्चिदानन्द' ब्रह्म के स्वरूप हैं और अन्तिम दो, अर्थात् 'नाम' और 'रूप' जगत् के धर्म हैं। अत: परम ब्रह्म जगत् के सभी पदार्थों में घुला-मिला रहता है। सच्चिदानन्द की 'अस्ति', 'भाति' और 'प्रिय' तीनों सत्ताएँ जगत् के सभी पदार्थों में विद्यमान रहती हैं। 'नाम' और 'रूप' जगत् के पदार्थों की अपनी विशिष्टताएँ हैं। व्यावहारिक क्षेत्र में वस्तुओं की सत्ता स्वीकार करना नितान्त आवश्यक है। हाँ, आत्मज्ञान अथवा ब्रह्मज्ञान हो जाने के पश्चात् यह अनुभव बाधित हो जाता है। ऐसी दशा में ब्रह्म के अतिरिक्त सभी वस्तुएँ असत् प्रतीत होने लगती हैं। अत: जगत् को एकान्त सत्य, परम सत्य हम नहीं मान सकते। व्यवहार दशा में ही उसकी सत्यता की प्रतीति होती है। इसलिए जगत् के विकारात्मक पदार्थों की सत्ता व्यावहारिक सत्ता है।[1]

(3) पारमार्थिक सत्ता—इन वस्तुओं से अद्वितीय और विलक्षण पारमार्थिक सत्ता है, जो तीनों काल में समान रूप से विद्यमान रहती है। वह एकांत सत्य है, शाश्वत, अखण्ड, अद्वितीय एकरस, सच्चिदानन्दस्वरूप है। वही परब्रह्म है। ब्रह्म की ही सत्ता को पारमार्थिक सत्ता माना जाता है। ब्रह्मज्ञान की उदार और विशाल दृष्टि में ब्रह्म के अतिरिक्त और कुछ भासता ही नहीं। इन तीन सत्ताओं से भिन्न जगत् में कुछ पदार्थ ऐसे भी हैं जो आधारविहीन हैं, जैसे बंध्यापुत्र, आकाश-कुसुम आदि। ऐसे पदार्थों को तुच्छ या अलीक कहा जाता है। ऐसे पदार्थों में कोई भी सत्ता नहीं दिखलायी पड़ती। ये नितान्त असत्य हैं। माण्डूक्यकारिका में आचार्य गौड़पाद ने इसके सम्बन्ध में इस प्रकार कहा है—

असतो मायया जन्म तत्त्वतो नैव उज्यते।
बन्ध्यापुत्रो न तत्त्वेन मायया वापि जायते॥

—माण्डूक्यकारिका, 3/28, गौड़पाद

अध्यास

अद्वैत वेदान्तियों का यह महत्त्वपूर्ण प्रश्न है कि आत्मा स्वभाव से ही नित्ययुक्त, निरतिशय आनन्दस्वरूप है, तब नाना प्रकार के प्रपंचों में पड़कर क्लेश क्यों उठा रहा है? इसका एकमात्र उत्तर है अध्यास के कारण। आचार्य ने अध्यास का लक्षण इस प्रकार बताया है, 'अध्यासो नाम अतस्मिन् तद् बुद्धिः', अर्थात् 'तत् पदार्थ में तदभिन्न पदार्थ का आरोप करना अध्यास है।' सीपी से चाँदी सर्वथा भिन्न है। पर सीपी में चाँदी की प्रतीति की भ्रमबुद्धि अथवा रस्सी में सर्प की मिथ्या-भावना करना अध्यास है। इसी प्रकार देहादिक अनात्म वस्तुओं में आत्म बुद्धि करना एवं आत्मा में अनात्म बुद्धि करना अध्यास का परिणाम है। जीव अध्यास के कारण जगत् के प्रपंचों में उलझ कर दु:खों को भोग रहा है।

1. ब्रह्मसूत्र, 2/1/14, शांकरभाष्य।

यह अध्यास अविद्या विजृम्भित है। यहाँ यह सहज प्रश्न उठता है कि "संसार के अनित्य पदार्थों में अध्यास का होना तो सम्भव है, पर सच्चिदानन्द, अखण्ड, अद्वितीय आत्मा में यह अध्याय कैसे उत्पन्न हो सकता है?" आचार्य शंकर ने इसका उत्तर ब्रह्मसूत्रभाष्य के आरम्भ ही में दिया है। उनका उत्तर इस प्रकार है, "आत्मा का विषयी होना ठीक है, उचित है, परन्तु आत्मा विषय भी होता है। जब हम अनुभव करते हैं कि 'मैं हूँ, मैं सोता हूँ, मैं जागता हूँ', तो ऐसे ज्ञानों का विषय आत्मा ही तो होता है। अतएव आत्मा भी कभी-कभी विषय होता है, यह मानना ही पड़ेगा। यह कोई नियम नहीं है कि प्रत्यक्ष विषय में ही विषयान्तर का आरोप किया जाये। आकाश प्रत्यक्ष है, परन्तु इसी आकाश पर अविवेकी व्यक्ति मलिनता आदि धर्मों का आरोप किया करते हैं। उसी प्रकार आत्मा के अप्रत्यक्ष होने पर भी शरीर धर्म का आरोप करना अस्वाभाविक नहीं है।"[1]

आचार्य शंकर अध्यास को अनादि, अनन्त और नैसर्गिक मानते हैं। अध्यास मिथ्या ज्ञान रूप है, कर्तृत्व और भोक्तृत्व का प्रवर्तक और सबके लिये प्रत्यक्ष है। प्रमाण, प्रमेय आदि समस्त व्यवहारों की मूलभित्ति यही अध्यास (भ्रम) है। यह मनुष्य पशु आदि में समान रूप से व्याप्त है। अध्यास ही अज्ञान है। इस अध्यास को दूर करने का एकमात्र उपाय आत्मस्वरूप का ज्ञान है।[2]

स्वरूप का ज्ञान अपने प्रयत्न से साध्य है, किसी अन्य के द्वारा साध्य नहीं। आचार्य ने अपने प्रसिद्ध ग्रन्थ 'विवेकचूड़ामणि' में स्वप्रयत्न की प्रमुखता पर अत्यधिक जोर दिया है—"पिता के ऋण को चुकाने वाले तो पुत्रादि भी होते हैं, परन्तु भवबन्धन से छुड़ानेवाला अपने से भिन्न और कोई नहीं है।"[3] अविद्या, कामना और कर्मादि के बन्धनों को सौ करोड़ कल्पों में भी अपने सिवा और कौन खोल सकता है।[4]

विवर्तवाद

जगत् की उत्पत्ति ब्रह्म से होती है। वही उसका उपादान और निमित्त कारण दोनों है। कार्य और कारण के विषय में दार्शनिकों के भिन्न-भिन्न मत हैं। वैशेषिक और मीमांसा (पूर्व मीमांसा) मतानुयायी परमाणुओं से जगत् रूप कार्य का प्रारम्भ मानते हैं। अतः वे 'आरम्भवादी' कहे जाते हैं। सांख्य और योग के सिद्धान्तानुसार, यह जगत् प्रकृति का परिणाम है, जैसे दूध में दही पहले से ही अव्यक्त रूप से विद्यमान है, वैसे ही प्रकृति में यह जगत् पहले से ही अव्यक्त रूप में विद्यमान रहता है। वे इसे सत्कार्यवाद कहते हैं। इसीलिए सांख्य और योग मत परिणामवादी कहे जाते हैं।

1. ब्रह्मसूत्र, शांकरभाष्य, उपोद्घात।
2. वही।
3. विवेकचूड़ामणि, शंकराचार्य, श्लोक 53।
4. वही, श्लोक 57।

आचार्य शंकर के अद्वैत वेदान्त के सिद्धान्तानुसार कार्य-कारण की कल्पना इन दोनों सिद्धान्तों से सर्वथा पृथक् है। अद्वैत की दृष्टि में ये दोनों मत भ्रामक हैं। एकमात्र कारण रूप ब्रह्म ही नित्य, निर्विकार सत्पदार्थ है। ब्रह्म ही जगत् का उपादान और निमित्त दोनों ही कारण है। ब्रह्म से उत्पन्न होने वाला यह जगत् मिथ्या, कल्पनामूलक और अनिर्वचनीय है। जगत् माया का तो कार्य है और ब्रह्म का विवर्त। तात्विक परिवर्तन को विकार एवं अतात्विक परिवर्तन को विवर्त कहते हैं। दही दूध का विकार माना जाता है, परन्तु सर्प रज्जु का विवर्त है। इसका कारण यह है कि दूध और दही की सत्ता एक प्रकार की है। सर्प की सत्ता काल्पनिक है, परन्तु रज्जु की सत्ता वास्तविक है।[1] इसी प्रकार विद्यारण्य स्वामी की सम्मति में भी कार्यदशा की कल्पना अज्ञानमूलक है।[2]

आचार्य शंकर के जगत् को 'अनिर्वचनीय' कहने का अभिप्राय है कि जो सत् और असत् दोनों से विलक्षण हो, जैसे रस्सी में सर्प की भ्रान्ति। रस्सी में सर्प की बुद्धि का हो जाना सत्य नहीं है, क्योंकि दीपक के प्रकाश में रज्जु ज्ञान के उदय हो जाने पर सर्पज्ञान की निवृत्ति हो जाती है। परन्तु जब तब रज्जु का वास्तविक ज्ञान नहीं हो जाता, तब तक सर्पज्ञान को असत्य भी नहीं कहा जा सकता, क्योंकि उसी से भय और कम्पन आदि उत्पन्न होते हैं, भय से आक्रान्त होकर मनुष्य भागने लगता है। अत: यह सर्प ज्ञान असत्य होते हुए भी सत् एवं असत् दोनों से विलक्षण है, इसी से यह ज्ञान अनिर्वचनीय या मिथ्या कहलाता है। यह ज्ञान अविद्या से उत्पन्न होता है। वेदान्तशास्त्र में मिथ्या का यथार्थ अर्थ असत् नहीं है, प्रत्युत अनिर्वचनीय है।

आचार्य शंकर का आचार-दर्शन

जीव अविद्या के वशीभूत होकर अपने शुद्ध-बुद्ध-मुक्त स्वभाव को भूलकर जगत् के मायिक प्रपंचों में पड़कर अनन्त क्लेशों को भोगते हुए अपना जीवन यापन कर रहा है। वह वास्तव में सच्चिदानन्द स्वरूप ब्रह्म ही है। आत्मा और ब्रह्म में नितान्त अभिन्नता तथा ऐक्य है। उस परम ब्रह्म की प्राप्ति पर शोक और मोह से विमुक्त हो जाना मनुष्य जीवन का परम पुरुषार्थ है। इसी अन्तिम और चरम लक्ष्य की प्राप्ति (मोक्ष लाभ) में उसके अर्थ, धर्म और काम की प्राप्ति के लिये इन तीनों पुरुषार्थों की समाप्ति हो जाती है। जो मनुष्य केवल प्रेयस् (सांसारिक अभ्युदय और उन्नति) की प्राप्ति के लिये संघर्षरत और प्रयत्नशील है, उसमें और पशु में बहुत कम अन्तर है। जो पुरुष इसकी असारता समझकर नि:श्रेयस् (मोक्ष लाभ) की प्राप्ति के लिए कटिबद्ध है, वही यथार्थ मनुष्य है। अत: भौतिक प्राणी के अर्थ में मनुष्य पशु है, किन्तु साथ ही वह ईश्वर और जगत् का संगम बिन्दु भी है। कठोपनिषद् का कथन है कि ''श्रेय और प्रेय मनुष्य के समक्ष एक मिश्रित रूप में उपस्थित होते हैं।

1. ब्रह्मसूत्र, 2/1/7, शांकरभाष्य।
2. पंचदशी, 6/43।

उन दोनों में विवेक करना कठिन है। अज्ञानी प्रेय को ही वरण करते हैं और उससे सुख पाने की आशा करते हैं। धीर (ज्ञानी) मनुष्य श्रेय को प्रेय से अधिक श्रेयस्कर समझकर उसी को वरण करते हैं।''[1] अतः श्रेय मनुष्य के जीवन और आचार का परम पुरुषार्थ है। जो सांसारिक अभ्युदय और उन्नति के आकांक्षी हैं वे प्रेय की ओर प्रवृत्त होते हैं और जो अमृतत्व के अभिलाषी हैं वे श्रेय की ओर प्रवृत्त होते हैं।[2] परन्तु क्षणिक सुख की इस मृगतृष्णा के जल में आबद्ध हमारी अन्तरात्मा किसी स्थायी मूल्य और ध्रुव आनन्द के लिये आकुल रहती है। किसी भौतिक पदार्थ में उसे न पाकर वह उसे किसी उच्चतर तथा महत्तर पदार्थ में खोजती है। मनुष्य की अनन्त आत्मा किसी अनन्त में ही शाश्वत आनन्द प्राप्त कर सकती है।[3] केवल अनन्त ब्रह्मानुभव ही एक ऐसा पदार्थ है, जिसकी प्राप्ति में अखण्ड तृप्ति और शाश्वत संतोष प्राप्त हो सकता है। अतः शाश्वत आनन्द के आकांक्षी साधकों को विषय सुख की मृगतृष्णा से निवृत्त होकर इस अनन्त आत्मानुभव की प्राप्ति के लिये सचेष्ट होना चाहिये।[4] आत्मानुभव अथवा मोक्ष देशान्तर (लोकान्तर) गमनादि की अपेक्षा नहीं करता।[5] आत्मा की स्थिरता में समस्त इन्द्रियों की आकुलता का समाधान हो जाता है। जो कुछ ज्ञेय है वह अन्य (विषयों) का विषय है, अतः वह मित और परिच्छिन्न है, अनित्य और अनेक है। आत्मा अनन्त, नित्य तथा एक होने के कारण ज्ञेय से भिन्न है। अतः समस्त ज्ञान का आधारभूत तत्व होने के कारण आत्मा व्यावहारिक ज्ञान का ज्ञेय (विषय) नहीं बनाया जा सकता। ज्ञान के अन्य सभी साधनों का यह आधार है। अतः वे इसकी प्राप्ति के साधन नहीं बन सकते। वह सभी ज्ञानों का ज्ञाता है, इसी से हम सब कुछ जानते हैं। उस विज्ञाता को स्वयं किसके द्वारा जाने?[6] जो निरपेक्ष सत्तावान है, वह अपने स्वरूप में ही प्रतिष्ठित है।[7] अतः अपने स्वरूप के साक्षात्कार के लिये अन्य साधन की अपेक्षा नहीं होती। अपने आत्मा के रूप में हमें प्रत्यक्ष रूप से इसका बोध है। प्रत्यक्ष, अनुमान, उपमानादि आदि प्रमाणों से वह नहीं जाना जा सकता। अस्तु, सभी लौकिक साधन आत्मज्ञान की प्राप्ति कराने में असमर्थ हैं।

इतना दुर्विज्ञेय होने पर दार्शनिकों ने अपने-अपने दृष्टिकोण से आत्मसाक्षात्कार के साधनों का उल्लेख किया है। कोई कर्म को आत्मसाक्षात्कार का साधन बतलाता है, तो कोई कर्मज्ञान समुच्चय को तथा कोई केवल ज्ञान को साधन मार्ग बतलाता है।

1. कठोपनिषद्, 1/2/2
2. वही, 1/2/1
3. छान्दोग्योपनिषद् 7/23/1
4. श्रीमद्‌भगवद्‌गीता, 5/21, शांकरभाष्य।
5. बृहदारण्यकोपनिषद्, 4/4/7, शांकरभाष्य।
6. वही, 4/5/15। शांकरभाष्य।
7. केनोपनिषद् 1/3, शांकरभाष्य।

उनके अनुसार, ज्ञान प्राप्ति में दो प्रमुख निष्ठाएँ हैं, कर्मनिष्ठा तथा ज्ञाननिष्ठा। आचार्य शंकर के अनुसार ज्ञान और कर्म का गहरा विरोध है। अत: इस विरोध के कारण ज्ञानकर्म का समुच्चय कथमपि सुसम्पन्न नहीं हो सकता।[1]

कर्मफल अनित्य है तथा आत्मा नित्य है। अत: अनित्य साधनों द्वारा नित्य ज्ञान की प्राप्ति नहीं हो सकती। इसीलिये आत्मानुभव कर्म द्वारा सम्भव नहीं है। कर्मफल चार रूपों में अभिव्यक्त होता है—उत्पाद्य, विकार्य, आप्य, और संस्कार्य। आत्मा कर्म के इन चार फलों से सर्वथा परे है। अनादि और अजन्मा होने के कारण, वह उत्पाद्य नहीं है, अविकारी होने से वह विकार्य नहीं है। सर्वव्यापी और नित्य होने के कारण वह आप्य भी नहीं है। स्वरूपत: शुद्ध होने से, वह संस्कार्य की कोटि के भी अन्तर्गत नहीं आ सकता। कर्मसाध्य होने से आत्मा की अनित्यता का भी प्रसंग उठ खड़ा होगा। अत: आत्मा में कर्म समवाय की कल्पना असम्भव है।

प्रयोजन न होने से कर्म के द्वारा मोक्ष की प्राप्ति नहीं हो सकती। मलिन चित्त द्वारा आत्मतत्व का बोध नहीं किया जा सकता। परन्तु आचार्य शंकर यह स्वीकार करते हैं कि ''काम्यवर्जित नित्यकर्म के अनुष्ठान से चित्तशुद्धि उत्पन्न होती है जिससे बिना किसी रुकावट के जीव आत्मस्वरूप को जान लेता है।[2] कर्म दो प्रकार के हैं—सकाम और निष्काम। शंकराचार्य का कथन है कि सकाम कर्म का तो सर्वथा त्याग करना चाहिए। सकाम कर्म का अभ्यास तथा अनुष्ठान मनुष्य को पशुत्व की ओर ले जाने वाला होता है। निष्काम कर्म का अभ्यास चित्त को शुद्ध कर मुक्ति की ओर ले जायेगा। आचार्य शंकर का यह स्पष्ट मत है कि ''मुक्ति का यथार्थ साधन ज्ञान है—ऋते ज्ञानान्न मुक्ति: (बिना ज्ञान के मुक्ति की प्राप्ति नहीं होती)। परन्तु मुक्ति की प्राप्ति न तो कर्म से होती है, न ज्ञान और कर्म के समुच्चय से, अपितु केवल ज्ञान से होती है।[3]

आत्मा ज्ञान के लौकिक साधनों द्वारा अज्ञेय है तथा कर्म द्वारा अप्राप्य है, इसका अभिप्राय यह कदापि नहीं कि उसका ज्ञान अथवा प्राप्ति किसी प्रकार भी सम्भव नहीं है।[4] इसका आशय केवल इतना है कि साधारण पदार्थों के ज्ञान की भाँति इसका ज्ञान सम्भव नहीं है तथा इसका ज्ञान और उपदेश कठिन है। इस कथन का अभिप्राय आत्मा अथवा आत्मज्ञान के सम्बन्ध में अज्ञेयता अथवा निराशावाद का संकेत करना नहीं है, वरन् गुरु और शिष्य को उसकी प्राप्ति के लिये कठिन प्रयत्न करने के लिये प्रेरित करना है।[5] यद्यपि आचार्य शंकर के अद्वैतवाद का स्पष्ट सिद्धान्त है कि

1. श्रीमद्भगवद्गीता 18/55, शांकरभाष्य।
2. वही 18/10, शांकरभाष्य तथा बृहदारण्यकोपनिषद् 4/4/22 शांकरभाष्य।
3. श्रीमद्भगवद्गीता तथा ऐतरेय उपनिषद् का उपोद्घात शांकरभाष्य।
4. केनोपनिषद्, 1/3, शांकरभाष्य।
5. वही, 1/3, शांकरभाष्य।

आत्मबोध आत्मा द्वारा ही प्राप्य है, तथापि वेदान्त शास्त्रों में आत्मप्राप्ति के साधनों का विस्तृत वर्णन मिलता है। आत्मबोध की स्वाधीनता के साथ-साथ आत्मप्राप्ति के साधनों की उपयोगिता असंदिग्ध रूप से स्वीकृत की गयी है।[1] मोक्ष आत्मिक अनुभव है; केवल ज्ञान को उसका अव्यवहित कारण माना गया है। किन्तु आचार्य ने समस्त कर्मों को इस आत्मानुभव में आवश्यक रूप से सहकारी तथा चरम बोध के पर्यवसान में सहायक माना है।[2] वेदान्त का तथार्थ अनुभव केवल दर्शन का चरम सत्य ही नहीं, वरन् जीवन का चरम श्रेय भी है। इसीलिये इसे परमार्थ की भी संज्ञा दी गयी है।

वास्तव में आध्यात्मिकता नैतिकता का निषेध नहीं, बल्कि उसका पर्यवसान है। नैतिक कोटियाँ पूर्णता से आत्मा की अभिव्यक्ति नहीं कर सकतीं। नैतिकता पूर्ण सत्य नहीं है, किन्तु वह मिथ्या भी नहीं है। नैतिकता सत्य की चरमावस्था की अभिव्यक्ति नहीं कर सकती, किन्तु यह उस चरम लक्ष्य तक पहुँचाने में सहायक सिद्ध हो सकती है और अन्त में नष्ट न होकर हमारे व्यावहारिक व्यक्तित्व के आध्यात्मिक रूप ग्रहण कर लेने पर नैतिकता भी आध्यात्मिकता में पूर्णता और पर्यवसान प्राप्त कर लेती है।

आचार्य शंकर का स्पष्ट कथन है कि आत्मज्ञान हमें स्वत: ही अनायास प्राप्त नहीं हो जायेगा।[3] इसकी सिद्धि के लिये महान् यत्न करने की आवश्यकता पड़ती है।[4]

वेदान्त में मोक्ष-प्राप्ति के साधनों का बड़ा विस्तृत वर्णन है। सत्य के साक्षात् प्रतीक होने के कारण श्रुति को मोक्ष का प्रधान साधन माना गया है। आचार्य शंकर ने अनेक स्थलों पर कहा है कि सत्य केवल श्रुति से ही जाना जा सकता है।[5] किन्तु श्रुति से उनका अभिप्राय ग्रन्थगत शब्दों से नहीं, बल्कि तन्निहित सत्य से है।[6] उन्होंने साधन-प्रक्रिया का वर्णन अपने प्रसिद्ध ग्रन्थों, 'विवेक चूड़ामणि' और 'उपदेश साहस्री' में बड़ी निपुणता से किया है। आत्मसाक्षात्कार करने के लिये शिष्य को चतुष्टय-साधन सम्पन्न होना आवश्यक है। वे चार साधन इस प्रकार हैं—

(1) विवेक— नित्यानित्य-वस्तु-विवेक नैतिक साधना का प्रथम साधन है। 'ब्रह्म सत्य है, और जगत् मिथ्या है, ऐसा जो निश्चय है, वही नित्यानित्य विवेक

1. बृहदारण्यकोपनिषद्, 4/4/6, शांकरभाष्य।
2. ब्रह्मसूत्र, 3/4/36, शांकरभाष्य।
3. तैत्तिरीयोपनिषद्, 1/1/1, शांकरभाष्य।
4. बृहदारण्यकोपनिषद्, 1/4/8, शांकरभाष्य।
5. छान्दोग्योपनिषद्, 6/1/2, शांकरभाष्य।
6. मुण्डकोपनिषद्, 1/1/5, शांकरभाष्य।

कहलाता है।' जब तक मनुष्य लौकिकता की मृगतृष्णा में व्यस्त रहता है, तब तक उसे न तो परिवर्तनशील व्यवहार-जगत् के अन्तर्गत किसी स्थायी तत्व का बोध होता है और न उसे प्राप्त करने की कोई आकांक्षा ही। किन्तु इस नित्यानित्य-विवेक का अभिप्राय नित्य-अनित्य के भेद की पूर्णता तथा नित्य का पूर्ण ज्ञान नहीं है। वह तो आध्यात्मिक साधना के अन्त में ही सम्भव हो सकता है। इसका तात्पर्य सामान्य आध्यात्मिक अभिरुचि से है।

(2) वैराग्य— ''दर्शन और श्रवणादि के द्वारा देह से लेकर ब्रह्मलोक पर्यन्त सम्पूर्ण अनित्य भोग पदार्थों में जो घृणाबुद्धि है वही वैराग्य है।'' इहलोक और परलोक में प्राप्त होनेवाले सभी भौतिक पदार्थ अनित्य हैं। वे क्षणस्थायी हैं तथा क्षण में नष्ट होकर अपनी क्षणभंगुरता के कारण क्षोभ उत्पन्न कर देते हैं। देवलोकों की स्थिति भी पुण्य क्षय होने तक ही है। पुण्य क्षीण होने पर पुनः मर्त्यलोक में आना पड़ता है।[1] पुण्य कर्म से प्राप्त अमृतत्व भी सापेक्ष है। यह एक दीर्घकालीन स्थिति है, किन्तु प्रलय के साथ इस अमृतत्व का भी अन्त हो जाता है। अमृतत्व की कामना नित्य अमृत आत्मा की प्राप्ति में ही शान्त होती है। डॉ० डायसन की दृष्टि से वेदान्त साधना के इस द्वितीय चरण का बहुत दार्शनिक महत्व है। उनके मत में यह भारतीय चिन्तन की सच्चाई का प्रमाण है। उनके विचार से दार्शनिक साधना तभी तक सार्थक है, जब तक हम भौतिक फलाकांक्षा को त्याग कर उसमें लीन हैं। वही चरम तात्विक प्रश्नों का समाधान प्राप्त कर सकता है, जो हृदय की आशा-आकांक्षाओं से ऊपर उठकर शुद्ध अध्यात्म भाव तक पहुँच सकता है।[2]

3. षट्सम्पत्ति— इसके अन्तर्गत छः साधनों का समावेश है—सम, दम, उपरति, तितिक्षा, श्रद्धा और समाधान। बार-बार दोषदृष्टि करने से विषय-समूह से विरक्त होकर चित्त का अपने लक्ष्य में स्थिर हो जाना ही 'शम' है।

कर्मेन्द्रिय और ज्ञानेन्द्रिय दोनों को उनके विषयों से खींचकर अपने-अपने गोलकों में स्थिर करना 'दम' कहलाता है।

वृत्ति का बाह्य विषयों का आश्रय न लेना यही उत्तम 'उपरति' है। चिन्ता और शोक से रहित होकर बिना कोई प्रतिकार किये सब प्रकार के कष्टों का सहन करना 'तितिक्षा' कहलाती है।

शास्त्र और गुरु वाक्यों में सत्यत्व बुद्धि रखना, इसी को सज्जनों ने 'श्रद्धा' कहा है, जिससे कि वस्तु की प्राप्ति होती है।

अपनी बुद्धि को सब प्रकार शुद्ध ब्रह्म में स्थिर रखना, इसी को 'समाधान' कहा गया है। चित्त की इच्छापूर्ति का नाम समाधान है।

1. श्रीमद्भगवद्गीता, 9/21।
2. द सिस्टम आफ द वेदान्त, पृष्ठ 80

यहाँ भी इसका तात्पर्य यह नहीं है कि उपर्युक्त नैतिक गुणों की पूर्णता प्रारंभ में ही साधक से अपेक्षित है। यह भी अध्यात्म-साधना के अन्त में संभव है। हाँ, इन गुणों की ओर प्रवृत्ति आत्मज्ञान की प्राप्ति में बहुत सहायक हो सकती है। पूर्व साधनों की भाँति यहाँ भी इनकी ओर प्रवर्द्धमान अभिरुचि ही अभिप्रेत है। उसकी उत्तरोत्तर वृद्धि का परिणाम पूर्णता ही होगी, जो आत्मज्ञान के साथ ही प्राप्त होगी।

4. मुमुक्षुत्व—अहंकार से लेकर देहपर्यन्त जितने अज्ञानकल्पित बंधन हैं, उन्हें अपने स्वरूप के ज्ञान द्वारा त्यागने की इच्छा करना 'मुमुक्षुत्व' है। आचार्य शंकर के कथनानुसार मनुष्यत्व, मुमुक्षुत्व एवं महापुरुषों की संगति बड़े भाग्य से प्राप्त होती है।[1]

इन समस्त साधनों के सम्पन्न होने पर साधक वेदान्तश्रवण का अधिकारी बनता है। तब वह साधक गुरु की शरण में जाकर आत्मा के विषय में जिज्ञासा करता है। गुरु उस साधक को भलीभाँति कसौटी पर कस कर ब्रह्म विद्या का उपदेश देता है।

सद्गुरु

अद्वैत वेदान्त की साधन परम्परा में आचार्य अथवा सद्गुरु का अत्यन्त महत्वपूर्ण स्थान है। आचार्य शंकर ने केनोपनिषद् के भाष्य में कहा है, "ब्रह्म आचार्य के बार-बार उपदेश द्वारा ही जाना जा सकता है, तर्क, प्रवचन, बुद्धि, बहुश्रवण, तप, यज्ञ आदि के द्वारा नहीं।"[2] छान्दोग्योपनिषद् के भाष्य का वचन और भी दृढ़ है, "ब्रह्म केवल शास्त्र तथा आचार्य के उपदेश के द्वारा अवगम्य है।"[3] 'शास्त्राचार्य,शब्द आचार्य शंकर की रचनाओं में अनेक बार समास रूप में प्रयुक्त हुआ है जिसका अभिप्राय यह है कि चरम सत्य (ब्रह्मतत्व) श्रुतियों में निहित है तथा आचार्य अपने अनुभव के आधार पर साधकों को उसकी प्राप्ति के पथ का प्रदर्शन करता है। आचार्य शंकर ने ऐसे आध्यात्मिक गुरु के सद्गुणों का अपने प्रसिद्ध ग्रंथ विवेक चूड़ामणि में इस प्रकार उल्लेख किया है, "जो श्रोत्रिय हों, निष्पाप हों, कामनाओं से शून्य हों, ब्रह्मवेत्ताओं में श्रेष्ठ हों, ब्रह्मनिष्ठ हों, ईंधनरहित अग्नि के समान शान्त हों, अकारण दया-सिन्धु हों और प्रणत (शरणापन्न) सज्जनों के बन्धु (हितैषी, शुभचिन्तक) हों।"[4]

उपनिषदों में गुरु के महत्व पर अत्यधिक बल दिया गया है। कभी-कभी गुरु शिष्य के अधिकार की परीक्षा भी ले लिया करते थे। इससे यह प्रमाणित नहीं होता कि वे ब्रह्मविद्या पर अपना एकाधिकार समझते थे। केवल अधिकारी को ही वे विद्यादान देते थे और यह नितान्त उचित भी प्रतीत होता है। ब्रह्मविद्या के विषय में

1. विवेक चूड़ामणि , श्लोक 3, शंकराचार्य।
2. केनोपनिषद्, 1/13, शांकरभाष्य ।
3. छान्दोग्योपनिषद्, 6/1/2, शांकरभाष्य।
4. विवेक-चूड़ामणि, श्लोक 34 और 35, शंकराचार्य।

सच्ची भावना की शर्त लगा देना साधकों को उसकी प्राप्ति से वंचित करना नहीं है, बल्कि इसका आशय यही है कि लोग उसकी प्राप्ति के लिये सत्यमार्ग का अवलम्बन करें। उपनिषदों के आचार्य किसी भी योग्य अधिकारी को सत्य से वंचित नहीं रखते थे। उपनिषदों के आचार्य अत्यन्त विनम्र और उदार प्रतीत होते हैं। वास्तव में ब्रह्मविद्या की महत्ता उन आचार्यों को विनम्र बना देती थी तथा आत्मा की श्रेयः शीलता उन्हें उदार बना देती थी।

गुरु अथवा आचार्य का निष्प्रपंच ब्रह्म के स्वरूप का यथार्थ ज्ञान अपने शिष्य को कराना प्रधान कार्य है। वह अध्यारोप और अपवाद विधि से ब्रह्म का उपदेश करता है। अध्यारोप का अर्थ है, ब्रह्म में जगत् के समस्त पदार्थों का आरोप कर देना और अपवाद का अभिप्राय है, आरोपित वस्तुओं में से प्रत्येक का क्रमशः निराकरण कर देना।

शरीर, अन्नमय, प्राणमय, मनोमय, विज्ञानमय एवं आनन्दमय कोशों ने आत्मा को आरोपित कर लिया है। आचार्य अपने अनुभव, ज्ञान, युक्ति और तर्क से आत्मा के इन आरोपों का निराकरण करके शिष्य को निर्गुण, निर्विकार, असंग, अखण्ड, एक और अद्वितीय आत्मा का बोध कराता है। वह शिष्य से यह भी बतलाता है कि आत्मा स्थूल, सूक्ष्म और कारण शरीरों से सर्वथा पृथक् है और साक्षी द्रष्टा स्वरूप है। वेदान्त की यह व्याख्या पद्धति बड़ी प्रामाणिक, शुद्ध एवं वैज्ञानिक है।

ज्ञानप्राप्ति-प्रक्रिया में श्रवण, मनन एवं निदिध्यासन का अत्यधिक महत्व अद्वैत सिद्धान्त में माना गया है। बृहदारण्यकोपनिषद् में मैत्रेयी को आत्म-साक्षात्कार करने के संबंध में याज्ञवल्क्य ने यही शिक्षा दी है—'आत्मा वारे द्रष्टव्यो मन्तव्यो निदिध्यासितव्यो मैत्रियि' (अरे मैत्रेयी, आत्मा का श्रवण, मनन और निदिध्यासन करना चाहिये)। अब प्रत्येक पर संक्षेप में प्रकाश डाला जायेगा।

श्रवण— जो व्यक्ति सोचते हैं कि हम स्वयं ही तत्व-ज्ञान प्राप्त कर लेंगे और हमसे पूर्व सत्यपथ पर श्रम करने वालों के अनुभवों का हमारे लिये कोई प्रयोजन नहीं है, उनका इस प्रकार का सोचना बौद्धिक दम्भ मात्र है। अनुभवी आचार्य का सजीव और चुम्बकीय सान्निध्य और सम्पर्क उस आध्यात्मिक लक्ष्य की प्राप्ति के निमित्त सबसे हितकर और सुगम मार्ग है। बात यह है कि एक ब्रह्मनिष्ठ महात्मा का आध्यात्मिक सम्पर्क हमारी आत्मा में भी विद्युत्-स्फुरण कर सकता है तथा उसमें एक सजीव अनुभव की प्राणशक्ति संचरित कर सकता है। सिद्धात्मा के चतुर्दिक का वातावरण सत्य के दिव्य प्रकाश से जगमगाता रहता है, जिस प्रकार एक दीप्त प्रदीप के सम्पर्क से ही नवीन दीपक जलाया जा सकता है, वैसे ही एक ज्ञानालोक से दीप्त आत्मा के सम्पर्क से ही हम अपनी आत्मा के अज्ञानान्धकार को दूर कर उसमें दिव्य प्रकाश भर सकते हैं। ऐसे ही आचार्यों से वेदान्त के गूढ़ तत्वों का श्रवण नितान्त अपेक्षित है।

शिष्य को आचार्य श्रुति-सम्मत वाक्यों का उपदेश देता है। आचार्य शंकर की दृष्टि में सत्य ही परम तत्व है तथा वह स्वत: परम मूल्यवान् है। श्रुति का मूल्य और महत्व उसके अंतर्हित सत्य का प्रतीक होने के कारण है। श्रुति उस सत्य का कारक नहीं, बल्कि ज्ञापक मात्र है।[1] श्रुति पदार्थों के स्वरूप को अन्यथा नहीं बनाती, वह केवल यथार्थ को प्रकाशित करती है।[2] शिष्य को श्रद्धा और भक्ति भाव से आचार्य के वाक्यों का श्रवण करना नितान्त आवश्यक है, क्योंकि श्रवण से सत्य के मार्ग की दिशा निर्धारित होती है।

मनन—श्रवण आध्यात्मिक साधना का प्रारंभ मात्र है। अत: तत्वज्ञानी गुरु से श्रुति-निहित ब्रह्मज्ञान का उपदेश श्रवण कर लेना पर्याप्त नहीं है। साधक को ब्रह्मज्ञान की निष्ठा प्राप्त करने के लिये उस तत्व का निरन्तर मनन करना अनिवार्य है। आचार्य शंकर के मत में ब्रह्मज्ञान का पर्यवसान आध्यात्मिक अनुभव में होता है।[3] ज्ञान की अपेक्षा इसे 'अनुभव' कहना अधिक समीचीन होगा। 'ज्ञान' शास्त्र तथा आचार्य से प्राप्त आत्मावबोध है, 'विज्ञान' उसका विशेष अनुभव है।[4] जब तक निरन्तर मनन और निदिध्यासन द्वारा श्रुति का तात्पर्य आत्मगत न हो जाय, तब तक यह नहीं कहा जा सकता कि श्रुति का वास्तविक बोध प्राप्त हो गया। गुरु केवल हमारे आध्यात्मिक पथ का प्रदर्शन कर सकता है, किन्तु उस पथ पर गमन साधक को स्वयं करना होगा। हम श्रुति और आचार्य दोनों से सहयोग ले सकते हैं, किन्तु मनन द्वारा उस आगमाचार्य-प्राप्त सत्य को अपने आध्यात्मिक अनुभव में परिणत करना होगा। श्रुतिनिहित तत्व का मनन तथा विज्ञान द्वारा निश्चित दर्शन होता है।[5] मनन द्वारा न्याय बुद्धि से सम्यक् अवधारण के बाद ही वेद वाक्यों का तात्पर्य अन्त में दृढ़ होता है। अत: साधक को चाहिये कि किसी वेदविद् आचार्य से श्रद्धापूर्वक श्रुति का अध्ययन करे, तर्क द्वारा विचार कर उसे निश्चित करे, तदनन्तर निदिध्यासन द्वारा उसे अनुभव का स्वरूप दे।[6]

आचार्य शंकर ने 'केवल' तर्क, अर्थात् तर्क के लिये तर्क की अवहेलना की ही है। उनकी दृष्टि में यदि 'केवल' तर्क पर ही तत्व निर्णय छोड़ दिया जाय, तो एक तर्क का उत्तर अधिक योग्य तार्किकों द्वारा युक्ततर तर्क से दिया जा सकता है और इस तर्क परम्परा का कहीं अन्त न होने के कारण तत्वनिर्णय कभी नहीं किया जा सकता।[7] उन्होंने कहा है कि 'ब्रह्मज्ञान केवल तर्क द्वारा प्राप्य नहीं है, क्योंकि तर्क

1. बृहदारण्यकोपनिषद्, 1/4/10, शांकरभाष्य।
2. प्रश्नोपनिषद् 6/2, शांकरभाष्य।
3. ब्रह्मसूत्र, 2/1/4, शांकरभाष्य।
4. श्रीमद्भगवद्गीता, 3/41, शांकरभाष्य।
5. छान्दोग्योपनिषद् 715/4, शाकरभाष्य।
6. केनोपनिषद् 2/1, शांकरभाष्य।
7. ब्रह्मसूत्र, 2/1/11, शांकरभाष्य।

हमारी बुद्धि की ऊहा मात्र है। कुतर्क की कहीं भी निष्ठा नहीं है, उसका न कहीं अन्त है और न कोई लक्ष्य।'[1] किन्तु इसका अभिप्राय यह नहीं कि वे यथार्थ तर्क (अनुभव युक्त) का तिरस्कार करते हैं। उन्होंने श्रुति-सम्मत अनुभवयुक्त तर्क के प्रति पूर्ण आस्था अभिव्यक्त की है। उनका कथन है कि ''जब तर्क हमारे सम्पूर्ण अनुभव के साथ तथा श्रुति के साथ सामंजस्यपूर्वक कार्य करता है, तो वह हमारी सत्यजिज्ञासा में बड़ा सहायक सिद्ध होता है। श्रुति और तर्क समवेत रूप से प्रयुक्त होने पर हमारी सत्य-जिज्ञासा को बहुत सरल बना देते हैं और सत्य को करतलगत बिल्वफल के समान सुग्राह्य तथा सुदृश्य बना देते हैं।''[2] अस्तु, यद्यपि कला के रूप में तर्क के लिये तर्क तथा दार्शनिक क्रीड़ा और बुद्धि कौशल के अर्थ में निरंकुश तर्क का आचार्य शंकर कीं दृष्टि में अधिक मूल्य नहीं है, किन्तु हमारे सम्पूर्ण अनुभव तथा अतीत अनुभव से संगत तर्क का सत्यसाधना में बहुत मूल्य और महत्त्व है, उसे उन्होंने उचित आदर का स्थान दिया है।

निदिध्यासन—आचार्य के उपदेशों को श्रद्धापूर्वक श्रवण करने से और उस पर श्रुति और तर्क समवेत मनन करने के अनन्तर साधक के अन्त:करण में सत्य के प्रति बौद्धिक निष्ठा उत्पन्न होती है। परन्तु इस बुद्धिनिष्ठ ज्ञान को निरन्तर निदिध्यासन द्वारा आध्यात्मिक अनुभव का रूप देना होगा। श्रुति के वाक्यों का निरन्तर पारायण करने से उनका अर्थ मनोगत होता है। निरन्तर मनन से शब्द प्रत्यय रूप ग्रहण करते हैं तथा बुद्धिनिष्ठ होते हैं। निरन्तर निदिध्यासन (ध्यान) करने से वह बुद्धिनिष्ठ प्रत्यय आध्यात्मिक अनुभव का रूप धारण करता है। परन्तु हमें यह न भूलना चाहिये कि यह आध्यात्मिक अनुभव आत्मगत भाव है, मनोगत कर्म नहीं है। वह नित्य वर्तमान् आत्मा के स्वरूप का अनुभव है। समस्त अनुभवों का आधार आत्मा ही है। इस आत्मानुभव का कोई आत्मेतर अन्य कर्ता नहीं हो सकता। आत्मानुभव आत्मा द्वारा ही प्राप्य है, क्योंकि आत्मा के अतिरिक्त अन्य कोई न द्रष्टा है और न स्त्रष्टा, न श्रोता है न घ्राता, न रसयिता है न मन्ता, न बोद्धा है न कर्ता और उसके अतिरिक्त कोई अन्य विज्ञानात्मा भी नहीं है। उसी अक्षर, अविनाशी आत्मा में श्रवण, मनन, तर्क निदिध्यासन सब कुछ प्रतिष्ठित हैं। अत: समस्त साधनों के नैतिक मूल्य का साध्य में नाश नहीं, प्रत्युत अन्तर्भाव हो जाता है।

निदिध्यासन के लिये मन को एकाग्र करने की आवश्यकता है, जो संयम के बिना संभव नहीं। पूर्ण नैतिक संस्कार के बिना पूर्ण मन:शान्ति, जो निदिध्यासन के लिये आवश्यक है, संभव नहीं। इसीलिये नैतिक साधना का वेदान्तगत महान् मूल्य विदित होता है। आत्मसंस्कार की समस्त प्रक्रियाएँ आचार्य शंकर के द्वारा अव्यक्त रूप से स्वीकृत हैं।

1. कठोपनिषद्, 1/2/8, शांकरभाष्य।
2. बृहदारण्यकोपनिषद् 3/1/1, शांकरभाष्य।

आचार्य की अद्वैत साधना में कर्म का महत्व

आचार्य शंकर ने कर्म की यथार्थता तथा मूल्यवत्ता का निषेध नहीं किया है। किन्तु वे कालावच्छिन्न कर्म तथा कालातीत मोक्ष दोनों की युगपत् स्थिति की असम्भावना के विषय में पूर्ण स्पष्ट तथा दृढ़ हैं। आचार्य शंकर ने कर्म के व्यावहारिक मूल्य को स्वीकार किया है। वे कर्म को नितान्त निरुपादेय नहीं मानते। उनका यह निश्चित मत है कि मोक्ष नित्य है और किसी कालावच्छिन्न साधन द्वारा साध्य नहीं। सत्य अनुभवगम्य है, कर्मसाध्य नहीं। फिर भी उन्होंने याज्ञिक तथा नैतिक कर्मों का मोक्ष की साधना में महत्वपूर्ण स्थान स्वीकार किया है। आत्मा की प्राप्ति आत्मा द्वारा ही होती है, कोई बाह्य साधन उसके वास्तविक अनुभव में साक्षात् कारक नहीं हो सकते। इसका अभिप्राय यह नहीं है कि हम निश्चेष्ट बैठे रहें और सत्य अनायास ही आकाश से हमारे हाथ पर टपक पड़ेगा और न इसका यह अभिप्राय है कि वास्तविक आत्मानुभव में साक्षात् कारण न होने के कारण समस्त साधन व्यर्थ हैं। यह सत्य है कि उत्पन्न हुई विद्या फलसिद्धि के लिये अन्य किसी साधन की अपेक्षा नहीं रखती, किन्तु उत्पत्ति के लिये तो उसे साधनों की अपेक्षा रहती ही है।[1] समस्त कर्मों की उपेक्षा करके ज्ञान संभव नहीं है; समस्त शास्त्रविहित आश्रम-कर्म विद्योत्पत्ति में सहायक हैं, अत: अपेक्षित हैं।[2] उनकी दृष्टि में फलाकांक्षा से सम्पादित याज्ञिक कर्म ऐसे हैं, जिनका ब्रह्म-साधना में कोई उपयोग नहीं है।[3] सत्वशुद्धि कर्मों का साक्षात् फल है। सत्वशुद्धि द्वारा कर्म मोक्ष का उपकारक है।[4] विविध आश्रमोचित कर्म भी, यद्यपि उनका साक्षात् फल देवलोकादि की प्राप्ति ही है, यदि निष्काम भाव से किये जायँ, तो सत्वशुद्धि के कारण होते हैं और सत्वशुद्धि के द्वारा ज्ञान की योग्यता उत्पन्न करके आत्मानुभव और नि:श्रेयस की प्राप्ति में उपकारक होते हैं।[5] यद्यपि आत्मानुभव आत्मा द्वारा ही प्राप्य है, तथापि शास्त्र, आचार्य, शमदमादि से सुसंस्कृत मन आत्मदर्शन में करण है।[6] निष्काम भाव से अनुष्ठित नैतिक कर्म सत्व संस्कार के कारण होते हैं; सत्व-संस्कार से समदृष्टि प्राप्त होती है, जो ब्रह्मानुभूति के लिये आवश्यक है।[7]

आचार्य ने इस मत का प्रतिपादन बहुत स्पष्ट भाव से किया है कि कर्मफल-बन्धन से मुक्ति प्राप्त होने पर ही मोक्ष होता है। परन्तु कर्ममुक्ति से उनका अभिप्राय

1. ब्रह्मसूत्र, 3/4/26, शांकरभाष्य।
2. वही, 3/4/6, शांकरभाष्य।
3. बृहदारण्यकोपनिषद् 4/4/22, शांकरभाष्य।
4. ब्रह्मसूत्र, 4/1/16, शांकरभाष्य।
5. गीता भाष्य की भूमिका, शांकरभाष्य।
6. श्रीमद्भगवद्गीता, 2/11, शांकरभाष्य।
7. बृहदारण्यकोपनिषद् 3/3/1, शांकरभाष्य।

अकर्मण्यता अथवा जड़ता नहीं है। कर्म से अभिप्राय देहादि चेष्टा से नहीं और देहेन्द्रियादि की चेष्टा का निरोध तथा निष्क्रियता अकर्म नहीं।[1] शारीरिक चेष्टा के निरोध द्वारा कर्म-मुक्ति प्राप्त नहीं की जा सकती, क्योंकि यह असम्भव है, निष्काम भावना से कर्म करने से ही नैष्कर्म्य-सिद्धि सम्भव है।[2] फलाकांक्षा, जो अहंकारमूलक में प्रतिफलित होती है, कर्मबन्धन का कारण है।

इस विवेचन के पश्चात् हम इस निष्कर्ष पर पहुँचते हैं कि आचार्य शंकर के मतानुसार कर्म स्वत: तथा स्वतन्त्र रूप से मोक्ष के कारण नहीं हैं। किन्तु सत्वशुद्धि द्वारा आत्मज्ञानोत्पत्ति से सहायक होकर नि:श्रेयस् प्राप्ति में सहायक होते ही हैं। सत्वशुद्धि निष्काम कर्म द्वारा ही हो सकती है। अतएव मोक्ष के लिए नैतिक कर्म अनिवार्य हैं। इस अनिवार्यता में ही ऊपर निर्दिष्ट तात्विक कठिनाई के अतिरिक्त भी नैतिक और निष्काम कर्म अपना उच्चतम मूल्य, आदर्श और महत्व स्वत: प्राप्त कर लेते हैं।

वेदान्त में संन्यास का महत्व

इन्द्रिय भोगों की आसक्ति तथा भौतिक मूल्यों का मोह हमें सदा अविद्या के अंधकार में रखेगा और सदा सत्यदर्शन में बाधा उपस्थित करेगा। हम अपने अध्यात्म-पथ पर सुगमतापूर्वक बढ़ सकें, इसके लिये हमें एक बार अपने को जगत् और लौकिक वस्तुओं के भार से मुक्त करना होगा। किन्तु साधना के लिए जगत् और उसके भौतिक मूल्यों का परित्याग उनके महत्व का चरम निषेध नहीं है। इस त्याग का लक्ष्य आध्यात्मिक मूल्यों की सिद्धि तथा उनके आधार पर अन्त में भौतिक मूल्यों को नवीन तथा महत्तर मूल्य प्रदान करना है। हमें यह भूलना नहीं चाहिये कि वेदान्तिक संन्यास एक आध्यात्मिक साधना है, दार्शनिक सिद्धान्त नहीं।

मुण्डकोपनिषद् के अतिरिक्त कोई भी उपनिषद् संन्यास को चरम सिद्धान्त के रूप में प्रतिपादित नहीं करता। उपनिषदों के आचार्य सभी मानवीय गुणों से सम्पन्न मानव थे। जीवन के प्रति उनके दृष्टिकोण की भाँति उनका सरल और भावनामय परिवार था। शिष्यों के प्रति उनका दीक्षान्त भाषण इस प्रकार होता था, ''सत्य बोलो, धर्म का आचरण करो, स्वाध्याय में प्रमाद न करो, सन्तान परम्परा का उच्छेद न करो, आचार्य को प्रिय धन दो।''[3] अत: उपनिषदों के आचार्यों में जीवन के मूल्यों की उपेक्षा का तनिक भी आभास नहीं है। जीवन के शारीरिक भोग तथा भौतिक मूल्यों के त्याग से वेदान्त-साधना का प्रारम्भ होता है एवं उन मूल्यों के आध्यात्मिकीकरण में उसका पर्यवसान होता है।

---

1. गीता, 4/17, शांकरभाष्य।
2. वही, 3/4, शांकरभाष्य।
3 तैत्तिरीयोपनिषद्, 1/11/1

इसमें सन्देह नहीं कि वेदान्तसाधना में संन्यास एक आवश्यक अंग माना गया। किन्तु वेदान्त में संन्यास का स्थान साधना के अंग से अधिक कभी नहीं था। आचार्य शंकर स्वयं संन्यासी थे तथा उनका सम्प्रदाय आश्रम-धर्म के बड़े सूक्ष्म और गम्भीर विधानों पर आश्रित है। किन्तु उस संप्रदाय का उद्देश्य सत्य का प्रचार करना था। उस सम्प्रदाय के मठ आध्यात्मिक शिक्षालयों की भाँति थे। उनके मठाधीश लोक सेवा के लिये जीवन के समस्त भौतिक सुखों का परित्याग कर संन्यस्त जीवन व्यतीत करते थे। आचार्य शंकर का जीवन स्वत: इसका जीवन्त दृष्टान्त है। सर्वत्यागी, वीतराग और आत्मकाम संन्यासी होते हुए भी लोक संग्रह के निमित्त वे निरन्तर क्रियाशील रहे। धर्मप्रचार के लिये समस्त भारत का पर्यटन, अनेक शास्त्रार्थ, अनेक ग्रन्थों का प्रणयन तथा मठों की संस्थापना उनके लोक-कल्याण की भावना के प्रत्यक्ष प्रमाण हैं।

प्राचीन परम्परा के प्रवाह में उन्होंने भले ही यह कह दिया हो कि केवल ब्राह्मणों को ही संन्यास-ग्रहण करने का अधिकार है।[1] पर उनकी दृष्टि में ब्रह्मज्ञान प्रत्येक जीव का चरम लक्ष्य और मूलाधिकार है। जाति, वर्ण और धर्म के भेद मनुष्य ने उत्पन्न किये हैं, सत्य के लोक में उनका कोई स्थान नहीं है।[2] ब्रह्मसूत्र के भाष्य के प्रारम्भ में आचार्य शंकर ने ब्रह्म-जिज्ञासा के अधिकारी के लिये चार साधन नैतिक माने हैं। वे सब के सब नैतिक और आध्यात्मिक हैं, कोई भी विधि अथवा आश्रम सम्बन्धी नहीं हैं। अत: वेदान्त एक आध्यात्मिक जन-तंत्रवाद है, प्रत्येक व्यक्ति को पूर्णता और ब्रह्मज्ञान की प्राप्ति का समानाधिकार है। पक्षपात अथवा अधिकार-वंचना दोनों ही इसके सिद्धान्त के विरुद्ध हैं। उन्होंने मोक्ष के मार्ग में कोई कृत्रिम प्रतिबन्ध नहीं लगाया और न वे दूसरों के लगाये हुए प्रतिबन्धों को स्वीकार करते हैं।

आचार्य शंकर ने जिस संन्यास को ब्रह्मज्ञान के लिए आवश्यक माना है, वह चतुर्थ आश्रम रूप संन्यास नहीं, प्रत्युत उसमें अभिप्रेत जीवन के प्रति एक आध्यात्मिक दृष्टिकोण है। वास्तविक संन्यास समस्त कामनाओं का परित्याग है।[3] वेदान्त में कामना को समस्त अनर्थों का मूल माना गया है। काम्य विषयों की भाँति कामनाएँ भी अनन्त हो सकती हैं, परन्तु उनका मानसिक मूल एक ही है, जो अहंकार, फलाकांक्षा तथा कर्तृत्वभावना के रूप में अभिव्यक्त होता है।[4] त्याग की भावना ही वास्तविक संन्यास है। धर्म के बाह्य रूपों से आडंबर से उत्पन्न होनेवाले अनर्थों से आचार्य शंकर भलीभाँति विज्ञ थे। अत: उन्होंने बाह्य रूप की अपेक्षा आन्तरिक भावना को अधिक महत्व दिया है। आत्मज्ञान का जिस संन्यास का

1. बृहदारण्यकोपनिषद् 3/5/1, शांकरभाष्य।
2. ब्रह्मसूत्र, अध्यास भाष्य, शंकराचार्य।
3. बृहदारण्यकोपनिषद् 4/4/7, शांकरभाष्य।
4. वही, 3/5/1, शांकरभाष्य।

आन्तरिक सम्बन्ध आवश्यक है, वह आश्रम-संन्यास नहीं भावना का संन्यास है। यह संन्यास-भावना अध्यात्म-साधना का आवश्यक अंग है।[1] आश्रम की दृष्टि के सभी आश्रमों का समान स्थान है। आचार्य के मतानुसार किसी भी आश्रम में स्थित व्यक्ति को ब्रह्मज्ञान का समान अधिकार है।[2] अध्यात्म-भावना ही एक परम महत्वपूर्ण तत्व है, जिसे वह प्राप्त है, उसके लिये कोई आश्रम अपेक्षित नहीं। यदि प्रथम आश्रम में ही वह संन्यास-भावना प्राप्त हो जाये, तो द्वितीय आश्रम अनावश्यक है।[3] द्वितीय आश्रम में स्थित व्यक्ति को भी यदि यह संन्यास-भावना प्राप्त हो जाये, तो गृहस्थाश्रम में स्थित होने पर भी उसे अर्थत: संन्यास प्राप्त है।[4]

वेदान्त और नैतिक गुण

वेदान्त में बाह्य व्यवहार की अपेक्षा आन्तरिक भावना पर अधिक बल दिया गया है। आदर्श चरित्र का निर्माण वेदान्तिक साधना का सबसे महत्वपूर्ण अंग है। उपनिषदों और श्रीमद्भगवद्गीता में नैतिक गुणों के अर्जन पर अत्यधिक जोर दिया गया है। आचार्य शंकर ने उन्हें ज्यों का त्यों ग्रहण कर लिया है। सुविधा की दृष्टि से इन्हें तीन भागों में विभक्त किया जा सकता है—

(1) संन्यास गुण— शौच, उपशम, त्याग, तप और क्षमा ये पाँच संन्यास के प्रधान गुण हैं। शौच दो प्रकार के होते हैं—बाह्य और आन्तरिक। जलादि द्वारा शरीरेन्द्रियों की पवित्रता बाह्य शौच है। मोह, राग, द्वेष, ईर्ष्या आदि आन्तरिक मलों का निवारण आन्तरिक शौच है। शौच से उपशम की प्राप्ति होती है। उपशम भी दो प्रकार के हैं। बाह्य इन्द्रियों का उपशम दम है और अन्त:करण का उपशम 'शम' (शान्ति) कहलाता है।[5] उपशम से त्याग, तप, सन्तोष और तितिक्षा आदि गुणों का विकास होता है।

(2) सामाजिक गुण— वेदान्त का आचार-दर्शन व्यावहारिक दर्शन है। उपर्युक्त संन्यास-गुण सामाजिक पक्ष में स्वत: अभिव्यक्त होते हैं। शौच से हमारे स्वभाव में मार्दव आता है। उपशम से दयावृत्ति आती है। त्याग हमें उदार तथा दानशील बनाता है। तप से संयम का प्रादुर्भाव होता है। संतोष से घृणा भाव की निवृत्ति होती है और सभी प्राणियों के प्रति सौहार्द भावना का विकास होता है।

(3) मौलिक गुण— संन्यास-गुण सामाजिक गुणों में परिवर्तित होकर मौलिक गुणों के रूप में पर्यवसित होते हैं, जो हमारे श्रेष्ठतम नैतिक चरित्र का निर्माण करते हैं और वे ही हमारी आध्यात्मिक साधना की सुदृढ़ नींव हैं। ऋजुता,

---

1. बृहदारण्यकोपनिषद् 4/4, 22, शांकरभाष्य।
2. तैत्तिरीयोपनिषद् 1/11, शांकरभाष्य।
3. वही, 1/11 शांकरभाष्य।
4. छान्दोग्योपनिषद्, 2/23, शांकरभाष्य।
5. श्रीमद्भगवद्गीता, 16/2, शांकरभाष्य।

पवित्रता, विनयशीलता, अहिंसा, संतोष, अभय, सौहार्द, सत्य आदि वेदान्त शास्त्र के मौलिक गुण माने गये हैं।

वेदान्त में ईश्वर का स्थान और उपासना का महत्व

इसी अध्याय के प्रारम्भ में ईश्वर का दार्शनिक विवेचन किया जा चुका है। अतः उसको पुनरावृत्ति की आवश्यकता नहीं। वस्तुतः वेदान्त में एक ही ब्रह्म है। यदि सगुण ब्रह्म को ही परब्रह्म मान लिया जाये, तो वह मिथ्या है, परब्रह्म के प्रतीक के रूप में वह मिथ्या नहीं है। आचार्य शंकर ने स्पष्ट रूप से कहा है, ''यद्यपि परब्रह्म अनन्त और सर्वगत है, फिर भी परिच्छिन्न और उपास्य ईश्वर की कल्पना इसकी अनन्तता के विरुद्ध नहीं है। निरुपाधिक ब्रह्म की भी उपाधि-विशेष से कल्पना उपपन्न है।'' अपनी अनन्त महिमा में प्रतिष्ठित ब्रह्म की ही उपासना के उद्देश्य से आधार विशेष में परिच्छिन्न रूप से कल्पना की जाती है।[1] सर्वगत तथा अनन्त ईश्वर भी इस प्रकार सगुण रूप में उपास्यमान होने पर प्रसन्न होता है।[2] उसके प्रसाद से श्रेयस् की सिद्धि होती है। वह सगुण ब्रह्म ईश्वर है, जो जगत् का स्रष्टा तथा अधिष्ठाता है। वह सर्वशक्तिमान है तथा उसकी इच्छा से तृण भी वज्रवत कठोर हो सकता है।[3] वही जगत् के जीवों के कर्मफल का नियन्ता भी है।[4] किन्तु वह कर्म विधान कार्य ईश्वर के लिये बन्धन का कारण नहीं है, क्योंकि वह उसे कर्तृत्वाभिमान रहित भाव फलाकांक्षा भाव से करता है।[5] वह ईश्वर समस्त सद्‌गुणों का आगार है।[6]

ऐसे ईश्वर की उपासना से हमारे नैतिक व्यक्तित्व का उत्थान होता है तथा जन्मान्तर में ऊर्ध्वलोकों की प्राप्ति होती है, जिनका आध्यात्मिक साधना में उपयोग करने से मोक्ष की प्राप्ति होती है।

मोक्ष और उसका महत्व

जब साधन चतुष्टय श्रवण, मनन, निदिध्यासन, निष्काम कर्म के सम्पादन से हमारे अन्तःकरण की शुद्धि हो जाती है, तो सत्य का शुद्ध आलोक प्रकाशित होता है। परिणामस्वरूप साधक आत्मसाक्षात्कार करने में समर्थ होता है। निष्ठ होकर मुक्ति के आत्मिक तथा दिव्य आनन्द में प्रतिष्ठित हो जाता है। यही मोक्ष है। वेदान्त के मतानुसार मोक्ष एक नित्य सत्य है। समस्त आध्यात्मिक साधनाओं की समाप्ति मोक्ष में होती है, जो पूर्ण शांत तथा अनंत आनन्दमय है। परन्तु हमें यह बात न भूलनी

---

1. ब्रह्मसूत्र, 1/1/2, शांकरभाष्य।
2. वही, 1/2/7, शांकरभाष्य।
3. केनोपनिषद् 3/1, शांकरभाष्य, वाक्य भाष्य।
4. बृहदारण्यकोपनिषद्, 3/8/9, शांकरभाष्य।
5. गीता, 9/10, शांकरभाष्य।
6. केनोपनिषद्, 3/2, शांकरभाष्य, वाक्य भाष्य।

चाहिये कि मोक्ष की शान्ति मृत्यु की शान्ति नहीं और न यह अनन्त आनन्द की शून्यता है। यह शान्ति उच्चतम जीवन से अनुप्राणित है। मोक्ष से जगत् का बाध हो जाता है, किन्तु बाध का अभिप्राय सत्ता का अन्त नहीं है। ब्रह्म से पृथक् जगत् की सत्ता नहीं है। ब्रह्म के साथ अपृथक् तादात्म्य होने के कारण जगत् की सत्ता सनातन है। श्री शंकराचार्य का मत है कि मोक्ष का अर्थ जगत् का विलय नहीं, यदि ऐसा होता तो प्रथम मुक्ति के साथ ही उसका विलय हो जाता। बृहदारण्यक उपनिषद के भाष्य में उन्होंने ब्रह्मज्ञानी और अज्ञानी दोनों के लिये व्यवहार का विधान किया है।[1] अतः चरम आध्यात्मिक सत्य और एकत्व हमारी सत्ता का चरम सत्य है तथा हमारे जीवन का परम श्रेय भी है।

परिच्छिन्न जीव के अन्तर्गत अनन्त आत्मा विद्यमान है। भौतिक जीवन के भयंकर कोलाहल में भी हमारी अन्तरात्मा की वह रहस्यमयी ध्वनि और पुकार सुनी जा सकती है। प्रत्येक मनुष्य अपने से महत्तर स्वरूप में अपनी आत्मा का विकास खोजता है। आत्म विकास की इस आकांक्षा का विकास मोक्ष में ही है। शांकर वेदान्त के अनुसार मोक्ष हमारी व्यक्तिगत सत्ता का विनाश नहीं, बल्कि एक अनन्त व्यक्तित्व के रूप में उसका विकास है। व्यक्तित्व हमारी सत्ता की इकाई नहीं, प्रत्युत हमारी सार्वभौमिक और अनंत चेतना की अखण्डता और एकरूपता है। इस सार्वभौमिक चेतना की अनुभूति में विरोध और परत्व भावना का अन्त हो जाता है और उसकी महान् आत्मा से अनन्त प्रेम तथा असीम करुणा की धारा प्रवाहित होने लगती है, जिससे संसार के त्रिताप की जलन शान्त हो जाती है। मोक्ष इस जगत् में ही इसी जीवन के अन्तर्गत प्राप्य है तथा मोक्ष में प्राप्त उसकी आध्यात्मिक सत्ता देहावसान के पश्चात् भी अक्षुण्ण रहती है[2] अतः मोक्ष न हमारी सत्ता का विखण्डन है और न हमारी सत्ता का विकेन्द्रीकरण, प्रत्युत दोनों का एक अनंत आत्मा के रूप में विकास है। आत्मज्ञान द्वारा हमारी भावना का स्वरूप परिणत हो जाने के कारण अहंकार और पृथकत्व का भाव विलीन हो जाता है, किन्तु हमारे व्यक्तित्व की अखण्डता और चेतना की केन्द्रीयता अक्षुण्ण रहती है।

जीवन और धर्म से भी मोक्ष का कोई असामंजस्य नहीं हो सकता। ब्रह्म के साथ तादात्म्यभाव प्राप्त कर यह जगत् नया महत्व धारण कर लेता है। आध्यात्मिक अनन्तता के रूप में व्यक्तित्व एक नयी कोटि प्राप्त कर लेता है और जीवन आत्मतंत्र परार्थ होकर एक नया मूल्य प्राप्त कर लेता है। आचार्य शंकर लोक-संग्रहार्थ कर्म को मुक्त पुरुष का एकमात्र कर्तव्य मानते हैं और उसके लिये अन्य किसी कर्तव्य का विधान स्वीकार नहीं करते।[3] अतः वेदान्तिक आदर्श में जीवन और व्यवहार का

1. बृहदारण्यकोपनिषद्, 2/1/14, शांकरभाष्य।
2. छान्दोग्योपनिषद्, 7/25/2, शांकरभाष्य।
3. गीता, 2/11, शांकरभाष्य।

निषेध नहीं किया गया है, बल्कि मोक्ष की अवस्था में भी उन्हें उच्चतम स्थान और श्रेष्ठतम महत्व दिया गया है।

मुक्त पुरुष अपने लिये स्वयं ही नियम बन जाता है, वह स्वराट् हो जाता है एवं विश्वराट् भी। नियमों और विधानों की आवश्यकता उनके लिये है, जो स्वभाव से ही आत्मा की प्रेरणा के अनुकूल आचरण नहीं करते। किन्तु जो अपने अहंकार से ऊपर उठ चुके हैं, नैतिकता उनके जीवन की सत्ता का स्वरूप बन जाती है और नियम प्रेम में पर्यवसित हो जाता है। उनमें दुश्चरित की किंचित् भी सम्भावना नहीं रह जाती। ज्ञान की उच्च सिद्धावस्था में नैतिक कर्म सम्भव ही नहीं, स्वाभाविक होगा।

आत्मज्ञान प्राप्त कर लेने पर सर्वात्म-भाव प्राप्त हो जाता है और कोई भी वस्तु हमारे लिये अन्य नहीं रह जाती। कामना का कोई प्रेरक नहीं रहता और कामना न रहने पर अहंकार भी जाता रहता है।[1] कामना के नाश होने पर कर्म पुण्यापुण्य के उपचय का कारण नहीं होता, इसीलिये वह जन्मान्तर का कारण भी नहीं होता।[2] लोककल्याण के लिये श्रेष्ठतम नैतिक कर्म मुक्त ज्ञानी के लिये बाह्य तंत्र द्वारा विहित रूप से नहीं, प्रत्युत आत्माभिव्यक्ति के रूप में कर्तव्य हो जाता है। आत्मज्ञान केवल भेद का भाव दूर कर देता है, जो समस्त अनर्थ का मूल है; किन्तु वह कर्म का विरोध नहीं करता।[3]

अनैतिक तथा निषिद्ध आचरण के ऊपर उठना अध्यात्म-मंदिर के द्वार पर प्रवेश करने के लिये आवश्यक गुण है। जो इनसे विरत नहीं हो चुका है, वह अध्यात्मपथ पर चरण रखने योग्य नहीं है।[4] नैतिक पूर्णता की समाप्ति के पश्चात् ही आत्मसाक्षात्कार होता है। आत्मज्ञान के अनन्तर अनैतिक आचार की कोई सम्भावना नहीं रहती। अनर्थ और पाप अज्ञानमूलक हैं, आत्मज्ञान में उनकी सम्भावना शेष नहीं रहती। आत्मज्ञान के पूर्व जिसका निराकरण आवश्यक है, वह आत्मज्ञान के उपरान्त उदय नहीं हो सकता।

अद्वैतवाद की मौलिकता

अद्वैतवाद नितान्त प्राचीन सिद्धान्त है। इस मत का प्रतिपादन केवल उपनिषदों में ही नहीं किया गया है, प्रत्युत संहिता के अनेक सूक्तों में अद्वैत तत्व का आभास स्पष्ट रूपेण उपलब्ध है। अद्वैतवाद वैदिक ऋषियों की आध्यात्मिक जगत् को नितान्त महत्वपूर्ण देन है। उन ऋषियों ने आर्ष चक्षु से नानात्मक जगत् के स्तर में विद्यमान एकता का दर्शन किया, उसे ढूँढ़ निकाला और जगत् के कल्याण के निमित्त

1. बृहदारण्यकोषनिषद्, 4/4/6, शांकरभाष्य।
2. वही, 4/4/5, शांकरभाष्य।
3. वही, 4/5/15, शांकरभाष्य।
4. कठोपनिषद्, 1/2/24

प्रतिपादित किया। श्रुतियों के आधार पर आचार्य शंकर ने अपने अद्वैत-वेदान्त को प्रतिष्ठित किया है। आचार्य शंकर ने जगत् के काल्पनिक रूप को प्रमाणित करने के लिये माया के सिद्धान्त को स्वीकार किया है और उसके लिये भी वे अपने दादागुरु आचार्य गौड़पाद के ऋणी हैं। गौड़पादाचार्य ने जिस अद्वैत सिद्धान्त का प्रतिपादन माण्डूक्य कारिकाओं में किया है, उसी का विशदीकरण आचार्य ने अपने प्रस्थानत्रयी के भाष्यों में किया है। इस प्रकार यह अद्वैतवाद प्राचीन ऋषियों की थाती है। शंकराचार्य को अद्वैतवाद का उद्‌भावक मानना नितान्त भ्रामक है।

अवान्तरकालीन कतिपय द्वैतमतावलम्बी पंडित शंकर को प्रच्छन्न बौद्ध और उनके मायावाद को बौद्ध दर्शन के सिद्धान्तों का ही एक नवीन संस्करण मानते हैं। परन्तु उनकी यह मान्यता नितान्त भ्रामक है। बौद्ध दार्शनिकों ने जहाँ भी शंकर के अद्वैत सिद्धान्त का खण्डन किया है, किसी भी स्थल पर उनके सिद्धान्तों पर बौद्धदर्शन के प्रभाव का संकेत नहीं किया है। यदि ऐसी बात होती, तो वे डंके की चोट पर इसकी घोषणा करते और अद्वैतवाद को विज्ञानवाद अथवा शून्यवाद का आभास मानकर इसके खण्डन में प्रवृत्त होते। बौद्धाचार्यों ने उपनिषद् के अद्वैतवाद को बौद्ध सिद्धान्तों से सर्वथा पृथक् माना है और यथाशक्ति उसका खण्डन किया है। वास्तव में आचार्य शंकर के अद्वैतवाद और बौद्धों के विज्ञानवाद में महान् अन्तर है। अद्वैतवाद ब्रह्म को सजातीय, विजातीय और स्वगत भेदों से रहित, उसे 'एकमेवाद्वितीयम्' माना गया है। पर विज्ञानवाद में विज्ञान को एक न मान कर अनेक माना गया है। अत: उनकी दृष्टि में विज्ञान सजातीय भेद से शून्य नहीं है। इसके अतिरिक्त ब्रह्म नित्य है और विज्ञान क्षणिक। इतने विभेदों के रहने पर वेदान्त के अद्वैतवाद को बौद्धों के विज्ञानाद्वयवाद का रूपान्तर कैसे माना जा सकता है?

विज्ञानवादी के सिद्धान्तानुसार विज्ञान ही एकमात्र सत्य पदार्थ है तथा जगत् स्वप्नवत अलीक है। बौद्धों के इस सिद्धान्त का आचार्य शंकर ने बड़ी निपुणता से खण्डन किया है, "स्वप्न तथा जाग्रतावस्था में महान् अन्तर है। स्वप्न में देखे हुए पदार्थ जाग्रतावस्था में विलीन हो जाते हैं। अत: उन् पदार्थों की अनुपलब्धि होने पर स्वप्न का बोध होता है। परन्तु जाग्रतावस्था के अनुभूत पदार्थों में किसी अवस्था में बाध नहीं होता। वे सदा एकरूप तथा एक स्वभाव से विद्यमान रहते हैं। उनमें एक और भी अन्तर होता है। स्वप्नज्ञान स्मृति मात्र है, जागरित ज्ञान उपलब्धि है—साक्षात् अनुभवरूप है। अत: जाग्रतावस्था को स्वप्न—मिथ्या मानना उचित नहीं है।"[1]

बौद्धों के शून्यवादी माध्यमिकों के मत में विज्ञान का भी अभाव रहता है। केवल शून्य ही एकमात्र तत्व है। परन्तु अद्वैतमत में ब्रह्म सत् स्वरूप और ज्ञानस्वरूप है। शून्यवादी शून्य को सत् और ज्ञानस्वरूप नहीं मानते। उनकी दृष्टि में विज्ञान पारमार्थिक नहीं है। परन्तु अद्वैत मत में नित्य विज्ञान पारमार्थिक है। ऐसी दशा में

1. ब्रह्मसूत्र, 2/2/29, शांकरभाष्य।

अद्वैत-सम्मत ब्रह्म को माध्यमिकों का शून्य बतलाना कहाँ तक युक्तियुक्त है?

विज्ञानवाद तथा शून्यवाद के इन स्पष्ट विभेदों के रहने पर भी यदि कोई विद्वान् आचार्य शंकर को प्रच्छन्न बौद्ध कहे, तो उसका दु:साहस मात्र होगा। अत: आचार्य शंकर का सिद्धान्त नितान्त श्रुत्युनुमोदित, प्राचीन एवं मौलिक है। अवैदिक मतानुयायियों—बौद्धों और जैनों ने तथा वैदिक मतावलम्बी द्वैतवादियों—विशिष्टाद्वैतवादी, द्वैतावलम्बी, द्वैताद्वैतवादी आचार्यों और विद्वानों ने आचार्य शंकर के पश्चात् उनके मायावाद के सिद्धान्त को अपनी समस्त विद्वत्ता, तर्कशक्ति और युक्तियों से खण्डित करने की यथाशक्ति चेष्टा की, पर वे अपने मनोरथ में सफल न हो सके। शंकर का सिद्धान्त ज्यों का त्यों निर्धूम अग्नि की भाँति उसी भाँति प्रज्वलित रहा। खण्डन-मण्डन से आचार्य शंकर के सिद्धान्तों की महिमा और गरिमा का और भी विकास हुआ। उनका अद्वैतवाद तर्क के उस आधार पर अवलम्बित है, जहाँ जितना भी सूक्ष्म और गम्भीर विचार किया जाता है, उतना ही सच्चा और अधिक प्रतीत होता है। वेदान्तियों का निवर्तवाद निपुण तर्क की भित्ति पर आश्रित है। कार्य-कारण की यथार्थ व्याख्या के सम्बन्ध में शंकराचार्य का यह नितान्त अनुपम मौलिक योगदान है।

अद्वैतवाद भारत में अति प्राचीन काल से प्रसिद्ध है। वेदों की मंत्रसंहिताओं में यत्र-तत्र अद्वैतवाद का आभास मिलता है। उपनिषदों में अद्वैतपरक श्रुतियाँ पर्याप्त मात्रा में विद्यमान हैं। महाभारत और भागवत आदि ग्रन्थों में अन्यान्य मतों के समान अद्वैतवाद का परिचय मिलता है। प्राचीन वेदान्त सूत्रकारों में कोई-कोई विद्वान अद्वैतवादी थे। बौद्धों में माध्यमिक तथा योगाचार मतावलम्बी भी अद्वैतवादी थे। बुद्ध का नाम इसीलिये 'अद्वयवादी' पड़ा था। वैयाकरण, शाक्त एवं शैव भी अद्वैतवाद स्वीकार करते थे। वेदान्त में आचार्य शंकर के पूर्व अद्वैतवाद विद्यमान था। मण्डन् मिश्र ने भी अपने प्रसिद्ध ग्रन्थ 'ब्रह्मसिद्ध' में अद्वैतवाद का प्रतिपादन किया है। दिगम्बर आचार्य समन्त भद्र ने आप्तमीमांसा के चौबीसवें श्लोक में अद्वैतवाद का उल्लेख किया है। शान्त रक्षित ने अपने तत्वसंग्रह में प्राचीन उपनिषदीय अद्वैतवाद का उल्लेख किया है। भवभूति के उत्तररामचरित में विवर्तवाद का उल्लेख मिलता है। कुमारिल के श्लोक-वार्तिक में वेदान्त के अद्वैतवाद की चर्चा मिलती है। इस प्रकार बहुत पहले से भारत में 'अद्वैतवाद' की धारा प्रवाहित होती चली आ रही है। पूर्वोक्त मत अद्वैतवादी होने पर भी एक समान नहीं है। आचार्य शंकर द्वारा प्रतिष्ठापित अद्वैतवाद अपने में नितान्त पूर्ण और मौलिक है।

शाक्तमत भी अद्वैतवादी है। आचार्य शंकर इससे भलीभाँति विज्ञ थे। उनकी 'सौन्दर्य लहरी' और 'दक्षिणामूर्ति स्तोत्र' रचनाओं में शाक्त-अद्वैत के सिद्धान्तों का पूर्ण परिचय प्राप्त होता है। आचार्य शंकर इन अद्वैत-सिद्धान्तों के पूर्ण ज्ञाता थे। सम्भव है कि उनके ऊपर किसी-किसी सिद्धान्त का भी कुछ प्रभाव पड़ा हो। पर यह कहना नितान्त असत्य है कि उन्होंने किसी विशिष्ट मत का अवलम्बन कर के अपने

अद्वैतवाद की प्रतिष्ठा की। आचार्य शंकर का अद्वैतवाद नितान्त मौलिक सिद्धान्त है। इसके लिये वे उपनिषदों और गौड़पाद के ऋणी हैं।

मानवता को वेदान्त का सन्देश

वेदान्त एक आध्यात्मिक जीवन-दर्शन है, जो मनुष्य को उच्चतम आध्यात्मिक गौरव तथा जीवन के मूल्यों को अत्यन्त महत्व प्रदान करता है। वेदान्त का मूल और उसकी प्रेरणा मनुष्य की व्यक्तिगत, सामाजिक तथा आध्यात्मिक पूर्णता की स्वभावगत आकांक्षा में है। वेदान्त जीवन के आध्यात्मिक मूल्यों को अत्यधिक महत्व देता है तथा समस्त मूल्यों के आध्यात्मिकीकरण में जीवन के समस्त अनर्थों की चिकित्सा पाता है। अधिकांश लोगों की यह धारणा है कि अद्वैत वेदान्त केवल विद्वानों के मनन की ही वस्तु है। परन्तु बात ऐसी नहीं है। जिस प्रकार यह समाज के विद्वानों की आकांक्षाओं की पूर्ति करता है, उसी प्रकार साधारण मनुष्यों की माँग को भी पूर्ण करने में सर्वथा समर्थ है। अद्वैत वेदान्त व्यावहारिक धर्म है। समस्त मानवता उसे अपनाकर सुखी हो सकती है, इसमें रंचमात्र संशय नहीं है।

अत्यधिक संकीर्ण, स्वार्थपरायण और अभिमानी हो जाने के कारण मनुष्य पशुकोटि में आ जाता है। परन्तु पाशविक प्रकृति उसकी भौतिक-सत्तागत एक संयोग है। मनुष्य के भीतर एक महान् दैवीशक्ति निहित है, जो उसे सदा अपने आध्यात्मिक की प्राप्ति की प्रेरणा देती रहती है। मनुष्य की पाशविक शक्ति जब चरम सीमा पर पहुँच जाती है, तो वह ऐसे जघन्य कृत्य करने पर आमादा हो जाता है, जिससे मानवमात्र को अपार क्षति उठानी पड़ती है। इतिहास इस बात का साक्षी है कि मनुष्य की स्वार्थलिप्सा, संकीर्णता और अहंभावना की पूर्ति के कारण भीषण नर संहारकारी युद्ध हुए हैं, जिनसे मानवता को अपार क्षति उठानी पड़ी है। युद्ध के जघन्य कुकृत्यों से मानव-जाति परम प्रताड़ित, संत्रस्त, भयाक्रान्त और निराश हुई है। जिस शान्ति में युद्ध का अन्त होता है, उसी शान्ति में फिर नवीन संघर्ष की तैयारी और भी जोरों से प्रारम्भ हो जाती है, इस प्रकार अज्ञानजनित अहंकार के फलस्वरूप यह क्रम निरन्तर चलता रहता है। इस प्रकार मनुष्य का इतिहास बर्बरता और रक्तपात का इतिहास है। किन्तु यही सब कुछ नहीं है।

मनुष्य के भीतर छिपे हुए असुर ने उसके अंतर्निहित ईश्वर को कुछ समय के लिये आक्रान्त भले ही कर लिया हो, किन्तु उसे पूर्णतया परास्त नहीं कर सका है और न कर सकेगा। घोरतम निराशा में भी उसकी पूर्णता की आकांक्षा परिलक्षित होती रही है। युद्ध की विभीषिकाओं और भयंकर चीत्कार में भी वह क्षीण स्वर से शान्ति का आवाहन करता रहा है। असत्य में आकृष्ट होने पर भी उसने सदा सत्य की पुकार की है; अन्धकार से आवृत्त होने पर भी उसने सदा प्रकाश की कामना की है; मृत्यु से आक्रान्त होने पर भी उसने सदा अमृतत्व की आकांक्षा की है। मनुष्य की इस सदम्य सत्याकांक्षा तथा पूर्णत्व और शान्ति की कामना में ही उसके आध्यात्मिक लक्ष्य की प्राप्ति की अमर आशा सन्निहित है।

वेदान्त सिद्धान्त के सम्यक् आचरण से मनुष्य की सत्याकांक्षा एवं पूर्णत्व की प्राप्ति सुनिश्चित है। वेदान्त के अनुसार आत्मानुभव मानव-जीवन का परम लक्ष्य है। आत्मा हमारे अस्तित्व का चरम सत्य तथा जीवन का परम लक्ष्य है। सब में एक ही आत्मा समान रूप से व्याप्त है। अत: अपनी आत्मा के सच्चिदानन्द स्वरूप के अनुभव द्वारा हम सर्वात्मभाव की प्राप्ति करने में समर्थ होते हैं। वही हमारा परम नि:श्रेयस् और वही हमारा वास्तविक मोक्ष है। आत्मस्वरूप में पूर्ण रूप से प्रतिष्ठित होने पर सात्विक और नैतिक सद्गुणों की प्रतिष्ठा स्वत: हो जाती है और वे सद्गुण व्यक्ति, परिवार, समाज, राष्ट्र और विश्व के आध्यात्मिकीकरण में सहायक सिद्ध होते हैं। अब संक्षेप में कुछ सद्गुणों का विवेचन किया जा रहा है—

(1) निष्काम कर्म— वेदान्त निष्काम कर्म के सम्पादन पर अत्यधिक बल देता है। सिद्धात्मा मुक्त पुरुषों से भी निष्काम कर्म अपेक्षित है। आचार्य शंकर स्वत: इसके प्रत्यक्ष दृष्टान्त हैं। अन्य वेदान्ती पुरुषों के उदाहरण हमारे सम्मुख उपस्थित हैं। स्वामी विवेकानन्द और स्वामी रामतीर्थ ने आप्तकाम और वीतराग संन्यासी होते हुए भी, जगत्-कल्याण के निमित्त जिस निष्काम कर्म का सम्पादन किया, वह अविस्मरणीय है। अकर्मण्यता जड़ता है, क्रिया ही हमारा जीवन, प्राण और शक्ति है। प्रकृति स्वत: कर्मण्यता का पाठ पढ़ाती है। एक ओर सीमाबद्ध सरोवर है और दूसरी ओर बहती हुई सरिता। बहती हुई नदी निरन्तर कर्मरत है, बहती रहती है, इसी कारण उसका जल स्वच्छ, तरोताजा, निर्मल, चित्ताकर्षक और पीने योग्य है। इसके विपरीत सीमाबद्ध अकर्मण्य सरोवर का जल, गन्दा, मैला, बदबूदार और चिपचिपाने वाला होता है। अद्वैत-वेदान्त का सन्देश है कि सदैव कर्मरत रहो। 'उतिष्ठत जाग्रत' (उठो और जागो) इसका परम लक्ष्य और सन्देश है। निष्काम कर्म के अनुष्ठान से व्यक्ति, समाज, राष्ट्र और विश्व में जिस असीम शक्ति का जागरण होगा, वह वर्णनातीत है।

(2) आत्मत्याग— वेदान्त-सिद्धान्त का समस्त आचार-दर्शन घोर स्वार्थ और पूर्ण परार्थ भाव के बीच सामंजस्य का प्रयास है। जब तक हम स्वार्थ को एक सीमित रूप में देखते रहेंगे और उसी को मनुष्य की मूल प्रकृति मानते रहेंगे, तक तक मानवीय स्वार्थों का सामंजस्य कभी नहीं हो सकता और न आत्मत्याग की ही भावना आ सकती है। वेदान्त को इस समस्या का मूल अहंकार के अविद्यामूलक में मिला है। इसीलिये अहंकार की क्षुद्र मनोवृत्ति का परित्याग वेदान्त की महती शिक्षा है। क्षुद्र के परित्याग से मनुष्य में आत्मभावना का व्यापक विकास होता है, जिसके फलस्वरूप उनकी क्षुद्र मनोवृत्तियाँ और संकीर्ण भावनाएँ भस्मीभूत हो जाती हैं। उसमें आत्मत्याग की भावना स्वत: आ जाती है। बीज यदि चाहता है कि वह एक सुन्दर कलिका के रूप में प्रस्फुटित हो, तो पहले उसे अपने आपको खाद में गला देना होगा। पूर्ण आत्मत्याग अन्त में फल लाता है, उसका फल लाना अनिवार्य है। सभी आध्यात्मिक शिक्षक और उपदेशक इस बात को मानने में नहीं हिचकेंगे कि

हम जितना ही अधिक वितरण करते हैं, उतना ही अधिक पाने के अधिकारी बनते जाते हैं।

(3) क्षुद्र अहंभाव की विस्मृति— अद्वैत सिद्धान्तानुसार शरीर, देहेन्द्रियों, मन और बुद्धि को ही आत्मस्वरूप समझ लेना क्षुद्र अहं है। निरन्तर अभ्यास के द्वारा इसके नष्ट हो जाने पर व्यापक अहंभाव (आत्मभाव) का विकास होता है। इसकी व्यापकता की अनुभूति पर 'व्यष्टि भाव' 'समष्टि भाव' में विलीन हो जाता है। व्याख्यानदाताओं को इस बात का पूर्ण अनुभव होगा कि जब वे विशाल जनसमूह में भाषण करते हैं, तो ज्योंही 'मैं भाषण कर रहा हूँ' उनके मन में प्रकट होता है, त्योंही व्याख्यान फीका पड़ जाता है। यह क्षुद्र अहंभाव का परिणाम है। अद्वैत वेदान्त हमें यह सन्देश देता है कि तुम्हीं सब कुछ हो। व्याख्यान, व्याख्याता, श्रोता सब तुम्हीं हो। ऐसी स्थिति प्राप्त कर लेने पर मन और बुद्धि में क्षुद्र भाव रह ही नहीं जाता। सच्चा वेदान्ती कार्य करते हुए अपने क्षुद्र अहं को भूल जाता है। इसके विस्मृत होने पर जगत् के समस्त कार्य क्रीड़ा का रूप धारण कर लेते हैं। ऐसी मनोवृत्ति प्राप्त होने पर कार्य के प्रति एक नया दृष्टिकोण प्राप्त हो जाता है।

(4) सार्वभौमिक प्रेम— वेदान्त के सर्वात्मभाव के आदर्श में व्यक्तित्व का विनाश नहीं होता, प्रत्युत पृथकत्व और अहंकार का भाव दूर हो जाता है। एक विश्वात्मा के रूप में हमारे व्यक्तित्व के विकास में हमारे जीवन का विकास होता है। स्वार्थों के संघर्ष का मूल व्यक्तित्व की एकरूपता में नहीं, बल्कि व्यक्तियों की पृथक् भावना में है। हमारी मित सत्ता का एक अमित व्यक्तित्व में विकास होने में इस संघर्ष का मूलोच्छेदन हो जाता है। जब हम अपने आत्मस्वरूप का दर्शन कर लेते हैं तथा समस्त प्राणियों के साथ सर्वात्म भाव का अनुभव कर लेते हैं तो स्वार्थों के साम्य के द्वारा तदगत संघर्ष दूर हो जाता है एवं स्वार्थसाम्य की गति साध्यैकत्व की ओर होती है। इस आध्यात्मिक एकत्व की भावना और साध्यैकत्व से एक पूर्ण समन्वय तथा अनन्त सार्वभौमिक प्रेम का भाव उदय होता है, जो इस जगत् को आनन्द और शान्ति का दिव्य लोक बना देने में समर्थ है। वेदान्त के इस आदर्श में ही मानवता की समस्त आकांक्षाओं की पूर्ति हो सकती है। सार्वभौमिक प्रेम के आध्यात्मिक एकत्व भाव में पृथकत्व और अहंकार का अन्त हो जाता है। इसी सार्वभौमिक प्रेम के आधार पर ही संसार में स्थायी शान्ति की स्थापना की जा सकती है।

अतः वेदान्त का सन्देश है कि तुम प्रेम करो और लोग तुमसे प्रेम करेंगे। हाथ यदि जीवित रहना चाहता है, तो उसे शरीर के अन्य अंगों से प्रेम करना होगा। यदि वह अपने को सब अंगों से पृथक् कर ले और सोचे कि मेरी कमाई से दूसरे अंग क्यों लाभ उठायें, तो हाथ का काम हो चुका, उसका मरण अनिवार्य है। जिसे हम लोग सहयोग और सहकारिता कहते हैं, वे इसी सार्वभौमिक प्रेम के बाह्य रूपान्तर हैं।

(5) प्रसन्नता— अद्वैत वेदान्त निष्काम कर्म के सम्पादन पर बहुत बल देता है। अत: निष्काम कर्म के सम्पादन में अपने परिश्रम के फल के लिये कभी चिन्तित नहीं होना चाहिए। भविष्य की चिन्ता नहीं करनी चाहिए, क्योंकि आत्मानुभव में भूत, भविष्य का लोप हो जाता है। केवल वर्तमान अवशिष्ट रहता है, जो सत्, शाश्वत और अखण्ड है। सफलता और असफलता की चिन्ता करना, वेदान्त के सिद्धान्त के सर्वथा प्रतिकूल है। निष्काम कर्म स्वयं अपने में फल है। यह स्वयं अपना पारितोषिक है। अत: भूतकाल के पीछे खिन्न और दुखी होना मूर्खता है। भविष्य की चिन्ता करना भी श्रेयस्कर नहीं है। अत: प्रत्यक्ष वर्तमान में निष्काम कर्म करो। दिन रात काम करो। इस प्रकार की भावना मनुष्य को प्रत्येक स्थिति में प्रसन्न रखती है। प्रसन्नचित निष्काम कर्मयोगी को प्रत्येक प्रकार की सहायता का वचन प्रकृति ने पहले से दे रखा है। यदि जितना ज्ञात है, उतना तुम यथार्थ रूप में पार कर लेते हो, तो आगे का मार्ग अपने आप सूझ पड़ेगा। यदि अँधेरी रात में तुम्हें बीस मील यात्रा करने का अवसर प्राप्त हो और यदि हाथ का दीपक केवल दस फुट तक ही प्रकाश फेंकता हो, तो उस सम्पूर्ण अँधेरे मार्ग की चिंता से क्यों मरे जाते हो? तुम्हें तो अंधकार में एक पग भी नहीं चलना पड़ेगा। इस प्रकार एक आदर्श और सच्चे निष्काम कर्मयोगी को अपने पथ में कभी अव्यर्थ बाधा नहीं पड़ती। यह प्रकृति का एक अनिवार्य नियम है। फिर भविष्य की घटना की चिन्ताओं से क्यों अपने हृदय के उल्लास को ठंडा करते हो? वेदान्त-सिद्धान्त जीवन की प्रत्येक विषम से विषम परिस्थिति में प्रसन्नता का पाठ पढ़ाता है। निष्काम कर्म के अनुष्ठान में जिस क्षण तुम सफलता से मुँह मोड़ लेते हो, ज्योंही तुम फलादि की आकांक्षा और चिन्ता से मुक्त हो जाते हो और वर्तमान कर्तव्य पर अपनी समस्त शक्ति केन्द्रीभूत कर देते हो, बस, उसी क्षण सफलता तुमसे आ मिलती है। इतना ही नहीं, सफलता तुम्हारा अनुगमन करने लगती है। अतएव, तुम सफलता के पीछे मत दौड़ो, सफलता को अपना ध्येय मत बनाओ और तभी, उसी समय सफलता तुम्हें स्वयं ढूँढ़ने लगेगी। न्यायालय में न्यायाधीश को वादी प्रतिवादी, वकील तथा चपरांसियों को खोजना नहीं पड़ता। वह तो केवल न्यायासन पर बैठ भर जाये न्यायालय के सारे व्यापार अपने आप चलने लगते हैं। अत: पूर्ण प्रसन्नता के साथ अपने निष्काम-कर्म में जुट जाओ और सफलता के लिये जिन-जिन वस्तुओं की आवश्यकता पड़ेगी, वे सब अपने आप उपस्थित हो जायेंगी। वेदान्त का यह डिंडम-घोष है कि प्रत्येक परिस्थिति में प्रसन्नचित्त रहो।

(6) निर्भीकता—वेदान्त के अनुसार समस्त अनर्थों का मूल भेद की भावना है जो घृणा और भय उत्पन्न करती है।[1] घृणा और भय ही जीवन और जगत् में समस्त दु:ख और अशान्ति के कारण हैं। घृणा और भय का मूल पृथकत्व अथवा

---

1. माण्डूक्य-कारिका, 2/34, शांकरभाष्य।

अन्यत्व की भावना में है।[1] भय हमारी आत्मसंरक्षण की प्रवृत्ति का ही प्रतिरूप है। हम अपनी सत्ता, शरीर और स्वत्व की रक्षा करना चाहते हैं, जिन्हें हम अविद्या के वशीभूत होकर अपनी आत्मा समझ बैठे हैं। जब हम अपने वास्तविक स्वरूप से अपरिचित होते हैं, तो हम अनात्मा की, जो वस्तुतः नश्वर है, रक्षा करना चाहते हैं। आध्यात्मिक मूल्यों के स्थान पर भौतिक मूल्यों का परिणाम परिग्रह और उसके संरक्षण की भावना में होता है। इसमें अपनी ही नहीं दूसरों की आत्मा अथवा उनके वास्तविक स्वरूप का अज्ञान भी निहित है। सबका वास्तविक स्वरूप एक ही आत्मा है, इसीलिए आध्यात्मिक एकत्व ही परम सत्य और परमार्थ है। अन्यत्व की भावना ही भय का मूल है।[2]

जब हम अविनाशी आत्मा का अपने मूल सत्य के रूप में दर्शन कर लेते हैं तथा सर्वात्मा के रूप में उसका अनुभव कर लेते हैं, तो भय और घृणा का जड़ोन्मूलन हो जाता है। जो नित्य, अविनाशी और अद्वैत आत्मा का साक्षात्कार कर लेता है, उसके लिये भय का कारण शेष नहीं रह जाता। वह ज़नक की भाँति अभयत्व को प्राप्त हो जाता है। आत्मानुभव होने पर कौन, किसका और किससे संरक्षण करे।[3] सभी तो आत्मस्वरूप हैं। अमृत आत्मा के लिये नाश का भय नहीं हैं। ईश्वर भी आत्मा का नाश नहीं कर सकता। जब हम सर्वात्मभाव का अनुभव कर लेते हैं, तो हमसे भिन्न कुछ भी नहीं रहता, जो भय का कारण हो।[4] इसी अवस्था में व्यक्तिगत तथा सामाजिक अभयत्व सम्भव है और मनुष्य पर मनुष्य के अत्याचार का अन्त हो सकता है।[5] इसी सोधन द्वारा जीवन और जगत् में स्थायी शान्ति की स्थापना की जा सकती है।[6] अतः मानवता के लिए अद्वैत-वेदान्त का सन्देश है—निराशा परम दुर्बलता है, उससे बचो। निर्भीकता ही परम शक्तिपुंज है, उसे ग्रहण करो।

(7) आत्मनिर्भरता— अद्वैत-वेदान्त का डिंडम-घोष है कि तुम्हारी आत्मा, वास्तविक आत्मा पर ब्रह्म, मायोपाधिक ईश्वर, सर्वशक्तिसम्पन्न ईश्वर है। यह एक वास्तविकता है, एक सत्य है। इसकी अनुभूति से अपने में अपूर्व आत्मविश्वास का जागरण होता है। आत्मविश्वास हमें पूर्ण आत्मनिर्भर बनाता है। अपने ऊपर निर्भर रहने से हमें और निःश्रेयस् प्रेयस् दोनों की प्राप्ति होती है। अपने ऊपर निर्भर रहने पर संसार में कुछ भी असम्भव नहीं रह जाता।

---

1. बृहदारण्यकोपनिषद्, 1/4/1, शांकरभाष्य तथा तैत्तिरीय उपनिषद्, 2/9/1, शांकरभाष्य।
2. तैत्तिरीयोपनिषद, 2/7/1, शांकरभाष्य।
3. कठोपनिषद, 2/1/5, शांकरभाष्य।
4. तैत्तिरीयोपनिषद, 2/9/1, शांकरभाष्य।
5. माण्डूक्यकारिका, 2/33, शांकरभाष्य।
6. वही, 3/40, शांकरभाष्य।

सिंह जंगल का राजा है, क्योंकि वह स्वयं अपने ऊपर निर्भर रहता है। उसमें साहस है, शक्ति है, आत्मविश्वास है और आत्मनिर्भरता है। अतः कोई भी बाधा उसका मार्ग अवरुद्ध नहीं कर सकती। दूसरी ओर हाथियों को देखो, जिन्हें विशालकाय होने के कारण पहली दृष्टि में यूनानियों ने 'चलते फिरते पर्वत' की संज्ञा दी थी, वे सदा भयभीत, संत्रस्त और अपने शत्रुओं से सशंकित रहते हैं। वे सर्वदा झुंडों में रहते हैं और सोते समय अपने चारों ओर पहरेदार नियुक्त कर लेते हैं। उनमें से एक भी आत्मनिर्भर नहीं रहता और न अपनी अपार शक्ति का अनुभव करता है। वे अपने को शक्तिहीन मानते हैं और एक ही सिंह के समक्ष झुण्ड के झुण्ड भाग खड़े होते हैं, जबकि एक ही हाथी, एक ही चलता-फिरता पहाड़ बीसों शेरों को अपने पैरों से रौंद कर मिट्टी में मिला सकता है।

वेदान्त का सन्देश है कि किसी बाह्य शक्ति पर अवलम्बित मत रहो। सारी शक्ति का केन्द्र तो अपना अन्तःकरण ही है। अतः उसी पर आश्रित रहकर आत्मनिर्भर बनो।

अतः अद्वैतवेदान्त का मानवता के लिये दिव्य संदेश यही है कि मनुष्य को आत्मशक्ति अर्जित करना नितान्त आवश्यक है, यही जीवन का परम पुरुषार्थ और चरम लक्ष्य है। आत्मविजय, साहस, निर्भयता, प्रेम, सौहार्द, त्याग, एकत्व और बन्धुत्व से ही पूर्णता प्राप्त की जा सकती है। वह आत्मशक्ति मनुष्य के लोभ, स्वार्थ, घृणा, द्वेष आदि दुर्गुणों पर समुचित अनुशासन कर सकती है और उसका परिणाम यह होगा कि यह जगत् दिव्य लोक में परिणत हो जायेगा।

■

बीस

शंकराचार्य के व्यक्तित्व पर एक विहंगम दृष्टि

आचार्य शंकर के जीवनचरित का अवलोकन कर उनके महान् और विलक्षण व्यक्तित्व की झाँकी हम स्थल-स्थल पर भलीभाँति देख चुके हैं। हम यहाँ सामूहिक रूप से उनके अलौकिक विशिष्ट सद्गुणों को देखने की चेष्टा करेंगे। भारत की जातीय और धर्म जीवन की विषम परिस्थितियों में उनका आविर्भाव हुआ। विकृत बौद्ध धर्म के प्रभाव और दबाव से सनातन हिन्दू धर्म शक्तिहीन, निस्तेज, विध्वस्त और विच्छिन्न हो गया था। आचार्य शंकर के आविर्भाव उनके जीवन, साधना, तपश्चर्या, कर्मठता, उपदेश तथा शिक्षा के फलस्वरूप वैदिक धर्म का पुनरुद्धार हुआ। उसमें असीम शक्ति, बल, पौरुष, शौर्य, तेज, उदारता, निर्भीकता, आशा, स्वावलम्बन, ऐक्य भाव का संचार हुआ। सारे मत-मतान्तर विभिन्न होते हुए भी एक सूत्र में आबद्ध हो गये। आचार्य ने वैदिक धर्म को अनन्त युगों का स्थायित्व देकर उसे परमार्थ और व्यवहार की सुदृढ़ भित्ति पर सुप्रतिष्ठित किया। इस महती सफलता का समस्त श्रेय उनके विलक्षण और महान् व्यक्तित्व और परमादर्श, उज्ज्वल और निष्कलंक चरित्र को है।

आचार्य में मानवीय आदर्श गुण अपनी पराकाष्ठा पर पहुँचे हुए थे। उनकी अपनी माता तथा सद्गुरु के प्रति उत्कट भक्ति थी; शिष्यों पर अनुपम स्नेह, भक्तों के प्रति असीम दया और शत्रुओं के प्रति भी अहेतुकी क्षमा-भाव। इनमें से किसी एक गुण की स्थिति भी किसी व्यक्ति को महान् बनाने के लिए पर्याप्त सिद्ध हो सकती है। वे बाल्यावस्था में ही पितृविहीन हो गये थे, अत: पितृसुख से वंचित रहे। एकमात्र संतान होने के कारण माता का समस्त स्नेह, सारी आकांक्षाएँ उन्हीं में केन्द्रीभूत थीं। आचार्य की भी माता के प्रति अद्भुत श्रद्धा और भक्ति थी। संन्यास-आश्रम को अपने लिये अपरिहार्य और श्रेयस्कर समझते हुए, उन्होंने तब तक उसे ग्रहण नहीं किया, जब तक इस सम्बन्ध में उनकी माता ने उन्हें आज्ञा नहीं प्रदान कर दी थी। उनकी मृत्यु के समय पर उन्होंने स्वयं उपस्थित रहकर उनकी अन्त्येष्टि क्रिया करने की प्रतिज्ञा की थी। उन्होंने अपनी की हुई प्रतिज्ञा का पालन किया। संन्यासी के लिये दाहसंस्कार करना वर्जित और गर्हित माना गया है। संन्यास-धर्म का किंचित् शैथिल्य उन्हें अभीष्ट था, परन्तु माता की आज्ञा का उल्लंघन करना उनके लिए असम्भव था। संन्यासी होने पर भी, अत्यधिक प्रसिद्धि प्राप्त करने पर भी उन्होंने माता का दाहसंस्कार स्वयं किया। इस शास्त्रवर्जित कार्य के लिये उन्हें

जाति बिरादरियों का तिरस्कार भी सहना पड़ा, निन्दा भी सहनी पड़ी, पर वे अपनी की हुई प्रतिज्ञा की पूर्ति के निमित्त हिमालय की भाँति अचल बने रहे। मातृभक्ति का इतना सुन्दर और जीवन्त दृष्टान्त और कहाँ उपलब्ध हो सकता है। शंकर ने अपनी प्रतिज्ञा की पूर्ति कर सत्य-धर्म की रक्षा की। सत्य व्रत का अनुष्ठान श्रुति का परम धर्म है। तैत्तिरीयोपनिषद् में स्पष्ट आदेश दिया गया है—'सत्यान्न प्रमदितव्यं' (सत्य धर्म से कभी न डिगना चाहिए)।

आचार्य की गुरुभक्ति भी अद्वितीय और अनुकरणीय थी। गुरु के अन्वेषण में उन्होंने एँड़ी-चोटी का पसीना एक कर दिया। जब उन्होंने गोविन्दाचार्य को सदगुरु के रूप में प्राप्त कर लिया, तो अपने को सर्वभावेन उनके चरणों में सदैव के लिए समर्पित कर दिया। उनकी इस अलौकिक भक्ति से गुरु इतने आकृष्ट, प्रसन्न हुए कि अल्पकाल ही में उन्हें आध्यात्मिक विद्याओं का सम्राट् बना दिया। गुरुभक्ति का परिचय उन्होंने नर्मदा के बढ़ते हुए जल को अभिमंत्रित कलश के भीतर पुंजीभूत करके दिया, नहीं तो वह गोविन्दाचार्य की गुफा को जलमग्न करने पर ही उद्यत था। गुरु के आदेश से वे वैदिक धर्म के उद्धार के निमित्त मनसा, वाचा, कर्मणा प्रवृत्त हुए।

अपने शिष्यों के प्रति आचार्य का अत्यधिक स्नेह तथा प्रगाढ़ अनुकम्पा थी । उनके शिष्य 'गिरि' स्वभावत: मन्दबुद्धि के थे। पर वे थे आचार्य के अनन्य सेवक। मन्दबुद्धि होने के कारण गिरि को पग-पग पर अपने सहपाठियों का तिरस्कार-भाजन होना पड़ता था। गिरि की स्थिति दयनीय थी। आचार्य को यह सहन न हुआ। उन्होंने अपनी अलौकिक शक्ति से गिरि के अन्तर्गत समग्र विद्याओं का संक्रमण करके उनका 'तोटकाचार्य' नाम रखा। उनके अन्य शिष्य इस अविश्वसनीय परिवर्तन को देखकर आश्चर्यान्वित और किंकर्तव्यविमूढ़ हो गये।

आचार्य की मानसिक शक्ति भी अद्वितीय थी। उनकी स्मृति इतनी तीव्र और विलक्षण थी कि उन्होंने नष्ट हुए ग्रन्थों का पुनरुद्धार कर दिया। पद्मपाद की पंचपादिका तथा राजशेखर के नाटकों का उद्धार आचार्य शंकर की मेधाशक्ति के उज्ज्वल दृष्टान्त हैं। इस प्रकार उनमें बुद्धिपक्ष और भावपक्ष का अद्भुत सम्मिश्रण था। इस दृष्टि से वे पूर्ण मानव थे। पूर्ण मानव के लिये मस्तिष्क और हृदय का संतुलित होना आवश्यक है। आचार्य शंकर में जितनी मस्तिष्क की प्रखरता और गम्भीरता परिलक्षित होती है, उतनी ही हृदय की विशालता और उदारता भी दृष्टिगोचर होती है।

कर्मठ जीवन

आचार्य शंकर मायावाद के व्यवस्थापक थे और जगत् को मायिक तथा स्वप्नवत मानते थे। अत: कतिपय आलोचक उनके ऊपर देश में अकर्मण्यता फैलाने का दोष मढ़ते हैं। उन आलोचकों की राय है, ''जगत् को मायिक मानते जाना और अपने

आपको सुखाभास की मृग-मरीचिका में फँसाये रखना, शंकर की शिक्षा का यही सबसे बड़ा दुष्परिणाम हैं। इससे जनता में अकर्मण्यता और आलस्य की भावना व्याप्त हो गयी। यह शंकराचार्य के उपदेशों का विकृत परिणाम है।'' परन्तु उनका यह आरोप सर्वथा अलीक और मिथ्या है। ऐसे तर्काभासों को दूर करने के लिये आचार्य के कर्मठ जीवन पर दृष्टिपात करना पर्याप्त होगा। यह निर्विवाद कहा जा सकता है कि उनका ऐसा कर्मठ जीवन बहुत ही कम लोगों का दिखलायी पड़ता है। बत्तीस वर्ष की अल्पायु में उन्होंने जिन-जिन महत्वपूर्ण कार्यों का सम्पादन किया, उन्हें देखकर लोगों को आश्चर्य से दाँतों तले उँगली दबानी पड़ती है। आचार्य की अद्वितीय कर्मठता ही उनके जीवन का अलौकिक महाभाष्य है। वे ब्रह्म स्वरूप थे, आत्मसाक्षात्कार के साकार विग्रह थे, निर्विकल्प समाधि में पूर्ण रूप से प्रतिष्ठित थे। किन्तु लोकसंग्रह और जनकल्याण के निमित्त वे एक स्थान पर नहीं ठहरे। जीवनपर्यन्त देश के कोने-कोने में पर्यटन कर अद्वैतज्ञान की अखण्ड ज्योति प्रदीप्त करते रहे। वैदिक-धर्म की प्रतिष्ठा के लिये उन्होंने अपना सर्वस्व न्योछावर कर दिया। उन्होंने निष्काम कर्म के निरन्तर सम्पादन के लिये भौतिक सुखों पर लात मार कर संसार का परित्याग किया, माता की अहेतुकी ममता को तिलांजलि दे दी। यदि वे चाहते तो एक स्थान पर रहकर निर्विकल्प समाधि में स्थित होकर आनन्दपूर्वक जीवन व्यतीत कर सकते थे। पर उन्होंने लोक-संग्रह और संसार-कल्याण को अपना और अपने शिष्यों का कर्तव्य समझ भारत के कोने-कोने में वैदिक धर्म की पुनर्प्रतिष्ठा करने के लिये निरन्तर पर्यटन किया।

आचार्य के आविर्भाव के पूर्व अवैदिक तथा वैदिकाभास के मतानुयायियों ने वेद विरोधी सिद्धान्तों का प्रचुर प्रचार करके जनसाधारण के हृदय में वैदिक धर्म के अनुष्ठान के प्रति अश्रद्धा उत्पन्न कर दी थी। वह येन केन प्रकारेण जी भर रहा था। उसकी जीवनी शक्ति समाप्तप्राय सी हो चुकी थी। वह जर्जरित, शक्तिहीन, चेतना विहीन और पंगु हो गया था। परन्तु आचार्य ने अपने अनुकरणीय जीवन, महान् तपश्चर्या और साधना, असामान्य पांडित्य, तर्क, युक्ति के सहारे अवैदिक अथवा अर्द्धवैदिक सिद्धान्तों की धज्जियाँ उड़ा दीं। उनकी निस्सारता सिद्ध करके उन्हें शक्तिहीन और निश्चेष्ट बना दिया।

वैदिक धर्म की पुनर्प्रतिष्ठा और धर्म के शुद्धीकरण करने के लिये आचार्य ने अनेक साधनों का अवलम्बन लिया। कुछ प्रमुख साधनों का उल्लेख किया जा रहा है—

(1) तीर्थों की अवैदिक प्रभावों से मुक्ति— अवैदिक मतानुयायियों ने अनेक पुण्यस्थलों को अपने प्रभाव में दबोच लिया था। उन पावन तीर्थों पर अपना अड्डा जमा लिया था। आचार्य ने प्रधान-प्रधान तीर्थस्थलों पर जाकर निवास किया और वेद विरोधी मतावलम्बियों के सिद्धान्तों का अपने पाण्डित्य, तर्कों और युक्तियों से पूर्ण रूप से खण्डन कर दिया। इस प्रकार उन्होंने उन तीर्थों का उनके चंगुल से

उद्धार करके उन स्थानों की महत्ता फिर स्थापित की। इसके लिये 'श्री पर्वत' का दृष्टान्त दिया जा सकता है। यह स्थान अत्यन्त पवित्र समझा जाता था। द्वादश ज्योतिर्लिंगों में प्रधान लिंग मल्लिकार्जुन की यह पुण्य-स्थली है। परन्तु कापालिकों ने अपनी बीभत्स क्रियाओं, कुकृत्यों और अनाचारों से इस स्थान को नरक बना रखा था। सामान्य जनता उनके अत्याचारों से अत्यधिक संत्रस्त, भयभीत और आतंकित थी। कापालिकों का समुदाय अत्यधिक सुसंगठित था। उनके पास हथियार बन्द सेना रहती थी। इससे वे अपनी मनचाही बातें पूरी करा लेते थे। श्रीशैल में उग्रभैरव नामक कापालिक आचार्य की प्राण हत्या पर कटिबद्ध हो गया था। उसने आचार्य से उनकी बलि की भीख माँग ली थी। आचार्य ने उसे अपना सिर देना स्वीकार भी कर लिया था। पर आचार्य के अनन्य शिष्य पद्‌मपाद की सूझबूझ से उग्रभैरव की योजना का भंडाफोड़ हो गया। पद्‌मपाद ने अपनी अलौकिक मंत्रशक्ति से उस उग्र कापालिक का काम तमाम कर दिया। आचार्य ने श्रीशैल की प्राचीन गरिमा को पुनः प्रतिष्ठित किया। यह तो एक दृष्टान्त है। ऐसे न मालूम कितने तीर्थ-स्थलों की आततायियों से रक्षा की। उन तीर्थस्थलों में वैदिक धर्म की उपासना-पद्धति चलायी। इस प्रकार धर्म-प्रचार का प्रथम साधन, तीर्थों को अवैदिक प्रभावों से मुक्त करना और उनमें शुद्ध सात्विक उपासना का प्रचार करना था।

(2) अद्वैत साहित्य के प्रतिष्ठापक— वैदिक ग्रंथो के प्रति अश्रद्धा का कारण उनकी दुरूहता भी थी। उपनिषदों के गूढ़ रहस्य का अभिप्राय विद्वान् पंडित भी समझने में असमर्थ थे, तो साधारण जनता की बात ही कौन कहे। आचार्य शंकर ने इस बात को भलीभाँति समझ लिया। इसका निराकरण करने के लिये उन्होंने वेदों के शिरोभाग उपनिषदों पर भाष्य लिखा। भाष्य में उन्होंने उपनिषदों की विशद व्याख्या करके उनके गूढ़ रहस्य को समझाया। साथ ही ब्रह्मसूत्र और गीता पर भी भाष्य रचना की। सामान्य लोगों के निमित्त उन्होंने अनेक प्रकरण ग्रंथों की रचना की। उन ग्रंथों में बड़े सुन्दर, सरल और आकर्षक ढंग से अद्वैत सिद्धान्तों को समझाने का प्रयास किया। वेदान्त शास्त्र के सिद्धान्तों के विपुल प्रचार के लिये उन्होंने अपने भाष्य ग्रंथों पर वृत्ति तथा वार्तिक लिखने की प्रेरणा दी। इस पुनीत कार्य में उनके शिष्यों ने पूर्ण सहयोग दिया। उन्होंने इस कार्य में आचार्य के सिद्धान्तों का ही पूर्ण अनुसरण किया। वेदान्त के अन्य सम्प्रदायों में उनकी देखादेखी प्रस्थानत्रयी पर अनेक महत्वपूर्ण भाष्य-ग्रन्थों की रचना हुई। आचार्य के पूर्व किसी अन्य आचार्य ने समस्त प्रस्थानत्रयी पर भाष्य ग्रंथों की रचना नहीं की थी। इस प्रकार आचार्य के पश्चात् जितने भी अद्वैत-ग्रंथ लिखे गये, वे सब उनके प्रभाव के कारण लिखे गये।

(3) संन्यासी-संघ का संस्थापन— आचार्य ने यह भलीभाँति अनुभव कर लिया था कि गृहस्थों के द्वारा धार्मिक कार्य का प्रचार और प्रसार बहुत कठिन है। गृहस्थ तो गृहस्थी के भार से सदा लदा रहता है, दिन रात नये-नये कार्यों की

उत्पत्ति होती रहती है। जिस प्रकार समुद्र में प्रतिक्षण लहरें उत्पन्न होती रहती हैं, उसी प्रकार गृहस्थाश्रम में नित्य नये-नये उत्तरदायित्वों का आगमन होता रहता है। सर्वत्यागी, वीतराग, आप्तकाम संन्यासियों से ही धर्म प्रचार का दुष्कर कार्य संभव है, क्योंकि वे सभी प्रकार के सांसारिक-उत्तरदायित्वों से मुक्त हैं। अपनी शिक्षा-दीक्षा, त्याग-तपस्या भक्ति-उपासना के द्वारा वही संसार का वास्तविक उपदेशक हो सकता है। उंसके आदर्श आचरण से सामान्य जनता आकृष्ट होकर, उसके उपदेशों को ध्यानपूर्वक श्रवण करेगी और तदनुकूल आचरण करने की भी चेष्टा करेगी। आचार्य शंकर ने इस विरक्त संन्यासी-समुदाय को एक सूत्र में बाँध उनका एक संघ स्थापित किया और उन्हें वैदिक धर्म के अभ्युत्थान, अभ्युदय और कल्याण कार्य में नियोजित कर दिया। आचार्य शंकर की यह योजना अत्यन्त महत्वपूर्ण थी। संन्यासी-वर्ग द्वारा वैदिक धर्म का प्रचार और प्रसार अब भी किसी न किसी रूप में हो रहा है। संन्यासी-संघ की स्थापना का कार्य आचार्य का तीसरा महत्वपृर्ण कार्य है।

(4) मठ संस्थापन—वैदिक धर्म की परम्परा अक्षुण्ण और शक्तिशाली बनाये रखने के लिये आचार्य ने भारत की चारों दिशाओं में चार मठों की संस्थापना की और उनके लिये 'महानुशासन' का निर्माण किया। इन मठों के मठाधीश तपे-तपाये विद्वान् विरक्त संन्यासी थे और वे वास्तव में भारत के आध्यात्मिक और धार्मिक शासक थे। मठाधीशों का कर्तव्य था कि वे एक स्थान पर स्थायी रूप से निवास न करें, बल्कि अपने-अपने निर्धारित क्षेत्र में घूम-घूम कर वैदिक धर्म का प्रचार करते रहें और सामान्य जनता को अध्यात्म मार्ग का समुचित प्रदर्शन करते रहें। मठ-संस्थापन का कार्य सचमुच ही आचार्य का परम व्यावहारिक और लोकोपयोगी कार्य था, इससे सामान्य जन का अत्यधिक कल्याण और उपकार हुआ।

आचार्य के अद्वैत-सिद्धान्त का प्रभाव भारतीय जनता पर अत्यधिक पड़ा। देश के कोने-कोने की जनता आचार्य शंकर को बड़ी श्रद्धाभक्ति से देखती और पूजती है। इसका मूल कारण यही है कि आचार्य का यह अद्वैत-सिद्धान्त अनुभव की दृढ़ भित्ति पर आश्रित है। यद्यपि आचार्य के परवर्ती आचार्यों—रामानुजाचार्य, मध्वाचार्य आदि ने आचार्य के मायावाद सिद्धान्त का प्रचुर खण्डन किया, पर उसकी महिमा ज्यों की त्यों अक्षुण्ण बनी रही, बल्कि इस खण्डन से उसकी तेजस्विता और भी अधिक प्रदीप्त हो उठी। संन्यासियों के सभी सम्प्रदाय और सामान्य जनता उन्हें 'जगद्‌गुरु' के रूप में ही पूजती आ रही है।

पांडित्य

आचार्य शंकर उद्‌भट पंडित थे। उनमें विशेषता यह थी एक बार भी जो अध्ययन अथवा श्रवण कर लेते थे, वह सदैव के लिये उनके मानस पटल पर अंकित हो जाती थी। उन्होंने तीन वर्ष की अल्पायु में अपनी मातृभाषा, मलयालम का पूर्ण ज्ञान प्राप्त कर लिया था, आठ वर्ष की आयु में वे समस्त वेदों में पारंगत हो

गये थे और सोलह वर्ष की आयु में उन्होंने प्रस्थानत्रयी (उपनिषद्, ब्रह्मसूत्र और श्रीमद्भगवद्गीता) पर विलक्षण भाष्य रचना की थी। स्वामी विवेकानन्द जी ने उनके संबंध में अपना उद्गार इस प्रकार अभिव्यक्त किया है, ''इस सोलह वर्ष के बालक के लेख से आधुनिक सभ्य जगत् विस्मित हो गया है।''

प्रस्थानत्रयी जैसे कठिन एवं दुरूह अध्यात्म-ग्रंथों का अभिप्राय उन्होंने अपने भाष्यों में इतनी सरलता और सुगमता से समझाया है कि विज्ञ से विज्ञ पाठक उनका अध्ययन करके चमत्कृत हो जाता है। आचार्य की अलौकिक प्रतिभा और महान् पांडित्य का पता पद-पद में प्रदर्शित है। उनकी व्याख्या इतनी प्रसादमयी वाणी में है कि अध्येता को पता नहीं चलता कि वह किसी दुरूह विषय का विवेचन पढ़ रहा है। उनके ज्ञान और पांडित्य की परिधि असीम थी। कोई विद्वान् यह अनुमान नहीं लगा सकता कि किसी भी शास्त्र का कौन सा अंश उनके अध्ययन से अवशिष्ट है। अपने इस महान् पांडित्य के कारण ही तो वे शारदापीठ के सर्वज्ञ-आसन पर आसीन होने में समर्थ हुए थे।

मात्र वैदिक ग्रंथों तक ही उन्होंने अपना अध्ययन सीमित नहीं रखा था, प्रत्युत बौद्ध, जैन, पांचरात्र, पाशुपत, सांख्य, योग, न्याय, वैशेषिक, पूर्व मीमांसा आदि शास्त्रों में भी उनकी अबाध गति थी। जिस प्रकार वैदिक साहित्य पर उनका पूर्ण अधिकार था उसी प्रकार अन्य शास्त्रों में भी वे पूर्ण निष्णात थे। इसीलिये अन्य धर्मावलम्बियों की आचार्य के साथ शास्त्रार्थ करने में एक भी न चल पायी। सभी मतावलम्बी शास्त्रार्थ में आचार्य के समक्ष नत-मस्तक हो गये। उनके पांडित्य के सम्मुख मंडन मिश्र, भट्टपाद, मुरारि मिश्र ऐसे दिग्गज, प्रसिद्ध प्रतिभासम्पन्न पंडितों की अद्वितीय शक्ति हतप्रभ हो गयी। आचार्य ने ऐसे कतिपय बौद्ध सिद्धान्तों का खण्डन किया है, जो प्रचलित बौद्ध ग्रंथों में नहीं उपलब्ध होते। परन्तु आजकल के प्रकाशित होने वाले बौद्ध ग्रंथों में शंकरकृत पूर्वपक्ष की सत्ता देखकर आश्चर्य से चकित हो जाना पड़ता है। बौद्ध दर्शन के विशाल और गंभीर अध्ययन के बिना कोई भी विद्वान् इतना सूक्ष्म खंडन करने में समर्थ नहीं हो सकता था। अन्य दर्शनों की भी ठीक यही दशा है।

प्रस्थानत्रयी (उपनिषद्, ब्रह्मसूत्र और गीता) के भाष्यों में उनका अद्भुत पांडित्य दिखाई पड़ता है। उनके अध्ययन से एक अत्यन्त सूक्ष्म और गंभीर अर्थ की ध्वनि निकलती है, जिसे समझने में कोई विद्वान् ही समर्थ हो सकता है।

अद्वैत सिद्धान्त प्रतिपादक उनके प्रकरण ग्रन्थ भी विलक्षण बन पड़े हैं। उन्होंने उन ग्रन्थों में अपने सिद्धान्तों का बहुत ही सुन्दर ढंग से संक्षेप में प्रतिपादन किया है। उनकी भाषा बहुत सरल और सुबोध है। उनके समस्त प्रकरण ग्रन्थ विषय-प्रतिपादन की दृष्टि से नितान्त उपादेय और चित्ताकर्षण हैं। उनमें छोटे-छोटे छन्दों का प्रयोग हुआ है। उनके द्वारा प्रस्तुत किये हुए दृष्टान्त पाठक का मन बलात् मोह लेते हैं और प्रतिपाद्य विषय सुगमता से समझ में आ जाता है।

काव्य-शक्ति

शंकराचार्य की रचनाओं में पांडित्य एवं काव्य-शक्ति का विलक्षण मणिकांचन सम्मिश्रण पाया जाता है। दर्शनशास्त्र के इतने उद्‌भट विद्वान् होने पर भी आचार्य उच्चकोटि के कवि भी थे। सहसा कोई भी यह विश्वास नहीं कर सकता कि तर्कशास्त्र में इतना निष्णात दार्शनिक इतनी सरस, मनोहारिणी और भावपूर्ण काव्य रचना में समर्थ हो सकेगा। आचार्य पूर्ण अद्वैतवादी थे, परन्तु साथ ही साथ उनमें भक्तिभाव की प्रगाढ़ता और अनन्यता भी कूट-कूट कर भरी हुई थी। भक्ति सम्बन्धी रचनाओं में वे रामानुजाचार्य, मध्वाचार्य, निम्बार्काचार्य और वल्लभाचार्य आदि वैष्णवाचार्यों से भी आगे बढ़ जाते हैं। उनकी भक्ति सम्बन्धी रचनाएँ, विषय, शब्दों के चयन, अर्थ की कमनीयता, कल्पना की उच्चता, रस निष्पत्ति कई दृष्टि से अद्वितीय और विलक्षण हैं। उनकी इस प्रकार की कविताएँ संस्कृत साहित्य की अमूल्य निधि समझी जाती हैं।

श्री बलदेव प्रसाद उपाध्याय ने आचार्य शंकर की कविता के सम्बन्ध में जो उद्‌गार अभिव्यक्त किये हैं, वे अक्षरशः सत्य प्रतीत होते हैं, ''शंकर की कविता रस-भाव-निरन्तरा है, यह आनन्द का अजस्र स्रोत है, यह उज्ज्वल अर्थरत्नों की मनोरम पेटिका है, कमनीय कल्पना की ऊँची उड़ान है। उसमें विचित्र मोहकता है, अनुपम मादकता है, जिसे पढ़ते ही मस्ती छा जाती है। कविता में शब्द-सौन्दर्य इतना अधिक है कि शब्दों की माधुरी रखकर चित्त अन्य विषयों से हटकर इस मनोरम काव्य-प्रवाह में प्रवाहित होने लगता है। कौन ऐसा भावुक होगा, जिसका मनोमयूर 'भज गोविन्दं' स्तोत्र की भावभंगी पर नाच न उठे?''—

''भज गोविन्दं भज गोविन्दं भज गोविन्दं मूढमते।
प्राप्ते सन्निहिते ते मरणे नहि नहि रक्षति डुकृञ् करणे।
बालस्तावत् क्रीडासक्तः तरुणस्तावत् तरुणोरक्तः।
वृद्धस्तावत् चिन्तामग्नः परमे ब्रह्मणि कोऽपि न लग्नः॥''

उनके प्रत्येक स्तोत्र से काव्य की अनुपम रस-सरिता प्रवाहित होती है। 'आनन्द लहरी' तो अप्रतिम स्तोत्र ग्रंथ है। इसके प्रत्येक श्लोक में आचार्य की कवित्वशक्ति अपनी पराकाष्ठा पर पहुँच गयी है। 'अपर्णा' (पार्वती) शब्द पर आचार्य की कितनी अनूठी उक्ति है—

सपर्णामाकीर्णां कतिपयगुणैः सादरमिह
श्रयन्त्यन्ये वल्लिं मम तु मतिरेयं विलसति।
अपर्णेका सेव्या जगति सकलैर्यत् परिवृतः
पुराणोऽपि स्थाणुः फलति किल कैवल्यपदवीम्॥

अर्थात्, ''सब लोग तो सपर्णा (पत्ते से युक्त) कतिपय गुणों से सम्पन्न लता का आश्रय लेते हैं, परन्तु मुझे अपर्णा (पत्तों से हीन लता) पार्वती ही भली मालूम पड़ती

है, जिसके आश्रय से वह पुराण स्थाणु (पुराना ठूँठ तथा शिव) भी कैवल्य (मोक्ष) का फल देता है। यदि अपर्णा (पार्वती) का प्रसाद न मिले, तो ठूँठ (शिव) क्या फल दे सकता है?''

इसी प्रकार प्रत्येक श्लोक में काव्य की अनूठी छटा प्रदर्शित होती है। आचार्य की संस्कृत गद्य रचना भी कम रोचक और आकर्षक नहीं है। उनके शास्त्रीय ग्रंथों में साहित्यिक गद्य का पूर्ण आनंद प्राप्त होता है। उनकी अपनी एक विशिष्ट शैली है जो अत्यन्त सुन्दर, सरस तथा सुबोध है। उनकी गद्य-रचना में बीच-बीच में लोकोक्तियों के पुट तथा दृष्टान्तों की प्रचुरता है। उसका परिणाम यह होता है अद्वैत ऐसा गूढ़ और गम्भीर विषय सहज ही हृदयंगम हो जाता है। अध्येता को अध्ययन करते समय यह लगता ही नहीं कि वह इतने गम्भीर विषय का अध्ययन कर रहा है। इसीलिये उनके भाष्य 'प्रसन्न गम्भीर' कहे गये हैं। साथ ही साथ वे प्रसाद गुण से ओतप्रोत हैं। उनकी गद्य-रचनाओं में गद्य काव्य का आनन्द प्राप्त होता है। एक वाक्य से इसका उदाहरण दिया जा सकता है—

''नहि पद्भ्यां पलायितुं पारयमाणो जानुभ्यां रहितुमर्हति'' (जो व्यक्ति पैरों से भागने में समर्थ है, उसे घुटने के बल रेंगना कभी शोभा नहीं देता) इस प्रकार उनके गद्य और पद्य दोनों ही में असाधारण पांडित्य भरा पड़ा है।

तान्त्रिक उपासना

आचार्य शंकर मंत्रशास्त्र के बड़े भारी मर्मज्ञ थे। किन्तु उन्होंने अपने भाष्यों में इसे कभी नहीं अभिव्यक्त होने दिया। इसका कारण है कि वे इसे नितान्त गुह्य वस्तु समझते थे। उपयुक्त अधिकारी के प्राप्त होने पर उसका रहस्य अभिव्यक्त किया जा सकता है। पर इसका प्रतिपादन उन्होंने 'सौन्दर्य लहरी' एवं 'प्रपंचसार' में पर्याप्त मात्रा में किया है। वे भगवती त्रिपुरा के अनन्य उपासक थे। उन्होंने अपने द्वारा संस्थापित चारों मठों में श्रीविद्यानुकूल देवी की पूजा-अर्चना का विधान प्रचलित किया। वह पूजा-परम्परा आज तक किसी न किसी रूप में चली जा रही है।

आचार्य ने जगत् को मिथ्या समझते हुए भी, उसकी व्यावहारिक सत्ता का प्रतिपादन किया। आचार्य की प्रतिभा ने वेदान्त को व्यावहारिक धर्म बना दिया। इसका प्रत्यक्ष प्रमाण उनका जीवन है। वे उच्चतम अध्यात्मवेत्ता होते हुए भी नितान्त कर्मठ थे; ब्रह्मज्ञान में पूर्ण रूप से स्थित होने पर भी उपासना के परम उपासक थे। वर्णाश्रम धर्म के पूर्ण प्रतिष्ठापक थे। इसीलिए उन्हें अपने लक्ष्य में महान सिद्धि प्राप्त हुई, जो अब तक अक्षुण्ण बनी हुई है। उन्होंने जिस वृक्ष का बीजारोपण किया, वह खूब फला-फूला। भारतभूमि में वैदिक धर्म की प्रतिष्ठा, वेदों के प्रति श्रद्धा, ब्रह्मज्ञान के प्रति आदर, अनन्य भक्ति, त्याग, तपस्या, लोक-संग्रह की भावना, जो कुछ दिखाई पड़ता है, उसका श्रेय आदि शंकराचार्य को है। प्रत्येक प्रबुद्ध व्यक्ति उनकी

महिमा को भलीभाँति समझता है। शंकराचार्य उच्चकोटि के प्रौढ़ दार्शनिक थे, निस्पृह और महान् त्यागी संन्यासी थे, पंडितों में उद्‌भट पंडित एवं विद्वानों में सर्वश्रेष्ठ विद्वान थे। अत्यधिक कर्मठ थे, भावुक कवि और ललिता देवी के अनन्य उपासक थे। उनके इन्हीं सद्‌गुणों से उनके विरोधी भी श्रद्धा से नतमस्तक हो जाते थे। वे भगवान् शंकर के साक्षात् अवतार थे। वे सार्वभौमिक प्रतिभा के महान् पुरुष थे। उनमें परस्पर विरोधी गुणों का अपूर्व सामंजस्य था। वे जहाँ एक ओर विलक्षण दार्शनिक थे, वहीं दूसरी ओर परम भावुक कवि। जहाँ एक ओर परम वीतरागी संन्यासी थे, वहीं दूसरी ओर लोकविख्यात सामन्त। जहाँ एक ओर रहस्यवादी और अद्वैतवादी दार्शनिक थे, वहीं महान् धार्मिक नेता और सुधारक। उन्होंने समस्त भारत को एकसूत्र में आबद्ध कर दिया था। उनकी महत्ता के समक्ष सभी को नतमस्तक होना पड़ता है। उनके अन्तर्गत एकदेशीयता, संकीर्णता, दुर्बलता एवं सम्पूर्णता का लेश मात्र भी नहीं था। वे सनातन वैदिक धर्म का विशाल, विपुल, विश्वप्लावी महानता के उदार एवं उज्ज्वलतम प्रतिनिधि थे। उनका भास्वर जीवन सार्वभौमिक सनातन धर्म मार्ग प्रदर्शक प्रकाशस्तम्भ है। लेखक उनके जीवन के अथाह और अपार सच्चिदानन्द सागर में भले ही अवगाहन न कर सका हो, पर उसके पास पहुँच कर, उसे स्पर्श कर अपने को कृतकृत्य और धन्य अवश्य समझता है।

■

सहायक ग्रंथों की सूची

संस्कृत :

(1) ईश, केन, कठ, प्रश्न, मुण्डक, माण्डूक्य, ऐतरेय, तैत्तिरीय, छान्दोग्य एवं बृहदारण्यक उपनिषदों के शांकरभाष्य।

(2) भगवद्गीता, शांकरभाष्य।

(3) ब्रह्मसूत्र, शांकरभाष्य।

हिन्दी :

(1) श्री शंकर दिग्विजय—श्री स्वामी सत्यानन्द सरस्वती।

(2) श्री शंकराचार्य—श्री बलदेव उपाध्याय।

(3) शंकर-दिग्विजय (माधव कृत)—श्री बलदेव उपाध्याय।

(4) शंकराचार्य—उमादत्त शर्मा।

(5) स्वामी शंकराचार्य—रमाकान्त त्रिपाठी।

(6) शंकराचार्य : जीवन चरित्र—स्वामी परमानन्द।

(7) आचार्य शंकर—स्वामी अपूर्वानन्द।

(8) श्री शंकराचार्य का आचार-दर्शन—रामानन्द तिवारी।

(9) शंकर दिग्विजय (माधवाचार्य-विरचित); (मूल संस्कृत-हिन्दी अनुवाद)

(10) शंकर-विजय (आनंदगिरि-रचित); (मूल संस्कृत-हिन्दी अनुवाद)

बँगला :

(1) श्रीमत् शंकराचार्य ओ दर्शन—द्विजदास दत्त।

(2) आचार्य शंकर ओ रामानुज—राजेन्द्रनाथ घोष।

(3) शंकराचार्य—सुरेन्द्रनाथ भौमिक।

अँग्रेजी :

(1) Shankara-Dig-Vijaya (Madhava Vidyaranya) Translated by Swami Tapasyananda.

(2) Shankar Vedanta by Ganga Nath Jha.

(3) A Constructive Survey of Upanishadic Philosophy by R.D. Ranade.